走近"西洋"和"东洋"

——中日世界意识形成的比较研究

钱国红 著

商务印书馆
2009年·北京

图书在版编目(CIP)数据

走近"西洋"和"东洋":中日世界意识形成的比较研究/钱国红著.—北京:商务印书馆,2009
ISBN 978-7-100-05807-0

Ⅰ.走… Ⅱ.钱… Ⅲ.思想史-对比研究-中国、日本-近代 Ⅳ.B250.5 B313.4

中国版本图书馆 CIP 数据核字(2008)第 036162 号

所有权利保留。
未经许可,不得以任何方式使用。

走近"西洋"和"东洋"
——中日世界意识形成的比较研究
钱国红 著

商 务 印 书 馆 出 版
(北京王府井大街36号 邮政编码 100710)
商 务 印 书 馆 发 行
北京瑞古冠中印刷厂印刷
ISBN 978-7-100-05807-0

2009 年 8 月第 1 版　　开本 880×1230 1/32
2009 年 8 月北京第 1 次印刷　印张 13⅜
定价:28.00 元

代　　序

依田憙家(早稻田大学名誉教授)

　　笔者与钱国红氏的相遇可上溯到1988年。

　　由于笔者有缘很早就与中国历史学界有过接触,也由于笔者专攻日中关系史和近代化比较研究,自改革开放,中国学者开始来日本以后,许多年轻学者就来到笔者研究室从事学习和研究。

　　钱国红氏是其中一人。他作为南开大学吴廷璆教授指导下的博士生,因共同培养,以笔者为日方指导教授,来到早稻田大学我的研究室待了将近三年,专心从事学位论文的写作。

　　最初和他就毕业论文进行谈话时,我考虑到他已经在思想史领域钻研很深,建议他就佐久间象山和魏源进行比较研究。之所以提出这样的建议,主要出于这样的考虑:(一)这两个人同样生活在19世纪中期,活跃于东亚近代化的初级阶段;(二)两人同样对两国以后的思想给予了很大的影响;(三)两人同样在最初接受过儒家教养,但后来开始关注欧美文明,并强烈主张接受外来文明的影响;(四)魏源的《海国图志》曾被以佐久间象山和吉田松荫为代表的许多日本人阅读,给他们带来了深刻的影响;(五)尽管两者有许多共同之处,但以后中国和日本的近代化却出现了很大的差异;(六)在日本,人们往往只关心佐久间象山作为洋学家、思想家的一面,对他

2 走近"西洋"和"东洋"

作为儒学家的研究还比较少,从中国人的角度来进行这方面的研究愈发显得重要。再加上钱氏是湖南人,老家离魏源老家很近,这也是推荐他从事这一研究的理由之一。

中国和日本的近代化以鸦片战争和培理来航为契机,共同以19世纪40—50年代为各自的出发点。同时,后来两国近代化的发展速度又有了很大差异,这种差异一直到现在仍然存在。笔者认为中国和日本产生差异的主要原因除了来自各列强的压力强弱不一以外,还有两国统一市场形成与否的差异。当然也可以说,是否针对各列强的压力作出有效的反击也是一个很大的原因。

国内统一市场是发展国民国家、民族和资本主义的前提和基础。考察西欧近代国家产生过程,可知在封建割据状态(无论其是由诸侯进行的分割统治还是"郡县"式的中央集权形态)的国家里,首先形成包含其大部分国土的国内统一市场,然后,在此基础上诞生以国王为中心的强大的统一国家。在历史学中被称为"专制主义"的这样的国家,其本质虽然仍然是封建国家,但可以成为形成下一个阶段的近代国家的坚实前提。英国近代国家和法国近代国家都是在通过革命打倒英国专制主义、法国专制主义基础之上得以成立,是在各个国家专制主义统一国家遗产基础之上得以形成的。由此可见,专制主义是近代国家成立的重要前提,具有这个条件的国家比较容易过渡为近代国家。同时,由于国内割据势力强大、外国干涉严重等等理由,导致无法形成专制主义的国家,历史证明是很难过渡为近代国家的。

在日本,虽然幕藩体制下统治组织处于分权状态,但德川中期已经基本形成以大阪、江户为中心的统一市场,包括虾夷、琉球在内,日本基本被编入统一市场框架之内。要求以这样的统一市场为基础实现统一国家的呼声日益强烈。幕末的尊王论和国学即具有谋求实现以天皇为中心统一国家的内容。因此在日本通过明治维新形成了具有近代国家前提性格的统一国家（专制主义），在此基础上，谋求近代国家的倾向得到强化，在自由民权运动的压力下，虽然还保留了许多前近代要素，但最终拥有了宪法和议会，基本实现了具有近代国家性质的明治宪法体制。与中国相比，日本只拥有很小的国土，而且四面临海，江户时代中期的交通手段是以海运为主，这比较有利于统一市场的形成，起到了有利的作用。因此，日本从具备前提性的统一国家到近代国家本身可以一步一步、循序渐进地解决各个阶段面临的问题。

而另一方面，就中国而言，由于中国是一个拥有广大国土的内陆国家，当时的交通手段不利于形成统一市场，因而缺少进行近代化的重要前提。这种状况削弱了清朝中央的权力，加强了割据势头。这种倾向一直持续到辛亥革命以后，带来军阀割据混战的局面。不过，第一次世界大战以后，由于沿岸与内河川的汽船运输和铁路运输得到相当规模的发展，开始真正出现了以中国本土为范围的统一市场，形成了产生近代国家的重要前提。而五四运动以后出现的民族意识的高涨，北伐革命以后出现的地方军阀走向没落，对日本帝国主义的肆意侵略所显示的强烈抵抗，都与以上所述近代国家重要前提的成立不无关系。

西欧各国和日本等国家之所以比较顺利走上近代化道路，是因为具备了分阶段解决近代化过程所面临问题的条件。中国和其他国家之所以面临许多困难，是因为这些国家在缺乏有力的前提条件下，要同时解决诸多课题。这可以说是我通过比较分析中日两国近代化过程而得出的结论(详细内容可参照拙著:《日中两国近代化比较研究》,北京大学出版社1997年版,上海远东出版社2004年版)。

日本比中国早一步介绍欧美国家制度(朽木昌纲的《泰西舆地图说》,1789年),再加上江户时代中期以后洋学作为"学问"获得了市民权,在以后的近代化过程中,这为日本提供了远远优越于中国的前提条件,但其在社会科学方面曾受到统治阶层的镇压,内容也偏重于科学技术。因此在有关国际形势、欧美的国家制度、近代思想方面,在香港、上海发行的洋务书和汉字报刊对幕末日本的影响更大。读过魏源《海国图志》的洋学家佐久间象山虽然在科学技术方面视该书的记述为"儿戏之为",但在其他方面却不得不给予很高评价。当时日本能直接读洋书的人还很有限,但当时日本知识分子的大多数人却都有阅读汉文书籍的能力,他们可以从上述洋务书和汉字报刊直接吸收很多知识(同时由于洋学也具有"市民权",这些洋务书和汉字报刊比起在发行量大的中国,在日本产生的影响更大)。福泽谕吉于庆应二年(1866年)出版发行《西洋事情》,销售之火暴,前所未有。在此之前,从魏源《海国图志》曾出现过许多日本版本这一事实可知当时日本有关欧美情况的大部分知识都来自于洋务书籍。而福泽谕吉的著作却是这方面用日语撰写的真正的介绍欧美的书籍。该书惊人的畅销与全书用日语写成,因而进一步扩大了读者阶层不无关系。

同时,福泽谕吉《西洋事情》的出版发行,也显示欧美知识进入东亚的窗口从香港、上海渐渐向日本转移。明治维新以后,包括思想在内的欧美知识有许多是经过日本进入中国的。卢梭、孟德斯鸠、穆勒等人的著作在进入中国之际,多从日译本重译。此外,日本明治二十二年(1889年)实现"立宪政体"一事也产生了很大的影响。在这种情况下,康有为于变法维新阶段撰写日本明治维新以来翻译书籍的目录介绍给中国,关于此事,他在写给弟子梁启超的信里强调说:日本文字是中国文字。尽管其稍微夹带有空海发明的假名文字,但只有十分之三程度。而西洋诸学之书主要部分全部已经译成日语,故我们尽可以借用其成果。

围绕着对魏源和佐久间象山的研究,还有作为背景应该加以把握的一个问题,这就是中日两国对儒学有效范围程度在认识上存在着很大差异。关于这一问题,两国之间的差异最明显地表现在日本,包括在日本的儒学家之间,儒学形式化现象特别突出,人们具有较强烈的要限定儒学有效范围的思维意识。

在过渡期时代,固有的统治思想往往都主张自己的有效性是万能的。在欧洲基督教神学作为统治思想的时代,曾经有人站在圣经"天动说"的立场上,对新兴的"地动说"进行过残酷的镇压。

江户时代对儒学全面有效的主张主要来源于最具完整体系内容的朱子学理论。朱子学主张上下关系是贯穿于自然和人类社会双方的原理,因此以确立日本朱子学而闻名的林罗山在接触当时来自欧洲的地球仪时,就曾认为地球仪违反天上地下或天圆地方的原理而对其加以否定。

另一方面,江户时代从初期阶段就已经有了古学、阳明学的同时存在。这显示以朱子学为中心的寻求全面有效性的思维已经开始出现动摇。

特别值得注意的是,相对于把理看成是世界精神体现的朱子学,把理看成是"条理"的古学在日本也具有相当大的影响。

6 走近"西洋"和"东洋"

活跃于17世纪末至18世纪初的荻生徂徕(1666—1728年)从朱子学批判这个角度出发,论述道:"先王之道即安天下之道。其道虽多端,终归于安天下。"他还说:"先王之道,先王之所造也,非天地自然之道也。"[1]"所谓圣人之道专指治国、治天下之道,而于事物当行之理之中无之,天地自然之道中亦无之"[2]。这里应该注意的是他主张的"安天下"之事与"天地自然之道"、"事物当行之理"没有关系这一点。如在朱子学中可以典型地看到的那样,当时儒学是主张其在人类社会和自然界所有范围的有效性的。而依徂徕之主张,儒学的有效范围完全被限定在政治方面,更准确地说是政治理念方面。而且,由于儒学的有效范围被限定,"天地自然之道"、"事物当行之理"存在于其有效范围之外,这样,有关它们的追求就必须另外进行,就必须承认儒学之外的"学问"的存在。徂徕有一句名言说道:"学问在于广泛摄取,在于增长自己的见识,"[3]这句话也如向来所解释的一样,意味着徂徕从一味追求封建伦理为学问的固有学问观中解放出来,又由于对儒学有效范围的限定,也可以说解放了全部的学问[4]。从徂徕的下一代开始,日本兰学变得繁荣起来。这是因为此时儒学的有效范围已经加以限定,尤其是"天地自然之道"被置于其范围之外,以自然科学为主轴的兰学也就很早得以被认定为"学问"了。

此外,与徂徕同时代的学者新井白石虽没有像徂徕一样从正面

---

[1] 《辩道》。《荻生徂徕全集》第1卷,河出书房新社1973年版。这种观点在徂徕著作中随处可见。
[2] 《答问书》。《荻生徂徕全集》第6卷,河出书房新社1973年版。
[3] 同上。
[4] 就主张合理地、有目的地研究广泛范围内的问题及承认欧洲学问的价值方面来说,新井白石也可称为是一位西洋学的开拓者。

限定儒学的有效范围,但可以说,他通过超越旧儒学家所追求的学问范围,寻求对广泛领域进行学问研究的方式,事实上限定了儒学本来的有效范围。同时,也可以说白石的立场在于通过扩大用"理"进行分析的研究范围,实际上形成了使被分析的"理"的内容产生变化的契机。

这种倾向在江户时代中期以后变得越来越明显,"儒教的形式化"也得到持续推进。

如本书作者在他其他几部著作中所说的一样,一贯把自己看成是朱子学家的佐久间象山实际上把朱子学"理"的有效范围限定在狭义的道德之上,同时通过把西洋的"理"作为"世界共同之理"来取代朱子学的"理",形成了向欧美学习的积极姿态。他认为象山的所谓"东洋道德"并不像过去有人主张的那样具有广泛的范围,其内容实际上是极其有限的。我认为钱国红氏的这一观点很值得注意。这说明自江户时代中期到幕末为止的日本思想界的主要动向是一个通过限定儒学的有效范围而扩大"学问"范围的过程。象山即是走在时代最前列的思想先驱。

另一方面,也可以说在中国尽管出现了像魏源那样超越原有价值、发现新价值的思想家,但由于当时中国儒学的有效范围不像日本一样得到严格限定,中国人在吸收欧美文化之际遇到了很大困难。

在中国,国家组织通过科举而形成,科举通过儒学付诸实施。这种场合,限定儒学的有效范围,这意味着限定中华帝国或中国皇帝权威的有效范围,可能被看作为"危险思想"。而在不存在科举制度的日本,却可以比较自由地限定儒学的有效范围。

最近以来,从不同角度就亚洲近代化进行研究的种种尝试大大深化了对亚洲近代化问题的认识,而从不同角度对日本和亚洲诸国的近代化进行比较研究也是更深刻地阐明"近代化"本质意义的途径之一。期待这样的研究今后得到进一步的发展。

最后,我想谈一下从历史来看将来的中国应是怎样的问题。

在我看来,中国最大的特点是它在历史上曾经是一个亚洲的文化大国,包括日本的中国周围国家是汲取了中国的文化来发展自己的文化的。虽然有几个时期北方的民族在武力上优于中国,但即使是这样的时期,中国也仍没有失去亚洲文化大国的地位。

但是,自鸦片战争以后,情况发生了变化。鸦片战争以后,中国最不幸的就在于失去了亚洲文化大国地位。而在此以前,中国即使在战争中失败,也没有失去亚洲文化大国的地位,但以鸦片战争为转折点,中国失去了这一地位。为了摆脱鸦片战争以后半封建半殖民地的状态,近代中国的许多先觉者进行了艰苦的奋斗,现在这一目标已实现。现在中国最大的课题就是恢复亚洲文化大国的地位。我强调最大的课题是恢复亚洲文化大国的地位,并不等于说不要成为其他方面的大国,而是说从历史来看,中国要想被公认为世界大国,这一方面是最重要的。我反对首先发展经济,文化问题容后考虑的观点,因为这种观点是违反历史规律的。日本在二战失败时,由于大战末期的轰炸,其产业大部分丧失,处于非常悲惨的境地。当时首先被提出的课题就是"建设文化国家",这一点在当时的报纸杂志上都有反映。也就是说,当时的日本国民从以前的军国主义失败中吸取教训,把新的方向指向建设文化国家,而不是"经济大国"。但是,结果是日本成了世界的经济大国。也就是说,以文化国家为目标,结果却成了经济大国。我想这其中一定有历史的规律性。第二次世界大战以前日本曾有过急速的经济发展,这得益于江户时代日本已是当时世界上(包括农村)的全国平民教育最为普及的国家(当时的农村直至中农阶层都具备了日常生活所必要的读写能力和计算能力),以此为基础的明治维新以后的义务教育(1900年左右,日本男女儿童的入学率已达90%以上)也起了很大的作用。战后日本的急速经济成长在很大程度上也是得益于战后就开始普及的至初级中学的义务教育。由此看来,文化的普及是经济发展的基础。现在经常听到要使中国成为经济大国的声音,而要使中国成为文化大国的声音则不太能听到,这到底是什么原因呢?正在发展中的亚洲其他国家和地域,如果其经济获得某种程度的发展,就可以获得世界的称赞。但是,中国的情况不一样,它如果只有经济的发展是不能获得世界的称赞的。从历史上来看,中国理所当然应当是一个文化大国,若不是的话,这就令人奇怪了。因此,我认为从历史来看中国的将来,恢复亚洲文化大国的地位是最大的课题。

21世纪被认为是亚洲太平洋的世纪。在这样一个世纪,成为亚洲的文化大国同时也就是成为世界的文化大国。在此前的时代,只要人口中比较少的部分具有了突出的较高层次的文化,而且这种文化具有一定的特性,这个国家就是一个文化大国。但在现在,要想成为文化大国,就必须使文化普及到国民大众的末端,而且积极地吸收广泛的世界文化方有可能。

(钱光中译)

目　录

前　言 ··· 1
绪　论 ··· 5
　一、黄河文明和海洋文明 ·· 5
　二、从发现海洋到形成新的世界意识 ························ 7
　三、儒学与近代化 ·· 14
　四、"和魂洋才"和"中体西用" ································ 20
第一章　想象的世界与现实的世界 ································ 23
　一、大航海时代与东西势力的交替 ··························· 23
　二、地图上的日本和世界 ·· 26
　三、俄罗斯南下与日本人的海国意识 ························ 30
　四、利玛窦的万国全图 ··· 43
　五、《三才图会》中的世界意识 ································ 49
　六、清朝中国的俄罗斯印象 ···································· 54
　七、世界的扩大与海洋 ··· 60
第二章　中国·西洋·日本：三角测量的视角 ··················· 73
　一、观察世界的起点 ·· 73
　二、来自世界的憧憬和威胁 ···································· 98
　三、西洋认识的深化与对传统世界的批判 ················ 163
第三章　《海国图志》的冲击和幕末日本 ······················· 191

2　走近"西洋"和"东洋"

  一、中国知识分子和鸦片战争 ………………………… 191
  二、日本知识分子和鸦片战争 ………………………… 216
  三、来自中国的世界地志与《美欧回览实记》……… 226

第四章　走向世界：中日文人知识分子的精神轨迹 …… 236
  一、从"夷务"到"洋务" ……………………………… 236
  二、立志研究日本的晚清中国人 ……………………… 258
  三、超越洋务运动 ……………………………………… 265
  四、从文化争论看近代中国的他者发现和自我发现 … 288
  五、大洋上的对话——中日知识分子的精神结构 …… 294
  六、制约近代化方式的世界观转型 …………………… 320

第五章　两个文人知识分子：魏源和佐久间象山 ……… 328
  一、中日两国近代初期思想的比较 …………………… 328
  二、魏源和佐久间象山的理想与现实 ………………… 342
  三、东方文明观和中日两国近代化 …………………… 353

结语　中日近代化的世界史意义 ………………………… 365
  一、扩大近代化可能性的三角测量思维 ……………… 367
  二、反思与展望 ………………………………………… 372

附录一　魏源和佐久间象山及所处时代中日大事
    年表 ………………………………………………… 378
附录二　本书参考文献 ……………………………………… 390
附录三　索引 ………………………………………………… 395
后 记 ………………………………………………………… 410

前　言

儒家经典中最广为人知的一句话是修身、齐家、治国、平天下。这段文字是过去士大夫学者做学问的最高目标和神圣使命。换成现在的通俗说法，也就是说，做学问或做人都应该重视个人教养的修炼，要重视家庭的稳定、国家的安定和天下的太平。当然，不同时代的个人状态、家庭状态或国家形态以及世界构造都有所不同，但是无论是古代中国人或当代中国人重视世界（天下）、国家、家庭、个人的价值取向恐怕并没有太大的改变。

儒家的经典概念与人生体验的过程也是基本吻合的。一个人自出生以后，通过和父母亲以及家庭成员的接触慢慢获得"自我"意识，随着他（她）成长为一个青年走进社会以后，他（她）开始寻找自己的另一半，谋求建立一个"家庭"，然后为了家庭，他必须开创一番事业，于是，他的视野扩大到整个社会，他开始思考"国家"这个社会统治形态与自己的关系，最终，他会发现国家不是孤立的，每个单独的国家都是在众多的国家和国家（"世界"）的关系之中得以存在的。当然，尽管每个人在一生中都多多少少对"自我"、"家庭"、"国家"、"世界"进行过思考，但思考的质量和深度却因人而异。而对"自我"、"家庭"、"国家"、"世界"的不同思考，直接影响着人们的理想和价值观念以及人生选择。造成个人对"自我"、"家庭"、"国家"、"世界"的思考出现差异的原因很多，人们的个性，其所处的时代环境、自然环境和文化传统是其中起决定性作用的几个因素。

最近,日本朝野上下围绕是否把"爱国"一词写入教育基本法出现了分歧。有人认为这样的议论有助于加深对世界、国家、个人关系的认识;也有人担心过分强调"爱国",会不会导致日本重新返回战前教育体制;当然,还有人认为这正好是使日本实现成为"普通国家"这一夙愿的一个机会。

面对日本社会围绕"爱国心"表现出来的动向,亚洲邻国也不无警惕。一些舆论认为这种动向是一部分日本人希望复活国家主义的信号,呼吁人们提高警惕,加以注意。明治时代以后,日本在亚洲最早实现近代化,也最早成为军事大国,但由于当时的日本不是以和平发展为国家目标,因而最终走上悍然侵略亚洲的道路,招致了其在第二次世界大战中失败的下场。亚洲各国人民都明白,日本近代化之所以如此曲折,与明治以后日本社会风行一时的极端的民族主义倾向不无关系。更为严重的是,最近以来,日本社会除了频繁出现爱国主义论调以外,还有一部分政治家赤裸裸地发表不承认二战失败的言论,这更加深了各国人们对日本是否重蹈覆辙、复辟军国主义的疑虑。

如前所述,有关"世界"、"国家"、"个人"的观念,不管在什么时代都是人们最为重视的思维范畴。人类为了维持一定程度的文明生活,必然要思考什么是自我,什么是他人,什么是国家以及世界。同时人们也不能超越自己的知识能力、自己的智慧以及自己的生活方式和生产活动去理解自己和他人或国家和世界。对世界、国家具有整体性认识的结果有利于人类的和谐生活,并影响社会经济以及文化的发展。相反,则会导致人类社会走向颓废,或者引起战争以及环境破坏。可以说,人类社会的历史即是反复对世界、国家、个人加以理性认识的过程。

当然,抽象地议论世界、国家、个人,我们往往只能从字面上得到一些模糊印象,因为现实世界上并没有两个完全相同的国家和完全相同的人,也没有两个永远不变的国家或个人。我们只有不断地把世界、国家、个人的书面概念跟具体世界的构造、国家的状态、个人的活动进行对照分析,才能对不断变化的世界、国家、个人概念作出最新定义,从这种意义上来说,不断谋求对旧的历史概念给予崭新定义可谓是历史学家的永恒主题。

为了认识今天和预测未来,我们必须正确地把握过去。为了了解中国和日本的现实和未来,就必须从学术角度对中日近代化过程中有关世界、国家、个人的具体认识和观念形态进行严密的追踪分析。只有在中日近代化历史的大环境中,我们才可以准确把握今天中日关系出现的问题,乃至于理解最近以来在日本社会突然浮现出来的"国家主义"、"爱国"、"普通国家"等观念范畴的真正含义和现实意义。

本书的构思就是在上述理论思考下完成的。除此以外,十几年前笔者走向日本的留学经历也与本研究的付诸实施不无关系。

上个世纪80年代后半期,作为博士研究生第一次踏上外国之地日本列岛时,我看到的是一个经济高度发达,社会高度现代化的日本。我当时的心情也许和本书提到的19世纪后半叶,最早到达大英帝国的中国留学生的感受不无相似之处。我仿佛觉得那时的中国年轻知识分子对英国"富强"感到惊叹和迷惑的光景,似乎百年以后化成我对邻国日本的求知心和好奇心再现眼前。我不止一次在内心问自己,同样一个东方国家,同样经历了近代化洗礼的邻邦国家,中国和日本之间为什么会出现如此巨大的距离和差异,这样的差距究竟意味着什么？两个国家之间究竟还能不能找到共通之处呢？伴随着这一连串的疑问，我度过了最初几年的留学生活。

为了解开这些疑团，我开始追溯中日近代化过程中两国知识分子有关"世界"、"国家"、"个人"的思想踪迹，开始对中日世界意识的形成进行比较研究，对两国近代化本质特征进行比较分析。

本书为大家提供的正是我在以上几个方面的一部分研究心得。其重点在于揭示作为东亚邻国的中国和日本的知识分子在近代化初期阶段体现出来的思想状态以及相互关联，并力求在此基础上探明两国早期近代化历史的思想背景和精神渊源。

如果我这一微不足道的研究能有助于我们重新把握中日两国近代化的世界史意义，有助于我们进一步认识中国和日本这两个国家的过去、现在和未来，我将十分欣慰。

钱 国 红

2006年5月9日于东京玉川学园寓所

绪　　论

一、黄河文明和海洋文明

　　上世纪80年代,中国曾经出现过一个全面反思和认识中国文化的社会思潮。在这股所谓的"文化热"之中,人们围绕着中国文化的过去、现在和将来展开了热烈的议论。其中最为激烈的观点是有人认为中国"文明已经衰弱,老化了","需要弥补新文明的要素",宣判中国文明的衰退,呼吁文明的再创造;他们认为只有逃出黄河文明才能导致创造新文明,要达到新文明,首先需要跟海洋文明对话。当然,在这里,黄河文明指的是中国文明,海洋文明指的是西洋文明。

　　作为文明论来看,这似乎还有点显得幼稚,不过,他们巧妙地使用"黄河文明"和"海洋文明"两个关键词,表达了对中国文明面临危机的忧虑,这也从一个方面说明了20世纪80年代的中国还有比较海洋文明和黄河文明,强烈赞美海洋文明的现实需要,"文化热"的议题正好反映了这个现实。对中国文明面临危机现实的忧虑,是当时海内外中国人共通的心情。

　　本来,最早关心海洋文明、探索海洋文明意义的并不是80年代的中国学人,中国近代历史上曾出现过不少欲通过"海洋"、"文明"概念思索中国未来的思想先驱。

6　走近"西洋"和"东洋"

在近代以前中国航海技术发达的时代,中国人也曾渡海访问过西亚和东非①,也有人东渡过日本②。可是,每一次航海始终只为寻找海外物产,只对向中华以外的世界显示中国国威感兴趣,没有欲望要发现中国以外的世界。对当时的人们来说,大海只是一个地理概念,在他们意识中,那只是无限延伸着的与文明无缘的世界。古代中国人的航海实践并没有导致人们形成"世界"观念。

中国人走向近代的步伐是伴随着对海洋文明的发现而迈出的。可以说,由于发现海洋文明,中国人获取了与以往完全不同的世界图像,开始具备"世界之中国"的意识。对近代中国来说,海洋与西洋文明相联系,与世界相联系,发现海洋就是发现西方文明,也就是发现世界。

近代中国最早探索海洋文明的人,要数鸦片战争结束以后,编撰出被认为代表当时最高水平的世界地志《海国图志》的魏源。魏源是林则徐的友人,正是魏源完成了林则徐渴望已久的对海洋文明的综合研究。魏源希望通过《海国图志》让中国人把目光投向西方文明,启动近代中国的步伐。《海国图志》不仅强烈地刺激了中国人,对周边各国的人们,尤其是幕末日本维新志士们也给予了强烈的冲击。魏源对世界的认识和对海洋的思考体现了一个时代的先驱者们的觉醒,今天看来依然令人深思,仍具有特别重要的意义。魏源认识世界、思考世界的实践,是中国人开始调整世界意识结构的写照。这与20世纪80年代中国知识界呼吁人们重新面对海洋文明的思维是

---

① 如郑和下西洋。以1405—1407年的第一次为始,郑和在29年的时间里,前后七次远征西洋。

② 清初同安(福建泉州府)人陈伦炯《海国闻见录》中的"东洋记"(序),即是对日本进行实地考察后而写出来的日本介绍。

相通的。

二、从发现海洋到形成新的世界意识

日本在亚洲最早实现了近代化。而同样是亚洲国家的中国近代化的道路却极其曲折,充满艰辛。为什么形成这样的差异呢?到目前为止,两国学界虽然有种种议论,但是还没有得到令人完全满意的解释。许多学者曾经用西洋的冲击与应战之模式来把握中日两国近代化的本质差异。可是最近人们开始注意到,这样的研究有很大的缺陷。它把两国近代化只作为被动对付西洋的过程来认识,忽视了人们摸索历史新方向时的主体性。我对此也颇感疑惑,一直认为这根本不符合中日两国近代化的实际情况。

为了消除这个疑惑,有必要回归到近代化的原点,重新回顾一下中国和日本积极获取新世界意识的历史过程。对两国寻找包含西方在内的崭新世界意识的过程进行分析,可以更直接、更深刻地把握中日两国近代化之前和近代化之中的思想状态。

在观察中国和日本这样的非西洋社会的近代化时,评价两国近代化之前的历史背景和实现近代化过程之间的关系,也构成一个重要课题。这个课题的任务是研究中日两国面向世界形成新的世界意识的过程,特别是以研究19世纪中国人的世界认识对日本知识层的影响为主轴,考察中日两国近代化的相互关系和历史意义。

这里所说的世界意识,包含着两层意思。一是指再现于人们思维中的自然界的整体形象,即对世界地理、空间范围的认识。一是指有关世界及世界中人的活动的关系的理智或感情的判断。前者包含所谓西洋世界是什么的问题,后者包含东西洋合并的世界今后应该是怎样一个世界的问题。从这种意义上看,尤其是对于非西洋世界各国来说,近代化的历史实际上也可以说就是新世界观念的形成和发展的历史。

以19世纪中叶的鸦片战争和美国海军军官培理访问日本(1853年)为契机,中日两国近代史的进程发生了深刻的变化,在这种情况下,中国人新获得的世界观念是如何为日本知识分子接受的,后来随着世界意识的改变,中日两国知识分子各自的思想内部又发生了什么样的变化?本书将顺着这个思路,考察19世纪中国和日本的知识人士,是如何通过探险活动和世界地理书知识的启蒙来扩大空间认识,接触真实世界的,同时揭示新世界意识的形成对人们思考未来世界形态时产生的种种影响。

(一)近代主义与文化多元主义

为了寻找比较研究中日近代化的最佳方法,有必要先对现有的方法论框架进行一番思考。众所周知,衡量近代化的尺度,到目前为止,以西欧中心主义和近代主义占优势。这显然是由结果类推出来的逻辑。从结果上看,西欧在全世界范围内进行了扩张,所以西欧中心思考被人们认为是理所当然的东西。为此,近代化的研究,始终被认为只是赞美非西欧国家是如何迅速地追赶西欧的,非西欧国家取得的成功,只不过是应对了西欧文化的冲击。

可是,最近有部分学者指出,这样的偏颇逻辑,不能正确说明非西欧国家近代化的意义。在美国,有人呼吁构筑以中国为中心的中国史观;在日本,有人主张放下近代主义方法论,提倡进行文化相对主义的、国际性的比较历史研究。

这样的学术倾向,很大程度上也是受当今世界政治、经济势力变化的影响而产生的。当然其作为打破原有的西欧中心论的出发点,具有一定的积极意义。但是,如果只用中国中心论、日本中心论代替西欧中心论,只用传统主义代替近代主义、后现代主义的话,很容易得出极端的结论,再一次形成偏颇。这种偏向一个极端的立场,最终恐怕不能够捕捉住近代历史的本质。

近代化研究方法论的利弊必须在对历史事实的确认和认识中来加以验证,重新认识世界范围的近代化与中日两国近代化的相互关联,发掘出掩盖在两国历史表面下的真实信息,将为我们形成崭新的近代化理论提供新的分析平台。为了迈出这一步,本书将设定第三个分析视角以取代以前的两者,第三个分析视角既不是西欧中心论也不是近代主义,更不是两者的对立面,而是两者的折衷。如果硬要给它定性的话,可以看成是接近相对主义或文化多元主义的东西。总之,衡量历史发展过程的标准不应该是非西欧则东洋,二者择一的,只有在同一个天平上权衡东西方价值的利弊,在相互关系中观察两者的变化时,才可以真正把握住世界历史上近代化这一普遍现象的意义。

前述的课题主旨和分析角度,基本上规定了我的研究方法和研究内容。19世纪中日两国形成新的世界意识是以东西文明接触为前提的,因此我们首先必须回顾一下天主教传教士对东西文明交流的影响和贡献。具体地说,谈到中国时要提到明末利玛窦(1552—1610年)制作的世界地图《坤舆万国全图》及其影响,谈到日本时要提到新井白石与西洋人传教士的对话以及来自中国的书籍与新井白石形成世界视野的关系等等。日本知识分子从很早时期就开始通过向北方探险获得有关俄罗斯的知识,并掌握了用来自兰学的知识以及近似想象的世界意识与来自北方探险获取的第一手知识进行比较分析认识世界的方法。由此可见,中日两国走向世界、走向近代化的过程,也就是知识分子通过反复进行各种各样的知识探险和学问研究,拓宽世界视野,慢慢改变自己的空间的和地理的世界观念,同时也刷新自己价值观念的历程。

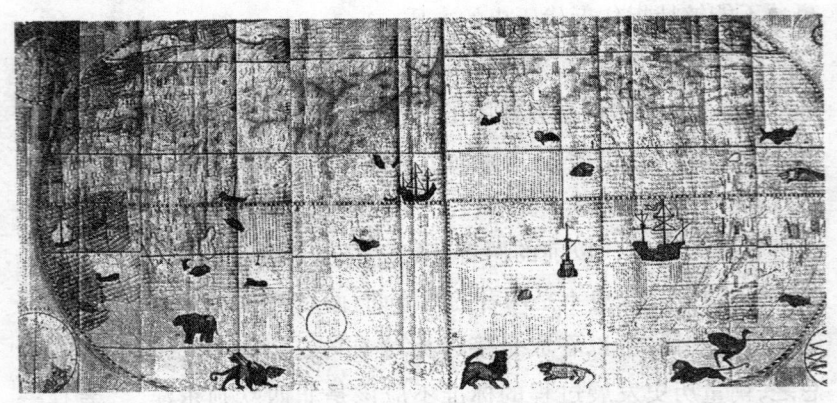

图1 坤舆万国全图:1582年来到中国的利玛窦曾画了几种世界图,其中之一就是1602年由李之藻经手刊行的"坤舆万国全图"。这是用中文标记的来自西洋的第一张世界地图。日本宫城县图书馆收藏。

空间的世界意识和观念的世界意识并非总是统一的。由于知识分子对人类世界的理想境界具有强烈的探索欲望,他们对新生事物经常是既充满希望又满怀好奇心,但同时也往往容易具有批判的和怀疑的目光。所以随着视野的扩大,他们对原有的价值既表现出反省和排斥,对新来的价值也感到踌躇和矛盾。不过正是当他们勇敢地面对这种错综复杂的思想状况时,才实现了自己最早的东西文明对话的。在此我们可以看到19世纪前后中日两国知识分子的共通之点。所以本书也重视揭示伴随着世界视野的扩大在两国知识分子脑海中产生的不同价值观念的碰撞,以及对由此而并发的喜悦和苦闷所进行的深层思索。正是在对价值观念的再构造过程中,在东西文明的精神对峙中,我们才能发现东方文明的主体存在。迄今为止,在论及明治时代以前日本西学系统的知识分子和清末文人知识分子的时候,往往过于忽视对两国知识分子具有的价值观念的矛盾和克服这种矛盾所作的努力进行正面分析。

在日本,这方面的中心人物有通过学习地理知识,试图给自己国家引进新世界观念的工藤平助、林子平、前野良泽、本多利明、司马江汉等等。进入19世纪以后,由于认识世界水平的提高,这类知识分子的精神状态从对新世界的憧憬转变为强烈的对陌生世界的恐惧,对外危机意识又使他们加强了对本国现状的反省和批判。这方面的代表人物可举出杉田玄白、渡边崋山、高野长英等等。更进一步说,还有山村才助、箕作阮甫等等人物,他们一边继承新井白石以来的世界地理学传统,一边迅速地吸收西洋的最新信息和从中国传来的最新的汉语世界地理书,以此全面地刷新幕府末期日本的世界认识水平。他们的成果以后不仅被利用于回避幕府末期的对外危机,同时也开创了近代日本世界史研究和世界地理学研究的先河。另一方面,在西学以外的领域,也开始出现了一批把世界纳入思想视野、构筑自己思想体系的人物。商人学者山片蟠桃和国学家平田笃胤等是这方面的主要代表。

佐久间象山也是江户幕府末期日本一位经历过重大思想变换的典型人物。他主张"东洋道德和西洋艺术"的对立和统一,给当时日本知识界带来了不小的震动。这可以说体现了当时日本知识界已经具备了对世界之中日本(东洋)的初步认识,同时显示日本知识分子已经形成了把西洋科学合理主义和日本主体性意识相结合的思维倾向。佐久间象山对世界之中的"日本"和相对于日本来说的"世界"

的深层思索,紧紧扣住了这个时代的思想主题。

(二) 往返于西洋和东洋之间的人们

江户幕府末期,日本知识分子广泛阅读和吸收来自中国的有关世界形势的信息和传达西洋文明的各种著作(譬如魏源的《海国图志》和徐继畬的《瀛环志略》)。这些书籍和信息使日本知识分子的世界意识得以强化,帮助其开辟了一条理解现实西方世界和应对西方世界的道路。从冒着现实的危险断然决定偷渡过海的仁人志士吉田松阴的以失败而告终的最初尝试,到数度派遣"大君使节"(1860—1867年)和留学生们走向世界的开放时代,跟世界接轨的志向为日本带来了剧变,通过用自己的眼睛观察西方,在现场中学习西方,人们不断发现西方世界的新含义,发现包括西方在内的崭新世界的真实形象。在美国访问期间,福泽谕吉受到的强烈文化冲击,激发了他要为日本引进一个全新文明模式的雄心壮志。对西方世界的全方位认识促使幕末日本巩固形成了在国家林立的新世界中定位日本国家位置的思维取向。

另一方面,19世纪中国知识分子也经历了世界意识的改变。自魏源以后,洋务派和改良派领导人为引进西洋近代军事体系和工业技术而不断地把视野转向西方世界,到了19世纪末20世纪初以后,许多知识分子不但从地理的角度观察世界,也开始谋求从精神上寻找与西洋世界的连接点,迈出了走向世界的步伐。在从"天下"向"世界"转变的过程中,有人尝试再现古代中国的大同理想,有人试图为长久停滞不前的中国思想注入西洋文明的活力,启动中国人超越沉重的自我中心世界观的旅程。这样的探索,作为中国人对西方文明和未来中国的切实思考,促进了近代中国人独有的世界观的形成与展开。

中国人探索西方文明与思考中国未来的精神轨迹,最早可见于19世纪中叶容闳打算把美国文明带入中国的"派遣少年留学生计划"中,也体现在率先游历欧洲的清末官僚知识分子的行动之间,体现自英国留学回国的严复的译文里,甚至还体现在信奉朱子学的曾国藩和李鸿章的政治实践之中。同样我们还可以在开始致力于与西洋各国进行外交交涉的清末官僚知识分子们前往欧洲的船上,在巴黎公社(1871年)的最高潮时期,或是在从那里回来的船上找到更多的迹象。值得一提的是,清末官僚知识分子们在上述场所与明治日本遣欧使节以及留学生们曾经邂逅相遇,以此为契机,中国文人知识分子迈开了重新"发现"日本、重新认识日本的第一步。此后无论康有为构筑大同世界论还是毛泽东形成社会主义理想观,可以说都是对19世纪后期、20世纪初期中国文人知识分子世界观的继承与发展。另外,中国知识分子对日本动向表现出了进一步的关心和注目,19世纪后半叶黄遵宪撰写《日本国志》全方位介绍日本,进入20世纪,梁启超对明治学术文化进行系统的学习和介绍,接下来是大量中国人赴日本留学,形成近代中日文化交流的第一个高峰。由此可见近代化运动起始之际的中国不仅受到过西方的刺激,同时也受到了东方日本的启发。

18世纪初叶和19世纪后半叶,中国和日本知识分子先后在寻找近代化发展道路的过程中,面对危机和挑战,鼓起勇气,苦苦求索,迅速获取了自己崭新的世界观念。尤其是日本知识分子,在摆脱了长期以来所受的来自中国世界观念影响的束缚以后,很快获取了崭新文明观和对西洋的认识,从学术上、精神上加快了睁眼看世界的步伐,使日本成为非西洋国家中最早吸收西洋文明完成近代化改造的国度。

以上围绕中日两国近代化与世界认识的关系介绍了我的研究构思。我试图把近代化过程中的日本置于与中国等亚洲国家的相互关系之中来把握,通过观察以兰学家为中心的知识分子的思想和行动剖析近代以前日本人"世界意识"的形成过程。特别是指出19世纪后半叶的幕府末期日本的知识分子与中国文人知识分子的连带关系,展示他们如何从同时代中国知识分子的世界视野或经由中国传来的海外信息接受刺激,如何积极地获取了新的世界观念,比较中日知识分子两者之间出现了怎么样的精神上的连锁反应和断层。这样的分析将可以帮助我们发现一个事实,即在日本形成新的世界意识过程中,来自西洋的影响固然重要,但来自亚洲方面的知性刺激也具有十分重要的作用。描述中日两国知识分子迎接和拥抱近代世界的真正的形象,阐明近代中国、近代日本在走向"世界"的同时,观察对方,认识对方的历史进程,这即是本书的主要目标之一。我相信这样的分析将有益于从一个全新的角度出发,较深层次地把握中日近代化的世界史意义。

三、儒学与近代化

在进入正题之前,还要从四个方面谈一谈有关"传统与革新"的问题。首先是关于东亚世界共有的儒学和近代化的关联问题。其次要比较一下中国的儒学和日本的儒学,中国的朱子学和阳明学,日本的朱子学和阳明学。第三要看一看中日两国是否在传统里面寻求近代化精神的问题。第四是具体分析一下"和魂洋才"(日本精神西洋才能)和"中体西用"这两个贯穿于中日两国近代化过程中的概念所包含的意义。

传统的东亚世界(中国、日本、朝鲜、越南)长期受儒学文化影响。但是不论哪个国家,随着近代化过程的深化,儒学都不仅没被看作是接受近代思想的基础,反而被看作是阻碍接受近代思想的主要原因,成为需要打倒和批判的对象。事实上,东亚各国的传统儒学无论从其结构来看或者是从儒学和东亚各国社会相关联的方式来看,其对东亚各国历史和社会带来过巨大的影响,这种影响在当代东亚社会依然可见的事实是不可否认的。如果把非西洋各国的近代化看成吸收来自近代西洋的文化,改造本国传统文化的过程的话,中国、日本、朝鲜半岛的近代化之所以产生差异,显然跟东亚各国的儒学和社会的互动机制是有密切关系的,这种密切关系使我们今天仍然可以从东亚各国不同的近代化深层思想中寻找出各国独特的传统儒学背景。

朝鲜儒学具有十分悠久的历史。不过,三国时代(4—7世纪)到高丽朝(918—1392年)后期的朱子学以前的儒学,是与当时的统治思想——佛教共存的儒学,其特点是把哲学委托给佛教,自己专门在政治、外交方面发挥才能,可以说是一种诗文儒学或文学儒学。朝鲜儒学的形象特征,在儒学成为统治思想的李朝的五百年历史中(1392—1897年)才呈现出来。

(一)中国的儒学

中国儒学的源流可以追溯到孔子(公元前551—公元前497年)。被后世尊敬为儒家之祖的孔子,因为他把恢复周朝初期(公元前1050—公元前256年)的分封精神作为理想,所以在致力于强化家族道德的同时,否定基于权利的政治,强调基于道德的政治。这以后就成了儒学的根本精神。后来,汉武帝采纳董仲舒(大约公元前196—公元前104年)的建议,把儒家学问定为王朝的正统学问,从此以后,到清末为止,儒学一直是历代王朝进行统治的官方学问。

儒学成为文人士大夫(官僚地主阶层)等政治、文化中心阶层的主要思想以后,适应各个时代历史、社会的变化,通过容纳佛教、道教的教义和见解不断丰富了它本身的学问内容。

三国及南北朝时期与被称为政治、文化时代的汉代一样,也是哲学、宗教、文学、艺术辉煌灿烂的时代。在把《老子》、《庄子》和儒教的《易经》合称为三玄的这个时代,知识分子的教养中玄学的比重大大地超过了儒学。

隋朝、唐朝时代的儒学虽然保持住了官学的地位,但作为知识分子生活理想的功能却显著下降。支撑隋、唐知识分子精神的东西是佛教,是文学和艺术。

面对传统儒学的衰落,要求强化儒学社会功能的声音逐渐升高。及时回答了这一时代要求的,即是产生于宋代、被称为"宋学"的新儒学,取代表学者朱子(朱熹的敬称,1130—1200年)的名字而亦叫作朱子学。朱子学也可以说是狭义上的"理学",提倡重视人的才智、理智,在伦理思想上有严肃主义倾向。其主要内容中,既包括老子、庄子和佛教等宗教教义,也夹杂当时深深地渗入知识分子精神深处的禅宗要素。南宋还产生了朱子同时代人陆九渊(号象山)这一具有与朱子学相对立观点的思想家,其学问为明代王守仁(阳明)传承,带来了阳明学的兴起。

持续近一百年的元代蒙古族王朝,最初无视中国传统文化,实行强烈的黩武政治。不过四代仁宗以后,复活了被中断的科举,朱子学被指定为起用官吏的条件。这个制度在明、清时代也得到继承,巩固了朱子学作为儒学主流学问的地位。

明代三百年是汉族王朝,从整体上来看是和平的时代。但由于朱子学通过科举强化了官学地位,朱子学派的学问逐渐流于形式,失去了儒学本来的精神活力。许多朱子学家只热衷于祖述朱子的学问,忽视了对未知世界本身的探索和追求。而且,由于朱子学重视人的才智和理智,在伦理上有严肃主义倾向,因此,重性情轻理性的明代人,期待着出现一种新学问来取代理性主义朱子学。应运而生的就是王守仁(阳明)的"心学"。

王阳明学说继承宋代陆象山心学要素,把"致良知"(穷尽先天性具备于人类精神的良知)作为学问修养的目的,而且强调"知行合一"(通过实践获得知)。王阳明把自己内心确信为正确的东西看作是真理,并认为发现真理就应该立刻把它付诸实践。他这一为强烈的主观主义和行为主义所支撑的学问框架,既引起了明代知识分子的共鸣,也得到了一部分农民和商人的支持。

满族建立的征服王朝清朝与元朝颇有差异,清朝从最初开始就实行谋求诸民族和好的绥靖政策。朱子学作为官学权威继续得到保证,但由于对明代王阳明心学唯心论的对抗心理,清初时代知识分子倾向于经世致用的实学,乐于对经典和史书进行专门实证研究。从虚学(空洞的学问)向实学(有用的学问)回归成为当时的流行语。此后康熙、雍正、乾隆三代之间,发生了不少因著述导致笔祸的事件。一般把这种事件称为文字狱。实际上引起文字狱的原因虽然各有不同,不过,最多的事例是有关华夷之辨以及诽谤清朝之类的东西。乾隆帝时代,发布了禁书令,这被运用于对明末清初著述活动的严厉限制,导致了对当时触犯忌讳者的镇压。接连发生的文字狱,也可以说是带来清朝后期考据学隆盛的主要原因之一。

从思想史的角度来看的话，文字狱盛行的社会环境在造就了至今仍然获得很高评价的清朝考据学这一巨大的学问形态的同时，另一方面却付出了使缺乏思想内容的学问横行于世的代价。当然在此期间也产生出了像戴震这样显示出近代思想萌芽的思想家。戴震是考据学大家。他否定朱子学的唯理主义，主张尊重人的性情。在日本古学派之祖伊藤仁斋的思维里面，也能看到近似戴震的思想，但伊藤仁斋比戴震早出生70年以上。戴震的学说在清末中国没引起多少回响，可伊藤仁斋不仅在当时日本得到许多知音，也给予后世很大的影响。

1840年鸦片战争以后，随着太平天国运动的兴起，清朝内外面临重大危机，思想界也出现了变革的征兆。变化首先表现在人们对古典儒学世界的回归。相对于乾隆、嘉庆考据学之全盛，知识界开始从重视文字考证转向面对现实社会的新型实用学问，公羊学家纷纷登场显示了这一时代特征。

在考据学风靡的一个世纪之中，清代的朱子学和阳明学相对地进入了衰退局面。不过即便前述戴震的思想，其理论框架并没有超越理学范畴，从表面上似乎只不过是把朱子学的超越性规范加以改编而构成的，不过，两者的学术目的和取向却很不一样。

总之，清末中国与其说是在宋代朱子学和明代阳明学说的学问成果之上吸收外来文化，还不如说是以清朝考据学为基础咀嚼消化来自西洋的思想文化的，清末知识分子所奉行的朱子学，实际上仅仅停留在维持臣僚道德和对人规范上面，也就是说，朱子学只在知识分子的个人伦理世界中维系着脆弱的生命。王阳明的"知行"理论在清末民国初期也只不过是作为一部分政治家的政治改革理论而加以接受和应用。

（二）日本的儒学

日本从4世纪左右开始从中国及朝鲜接受儒学，进入近代以后实现了日本独自的发展，给日本的政治、经济、社会、文化、教育以及道德意识和精神带来很大的影响。

到了江户时代，日本的儒学脱离了从属禅宗的状态，开始走自立之道。这以后朱子学作为幕藩国家的思想体系成为官学，影响着幕府的文教政策。

儒者与医生一样，有不少出身于四处流浪的武士家庭，也有不少人来自平民阶层，即使服仕于藩往往也不是终生服侍一个领主。在身份制社会中，有某种程度的自由，其教授对象超越武士层涉及平民。商人阶层和农民的上层也产生儒者。由于儒学的教养影响到村吏阶层，村吏阶层在充当征收地租末端机构的同时，也发挥了说服农民尊敬领主，不滞纳地租的功能。这样的活动似乎都是基于人伦道德意识而进行的。

在整个江户时代，朱子学为日本人带来了不少合理主义的思维。总之，随着朱子学成为官学，朱子学的合理思辨大大推进了日本人合理主义思维的发展。不用说，这导致了藤原惺窝的合理思考和幕府末期横井小楠等倡导国际平等合理精神的形成，同时也为幕府末期接受西方自然法思想和自然科学思维提供了基础。

同时，也可以从这样的角度看看日本的阳明学。明朝阳明学一般认为具有道德大众化和内在自立、自我觉醒这样一些特点，与此相反，日本阳明学倾向把重心放在追求人的内在精神的构成而不是过问道德的内在化。由于其主要代表者中，武士多过民众，阳明学的道德意识没有像明代后期一样作为一个社会运动产生影响，仅仅作为个人内在精神事项为武士和知识分子阶层所接受。

众所周知,与许多清末政治家一样,在幕府末期志士(吉田松阴和高杉晋作等)之间,阳明学和政治改革实践问题也有紧密的关系。朱子学者中有不少"阳朱阴王"学者和活动分子,这也从一个方面说明了幕府末年维新运动中阳明学的魅力。所谓"阳朱阴王",是指表面研究支撑江户幕藩体制的朱子学,在背后却悄悄研究阳明学说,如佐久间象山的恩师、大学者佐藤一斋等都是这种类型的学者。

四、"和魂洋才"和"中体西用"

从幕府末年到明治维新期间,日本出现了"和魂洋才"(日本精神和西洋技艺)的说法。意思是说要综合日本古来的精神文明和从西洋吸收的知识、技术或发挥日本古来的精神传统,使用从西洋吸收了的知识和技术。

本来日本也有"和魂汉才"(日本精神和中国技艺)的说法。"和魂汉才"强调运用日本固有的精神和从中国传来的学问,与此相对,"和魂洋才"指的是明治以后立足于"日本固有的精神","吸收西洋的学问和知识",两者各自表述了日本吸收外来文化的样式。可是需要指出的是,近代日本从"汉才"向"洋才"的转移不是人们所想象的那样,只是简单地从中国的学问转移到西洋的知识、学问。事实上"洋才"往往建筑于"汉才"基础之上,也就是说,在转型过程中,"洋才"并没有撼动过"汉才"的根基。

根据《广辞苑》记述,所谓"和魂"乃是指"日本人固有的精神。大和魂"。据说"和魂洋才"是明治以后代替"和魂汉才"而形成的说法,意在强调日本固有精神和西洋学问的结合。立足于日本固有的精神摄取西洋的学问、知识的方式,与日本人自古代起就开始积极吸收外国(中国)文化的传统一脉相承。由此可见,融合"日本精神"和"和魂"、"汉才"、"洋才"等等完全不同的东西为一体也许正是日本近代化的一个基本特征。

图2 广东港口:近代中国历史有许多故事都发生在这个中国直接接触西洋的地方。长崎市立博物馆收藏。

另一方面,中国自19世纪中叶以后,伴随着西洋的军事压力和学术文化带来的冲击,知识阶层中产生了一种如何对待西方学术的"中体西用"理论。所谓中体西用是"以中学(中国的传统学问)为体(根本),以西学(西洋近代学问)为用(应用)"的简略说法。主张"以中国的五伦五常之名教为根本,以各国富强之方术作为补助"的早期"中体西用"理论受到了李鸿章等洋务派官僚的欢迎,成为他们导入以军事为中心的西欧科学技术时的指导性理念。可是,西洋列强的侵略和清末中国的败退,尤其是甲午战争的失败,使西学内容逐渐向政治制度方面扩展,后来,这又导致了对"中学"本身的改革,即改革传统政治制度的变法论的形成。

此后,由于革命思想的出现,"中体西用"理论急速褪色,大大失去了时代意义,不过,中体西用式的思维并没有在中国完全消失,它既贯穿于20世纪30年代知识界的文化争论之中,同样也隐藏于开始于20世纪80年代的文化热之中。

一般认为,"中体西用"和"和魂汉才"和"和魂洋才"表达的都是类似的主张,不过,事实并不这么简单。在日本"汉才"上面的"洋才"和突然呈现在清末的"西用"是不是同样性质的东西呢,实在是个值得探索的问题。接近上述两个与中日近代化发展方向密切相关的关键概念也是本研究要追求的另一个目标。这样的探索既可以深化对"和魂洋才"的体现者、幕末志士佐久间象山的认识,也可以深化对最早把"中体西用"付诸实施的清末士大夫魏源的理解。通过这样的对比分析,有望进一步揭示出中日两国近代化的深层结构及两国近代化的本质特征。

第一章 想象的世界与现实的世界

一、大航海时代与东西势力的交替

什么是世界？历史上不论大洋东西，人们都习惯把自己视野所及当作世界，习惯把自己文明所达到的范围当作世界。古代中国有人认为天、地、人三者形成世界，认为历史的兴衰依赖天时、地利、人和的奇妙合力得以实现，世界的转变根据天、地、人的共同作业而得以完成。不过，今天我们却认为世界的主体不是天，也不是地，而是梦想发现未知世界的人。而无限的想象力和好奇心才是推动人们发现新世界的真正动力。

15世纪的前半期（1405—1433年）明朝武将郑和前后7次乘船到达东南亚、印度西南岸、波斯湾、阿拉伯及非洲东岸，实现了广为人知的郑和下西洋。郑和率领船员二万数千人，分乘60余艘大型帆船，以大型编队向西方挺进的壮举，不仅促进了南海各国对明朝的朝贡，活跃了南海贸易，也通过人的往来和物品的交换，扩大了中国人观察外部世界的眼界。

郑和船队中的一些人详细地记录了他们的经验和见闻，为后人留下了宝贵资料。最有代表性的记录是具有三次同行经历的翻译马欢撰写的《瀛涯胜览》、南京人巩珍撰写的《西洋番国志》、苏州昆山人费信撰写的《星槎胜览》。这些记录今天已成为我们追述当时情景的最佳凭证。他们通过对东南亚地区、印度洋、阿拉伯海等国家的风俗、地理、人品、物产的记述,既传达了自己最初的世界体验,也披露了他们对于未知世界的无限好奇和憧憬[1]。

然而,尽管郑和下西洋显示了传统上主要以陆地为生活环境的农业国家明代中国对海洋的关注,说明明代中国已经有能力在海洋进行大规模远征,但是由于统治者阶层只关心向外炫耀国威,并没有想到利用下西洋把中国改变为海洋大国,为中国打开海上殖民通道。不过可以肯定地说,它为中国人赢得了一次观看外部世界的难得机会[2]。可以说,如唐代玄奘留学印度以后留下的《大唐西域记》一样,马欢的《瀛涯胜览》、巩珍的《西洋番国志》、费信的《星槎胜览》也极大地开阔了人们的视野,使一部分中国人意识到长安、洛阳、北京以外还存在着许多大千世界。但是,如此灿烂辉煌的海上探险行动,却在明代中期以来奉行的严格的贸易统制政策下被迫中断。从此葡萄牙取代中国人进入该地区,南洋成为葡萄牙人的天下。就在明代采

---

[1] 这三种记录,有关马欢《瀛涯胜览》,现在可见的有前述冯承钧编《瀛涯胜览校注》,该书有商务印书馆 1935 年版和后来中华书局的再印版,还有 1969 年吉川弘文馆小川博翻译注释的日语版。巩珍的《西洋番国志》曾作为中外交通史丛书之一,经向达校注并作附录,1961 年由中华书局根据北京图书馆善本印刷。费信的《星槎胜览》在民国时期根据天一阁藏明钞本印刷。一般来说,中国人最早接触的西方文化是经由印度传过来的,其次就是通过郑和下西洋接触的波斯、阿拉伯传过来的东西,再进一步就是明末传来的西欧文化。

[2] 马欢在《瀛涯胜览》序中叙述他的感想,大意说自己曾经读《岛夷志》(元末汪大渊著),感叹其书描写的不同的天、不同的气候、不同的地理和人物,感叹"天下为什么这样不同呢"。永乐十一年癸巳年(1413 年),太宗文皇帝命正使太监郑和指挥宝船赴西洋诸番国。自己也作为翻译随行在使节团的末尾,越过千波万浪,远至数千万里以外的地方,历巡诸国,亲眼看到和亲身体验到了不同的天、不同的气候、不同的地理和人物。因此,自己不仅明白了《岛夷志》写的东西毫无虚言,并且还看到了许多比这更为稀奇古怪的东西。

取消极的海外贸易政策的同时,葡萄牙人率领的强大武装船队进入南洋,挺进东方,最终确立了西方世界在南洋活动的优势。可以说,正是15世纪后半期明代的"海禁"和西方人向东扩张这一东西方势力的交替,改变了以后世界历史的发展方向。

  从15世纪到17世纪,欧洲以哥伦布发现美洲、达伽马航行印度、麦哲伦绕世界航行一周三件大事,决定性地改变了其固有的世界观和世界表象。随着以上述事件为象征的大航海时代的开始,东洋西洋互相靠近、互为一体的现实,迫使人们修正心中固有的世界表象。当然,所谓大航海和大发现不仅给非西方世界带来了翻天覆地的影响,同时也使西方人因新发现的财富而面临巨大的心理变化,不由自主地开始体验文化交流所带来的生活方式的变革。通过与非西洋世界的人们的往来和接触,西方人连"吃"、"喝"、"吸烟"等生活习惯都开始混入非西方的因素,异文化的大量进入不仅给人们日常生活增添了不少惊喜,也带来了许多忧虑①。这促使人们基于具体的生活感受,不断追求对世界表象的刷新,也促使人们通过与诉诸于感性的事物的接触,在精神上缩短与日益扩大的世界之间的距离。

  伴随着西方势力的扩张,非西方社会也迎来了剧烈的社会变动。面对汹涌而至的外来文化的洪水,非西方社会的人们既要拼命适应旧"世界"的变化,也要冒险寻找新世界的出路。非西洋社会的所谓文化精英们更是首当其冲,最早经受如何处理外来文化和传统文化关系的严峻考验。这些文化精英在是选择接受殖民地国家的血腥现实,还是选择在此基础上形成新型混合文明问题上苦苦思索,寻找答

---

① 博伊斯·彭罗斯:《大航海时代:旅行和发现的二个世纪》,筑摩书房1989年版。

案。西洋霸主的突然登场,迫使非西洋社会的人们一边承受来自西方人的掠夺和轻视,一边修正和超越固有的世界表象,寻找对付西方挑战的方法。当然,通过与异质文明的对话,也使人们日常经验的"世界"具有更广阔的内涵。空间体验的扩大,总是诱发人们对宇宙、大地、人类才智的好奇和思考,强化人们以天、地、人为对象诠释内外世界的百科全书式的思维指向。

就这样,在不同文明碰撞和冲击中顽强拼搏的人们,并没有忘记把自己的体验和对天、地、人的思考记录下来。他们的记录使我们得以重新了解那个时代不同文化相互影响、相互竞争的真实面貌。这种珍贵的记录,不仅可发现于西方国家,也可发现于东方的中国和日本。例如,在后面要提到的明代中国问世的《三才图会》一书,就是一本记述那个时代对天、地、人的认识和思考的重要著作。在这里,天的部分涉及了当时的世界观和价值观,地的部分介绍了当时的空间认识,有关人的部分提到了人种的分布。可以说,对天、地、人的思考和伴随着这种思考的深化带来的世界观的变化不仅会影响那个时代的思想家和其周边的人们的行为方式,有时还会影响到一个民族的生存方式。这种思维的有效性似乎也不只局限于东西方势力交替的大航海时代,可以说,即使今天在西洋与非西洋接触的场所,在异质文化交错的地方仍然可以找到它的用武之地。

二、地图上的日本和世界

中世纪日本人认为世界由本朝(日本)、震旦(中国)、天竺(印度)构成。1364(贞治三年)绘制的"五天竺图"(日本法隆寺藏)显示了这种世界观。这幅图把天竺以大卵形绘于图正中间,日本被标记为"九国"、"四国",位于图右上方海域。很明显,构图把末法①日本置于世界的边缘。不过,这种来源于佛教思想的三国世界观,自16世纪葡萄牙人到来以后开始发生了变化。

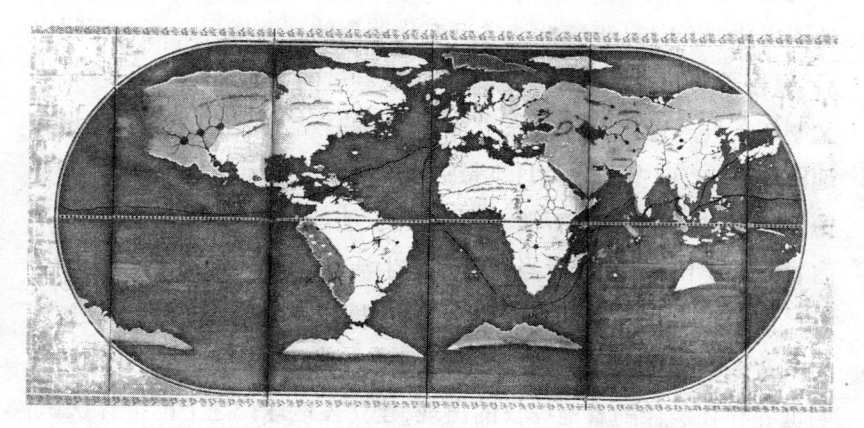

图3 收藏于福井市净得寺的世界地图屏风:到了江户时代,日本人开始在日式居室里观看世界地图屏风。日常生活的空间也是观察世界的好场所。

近代以前,日本曾经把自室町时代进入日本的葡萄牙人等西欧人称为南蛮人。原来,日本模仿中国的所谓四夷观(东夷、西戎、南蛮、北狄)称南方异民族为南蛮人,后来,日本人干脆把从南海进来的西方人都称作南蛮人。南蛮人乘的船也被称为南蛮船。这种船后来成为南蛮屏风的理想画题。南蛮屏风既描绘基督教教堂,也以传教士们的风俗、南蛮人、南蛮船、南蛮贸易为题材。

有记录表明,德川家康曾观看过南蛮世界图屏风②。一种说法

---

① 佛教用语。三个时代之一。意喻佛法不复存在的时代。指正法时代、像法时代过后的一万年时间。
② 东京大学史料编纂所编:《大日本史料》第12编之8,东京大学1901—1915年版,庆长十六年九月二十日条,第882页。

认为,庆长十六年(1611年),德川家康命人临摹荷兰人来航时进献的寰宇全图,把其绘制于枕头屏风①。这从一个侧面反映当时的日本统治者层不满足于被佛教世界观所束缚,似乎希望通过观看世界地图屏风,更直接、更感性地靠近变化莫测的现实世界。宽永年间以后,紧接着这幅被认为是由德川家康观看过的世界地图以后,在日本又制作了许多世界地图屏风。其中有一幅较有名的叫作净得寺世界地图屏风②。南蛮文化为日本带进了基督教一神信仰和一夫一妇道德,使日本接触到西方历学、医学、天文、地理和艺术,导入了造船、航海、测量、矿山等技术,对当时的社会生活、风俗给予了极大的影响。

南蛮文化带进的世界表象大大地刺激了日本固有的世界观。在与南蛮人的交往中,日本人渐渐明白在中国、印度、日本之外也有文明世界存在。伴随着地球仪的出现,建立在地球说之上的世界认识,进一步冲击了原有的三国世界观念。比方说,路易斯·弗罗伊斯(1532—1597年)曾在其著作中提到,织田信长曾经指着地球仪要求神甫们说明从欧洲到日本的旅行路线③。

然而,尽管通过与南蛮人接触,日本人一举开阔了地理上的视野。不过,许多认识到有必要重新审视固有世界观念的人们,并不知道如何捕捉住一个崭新而又准确的世界图像。利玛窦的《坤舆万国全图》为他们获得更为精确、更为鲜明的世界图像提供了可能④。可

---

① 藤田元春:《改订增补日本地理学史》,原书房1984年版,第356页。
② 全图可见于《大日本史料》第12编之8。
③ 松田毅一等:《回忆织田信长》,中央公论社1973年版。
④ 鲇泽信太郎把近世日本海外地理知识的传入时期划分为长崎时代(主要经由中国)和兰学时代(以直接进口为主),他认为日本近代西洋地理学基础是把在吸收汉译海外地理知识(以利玛窦世界地图为代表,加上魏源的《海国图志》)基础之上,通过直接消化西方学说建立起来的。

以说,利玛窦的世界地图,为"锁国"时代打开了另一个观察世界图像的窗口。例如,宽永十年(1670年),安井算哲(又名涩川春海,1639—1715年)制作的地球仪即参照了利玛窦的坤舆图①。同时,经中国传入日本的世界地图,以后还被用来与从日本直接进口的西洋世界图进行对照比较。也由于利玛窦系列的世界地图具有富有故事情节、以汉字标记地名国名的特征,所以,在一般知识分子中间渗透很快,有助于在日本形成和普及新的世界观念。

学习世界地理知识,能使人开阔视野。而对外部世界的了解,总是与对旧世界的怀疑相互联系的。如很早对被称为"北倭"和"南倭"的虾夷和琉球感兴趣的新井白石在《采览异言》中就不吝篇幅对世界地理作出了详细的研究。《采览异言》用汉文按欧罗巴、非洲、亚洲、北美洲、南美洲的顺序记述了各国地理,这也是在参考利玛窦《坤舆万国全图》基础上,综合当时日本所能搜集到的地理知识而撰成的。该书还翻译了《坤舆万国全图》文字记述的地志部分,并列出该图中出现的国名、地名、海名,有的固有名词还标上日语片假名读音。当然,由于他有直接接触西方人的经验,他的西方印象不局限于书面材料的影响。在与西方人面对面进行对话过程中,他既获得了对西方文明期待和憧憬之情,同时也萌发了对来自中国的世界知识的反省和批判之念。

真正意义上通过向西方学习重新构筑世界观的潮流,涌动于18世纪后半期。伴随着俄罗斯势力南下,日本知识分子开始认识到扩大世界视野的现实意义。本多利明、林子平等经世学家和海防论者,正是最早回答时代呼声、把目光对准北方海域的先驱者。他们敏锐

---

① 参照藤田元春:《改订增补日本地理学史》,第422页。

地察觉出来自外部世界的威胁,认识到了俄罗斯的存在和北方海域的重要性。另外,前野良泽和杉田玄白等兰学家也对时代的呼声作出了回应。他们理性地探索日本和世界的关系,寻找日本在世界的位置。而山村才助的地理学研究不仅加深幕末日本的世界认识,而且为日本地理学的专业化,确立地理学研究领域开辟了一条道路。在民间,森岛中良的《红毛杂话》、《万国新话》介绍了东西方世界实际情况。司马江汉的《地球全图略说》被广泛阅读。进入19世纪中叶,人们进一步把海外研究与内外危机联系起来思考,运用有关世界的新知识和新认识加强对日本现状的批判和质疑。这期间涌现了一大批代表幕末日本的思想家和活动家。渡边崋山、高野长英对体制方面的批判与反省,佐久间象山、吉田松阴、桥本左内的体制改革论反映了思想家、活动家们与幕府政权之间的紧张关系。就这样,19世纪日本知识精英带着在国际关系中重新定位日本的强烈意志,一边运用来自中国的西方知识和信息,一边探索西方学问和西方事情,初步勾画出近代日本的世界观原形。

三、俄罗斯南下与日本人的海国意识

日本列岛为大海环绕。日本人世界意识的形成与跟大洋彼岸远方国家的交往状况有密切联系。古代以来,日本与中国和朝鲜半岛不断保持文化上的接触,15世纪到18世纪之间,日本通过贸易和海盗方式进入海洋地区谋求发展,到17世界初期,其活动范围扩大到包括东南亚在内(日本町)的亚洲海域、岛屿和陆地。日本初期国际意识的形成,与日本的海外扩张是同步进行的。南蛮贸易和倭寇在元末到明中叶多次在朝鲜和我国沿海抢劫骚扰等等事件是这时期对外扩张的象征。不过,无论倭寇还是南蛮贸易都是日本给亚洲海域世界带来威胁,日本并不从东南亚和中国等地反方向地感到威胁和危险。虽然基督教进入日本曾经令统治者感到头疼,但是由于可以用强烈禁止的方法加以排斥,并没有对普通人构成什么严重威胁。可以说,此时的日本人虽然接受从荷兰和中国贸易船获取亚洲海域的情报(风说书),但这些知识并不影响他们享受太平盛世的日常生活。

不过,来自北方的威胁,尤其来自北方海域的威胁,毫不留情地打破了日本列岛的和平梦幻。执牛耳于北方海域的俄罗斯的出现,是促使许多日本人把目光从和平生活中转移到海外世界的主要原因。

1771年(明和八年),作为匈牙利出生的政治犯而被流放到堪察加半岛的贝尼奥夫斯基发起叛乱,夺取俄罗斯帆船逃亡欧洲。在赴欧洲途中因为食品等等的短缺,停泊在日本的阿波国和奄美大岛。在此期间,他向出岛荷兰商行透露说俄罗斯有侵略日本的计划。幕府封杀了这一情报。但是在一部分知识分子之间,围绕着这一话题展开了热烈讨论。关于俄罗斯要攻击日本的警告通过长崎通辞(译员)和荷兰人传入日本知识分子耳中,引发了人们对包括虾夷列岛在内的北方海域的关心。可见,对俄罗斯的关注,是促使日本人现实地把视野从亚洲海域扩大到更广阔的世界范围去的重要因素。

对北方俄罗斯的警惕,当然与人们对虾夷地方的关心密不可分。工藤平助(1781—1800年)的《赤虾夷风说考》(1783年)是较早呼吁防备俄罗斯的著作之一。工藤平助出生于纪州藩医长井家,被收为养子,成为仙台町医的孩子,最后成为同藩的侍医(主治医生)。他经常滞留江户,求学于曾著有《蕃薯考》和《和兰文字略考》等书的兰学大家青木昆阳(1689—1768年),在此期间,他除了传统学问以外,对兰学也表现出强大的热情。他是大槻玄泽和林子平的同乡前辈,从他曾经为林子平《海国兵谈》撰写序文可知他在俄罗斯问题研究领域中占有举足轻重的地位。工藤平助在《赤虾夷风说考》中首先介绍了虾夷人眼中的俄罗斯。

> 虾夷人指露(鲁)西亚人叫拂莱西亚。即"红毛人"之意。因露人初渡来虾夷地者,皆着猩猩绯服起名。故松前人称其为赤人,又叫赤虾夷①。

同书的自序文,特别强调来自北方俄罗斯的危机,给日本敲响了警钟。

> 堪察斯加乃赤虾夷本名也。阿兰陀的东邻之国,名叫露西亚。此国势力自宽文左右渐渐蔓延,正德时期,征服堪察斯加国。虾夷地区和堪察斯加的中间有叫千岛的岛屿。此岛也从享保的时候起为露西亚占有。据说其国人常常漂流来到松前附近。这意味着从本国向东到达虾夷,绵延五千余里已经连成一片②。

俄罗斯向东、向南挺进的事实是工藤平助关心的焦点。诚如他所言,享保年间(1716—1735年)俄国人已经进入千岛北部,以后渐

---

① 工藤平助:《赤虾夷风说考》,寺泽一编:《北方未公开古文书集成》第3卷,丛文社1978年版,第29页。
② 工藤平助:《赤虾夷风说考》。

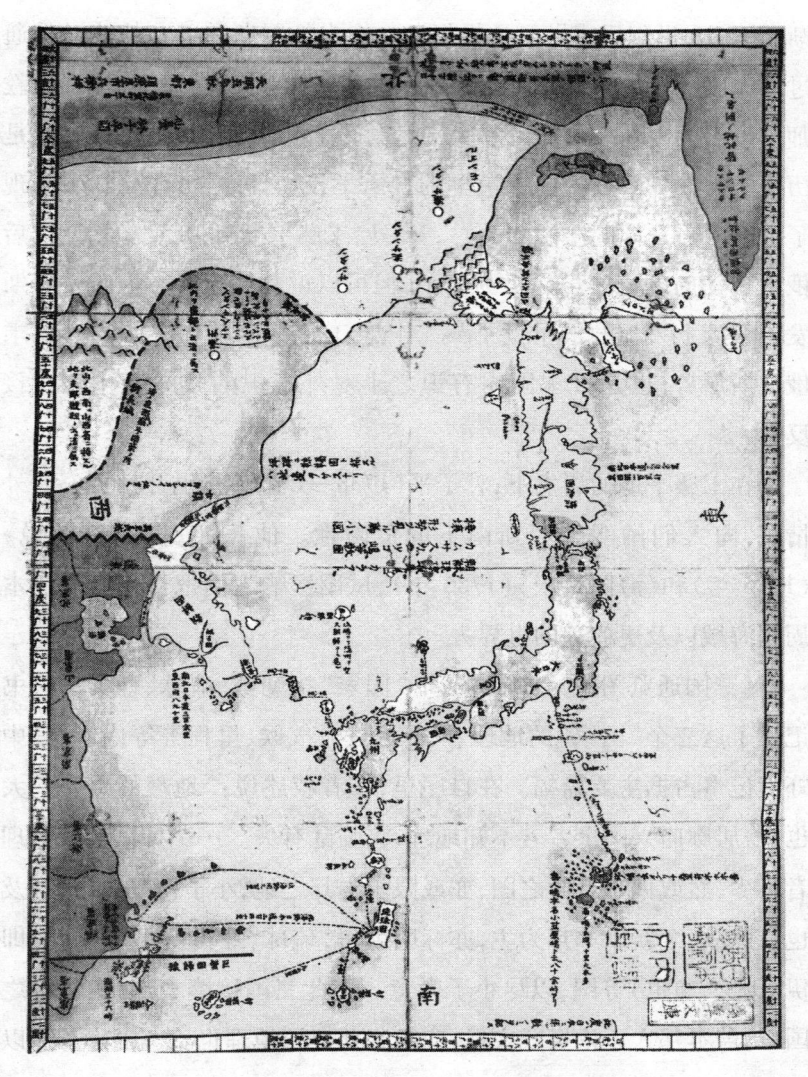

图4 林子平为《三国通览图说》附图所绘的"三国通览舆地全图"。这幅东北亚地域图不仅显示了当时日本人对外视野的扩大,同时也代表了人们对海洋国家的认识。独立行政法人国立公文馆收藏。

渐南下,18世纪后半期到达择捉岛。本来俄罗斯和日本的接触是通过漂流民开始的。1705年,漂流民传兵卫成为彼得堡日语学校的教师。以后的1768年,在伊尔库茨克也设立了日语学校。这可以说是历史上设在日本以外国家最早的日语学校。日语学校的建立,表现了俄国人对日本的注视和关心。此外,工藤平助对18世纪初期以后俄罗斯动向的记述虽然极为简单,但可以说是体现日本人对俄罗斯发生学问上兴趣的最早例子[①]。当然,工藤平助从历史的角度探求俄罗斯形势,也是日本国内有识之士对外意识的微妙变化的直接反映。

在工藤平助的启发下,林子平(1738—1793年)也开始关心海外情况,向人们阐明俄罗斯南下的危险性。他著《三国通览图说》(1785年)和《海国兵谈》(1786年),试图影响人们把目光撒向日本周围海域以及更遥远的世界去。

《三国通览图说》的所谓三个"国家"指朝鲜、琉球、虾夷。该书记述了这三个"国家"的地理、风俗、土产、气候、里程等等内容,其中虾夷记事占据主要篇幅。在自序里,作者叙述说:"地理的重要性大也,盖居廊庙兴国事者若不知地理,将临乱有失。……抑世上言地理者不少,然或偏于万国之图,亦或限于本邦之地,小子窃忆,皆过不及也。此故,今新以本邦为主,亦标明朝鲜,琉球,虾夷及小笠原岛(即伊豆无人岛也)等图,以尽小子微意。夫此三国接壤本邦,实邻境之国也,盖本邦人无论贵贱文武,应知晓此三国地理也。……小子愿以

---

① 鲇泽信太郎、大久保利谦:《锁国时代日本人的海外知识》,乾元社1965年版,第386页。

此图示世人，以为武备做一小补。"①作者强调正视日本周围邻国的重要性，力陈不仅要具备日本一个国家的地理知识以及现实性不大的万国地理知识，更要重视了解周围地区和国家的地理以满足日本的现实需要。很明显，林子平观察南北海域的视角已经在此初见端倪。有关自己著书《海国兵谈》的目的，他进一步说："予向著三国通览。其书欲查明三邻国朝鲜、琉球、虾夷的地图。其意在委任日本雄师有事进入此三国时，谙悉此图以应变也。"②可见，林子平已经为将来日本积极向海外扩张做好了资料情报准备。

此外，他还提出了防御外来攻击的战略构思。继《三国通览图说》后，翌年，林子平又写出《海国兵谈》。这本书论述的主题是，如果唐山、莫斯科比亚诸国进攻日本，应该如何进行防卫。在此林子平反复诉说海防的必要性，试图唤起世人具备把日本看成是一个海洋国家的自觉意识。该书"自序"言及海洋国家性质时说："何谓海国？曰，谓陆地连续无邻国，四方皆沿海之国家也，"③"从江户日本桥到唐、阿兰陀无境之水路也。"④他反复向人们陈述从日本到荷兰边界只存在一条没有境界的水路这一事实。认为自己"今一再强调此海国之备"⑤，是为了应付"后世必然会发生的侵略日本的事态"⑥，呼吁人们对外来侵略不可掉以轻心。"从初发至兹，小子窃夸此乃千

---

① 林子平：《三国通览图说题初》，山岸德平、左野正已合编：《新编林子平全集二·地理》，第一书房1979年版，第19页。
② 林子平："海国兵谈自跋"，《新编林子平全集一·兵学》，第287页。
③ 林子平："海国兵谈自序"，《新编林子平全集一·兵学》，第81页。
④ 林子平：《海国兵谈第一卷·水战》，《新编林子平全集一·兵学》，第88页。
⑤ 同上，第93页。
⑥ 同上，第94页。

古独见,足可为日本武备之纲领也。"①作为一位兵学家,他呼吁人们正视围绕日本的国际环境,他对外来侵略抱有强烈的危机意识。事实上,当时在日本周围既有英国船只谋求北上,也有俄罗斯船只谋求南下,日本周围海域正在失去昔日的宁静,林子平的忧虑并不是空穴来风,而是显示了他对东西方关系变化的敏锐预感。可以说,林子平的大声呐喊也是不久后响彻日本的开国进行曲的遥远的前奏。

林子平因被称为宽政三奇人之一而广为人知。作为仙台藩士,他曾经几次涉足长崎游学,跟随荷兰人或荷兰通辞学习海外知识。在他察知俄罗斯南下的危险以后,他将上述海防论著作推出问世,力陈海防之急。

有关林子平人物形象流传着这样一个故事。1792 年,林子平因撰写海防论遭幕府责难,被没收版本,本人亦遭禁锢。此时,他自嘲自己是"无亲、无妻、无孩、无版木、无钱,也无死意"②,意为六无斋。可见,对他来说,自己的版本与亲人、妻室、金钱、生死同等重要。三上参次在《江户时代史》一书中写道:"林子平自幼颖悟,乃一奇拔少年。长而游历四方,广求知识,跋涉天下,其足迹无处不至。""其时仙台藩有工藤平助之人,精通海防,子平以其为友为兄,结为亲交。"③的确,林子平曾赴虾夷地区考察,前后三次前往长崎,其间开始学习荷兰语言,研究海外形势。此外,他还搜集阅读新井白石的《采览异言》、虾夷史、虾夷随笔等等著作。同时,他还曾经通过与松前人的实际谈话,搜集有关北方海域地区的各种各样的知识。

---

① 林子平:《海国兵谈第一卷·水战》,《新编林子平全集一·兵学》,第 125 页。
② 河合文应、伊势斋助合编:《林子平先生小传》,《新编林子平全集五》,第 67 页。
③ 三上参次:《江户时代史》,"讲谈社学术文库",第 6 册,讲谈社 1977 年版,第 162 页。

《海国兵谈》的刊行于1791年得以实现。幕府在这之前的1790年断然决定禁止对朱子学以外的所谓异学进行讲习和研究。为什么在这样严峻的学问环境下，比异学等级更低的林子平的学问能得以问世呢？答案可以从两个方面考虑。首先是所谓异学是指朱子学以外的儒学等，《海国兵谈》还不具备资格与这类学问并提相论。此外，对于幕府来说，海防已经成为重大现实课题，急需补充这方面的知识。因此，幕府对林子平的镇压，与其说是因为不需要林子平的海防知识，不如说是害怕这些知识普及到民间去，因而引发固有体制的动摇，招致社会不安。可以说，幕府的异学之禁主要目标在于维护朱子学作为统治理论的中心地位，并不在于禁止别的学问。以下二件事从一个侧面反映了幕府的内心世界和当时的社会风气。一件事是两年后的1794年新井成美把新井白石的《西洋纪闻》献给幕府，另一件是，同年，大槻玄泽等洋学家在江户举办了荷兰式的新年元旦祝贺宴会。可见，所谓异学之禁并不意味着遮断观察外部世界的视线。

就在幕府严令林子平让《海国兵谈》、《三国通览图说》绝版以后不久，来自北方的威胁进一步具备现实味道。1792年9月俄罗斯使节拉库斯曼护送伊势漂流民大黑屋光太夫来到根室，要求通商。

大黑屋光太夫（1751—1828年）原本是伊势国船老大。1782年运送稻米航行于伊势与江户之间，遇上暴风雨漂流到阿留申群岛。随后，他被送到俄罗斯本土，在圣彼得堡谒见女皇叶卡捷琳娜二世，1792年拉库斯曼赴日之际被送还日本。返回日本的大黑屋光太夫被侥幸免除由禁止渡航海外令而带来的死刑，保住了性命。并且，他还接受恩赐居住在药园内，虽处于软禁状态，总算是过上了安安稳稳、悠然自得的生活。他被允许与幕府官吏和少数学者（特别是兰学家）交谈会话，但不得擅自与一般人接触。其宝贵的俄罗斯经验

之谈也仅仅由桂川甫周编的《北槎闻略》加以分析记述,没有广泛传播到一般社会。

1792年(宽政四年)正当前述林子平被幕府处罚,其版本遭到烧毁之年。大黑屋光太夫的回国从某种意义来说反而证明林子平的指摘具有现实价值。针对这种形势,当时幕府的最高领导人、年仅35岁的松平定信(1758—1829年)也不得不对此表现出了兴趣。松平定信在《秘录大要》①里记述道:"第一,读此秘要大录了解蛮意之事。"继而说:"读鲁西亚志,了解这个国家的概略。所谓《地理全志》是荷兰人所著,记述俄罗斯国大概之书的日译本。此书尤其详于万国之事。"所谓《地理全志》(Algemeen Geographie)是兰学家们称呼德意志人所撰地理书名。原作者约翰·哈布纳(日本称约翰·非蒲涅儿,Johann Hubner),父子皆为地理学家。大哈布纳(1668—1731年)26岁时写了题为《古今地理学问答》(1693年)的地理书。该书大为流行,一时风靡欧洲地理学界,再版达四五次之多。其中一部分于1772年译成荷兰文出版,传至日本。据说山村才助增订《采览异言》使用的小型百科全书原型《叩然滕图尔克》(Kouranten-tolk)也由

图5 松平定信〈秘录大要〉:注视漂流民口述的统治阶层与其说是要坚持闭关自守,不如说他们在想尽办法想寻找探索日益扩大的世界的可能性。《秘录大要》的文字透露出了作者的心境。

---

① 松平定信著,1808年(文化五年)印制,抄本来自东大史料,由桑名松平家所存。

大哈布纳所著。小哈布纳大幅增补大哈布纳的世界地理书,并数次把其公开出版发行。这些书也被翻译成荷兰文传播到日本①。松平定信把《地理全志》作为重要地理书加以评价足见其见识之高。进一步,他还记述道:"第四读鄂罗斯记事,注视唐山的处置。第五,读锁国论了解蛮意及我国内情。第六,读大幸杂录二册,了解他国事情。""第十一,环海异闻十五卷,记述五年漂流之杂录,应与大幸杂录对照比较,了解其内情。"可知作者置鄂罗斯(俄罗斯)、唐山(中国)、南蛮人(西洋)于视野之内,初步形成观察各国之间相互关系的意识。这也说明林子平对海上危机的认识已经对权力中枢产生影响。这也是松平定信对漂流民的体验和见闻录感兴趣的一个主要原因。幕府对林子平的处罚显然是处于统治者立场的需要,他们对林子平的主义主张不仅不那么反感,反而可以说已经开始具有某种共鸣了。

记录大黑屋光太夫等漂流民的漂流体验的书籍有《北槎闻略》、《环海异闻》等等。《北槎闻略》是大黑屋光太夫漂流谈的正式记录。这本书成于1794年(宽政六年),是遵照将军的意思由兰学家桂川甫周②根据大黑屋光太夫的口述材料以及其他一些俄罗斯情报编辑而成的。全书由11卷及附录构成。1、2、3卷是大黑屋光太夫一行的漂流记录。4卷以后,以地名和任务为中心详细介绍俄罗斯地理、风俗、语言、饮食等等。在当时来说,这是最完整的俄罗斯文化启蒙书。此外,作为附录还有一篇题为"鲁西亚略记"的文章附在后面。

---

① 关于《地理全志》的详细情况,参照石山洋:"关于大地理师非蒲涅儿",《上野图书馆纪要》第3册,1989年;鲇泽信太郎:《山村才助》,吉川弘文社1959年版,第192页。
② 桂川甫周(1751—1809年),江户时代后半期兰学家、医者。曾协助杉田玄白翻译《解体新书》。

有关大黑屋光太夫的俄罗斯滞留经过,《北槎闻略》漂流记录中有很生动的描写,这些故事也是当时的人们经常说起的话题。大黑屋光太夫的神奇经历大大超出了一般的漂流体验,可以说,他的行动完全融入了同时代世界历史发展的大潮流之中,本应该是漂流民的他实际上扮演了文明对话使节的角色。大黑屋光太夫一行在俄罗斯受到重视,而且,最终还能伴随拉库斯曼一起回到日本,并且能够拜谒将军报告自己的所见所闻,这一系列事情,只有在18世纪后半期这样一个时代背景下才能得以理解。

17世纪以后,俄罗斯推行东方政策,面向中日两国作出了种种试探性的动作。彼得大帝(1672—1725年)在南进和东进冲动的驱使下,希望在千岛群岛南部与日本进行接触。继丹麦出生的俄罗斯探险家白令(1681—1741年)发现白令海峡(1728年),18世纪后半期,俄罗斯探险队奉叶卡捷琳娜二世之命进入堪察加半岛,随后又进入千岛群岛,控制了得抚岛一带。以此为据点,进而与日本内地人和松前藩人进行交易。有时竟登陆内地海滨地区。显然,俄罗斯人之所以优待日本漂流民既出于对日本社会或日本事情的好奇心,同时也出于考虑与日本进行交易的利害关系。1618年以后,俄罗斯使节已经多次出入中国[①]。

在当时,即便是一个普通漂流民的体验,只要包含大量信息或包含异质文化的要素,就自然引起幕府领导者和日本开明派学者们的注意。时代已经发展到这一步。俄罗斯的南下和日本人北上这一发生于18世纪和19世纪之交的重大事件,就是体现这个时代本质特

---

① 俄罗斯人最早作为使节赴华的是1618年来到北京的伊万佩特林一行。1656年,清军在黑龙江跟"罗刹"(俄罗斯)作战的时候,俄罗斯使节拜可夫又抵达北京,但是清廷却以俄罗斯人不知道礼节为由,几乎禁止使节走出居住地的大门。

征的真实写照。

日本人对俄罗斯南下的畏惧与谋求对虾夷地区进行扩张的意识是互为表里的。这种心态不仅可在工藤平助和林子平身上观察到,也可以发现于撰写《西域物语》的本多利明(1743—1820年)的二重心理之中。他通过上述著作在探讨俄罗斯的威胁问题的同时也思考对虾夷进行扩展的问题,试图找到一举解决两个问题的方法。

有关本多利明的身世所知甚少。据立于东京都文京区音羽桂林寺的本多利明墓碑铭记载,可知道他出生于越后蒲原郡。其家族关系也不详。仅知道他18岁时以持家町人身分赴江户学习算术、天文、历学。后来凭借汉籍研究西洋历学,最后进入兰学领域,毕生致力于对航海术和天文学的研究。其学术涉猎范围很广,著有《西洋航海术》等43册,《虾夷拾遗》等13册,《西域物语》、《经世秘策》等13册[1]。很明显,他的学术重点集中于开拓海洋视野,探索俄罗斯对策和开发虾夷方策之上。

《西域物语》也显示了本多利明文明观的变迁。该书作为治国方策之书,在提出"自然治道"的同时,还作出了向西方寻求理想政治模式的姿态。本多利明说:"故西域治理国家之要在于以渡海、运输、交易为帝王之天职,因为其具有的重要意义,官吏、有司也对其大力加以守护。"[2]通过观察18世纪末期西洋诸强国(英国、法国和俄罗斯等等)竞相争夺海上贸易权益的现实,本多利明先人一步认识到日本国家命运的发展与海洋的关系。此外,他还把承袭埃及文明

---

[1] 参照阿部真琴:"本多利明的传记研究",《史学》第11号,大阪历史学会,1955年,第66—67页。

[2] 《西域物语》上,《本多利明 海保青陵》("日本思想大系"第44卷),岩波书店1970年版,第103页。

的西洋历史定作六千年,认为其历史长度与文明进步有紧密关联。他说:"支那、日本大为落后,从尧代起才经历三千八百余年、从神武帝起才经历一千五百余年,与埃及相比还不及其一半,天生不良也就理所当然了。"①他毫不犹豫地断定西洋文明历史悠久更为优秀。另外,有关贸易海洋的关系,他说:"交易在于渡海涉洋。渡海涉洋在于天文、地理,天文地理在于算术。是则兴国之大端也。"②他强调要从事交易就要渡海越洋,渡海越洋不可缺少天文地理知识,要掌握天文地理知识必须有算术的基础。在这里他明确提出合理治国的三个阶段论。根据这样的认识前提,本多利明进一步提出他的富国之策"四大急务"。其中第四项急务就是"开发属岛",可知,开发虾夷等未开垦地区是本多利明特别给予关注的重要课题之一③。

以上提到本多利明早年来到江户学习关流算学和天文、历学,以后又致力于研究航海术和天文学。他的经历与他的经世议论巧妙吻合。本多利明合理又务实的经世言论显示18世纪末至19世纪初日本知识分子对海洋与日本的关系的认识有了新的进展。

有人评价工藤平助、林子平、本多利明说:"他们或通过兰学家的知识获取有关西洋各国的知识,在贝尼夫斯基情报的刺激下,了解到俄罗斯南下政策,由此形成对外危机感,强调全国范围的海防论(林);或向幕府提出对俄交易论和开发虾夷论(工藤);或试图模仿西洋各国试行中央集权体制下的海外贸易和殖民经营政策(本多);他们虽然具有各自不同的对策,但是都具有把西洋理想化的倾向,没

---

① 《西域物语》上,《本多利明 海保青陵》("日本思想大系"第44卷),第96页。
② 《西域物语》下,同上书,第160页。
③ 开发一是"焰硝"也就是火药的生产;二是"诸金"的开采;三是"船舶"的建造。参见《经世秘策》上,同上书,第14页。

有充分认识到西洋夺取殖民地、侵略亚洲的现实性。换句话说,对于西方国家的侵略和扩张,他们还停留在不能对现实具有紧迫意识的阶段。"①尽管如此,在唤起日本人的海洋意识,最早把日本定位为海洋国家的思考和言论上,上述三人的存在意义之大是不言而喻的。

四、利玛窦的万国全图

公元前138年,张骞受汉武帝之命,历经10年苦难岁月,到达西域大月氏国,由此完成了中国和西域之间的第一次正式交往。作为中国观察"西方世界"的早期壮举,这和后来积极走向海洋进行探险活动的明朝郑和下西洋一样,为中西交流史留下了最早的灿烂篇章。不过,这些壮举虽然唤起了中国人对西方世界的关心,但并没有足够力量说服中国人接受"世界中的中国"这一概念。中国有自己的"华夷秩序"观。自古以来,中国并不缺少与周围被认为文明程度很低的民族进行不对等交往——仅限于"朝贡"和"恩赐"的"国际交流"。尽管被东夷、南蛮、北狄、西戎包围的中华世界的人们从不间断与周围地区进行来往,但他们从来都没有意识到过中华文明以外还有别的文明存在。明代以后,虽然接触到了来自西方的异域文明的刺激,大多数人们依然想象不到西方这个遥远的世界将会成为自己的竞争对手。弥漫中国人想象空间的是苍白无力、毫无生气的以自我为核心的世界观念。

不过,让想象空间永远保持自我满足的真空状态并非易事。16

---

① 辻达也编:《近代的胎动》("日本的近世"第10卷),中央公论社1993年版,第268页。

世纪、17世纪来中国寻找新世界的西方人,虽然不能扭转乾坤,改变中国人唯我独尊的天下意识,却用他们的行动搅乱了中华世界独尊一方的宁静局面。在与新教徒的斗争中变得好斗的天主教传教士是这些西方人的主要成员。来到中国以后,为了便于传播天主教教义,他们一改《东方见闻录》作者马可波罗一味赞美中国的做法,而是在了解中华世界的虚实基础上,积极向中国显示西方文明的巨大存在。他们带着大航海时代西方人拓展世界的余威,深入中国大地。传教活动中,他们在对中国文明表示敬意的同时,主动向中国士大夫和官僚以及皇帝发起攻势,试图让他们承认西洋文明的存在,改变固有的世界观念。天主教传教士的攻势首先把突破口置于披露西方物质文明的伟大成就之上。不少中国知识分子在亲眼所见的西方科技成果面前受到心灵冲击。明清两代许多人就是在这种心态下保持与天主教传教士接触,接受来自遥远世界的文明的刺激和启发的。

据说明朝来访的意大利传教士们最初对与欧洲并存的中国文明的威容颇觉诧异。有一位意大利人传教士就是带着这种惊异和好奇心开始了在中国的超越自我的旅行。这人就是后来名扬四方的利玛窦(1552—1610年)。利玛窦1581年抵达中国。从此以后,他开始了耶稣会的中国传教,站在天主教的立场向中国传播同一时代西洋的文化和科学,同时他向西方介绍同时代的中国文化。他用中文写有《坤舆万国图说》、《天主实主》、《几何原本》、《利玛窦中国札记》等等著作。利玛窦和中国人的广泛接触是东西方文化在真正意义上进行交流的典型范例。利玛窦到达广东省肇庆的时候,他把自己做的世界地图和天文仪器、自鸣钟等等拿出来陈列。面对实物,许多人为利玛窦出示的西洋文化所吸引,第一次感觉到了西方文明的魅力。对来观看展出的人们来说,眼前展示的不单纯是西方的物品,更重要的是其传达了西方世界的文明信息。利玛窦在自己复制的世界地图《山海舆地图》(1584年,肇庆)中以汉字标记出五大洲和经度纬度,试图用中文向中国人传达西方描绘的世界图像。1594年,同一个利玛窦又把中国古代典籍《四书》翻译成拉丁语,最早把《四书》的西方语言翻译本送到意大利。1602年利玛窦在北京刊行《山海舆地图》的再版《坤舆万国全图》,此地图不仅在中国广为所知,后来还传到日本,成为以新井白石为首的日本近世知识分子发现西洋文明认识新型世界的起点①。

利玛窦的活动最能打动中国知识分子的东西并不是他欲传达的基督教教义,而是他附带介绍的天文历算和地理知识。尤其他所介绍的西方天文、历法对明代中国一流学者冲击最大。曾求教于利玛窦的文人士大夫徐光启(1562—1633年)就是这样一位人物。他率先倡导把西方学术吸收于中国历法和数学,成为明末历法数学家中加入天主教会的中国士大夫代表之一。

徐光启,上海人,万历二十五年(1597年)经科举考试中乡试第一名。这位博学多才、潜心学问的大才子闻利玛窦之名后,专程赶赴南京求教。由于他相信天主教可以补充儒教的不足,遂于1603年经罗如望(Joanns Soerio)之手受洗信教。其后,他考上进士,成为翰林

---

① 关于日本接受利玛窦世界地图影响的情况,主要有鲇泽信太郎的研究。据他考证,德川时代日本人的海外知识分成两类:一类是通过荷兰人或中国人的手传入日本的,一类是锁国令发布以前进入日本的。通过日本人的手带进日本的包含西洋的世界地理知识,一般都是像大黑屋光太夫和仙台的津太夫一样因漂流而偶然得到的。从中国传播过去的世界地图,初期不外乎就是利玛窦等耶稣会传教士制作的东西。参照鲇泽信太郎:"关于利玛窦世界地图的历史研究——近世日本的世界地理知识的主流"(《横滨市立大学纪要》,系列A-4,1952年,第18号)。有关利玛窦的研究,在日本除了上述鲇泽信太郎研究以外还有平川佑弘的《利玛窦传》(平凡社1969年版)等等。

院庶吉士①。随着跟利玛窦加深交往,他希望进一步通过宗教探讨西洋学问奥秘的愿望也与日俱增。他分别记录下利玛窦有关天文、地理、物理、水运、历法的口述加以公开刊行。另外,他还特别翻译出欧几里得的几何学,以《几何原本》之名介绍给中国。《几何原本》后来被收入四库全书,成为中国历法数学的里程碑著作。徐光启除了积极导入西方学问以外,也是一位热心的天主教徒。他援助利玛窦的传教事业,并利用官方关系对他们的传教活动加以保护。他获得的西洋观和文明观尽管在那个时代的中国社会并不是具有普遍意义的东西,但却真实地反映了明代中国文人士大夫认识西方文明所能达到的最高境界。

> 佛教东来千八百年,世道人心未能改易,则其言似是而非也。……必欲使人尽为善,则〔西洋〕诸陪臣所传事天之学,真可以补益王化,左右儒术,救正佛法者也②。

很明显,徐光启对西方学问寄予厚望。不过他虽然表明承认西方学问的存在价值,但这并不意味着他肯定了中国文明与西方文明的相对关系。他最关心的是西方天文学对中国学问的辅助性功能。平川佑弘氏在《利玛窦》一书中指出,在初期文化接触中,利玛窦对儒学施行"基督教式的解释",而中国知识分子则对天主教施行"儒教式的解释"③。对中国来说,这种现象不仅适用于对付基督教,也

---

① 明太祖以来设置的官名。初分设各署,永乐时期,专属翰林院,以进士中精于文学或书法者任之。

② 徐光启:《辩学章疏》。关于徐光启,侯外庐《中国思想通史》(人民出版社 1957 年版)有涉及徐光启思想和西学的关系的章节。而在资料方面则有王重民校注《徐光启集》全 2 册(中华书局 1963 年版)可供参考。

③ 参照平川佑弘:"利玛窦传(18)——尚未解答的诸问题",《学镫》一一,第 30 页。

适用于对付整个西方文明。从明中叶至清末,中国人的西方认识之所以总不能偏离中国式解释的束缚,这与借西方文明补充本国文明不足的思维不无关系。很明显,这并不意味着要以外来文明为中心改造本国文明。

掌握着正确的天文、历法、算术的西洋,是不是也构筑起理想的政治社会生活体系了呢?徐光启的目光也开始投向西洋社会。

> 盖彼西洋临近三十余国奉行此教千数百年,以至于今,大小相恤,上下相安,路不拾遗,夜不闭关,其久治长安如此①。

徐光启对西洋社会的大胆赞美,给人们带来了一个全新的西洋图景。而让徐光启进入这一神奇世界中去的最早的契机仍然是利玛窦所译世界地图中对五大洲构成的精彩记述。有关利玛窦的世界地图,《明史·外国传》有一段记载。

> 万历时利玛窦至京师,为万国全图,言天下有五大洲:第一曰亚细亚洲,中凡百余国,而中国居其一;第二曰欧逻巴洲,中凡七十余国,而意大利居其一;第三曰利米亚洲,亦百余国;第四曰亚墨利加洲,地更大,以境地相连,分为南北两洲;最后得墨瓦腊尼加洲②。

---

① 徐光启:《辩学章疏》。
② 在中文里,洲也可以说是州的俗字,洲这个字本来是指沙子在水中高高地鼓起形成的岛。以"洲"这个字指地球上五大洲之大陆,恐怕是利玛窦世界地图问世以后才有的事情。这是因为大航海时代发现大陆都被大海包围着,而相对于大海而存在的大陆本身就具有岛屿性质,因此用"洲"这个汉字对其加以表达。

利玛窦介绍欧洲在大航海时代积蓄的地理知识,把欧洲人划分的世界五大洲概念传给了中国。这种崭新的世界观念,对中国人固有的中华意识来说不能不是一种挑战。然而,大多数中国文人士大夫虽然目睹了利玛窦带来的崭新的世界图像,但却并不认为这可以动摇中国是天下第一的固有观念,因此,朝野上下对利玛窦灌输西方学问的传教活动不仅并不在意,甚至是热烈欢迎。利玛窦这幅绘有两个半球,并记载数百个国名及各国风俗物产的世界地图,在中国获得了广泛的读者,仅万历年间就出过十几种翻刻本[①]。1623年,同样是耶稣会传教士的艾儒略(Jules Aleni)著《职方外纪》,介绍五大洲各国的风土、民俗、气候及名胜古迹,其内容在用中文撰写的同类著作里面特别具体和详细。清代的1708年至1717年,受康熙皇帝之命,传教士白进(也叫白晋。Joachim Bouvet,1650—1730年,法国人,1687年来华)等奔赴中国各地,测定,制作地方地图,并综合其结果编纂《康熙内府舆图》。后来,这作为《皇舆全览图》广为人知。可以说,康熙鼓励应用西洋地理学知识补充本国地理学的思路,与明代以来徐光启等中国人对利玛窦等西方传教士介绍西洋文明作出的回应是基本相通的。

[①] 利玛窦《世界地图》第1版,即所谓肇庆版,是1584年在广东省肇庆制作的。以后,还在南京发现利玛窦在肇庆制作的世界地图的仿刻本(1598年,赵心堂版)。1600年在南京再次修订世界地图。有3人与1601年进入北京的利玛窦保持有较深关系。这3人分别刻印过利玛窦的世界地图。这就是所谓冯应京小世界地图(1601年),李之藻版(1602年,前面提到的版和冯应京的世界地图,现在所在不明,李之藻版能明确数出所在的有三部。其中二部在日本京都大学图书馆和宫城县立图书馆各一部,意大利梵蒂冈也有一部)和李应试版(1603年)。除此以外,还有奉献版(1608年,重刊李之藻版奉献给万历皇帝),清朝版(1644年以来,刊行3次。是李之藻版的重刊)。参照鲇泽信太郎:"关于利玛窦世界地图的历史研究"。

五、《三才图会》中的世界意识

利玛窦的世界地图不单是把中国地图和日本地图加入世界地图,也包括欧洲和美洲、大洋洲、非洲以及印度支那。它的意义正在于,在显示统一的世界图像的前提下,为人们观察世界和文明,提供了前所未有的崭新视野和想象空间。1607年《三才图会》的问世也与利玛窦带来的世界图像不无关系。《三才图会》中载有"山海舆地全图",这里无疑引用了传教士们报告的世界五大洲知识[1]。但《三才图会》把南北美洲一分为二,采用世界六大洲的表述[2]。从《三才图会》通过天文、地理、人三个方面把握世界的编纂方式中,可以感受明代知识阶层灵活运用进入中国的天文、地理、人等新知识的轩昂意气。分析《三才图会》所描绘的世界图像,有助于我们了解当时知识阶层与西方学问的关系以及由此而引起的世界观的变化。

《三才图会》由明朝王圻、王思义父子编写成书。父亲王圻,上海人,明嘉靖四十四年(1565年)进士,长期为官之后,返回老家潜心著述终其一生[3]。所著之书,除《三才图会》以外,还有《续文献通考》254卷、《裨史汇编》175卷、《东吴水利考》10卷等等。儿子王思义以著述继承家业,编撰有《宋史纂要》20卷和《香雪林集》26卷,《故事选要》14卷。《三才图会》由父亲王圻编成书后,儿子思义完

---

[1] "山海舆地全图",是照搬载有明万历年间序的冯应京原著,载任增译的"月令广义"(1602年刊)一书的,据考察,"月令广义"出自于利玛窦的世界地图。参见鲇泽信太郎:"关于利玛窦世界地图的历史研究——近世日本的世界地理知识的主流",第49页。

[2] 王圻编:《三才图会》,上海古籍出版社1985年版,第93页。

[3] 清张廷玉等撰:《明史》第286卷,中华书局1974年版。

成其续编。明朝诸多同类书籍中,王圻父子的《三才图会》以图文并茂而独树一帜。《三才图会》内容包括天文4卷,地理16卷,人物14卷,此外再加上时令4卷,宫室4卷,器用12卷,身体7卷,服装3卷,人事10卷,仪制8卷,珍宝2卷,文史4卷,鸟兽6卷,植物12卷。该书以图画和解说文章互为参照,记述巨细不漏,具备百科全书的功能,对后代影响堪称巨大。例如,据说清朝陈梦雷在编纂《古今图书集成》时,参考了王圻父子的《三才图会》。日本也有人曾模仿王圻父子《三才图会》体裁,于18世纪初期推出《和汉三才图会》105卷(寺岛良安著)[1]。原文是日本汉文。编著者寺岛良安的解说文章基本不脱离中日两国传统学问的思路,同时还带有某种与王圻父子《三才图会》的竞争意识,从这里我们可以看到当时日本知识阶层的中国意识和本国文化认知之间存在着一定的关联。

对照看王圻父子《三才图会》(以下略称《三才》)地理一"山海舆地图"和寺岛良安著《和汉三才图会》(略称《和汉》)的"山海舆地图",明显可见后者是前者的翻版。六大洲的称呼和地图的结构完全相同。不过,在解说部分中,《和汉》的特点是除了引用《三才》以外还广泛对照古今文献详细地加以说明。比方说,关于地球,《三才》记述道:"地与海本是圆形全为一球居天球之中如鸡子黄在青内有谓地为方者乃语其定而不移之性非语其形体也。"[2]对此,《和汉》

---

[1] 1713年刊。据鲇泽信太郎介绍,幕末来日本的西博尔德知道当时的地理学及其补助学问以后,曾称赞此书。该书稍微新一些的知识皆出自《三才图会》和《华夷通商考》。属于利玛窦的世界地理和艾儒略的《职方外纪》系统。参照鲇泽信太郎、大久保利谦著:《锁国时代日本人的海外知识:关于世界地理、西洋史的文献解题》,乾元社1953年版,第22页。

[2] 寺岛良安:《和汉三才图会八》,东洋文库467,岛田勇雄等译注"卷第五十五地部",平凡社1987年版,第4页。

的记述不变。关于世界万国,沿袭了来源于利玛窦的《三才》六大洲说,以欧洲、非洲、亚洲、北美洲、南美洲、大洋洲顺序记述①。

《三才》和《和汉》在宇宙认识上都认为地球是圆的,但是不否定地球中心说。他们的观点来源于利玛窦传播的学问的宗教偏见,因为天主教宇宙观排斥太阳中心说。关于世界构成,两者都继承了利玛窦的世界观,毫无差异。但是有关世界各国的价值判断,《三才》和《和汉》则各具有自己的理解和解释,如实地反映了各自认识的差异。

《三才》虽然承认从地理上看中国是世界中的一个国家,但却认为从文明上来看中国有别于其他国家,应该是世界的中心。《和汉》相对来说似乎倾向于认为无论中华或日本都是同等并立的文明国家。这种认识上的差距与明代和德川中期这一两书刊行时代也不无关系,表明德川中期日本人从文化自立的角度对中国视日本为附属国家的观念开始表示不满。

《三才》所载《华夷一统图》的构图,很真实地表现了中国人的世界认识。在这里,文明世界是围绕着中华而存在的。在中华周围配列着朝贡中国或臣服中国的国家,东部有日本、朝鲜,西部有吐蕃诸国,南部是安南诸国,北部是鞑靼诸国,东南部有琉球诸岛,西南部缅甸、占城诸国,东北部有女直诸国,西北部有哈密诸国②。已登上地理世界舞台的欧洲和美洲等还没有进入文明世界圈内。

《和汉》虽然原封不动地拿来《华夷一统图》,但是其解说部分却不受中国式世界观的约束。《和汉》解说文章通过对中华的相对化

---

① 寺岛良安:《和汉三才图会八》,东洋文库467,岛田勇雄等译注"卷第五十五地部"。第7、8页。
② 王圻:《三才图会》,第91页。

思维强调日本的存在。例如,《和汉》针对"中华"这样解释道:"中华历代改变国名。虽然现在已是大清之世,但由于汉唐治世长且盛,现在日本称中华为汉或唐",①很明显只把中华当作一个国家的名称、而且是过去的国名处理。在此,"中华"这一称呼里面包含的文明中心的意思很单薄。同样在"异国人物"栏把中国历代的人物与蒙古人和朝鲜人,虾夷人等并列标出也说明当时的日本人对中国抱有文化相对主义意识。

在有关日本国家的解说方面,《三才》和《和汉》也表现出差异。《三才》记述道:"日本即倭奴国在东南海中。"极其简单地举出了地理位置和国名。而这个简单记述也不过是引用一千四百年以前《后汉书》以来有关日本的记述而已。

《和汉》完全把有关日本的解说改写了一遍。从这里我们可以具体地看到德川中期日本人具有的自我意识的雏形。

先看有关国名的记述:"大日本国位于北极星从地表三五度出来之处(同中华陕西、河南之地)。"②这里,以大日本国的大字彰显日本国意识,继而记述道:"大倭国(或称倭奴国,这是汉人误称之词。也可能是因为'和倭'同音而成倭国,也可能是听日本训音而成邪马台,或为邪马堆。双方都是夜未止的唐音。《后汉书》光武帝项即成为倭奴国。不知为何加上奴字)。"③这里介绍中国有关日本国名的习惯说法,记述"倭"字的来由,表现出了对与"倭"字联系在一起的

---

① 寺岛良安:《和汉三才图会》,第320页。
② 北极星是在天球北极附近闪光的星体。因为地球自转几乎不改变位置,所以在夜晚作为北极的代替成为方位及纬度的指针。由于中国天子有坐北面南的习惯,因此北极为尊,也能联想到天子之位。这里强调北极星如出于中华之地一样,也出于日本纬度35度之处,寓意并非中国一地为贵。
③ 寺岛良安:《和汉三才图会》,第227页。

卑下意境表示不满。作者作为一个有教养的人士对中国学问上的结论虽然持有某种畏敬,但似乎并不愿意盲从。以上记述显示德川中期日本人伴随着对本国文化的自觉,产生出了欲表现新的自我形象,并希望得到外部承认的强烈的意识冲动。

在对中国主张相对平等的同时,观察中华文明圈以外各国的视线也发生了变化。《和汉》第十四卷有关外夷的解说记述道:"外夷用横文字不识中华文字而食亦不用箸而手攫食也。"这里只是指出所谓外夷使用横写文字,不知中华文字,不用筷子以手抓吃等文化和生活习惯的差异,并没有掺入文明或野蛮等价值判断。

此外,《和汉》收编有与《三才》不同的"西域五天竺之图"、"北地诸狄之图"、"西南诸蛮之图"。据说这是分成三部分引用京都僧侣凤潭(1654—1738 年)基于佛教世界观所画的"南瞻部万国掌菓之图"(1710 年刊行)而成的①。这与其说是显示作者寺岛良安承认佛教世界观,从他把原图分成三截的做法来看,不如说他是拒绝佛教世界观的②。由于他把天竺这一佛教国家与西域以及其它诸狄和诸蛮相提并论,把天竺当作为一个普通国家处理,天竺、唐、日本这一古老的三世界构图已经失去意义。

总之,《和汉》由文明的同质和异质以及文化间的空间距离划分出了大日本、异国(中华、朝鲜、琉球、虾夷等等)、夷国(红夷、西班牙、西洋、波斯、天竺等等)的世界构图,这显示当时的日本尽管还不能完全摆脱中华思想的束缚,但是已经可以对本国和他国进行比较文明论思索,初步形成了以日本为中心观看世界,以日本为中心思考

---

① 室贺信夫、海野一隆:"在江户时代后半期的佛教系世界地图",《地理学史研究》Ⅱ,临川书店。

② 同上,第353页。

世界的思维模式。

六、清朝中国的俄罗斯印象

如以上所述,16世纪至18世纪东亚各国对外意识的变迁,是一个以中国为首包括日本、朝鲜、琉球等中华文明圈国家在朝非汉字文化圈扩大视野的同时,重新认识自己国家的过程。这个过程为各个国家带来了各自独特的国际意识的萌芽。

清中国对俄罗斯的认识很典型地显示了近代以前中国人认识世界的基本特征,考察这个认识过程有助于我们进一步理解清代中国人具有的对外意识的本质意义。

清代在中国和俄罗斯之间有一条所谓西伯利亚通道。通过这个通道两国进行国境贸易。不过,对于清朝廷来说,俄罗斯只是一个朝贡国。对于早期俄罗斯的东征,清朝并没有感到多大的威胁。1689年,清军队对南下到黑龙江沿岸的俄罗斯军队加以反击,其结果,清康熙帝和俄罗斯的彼得一世之间缔结了所谓的《尼布楚条约》(俄罗斯称为《涅尔琴斯克条约》)。据说这是清朝与外国缔结的最早的对等条约。从条约缔结的过程、内容以及清朝一方的公式记录来看,可知条约的缔结并不意味着清朝把俄罗斯当作真正对等的存在看待。

1689年8月22日,俄罗斯全权大使戈洛文(1650—1706年)和清朝全权大使索额图(1936?—1703年)在尼布楚聚会开始谈判。通过交涉划定了清俄间国境。规定一直到外兴安岭为止的黑龙江流域为清朝所有,并商定对偷渡越境者的取缔,从此结束了两国间多年未了的国土纠纷。俄罗斯由此得到盼望已久的从事中国贸易的权利,两国各自达到预期的目的,交换了条约签字文本。看上去,通过这个条约,俄罗斯与清国开始具有对等的外交关系,同时似乎这也为清国一方的国际意识带来一个转机。但是,实际上清朝在这件事上有它的"真话"和"原则"之间的差异。在它的"真话"里,并没有承认与俄罗斯之间的从来的"天朝"对"藩部"关系已经崩溃。之所以愿意遵守条约的"原则",愿意修正和俄罗斯之间的关系,是为了处理当时的蒙古形势。

当时,西部蒙古准噶尔部领导人噶尔丹(1649—1697年)进军东部,当地喀尔喀部向清朝提出紧急求救。清朝担心俄罗斯若与准噶尔部结盟,局势就会变得不好收拾。因觉得有必要与俄罗斯讲和。之所以不把会场安排在北京,而是安排在尼布楚(涅尔琴斯克),据说也是因为在偏僻地方进行交涉,可不受华夷思想束缚,容易对本国人民隐藏真相①。

此外,有学者指出清朝内部公开提到上述汉文条约的文章和条约正文的拉丁文多有出入。例如,同时代有关清俄纷争的记录《平定罗刹方略》这样介绍上述条约:"俄国人完全按照清国大臣指示划定境界,把东北数千里尚未成为中国领土的土地划进自己国家的版图。"同时,在汉文版条约里插入条约正文没有的"中国"一词,满文"两国永远和平相处,互不侵犯"被改写为"与中国和睦相处不挑起争端",极力渲染对等的效果②。

同在康熙年间,为了促进周边各部族的稳定,了解俄罗斯的国情

---

① 榎一雄编:《西欧文明和亚洲》("东西文明的交流"第5卷),平凡社1993年版。参见该书第4章"西伯利亚通道:俄罗斯和清朝的交涉"。

② 同上。

和地理,清朝廷决定往土尔扈特部派遣使节①。随使出访的使节之一图理琛(1667—1740年)把一行的见闻记录下来,集成《异域录》一书(1724年,雍正二年)。图理琛,满族正黄旗人,因精通满汉两种语言,被选为《资治通鉴纲目》译者。他也曾作为内阁撰文中书舍人从事诏勅的起草,工作经验十分丰富。显然,这些经历和才能有利于他被挑选为出访土尔扈特部使节。

图理琛《异域录》所记录的有关派遣出访时康熙帝训勅,从一个侧面显示了康熙帝以及当时清朝廷官僚的对外意识结构。该书记录的康熙帝的讲话极其具体且生动地透露了康熙帝当时的意识轨迹和对派往国外使节的周密用心:"尔等到彼,问阿玉奇汗无恙。"②康熙帝从问候的方法开始训话。这既显示清朝使节出外访问之罕见,也意味着康熙帝希望使节们把清朝的文明礼节传播给周围地区。

康熙帝进一步对使节们解说了访问时要遵守的原理原则,设定种种情景,仔细分析每一个场合的对应方法。例如,假定阿玉奇汗要求一起攻击其他部落时如何给予回答;对方赠送礼物时如何对待,犹如外交部上司训导将要出使国外的下级官员一样,翔实周密,有声有色。

康熙帝还提到如果途中碰到俄罗斯人时的对付办法。他用几个假定提问概括了这一问题。他首先说:"见察罕汗时,如问中国何所尊信,但言我国皆以忠孝仁义为主崇尚尊行,治国守身俱以此为根

---

① 明代蒙古别族(西蒙古族)有叫瓦剌的部族。这个系统的部族分裂成为和硕特、准噶尔和杜尔伯特、土尔扈特四部。清太宗时,准噶儿突然变强大压迫其他部族,结果,和硕特部逃往青海,土尔扈特部投靠俄罗斯势力之下。面对这种情况,清朝给予土尔扈特汗阿玉奇赏赐,就阿拉布珠尔的回归进行协议。并为探索俄罗斯国情和地理派遣使节。

② 图理琛著:《异域录》,北大图书馆藏刻本,第3页。舆图后有"雍正元年发次癸卯九月 睡心主人制",有雍正三年序跋。

本。……我国咸以忠孝仁义信为根本崇尚尊行,所以我国无干戈无重刑享太平已久。"①康熙帝要使节们抓住要点回答对方的提问,并给他们提供了一部分标准答案。

"若问生计,尔等但言随处皆同,富者亦有贫者亦有。"

即使对中华文明充满自信的清朝皇帝,谈到国家的生活状况时,似乎并不敢让使节们随意自夸。"数年前闻得俄罗斯国与其邻国不睦,互相攻伐。俄罗斯国欲调用边兵或疑我边人不行调发亦未可定,两国和议年久,朕无他意,有调用边兵之处即行调拨不必疑惑。"这实际上是在说可以使用驻扎在清朝国境的兵力用于与瑞典的战争。很明显这是让使节们带给俄罗斯皇帝的一份礼物。

但是,他也有必须婉言相拒的教导:"朕思俄罗斯国必言及火炮之类,倘若恳求尔等言路途遥远难于行走,沿途皆高山峻岭林木丛薮险隘之处甚多。我中国并无如此地方,亦不会见如此道路致之甚难。且中国法禁凡火器物件不许擅自出境,法令森严,虽我皇上恩赐断难至此。"康熙帝交代使节们说:如果俄罗斯人索要大炮,就回答说路途遥远,极不易运输。途中可知,贵国沿途尽是山崖绝壁,森林密集,多有陡峭的关隘。我国既无如此之地,也无如此之路。在贵国是第一次得见。这种条件下输送大炮军械非常不易。而且,我国的法律不允许任何武器运出国境。禁令颇严,即便我等的圣主意欲提供给贵国,恐怕也无法输送到这里。可见康熙帝在具体指示使节们掌握使用外交辞令的分寸。

---

① 图理琛著:《异域录》,北大图书馆藏刻本。以下引用皆出自该书。

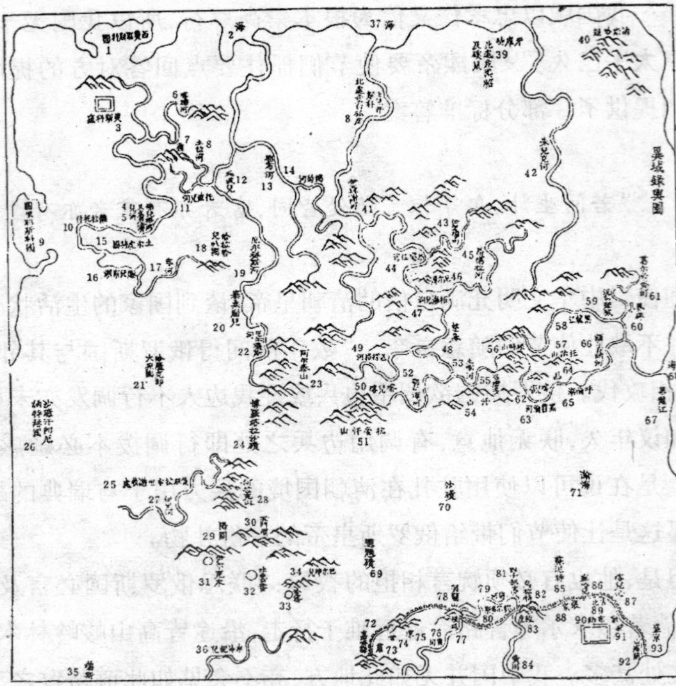

图6 异域录舆图：18世纪初期，受康熙帝之命，远赴里海北面游牧民土尔扈特族的满族人图理琛撰写的《异域录》所载。

中华大清帝国的"不扩散武器"的姿态与现在世界先进国家主张"不向第三世界扩散高科技和核武器"的思想颇为类似。康熙帝强调绝不能把先进武器让给他国。遵循这项原则，可以找到种种理由（如输送困难或者国内法的限制）拒绝对方的要求。

康熙帝进一步说："俄罗斯国习尚矜夸，必出陈其所有之物以示尔等，倘若出示尔等不可惊讶亦不可轻藐，但言此等对象我中国或有或无，吾等职司各异，有我所见而众未见者亦有众见而我未见者，所以不能尽知此役。"他试图让使节们具有大国之民的意识。

康熙帝为赴俄使节发表的训勅,既表现了传统中国从上向下高压的对外态度,也使人强烈感觉到他希望广泛向外部世界传达中华清帝国文化信息的雄心壮志与战略意识。

《异域录》很早就出版了俄、法、德、英译本,在欧美广为人知。清朝虽然也重版几次,但并没引起社会一般的注意。从清朝往俄罗斯派遣使节,在与欧美接触以前,图理琛以后还派遣过雍正遣俄使节,但这在清代编年体史书《清实录》以及其他记录中都被完全抹杀。由此可见清朝连派遣使节这一事实都不想承认①。这表明清朝并不想把俄罗斯看成对等国家,和俄罗斯的来往当然也不值得记入史册。

图理琛的《异域录》之所以引起俄罗斯人的关心,是因为当时的俄罗斯已经开始积极研究清朝事情。早期的中国研究家中,如罗索艮翻译出版了《异域录》(1764年);莱欧逖耶夫翻译出版了《大清会典》3卷(1782年)和《八旗通志》(1784年)。这些中国研究为俄罗斯对中国南进政策提供了方便。

与此相对,清朝的俄罗斯研究没有表现出相应的趋势。乾隆时代(1744年)编纂的《大清一统志》,除了中国地志以外,朝贡国部虽然留下了有关俄罗斯的记述,但在这些记述里完全没有采用利玛窦等天主教传教士关于西伯利亚的知识。仅仅涉及了《异域录》的同样内容。其内容在当时中国虽说也称得上是最优秀的有关俄罗斯西伯利亚自然社会的记录,但是这些记录,到一百年后《大清一统志》第三次修订本(1842年)也基本没有改变②。这说明清中国对俄罗

---

① 榎一雄编:《西欧文明和亚洲》,第327页。
② 同上,第347页。

斯认识的停滞。

尽管清朝廷把俄罗斯看成大清帝国周围的大陆性国家,没表现出强烈的关心,但对俄罗斯的南进还是存有一定的戒心的。不过,后来俄罗斯以外的西洋人从遥远的海疆过来对清朝发起进攻却完全出于朝廷的意料之外,朝廷对这样的事态没有做好任何心理准备。海洋对清朝中国来说,可谓是一个对外认识的死角。

七、世界的扩大与海洋

与清朝中国只关心内陆恰恰相反,西洋的扩张正是从海上开始的。大航海时代以后,西班牙、葡萄牙海外扩展的最终一幕是1588年的无敌舰队海战。这是西班牙走向没落的转折点。从此,荷兰、英国、法国代替西葡两国开始争夺海外扩张的霸权。这三个国家都挥舞着宗教和科学两根大棒,把商业利益当作最优先课题,谋求海外殖民地,在欧洲反复进行战争。一方面,俄罗斯也于16世纪以后,东进西伯利亚,走上扩大殖民地之路。

在欧洲各国开始进行世界性扩张竞争过程中,英国通过海外扩张带来了民间资本积累,促进初期手工业的形成,经过18世纪农业改革,完成了工业革命。到19世纪,英国进一步成为"世界工厂",奠定了扩张世界的经济基础。另外,英国自从英荷战争(1652—1674年)以来,与荷兰争夺海上权益和殖民地,结果几乎把新大陆荷兰领土全部英领化,抑制了荷兰势力。在印度,英国在英法之争中取胜,成功地把其变为英国殖民地。就这样,英国以海洋为舞台,一跃而成为海外扩张的先锋。

在此期间,俄罗斯加快了向东方扩张的步伐,与清朝廷缔结了

《尼布楚条约》(1689年)和《恰克图条约》(1727年),前者以流入黑龙江之额尔古纳河、格尔必齐河为界,以由格尔必齐河发源处沿外兴安岭直达于海为界,实现了对清朝来说首次与欧洲国家缔结的平等条约。根据后者的条约,确定了外蒙古和西伯利亚之间清俄的国境,在恰克图和阿尔丹布拉克设置商人互市地。对在与清朝进行贸易获得利润的俄罗斯来说,与清朝确立安定的国境线是很有必要的。由于俄罗斯愿意维持这样的贸易关系,所以一直到英国殖民势力在清末挑起第二次鸦片战争以前,俄罗斯并不敢对在清俄关系中清朝一方的傲慢态度发起挑战。到清俄缔结《瑷珲条约》①(1858年)为止,这实际上松懈了清朝内部对俄罗斯的警惕。清朝中国人睁开眼睛观看西方世界,要等到最强大的殖民地主义国家英国的鸦片攻势压力之下才成为可能。

不能否认,中国和西洋的相遇存在着许多历史偶然的因素。在漫长的历史长河中形成独自文明的中国,真正意义上与异质的但具有强大力量的西洋文明的接触,可说是明代与耶稣传教士邂逅以后的事。但不幸的是,耶稣传教士带来的西方文明,虽有助于中国人开阔眼界,但由于传教士们信仰上的制约,他们没有带来新的教会改革以后影响到近代科学发展的西洋最新的文明信息。迫于新教扩展,天主教会纷纷失去宗教地盘,因此期待着在东方谋求开拓新世界。到达明朝的传教士们都具有这种使命意识。对他们来说,尽可能避免涉及由同时代新教阵营代表的科学进展是理所当然的事情。明清中国人最初充满好奇心接受了耶稣教会传教士带来的世界地图、几

---

① 俄罗斯利用第二次鸦片战争与清朝廷之间缔结的不平等边界条约。据此俄罗斯领有黑龙江左岸,乌苏里江以东成为两国共同管理区域。

何学知识、历法和大炮铸造法①。这一切虽然起到补充中国以往学说的作用,但被认为与中国固有的宇宙观、传统技术并无本质上的差异②。因此,随着时光的流逝,中国知识阶层最初显示的对西方文化的憧憬愈来愈淡薄。再一次接受来自西方文化的冲击要等到18世纪下半叶至19世纪,哥白尼的《天体运行论》③和伽利略(1633年,声称"不管怎么样,地球确实是在转动的")、开普勒(17世纪初发现行星运动定律)、牛顿(1687年,提出万有引力定律)的学说传入中国以后才成为现实。

伴随着对外视野的扩大,清朝廷在接受西方科学知识方面尽管并没有显示积极主动的姿态,但是对内陆地理学却表现出极大的兴趣。如上所述,康熙年间,清朝出师准噶尔以后,开始关注有关俄罗斯的情报。陆续出版了一些有关俄罗斯的书籍,如图理琛的《异域录》以及有关黑龙江地区与俄罗斯发生冲突的著作《罗刹方略》等

---

① 耶稣教会传教士传来的科学方面的主要著作中,与自然观和世界意识有关的有《寰有诠》、《空际格致》、《穷理学》。与思想有关的有《天主实义》、《名理探》、《超性学要》。与天文有关的有《历法新书》、《历法西传》、《历象考成后篇》。数学方面有《几何原本》、《天步真原》、《比例对数表》。物理方面有《远镜说》、《泰西水法》和《远西奇器图说》。地理方面有《万国舆图》、《职方外纪》和《皇舆全览图》等。参照侯外庐主编《中国思想通史》第4卷,人民出版社1992年版,第1254页。

② 例如,就地理学来说,据李约瑟分析说比较西洋和中国的科学地理学的平行发展,"首先大概可以说东洋和西洋分别存在两个不同的传统。一个可叫做'科学的乃至定量的地图学(cartography)',另一个可叫做'宗教的乃至象征性的宇宙志(cosmography)'。欧洲制作科学地图的传统,起源比中国早,但因为宗教性宇宙志的优势而完全中断几个世纪。但是,与此平行的中国传统却从最初开始一直没有中断过"。参照东畑精一、薮内清监修《地的科学》("中国的科学和文明"第六卷),思索社1991年版,第5页。

③ 1543年刊。汤若望(Adam Schal,1591—1666年,德国人,1622年至中国)的《历法西传》比其落后一个世纪,但还是依据托勒密体系写成的。18世纪后半期蒋友仁(Michel Benoist,1715—1774年,法兰西人,1774年至中国)开始提到哥白尼学说,但是强调说这还没成为定论。

等。与此同时,也出版了不少有关蒙古地区的旅行记录。后来这被称为"西北地理学",是乾隆皇帝以后清末为止在历史学研究上最为发达且最集中学者精力的学问领域①。据日本学者内藤湖南指出,有关塞外地理研究发达的原因之一,就是清朝中国版图的扩大。版图变大容易发现各民族之间语言和习俗的差异,因此有必要对其进行比较研究。为此康熙皇帝派遣耶稣会传教士测量塞外地理,让他们制作精密地图。在西北地理学兴起、塞外地理研究盛行的同时,学者们除了西北,也开始注意清朝周围东南方向的国家。这一系列的动作对晚清以后中国人对外意识的形成,近代中国人研究外国地理的方向带来了极大的影响。

相对于晚清朝廷对西北内陆的强烈关注,清朝前期中国民间却对东南地区曾经表现出兴趣。清前期陈伦炯②《海国闻见录》(1730年)就是作者研究当时中国周围的东南地区地理的记录。陈伦炯因其父夺回台湾的功绩,受康熙、雍正两皇帝的赏识,最后官至台湾总兵。他曾经有过游历日本的经验(1710年),在18世纪前半叶,可说是清朝中国罕见的具有独特海洋视角的人物。据《海国闻见录》序记载,陈伦炯在外游日本以后,"移镇高雷廉壤接交阯日见西洋诸部估客人询其国俗考其图籍合诸",这表明他因为调动,移居邻接交阯③的高州、雷州和廉州④,因此与东南洋各国有所接触。他勤于向当地人询问各国状况,收集有关文献和图表,大开了眼界。作者对日

---

① 内藤湖南:《支那史学史二》(东洋文库559),平凡社1992年版,第191页。
② 陈伦炯,同安(属于福建泉州府)人。康熙时,成为苏松水师总兵。后官至浙江提督。
③ 也叫安南,越南的旧称。
④ 现在相当于广东省的合浦县、海康县、茂名县。

本和南洋有所见闻,书中记述以各国疆域和人们的风俗、物产、商贾贸易等等为中心,突出了在西北地理研究中难以见到的海国视野。

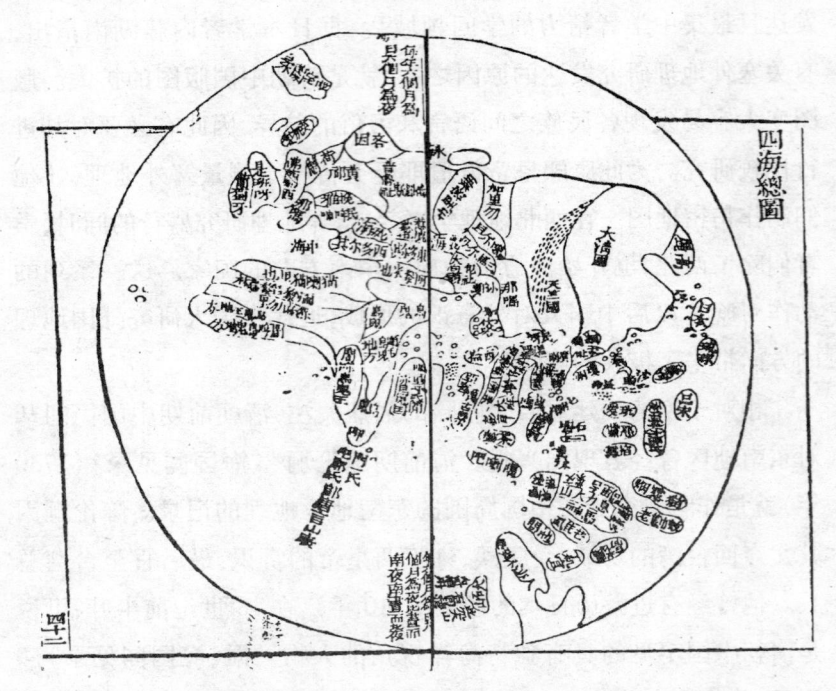

图7　陈伦炯"四海总图":陈伦炯《海国闻见录》(1730)附图。

《海国闻见录》分上下两卷,上卷收"天下沿海形成录、东洋记、东南洋记、南洋记、小西洋记、大西洋记、昆仑和南澳气",下卷收"四海总图、沿海全图、台湾图、台湾后山图、澎湖图和琼州图"。由于该书以海国为中心进行记述,其记述的重心如实地反映了作者当时的海洋观。此书在记录与中国有关事物时的基本姿势是对从中国看来具有记录价值的地方详加记述。该书记述的顺序,即东洋、东南洋、南洋、小西洋、大西洋的排列顺序①,可以看出作者通过由海洋距离中国的远近和文明发展的程度来选择取舍对象的倾向。

"东洋记"主要介绍日本。最初虽然也提到朝鲜,但是作者认为历代史典舆图已有详细记录,因简而略之。很明显作者有意把日本当作海洋国家区别于朝鲜。作者发挥曾经赴日本实地研究的优势,对日本的地理沿革,政治风俗等等进行颇为详细的记述。

    日本国属之对马岛,顺风一夜可抵。明关白为乱者是也。自对马岛而南,寅甲卯东方,一带七十二岛,皆日本倭奴之地。而与中国通贸易者,惟长崎一岛。长崎产乏粟菽,难供食指,开贸易入公家,通计终岁所获利,就长崎按户口均分。国王居长崎之东北,陆程近一月,地名弥耶谷,译曰京。受封汉朝,王服中国冠裳,国习中华文字,读以倭音。予夺之权,军国政事,柄于上将军,王不干预。仅食俸米,受山海贡献,上将军有时朝见而已。易代争夺,不争王位而争上将军。倭人记载,自开国以来,世守为王,昔时上将军曾篡夺之。山海应贡之物不产,五谷不登,阴阳不顺,退居臣位,然后顺若如故,至今无敢妄冀者。官皆世官

---

① 明朝把菲律宾、琉球、日本当作东洋,东印度群岛、印度、阿拉伯及非洲东岸当作西洋。随着明末天主教传教士东来,开始把欧洲叫做西洋。《海国闻见录》把亚洲沿海分为东洋、东南洋、南洋、小西洋。东洋指日本、朝鲜、琉球、东南洋指吕宋、婆罗洲(Borneo,加里曼丹岛的别称)和西里伯斯(Celebes)、摩鹿加(Moluccas)群岛,南洋指安南、暹罗、缅甸、苏门答腊、爪哇,小西洋指印度及印度西侧,欧洲为大西洋。以后,到了清末,魏源《海国图志》把安南、暹罗、缅甸当作东南洋海岸诸国,把菲律宾群岛及荷兰属地东印度当作东南洋诸岛,把印度、阿拉伯诸国当作西南洋各国,以欧洲为大西洋,非洲为小西洋。徐继畬的《瀛环志略》把安南、暹罗、缅甸当作南洋滨海诸国,把菲律宾、东印度当作南洋诸岛,进一步,把海洋洲当作东南洋大洋海诸岛。这是现在广义的南洋名称的由来。参照李长传:"海国图见录东南洋记笺释",《真知学报》第1卷第5期,第19页。

世禄,遵汉制以刺史千石为名,禄厚足以养廉,故少犯法。即如年佥举一街官,街官者乡保也,岁给赡养五十金,事简而闲。通文艺者为高士,优以礼,免以徭。俗尚净洁,街衢时为拭涤。夫妻不共汤羹,饮余婢仆尚弃之。富者履坐絮席,贫者履坐荐席。名曰毯踏棉。各家计摊毯踏棉之多寡为户口。男女衣服大领阔袖。女加长以曳地,画染花卉文采,裈用帛幅裹绕,足着短袜以曳履,男束带以插刀,髭须而薙顶额,留鬓发之后枕阔寸余,向后一挽而系结。……至于男女眉目肌理,不敢比胜中华,亦非诸藩所能比拟。实东方精华之气所萃。人皆复姓,其单姓者,徐福配合之童南女也。徐福所居之地,名曰徐家村,其冢在熊指山下。其国男子年五十余。阳多痿,奴者侬也故呼之曰倭奴。俗尊佛,尚中国僧,敬祖先,时扫坟庐,得香花佳果,非敬佛僧,则上祖坟。人轻生,有犯法者,事觉向荒山割肚自杀,无累他人。立法最严,人无争斗。①

上文提到日本的对马岛,从朝鲜到此顺风一晚可到。这个国家也是明代所指倭寇之国。对马岛以南有72岛,皆日本土地。其中与中国贸易者仅为长崎。长崎以贸易利益分红为生。日本的王在长崎东北被叫做"弥耶谷"的京城里。受汉朝之封,王服中国冠裳,国中用和音说中华文字而用之。王把政治委托给将军,不干预政治,只接受食俸和贡献。若有政权争夺,非王位而仅争将军之座。日本的官皆世袭。模仿汉朝制度,官僚以千石以上大名为之。因为厚俸禄,官廉洁,故犯法律者少。通文艺者被视为高士。这些人被尊敬,免赋

---

① 参照陈伦炯:《海国闻见录》"东洋记",第9页。

役。这个国家的人好清洁,夫妻也分别用碗喝汤,喝剩之物下男下女也不再沾口。根据毯踏棉的数目可以计算各家的人数。人们的气品虽然不能与中华相比,但却胜过其他诸国。这实乃东方精华之气所然也。名字大体复姓,单姓系徐福后代。一般尊佛好中国僧。尊敬祖先。若有花果在手,不是献给佛家就是拜上祖坟。人们轻生,破法律者入山剖腹自杀。由于法律严密,该国安静和平,很少有争斗。

通过详细的描写,使东方海洋国家日本的风土和人文图像尽收眼底。作者还记述了中国和日本的关系以及朝鲜和日本的关系,日本和琉球的关系。在展望东亚国际环境远景时,较早把日本纳入视野,对中国周边最大的海洋国家日本显示了浓厚兴趣。

"东南洋记"中主要记载了台湾和吕宋的情况。关于台湾,具体介绍郑芝龙父子赶走荷兰人,把台湾纳入清朝版图的前后经过。还提及台湾东南方向的吕宋。西洋各国的影响是吕宋部分的中心内容。"东南洋诸蕃以吕宋最热闹,这是因为大西洋的西班牙等在这里进行丝绸和布匹的贸易。"①作者注意到了西班牙等西洋国家经营殖民地的事实。他同时指出,这里因天主教的渗入带来了许多西洋风俗,人们遵照天主教的习惯对于男性同性恋行为(龙阳)不太宽容。

"南洋记"以记述安南、暹罗为主。作者强调暹罗是稻米之乡,尊敬中国,使用汉人担任国家行政和财政官吏,与中国关系良好②。

"小西洋记"表明作者充分了解这一地区是荷兰、英国等国的殖民主义重灾区。这里几次出现俄罗斯的国名,但只提到其与小西洋

---

① 陈伦炯:《海国闻见录》"东南洋记",第15页。
② 陈伦炯:《海国闻见录》"南洋记",第22页。

各国边界相邻。他还提到"小西洋人既有白人也有黑人,皆着西域服饰"①。这显示作者的小西洋概念还很模糊,并没有特定出固定的区域。

"大西洋记"记述红毛国家。这里除了涉及把吕宋和澳门殖民地化的西班牙、葡萄牙,还重点介绍了英国、法国以及普鲁士的地理位置和物产。有关俄罗斯,只不过点出国名,一直没有进一步详细说明。其理由恐怕在于他并不把俄罗斯看成真正的海洋国家吧?卷末我们可以看到作者对西方人印象的综合描写。

红毛者。西北诸蕃总名。净须发。披带赭毛。戴青笘卷笠。短衣袖。紧而皮履。高后底。略与俄罗斯至京师者相似。高准碧眸。间有与中国人相似者。身长而心细巧,凡制作皆坚致巧思。精于火炮。究勘天文地理。俗无纳妾。各国语言各别。以摘帽为礼。尊天主者惟干丝脑是班牙葡萄呀。黄祁为最而辟之者。惟英机黎一国产生银、多罗尼、羽毛缎、毕支、玻璃等类②。

作者从西洋人的外表到身体特征,从技术到宗教社会,具体描写了东洋人心目中的西洋印象;记述了明清以来传教士伴随西方文化来到东方所带来的西方人的外形特征,巧妙地勾画出了当时一般中国人的西方印象。"巧于制作,精于火炮,详于天文地理,不纳妾,语言多元,物产丰富",可见作家笔下的西洋是一个值得羡慕的地方。从这些简短的语词中,可以简单地追踪作者对遥远外部世界充满好

---

① 陈伦炯:《海国闻见录》"小西洋记",第31页。
② 陈伦炯:《海国闻见录》"大西洋记",第35页。

奇的心路历程。当然,作者虽然对西洋及其他地区的存在本身表示关心,但从上面的记述中,还看不出作者已经认识到有必要对各国文明相对于中国的价值进行一番深刻的思索。不过,这也未必就说明当时的作者或当时的中国人太封闭、太保守。

满族人建立的清代王朝从17世纪到18世纪,在康熙、雍正、乾隆三代之间,实现了中国历代王朝中最大的版图。产业和文化发展,人口剧增。在这个清朝中国最强盛的时代,从西洋传播过来的东西虽可引起当时支配阶层和知识阶层的异国趣味,但是他们并不为此感到任何惊奇和冲击。对当时的中华之民来说,西洋的存在实在是微不足道的。

但是,乾隆末年,也就是18世纪后叶,清朝社会开始出现体制内部矛盾和社会结构变动(地方分权的倾向)的趋势,进入19世纪,随着以英国为首的西方列强的外压加剧,清王朝终于走上衰落之路。

19世纪40年代,最大的殖民主义国家英国通过对中国贸易率先打进中国市场,最后竟发展到走私鸦片,把一个强大但横蛮自傲的西洋形象带进了中国人的视野。英国人挑起的鸦片战争无疑是一个极度刺激清朝中国人,让人们强烈感觉到西方冲击的划时代大事件。通过这一事件,清朝中国人感受到了以英国为先驱的19世纪西方文明所具有的强大力量。面对西方文明的强大攻势,一部分文人知识分子开始寻找对付外部压力和内部变革的新的思维和方法①。

---

① 美国研究中国的学者出于对把中国的近代化过程看成冲击(impact)、反应(response)模式的以往研究进行反省,曾经提出过以中国为中心研究中国的主张(科恩《知的帝国主义》),不过这也很容易陷入不是西洋中心就是中国中心的恶性循环。如果我们正视东西方文明相遇带来的世界化历史过程,就应该具备在世界范围内进行地域研究的视点。因此,与其说把哪方作为中心处理,不如说通过分析双方相互作用的方式和过程而抽象出各自性质和特征是更为有效的研究方法。

英国从海上对清朝中国发起进攻,是完全超过清朝统治上层想象范围的事情。这时候能拿出来应急的海防知识只有明代撰写的针对倭寇的《海防论》①和清朝前期的《海国闻见录》。不过,这些遥远过去的议论,根本不足以对付新局势的出现。

在这种形势下,魏源(1794—1857年)以其两部具有崭新世界视野的海防论大作《海国图志》(1842年)和《圣武记》(1842年)回答了时代的呼唤。

魏源,清朝末期文人、思想家和诗人。出生于湖南邵阳一个偏远的山区(今隆回金潭)。他在谋求科举晋身之余,潜心研究世界历史、地理及同时代中国的政治和经济。独特的经世论和文才使他成为19世纪清朝中国最高水准的文人学者之一。时值鸦片战争的危机和国内体制面临困境的历史关头,魏源号召人们面对现实开眼看世界,先后撰写《海国图志》和《圣武记》,向时代课题提出挑战。

《海国图志》最初于1842年(道光二十二年)12月作为50卷版刊行。1847年(道光二十七年)增补成60卷。1852年(咸丰二年)再增补成100卷。这部后来被人称为"中国知识人士稍微开始拥有一点世界地理知识实始于此书"(梁启超语)的著作,主要是参考林则徐命人翻译的《四洲志》和固有史地著作②编纂而成的。本书详细

---

① 明代出版的《筹海图编》,作为海防全书,是最早对倭寇进行研究的著作。

② 《海国图志》序记述说:"谭西洋舆地者。始于明万历泰西人利玛窦之坤舆图说艾儒略之职方外纪",谈到了利玛窦与西方地理知识的关联。如鲇泽信太郎所指出,在本论部分,卷75"国地总论"(中)有"利玛窦及艾儒略二西士记",因此此卷全部被认定为利艾二氏所说。然后还有地方以"利玛窦地图说"为题,收录了利玛窦1602年版世界地图第一幅图说的全部内容。此外,在卷74"国地总论"的"释五大洲"条中有"考万历中利玛窦绘万国地图及国朝南怀仁之坤舆图说与天启艾儒略之职方外纪图",明确指出与利玛窦等传教士系统世界地图的关系。

记载各国地理、政治、风俗,不时插入论述作者自己对世界的洞察和叙述作者自己的经世方略,此书还以图表方式对枪炮和船舰等等进行了详细说明。本书提出的摄取西洋文明的长处,补充本国的短处的思想,随后作为翻译外国书籍、学习外国技术的理论,实现于洋务运动之中。

《圣武记》同样完成于1842年7月。该书通过回顾清朝的历史,倾诉国家面临的危机现状。强调只有在导入外国优秀文化的同时,进一步大胆录用有才之士,完备法令才是强国的方法。

关于魏源,日本学者内藤湖南曾做过如下评价:"此人尤其具备史学家特有的激情,同时不停留于单纯对事实进行考证。他关注世界大势的变化迁移,怀有对国家兴衰的忧患意识,既写历史又写地理。""他的著作,不是单纯的地理著作。一方面可把他的著作看成世界规模的经世战略;一方面可说是富有感情的历史书。同时期,徐继畲也著《瀛寰志略》介绍世界地理,但这仅仅是单纯的地理著作,不像魏源一样包含经世论和史论。"①

魏源以其《海国图志》和《圣武记》,开始站在世界大局上对清朝中国在19世纪世界中的空间的和历史的位置进行重新把握。他在总结清朝中国过去走过的道路的同时,试图探索与近代西洋文明进行对话的可能性。内藤湖南接着指出:"他的书不仅给中国人提供了海外知识,对日本也给予了很大影响,成为日本人利用汉文接受海外知识的重要途径。"②19世纪中叶魏源显示的崭新的世界观念,既

---

① 内藤湖南:《支那历史学史二》,东洋文库559,平凡社1992年版,第207页。
② 同上。

为清末中国知识人士面向大海、走向世界指明了方向,也成为促使东亚各国人民改变固有世界认识的重要契机。

第二章 中国·西洋·日本：
三角测量的视角

一、观察世界的起点

（一）新井白石与西多迪的相遇

德川初期，尽管围绕日本的外部世界不断发生变化，德川日本仍然在对外关系上施加了统制政策。这就是有名的"锁国"。所谓锁国，就是禁止日本人海外旅游以及限定中国和荷兰只能在长崎港进行许可贸易。该政策本来是幕府为欲垄断与葡萄牙的贸易以及警惕西国①大名势力增大而制订的，因此幕府完成了贸易和海外情报的垄断，也防止了基督教的渗透。可是虽说"锁国"，但由于贸易利益和文明信息集中于幕府，幕府对付外部世界的功能反得到加强。很显然，只使用来自肯贝尔（1651—1716 年）的"锁国"概念解释不了这一时期的德川幕府社会。换个角度看，也许在德川幕府锁国的表象下，还可以发现完全不同的另一侧面。

德川时代，葡萄牙人及西班牙人等西洋人不断给日本带来文明

---

① 日本西部地区。指近畿以西或九州岛地方。

刺激,人们开始预感到新的世界文明即将到来、世界范围即将扩大。正确把握伴随着新文明出现的未知而又陌生的世界成为知识阶层最重要的课题。对于长期以来不管是从空间上还是从价值上都以中华文明为中心看世界的日本人来说,树立新世界观是不迷失发展方向的基本保证。为此,幕府一边维持国内稳定,一边积极收集东西方文明信息。这就是其在限定只与清中国和荷兰进行贸易往来的基础上有选择地跟异质文明进行交流的含义之一。幕府在观察固有的文化大国——清朝中国的举动、注视清朝中国如何接触世界的同时,也在思考日本在未来世界的存在方式。同时,幕府也直接通过西方海洋国家荷兰等,探索西洋文明的奥秘。他们认为这样才是真正把握变化着的世界的最佳途径。这种追求贯穿于整个德川时代。

身在"锁国"日本,却敏锐地保持观察世界的视角,探求"锁国"日本的存在意义,既进行历史研究也从事外国地理、语言研究,既是政治家也是学者的新井白石(1657—1725年),正是活跃于德川时代积极探索新世界意义的代表人物。

新井白石1657年(明历三年)出生于江户柳原。他的出生正值林罗山去世、德川光圀着手编辑《大日本史》之时。朱子学世界的大家、为四代将军重用的大学者林罗山之死和以大义名分论形成幕末尊王论思想背景、明治时代才最后完成的历史著作《大日本史》的着手编辑,两件大事与在转折时期为日本指明方向的人物新井白石之诞生的奇妙叠合,昭示着17世纪日本正在发生急剧的时代交替。后来与将军侍讲林罗山地位接近的幕府补佐新井白石和林罗山的最大不同,就在于是否把传统的朱子学世界扩大到洋学及其他学问领域。

新井白石的活跃一直持续到18世纪初叶。1708年8月末秘密登陆萨摩国屋久岛的传教士西多迪(Giovanni Battista Sidotti,1668—

1715年)和新井白石的巧遇成为新井白石扩大世界视野的一次难得的机会。将军侍讲①新井白石是受命六代将军德川家宣负责提审西多迪的,在此之前新井虽也获得过经长崎传来的兰学知识和中国方面的情报,但直接讯问西洋人还是第一次。而且与以前不同,这次是面对面对话,审问者有必要向听话人表明自己的观点和要求,当然也要对方叙说入境情况及其宗教文化背景,得到这些知识不光是为了了解对手,还必须就如何处置对方向幕府提供自己的参考意见和判断。对新井来说,这次会面也是与西方文明进行对话的最好时机。他期待着运用自己所获得的知识完成这一特殊使命。

在实现文明对话之际,白石具备什么样的知识背景呢? 总的来说可划分为中国的和西方的。中国的应包括"赞天地之化育、从天命断私欲"这一朱子学宇宙观和来自中国的有关天地人的知识。西方的应包含入境传教士和经长崎传来的西方有关地理、物产及文化的知识。如由向井元升根据泽野忠庵遗稿改编而成,早在万治元年(1658年)付梓发行的《乾坤辨说》②,从其站在儒学立场上批判西洋自然学的"辨说"内容可见,这里已经开始进行东西方自然观和宇宙观的对话或交锋了。通过由《乾坤辨说》导入的西方式世界观"给予向来只知道儒教的、佛教的世界观的日本知识层极大的冲击""从本来应秘藏幕府库房的《乾坤辨说》和其种种版本大量上市一事可见,

---

① 为将军奉讲学问的官职。

② 该书有系统、有计划地介绍了西欧世界观和自然观,在思想史上留下了很大影响。泽野忠庵本名为 Christovão Ferreira,葡萄牙人。他是为传播基督教来到日本的耶稣会士,后来弃教为幕府所用。宽永二十年(1643年)潜入日本的传教士们把用拉丁文写的一本西洋天文书献给幕府,泽野忠庵担当这本书的翻译和编述工作。《乾坤辨说》上下4卷,包含有当时的西洋科学内容,涉及"地球说"这一西洋传统自然学说,还没有到达"地动说"的水平。

这种读物好像是悄悄地流传、广为阅读。在这种环境中后来出现了像西川如见那样的开明思想家。"①进一步也可以说,这也是像泽野中庵那样的"转向伴天连"和当时的知识分子欲超越东西两文明固有传统的最早尝试。早在1618年(元和四年),日本就出现了请教葡萄牙人而撰写的记录诸类航海心得的《元和航海记》一书。该书不仅关系到航海,作为输入西方学术的成果之一也为后人所承认。

人们对海外的兴趣首先是来自对海外物产的关心。1669年面世的《诸国土产书》(川藤左卫门、西吉兵卫)一书前半部介绍中国各地的物产及显示从日本到中国的距离,后半部介绍荷兰各地的物产及显示从日本到荷兰的距离。另外,《华夷通商考》(西川如见,1695年)作为海外地志和商业地理书的集大成归纳了17世纪的同类知识。上卷有"中华十五省之说"、下卷就"外国""外夷"以及"阿兰陀人商业往来之国三十五国"等记录了与日本的距离、气候、物产等等。可见有关各国的知识当时已经成为像新井白石之类知识人士的常识。在新井白石的著作《外国通信事略》中有"异国土产"的记述,这都与前述《诸国土产书》、《华夷通商考》是相通的②。

审问西多迪对新井白石来说既是修正中国学问和荷兰学问的好机会,也是批判认识西方的不可多得的时机。事实上,这次经验在他以后的著作《西洋纪闻》、《采览异言》得到了全面发挥。这两部著作是建立在新井白石对西方文化的批判分析和比较观察之上的。可见批判分析和比较观察是"锁国"日本探索新世界的重要手段。

---

① 伊东俊太郎:"改宗者伴天连泽野忠庵的再评价",《比较文明和日本》,中央公论社1993年版,第135页。

② 鲇泽信太郎:"关于西川如见的《华夷通商考》",《历史地理》第77卷第1号,第17页。

通过对话,提问人新井白石对西洋人的出现与日本的关系显示了强烈的兴趣。这表明新井已经初步具有日本与西方的相对意识。很明显,新井白石的视野从武家社会,扩大到日本及日本周边(南方岛屿、虾夷),再通过与西多迪的接触扩大到整个世界①。新井的视线首先集中在西方人所理解的世界和自己的世界观的异同之上。他从西方的角度重新把握世界,把握日本、朝鲜、南方岛屿、虾夷以及中国、天竺,试图建立起新的世界框架。同时他也通过对基督教的发问来探讨西方文明的价值体系。新井白石讯问西多迪为他提供了接触西方世界观以及思考西方文明与本国关系的好机会,可以说,这也是日本人从整体把握世界、重新认识日本的最早实践之一。

新井白石的《西洋纪闻》的世界地理部分和《采览异言》很好地显示了他世界地理的初步知识。在《西洋纪闻》中卷,作者在对"大西洋"解说之后这样说道:

> 按,大西洋地球地平之图,其由来仍不详。大明、吴中明,题万国昆舆图,欧罗巴国中,镂有旧本,盖其国人。及拂郎机人,皆好远游,时经绝域,则相传而志之,积渐年久,稍得其形之大全。我今遇大西人,出示欧罗巴镂板舆地图,问其说,彼见其图说,此乃七十年前荷兰人所镂、所谓荷兰即指当今岁岁朝贡我国的阿兰陀国,万国昆舆图标为呙兰地、则兰地,所注西洋布料二岛最妙即此也②。

---

① 加藤周一:《新井白石的世界》,《日本思想大系·新井白石》,岩波书店 1975 年版,第 551 页。
② 新井白石:《西洋纪闻》中卷,《日本思想大系·新井白石》,第 756 页。

新井白石通过请西方人确认来自中国的世界地图的正误,实践着自己以比较和批判为特征的异文明接近法。在对"所谓荷兰即指当今岁岁朝贡我国的阿兰陀国"的解释中,他巧妙地对汉字"阿兰陀国"和"荷兰"的荷兰语发音进行了对照说明。同时他还借助直接听到的西方说法对来自中国的以利玛窦世界地图为主的"图说"提出异议。

> 今据荷兰镂板地图,就万国昆舆图、并三才图汇、月令广意、天经或闻、图书编等所见之图来看,知此等皆只显示其大略①。

参考西方人口述,再对照布朗的世界地图,新井感到自中国传入的世界知识已不够用。《三才图汇》、《月令广意》、《天经或闻》、《图书编》等书收录的世界地图及其说明都出自利马窦的世界地理著作②,内容难免陈旧。新井萌发出要补其不备的念头:

> 亦按,万国昆舆图在欧罗巴、利未亚、亚细亚、南北亚墨利加之外,加有墨瓦蜡泥加一州,为六大州。其说墨瓦蜡泥,系拂郎机人姓名,前六十年,始过此峡,并至此地。故欧罗巴士,以其姓名,名峡、名海、名地。其所谓墨瓦蜡即是马高那的番音转讹而成、亦谬而以荷兰人为拂郎机国也。阿兰陀镂板地图仍不详南方一带之地,亦未立其地名③。

---

① 新井白石:《西洋纪闻》中卷,《日本思想大系·新井白石》,第756页。
② 鲇泽信太郎等编著:《锁国时代日本人的海外知识》,第93页。
③ 新井白石:《西洋纪闻》中卷,《日本思想大系·新井白石》,第756页。

可知,新井在提审西多迪以及和荷兰人等交谈后,使用布朗地图的效果大为提高。解说中对利玛窦《坤舆万国图》所载南方大陆墨瓦蜡泥加的存在加以否定,是划时代的见解。因为即使在江户时代后期,大槻玄泽门下的桥本宗吉还在《喎兰新译地球全图》里沿用利玛窦之说,同样山片蟠桃《梦之代》也还承认利氏的说法,与这些人相比,新井批判利氏之说具有先驱意义。

当然,尽管新井的重构世界观作业是根据传自中国的世界地图以批判与比较的方法进行的,但其记述内容明显以西洋为中心。他虽记述亚洲与日本有关的国家,但对关系最深的朝鲜却极为忽视,关于中国也只略为涉及。他对中国地理和人文有丰富的知识,和朝鲜通信使的往来也十分频繁,之所以不详细触及,是因为他有意使用西洋人的视角,从西洋的角度重新把握世界。通过西洋人的视野来看世界使他发现固有的世界框架完全改变。新的世界观也成为他打击传统世界中国人及朝鲜人所具有的文化优越感的武器。和新井直接交涉过的朝鲜使节根据与新井的笔谈(1711年11月5日)编辑的《江关笔谈》记录了新井和朝鲜使节的应酬。笔谈的内容涉及史书、礼服、仪典、交易、日朝外交关系及中国、西洋、琉球。在笔谈之中,有关史书、礼服、仪典被朝鲜使节尽占话题,轮到谈外交关系和世界地理,新井的说教占了上风。这象征性地显示出立足于传统世界观进行议论的朝鲜知识分子和运用新世界观进行议论的日本知识分子之间开始出现差异。最大的不同就在于是否以西洋为中心观察世界。对于获得新视野的新井来说,对谈也是向东亚知识分子同仁披露自己价值观的好机会。

（二）前野良泽的学问与思考

如今,世上兰学盛行,立志者笃学,无见识者漫为夸张。回想当初,自老翁之辈二三人,有志于此业起,转眼已近五十年。没想到其能发展到今天这一步,隆盛得真是不可思议。汉学是把遣唐使派到异朝,或送优秀的僧侣直接从彼国人学习,归朝后教导贵贱上下而形成的。其渐渐盛行乃自然之事。但兰学风行的情况却大不一样①。

以上是杉田玄白在记述兰学风行经过的《兰学事始》(1815年刊行)一书中开头的一句话。"老翁之辈二三人"指前野良泽、中川淳庵、桂川甫周,所谓"已近五十年"指的是在千住小冢原观看解剖死刑囚腑脏和开始翻译《解体新书》(1771年)以后的时间。杉田玄白在这里想要强调的是汉学是日本人自己到中国取回来的,但兰学没有这样的背景,完全是自发流行的,其原因何在呢? 既是作者也是当事人的杉田玄白正是欲以这部谈体验的著作把日本人和兰学的相遇作为与新世界的相遇而重新估价,并欲在新的文明和历史的潮流中给其赋予新的意义。

的确,在18世纪后期日本社会西洋学急速发展之后,存在着放松起始于历法学和医学的所谓洋学之禁令的社会背景②。历法学家中根元圭(1733年逝)向幕府建议说,明朝的西洋历法学比从前使用的历法学精确,在长崎被焚烧却太可惜了。这就是事情的缘起。趁

---

① 杉田玄白:《兰学事始》,岩波书店1988年版,第11页。
② 八代将军吉宗欲振兴学术,于1720年缓和禁书令,采取容许科学书籍进入日本的措施。

这个机会,仁斋派学者青木昆阳(1689—1769 年)受命德川吉宗学习兰学,对西洋的实学表现出极大的兴趣。青木昆阳后来亲自赴长崎学习,以《荷兰文字略考》、《荷兰语译》等书形成了兰学的根基。大槻玄泽(1757—1827 年)很巧妙地这样描述兰学的发展:"荷兰学的发展草创于白石新井先生,中兴于昆阳青木先生,究诘于兰化前野先生,隆盛于鹧斋杉田先生。故近时从事此行者皆无不渊源于这四先生。"①用西方式顺序称呼人名的大槻玄泽把洋学的发展总结为新井的草创、青木的中兴、前野的究诘、杉田的大成。

知识阶层对洋学的关心,最初着意于实用的医学和天文学,随着西洋观的改变,人们开始趋向超越技术领域,进而探索观念价值的世界。这样的转变反映了西洋各国势力关系的巨大变化。

由于美国的独立(1776 年)、法国革命(1789 年)、英国产业革命(18 世纪后半叶)等等一系列社会变动的实现,英国和法国取代西班牙、荷兰等国获得世界霸权主角之位。同时注视清朝中国和西洋诸国的日本知识阶层对西洋的变化与即将成型的新世界的关系当然表示了极大的关心。从西洋的角度来观察世界的新井白石的视野,意味着日本知识层开始通过比较东西方文明来把握变化着的世界。他们认为对于新世界构成中西洋这一不可忽略的存在所知甚少,这直接关系到日本的未来。庞大的西洋文明既有可能给日本带来无限的可能性,也有可能成为日本的威胁。为这两种可能做好精神准备是制造出洋学中兴的主要理由。到了 18 世纪后半期,洋学家们进入了一方面往西洋寻求理想世界,一方面又要设法回避来自西洋的威胁这样一种看上去似乎自相矛盾的心境。可以说,在这些洋学家心目

---

① 大槻玄泽《六物新志》于 1786 年(天明六年)刊,是关于西洋药学的翻译书。

中西洋是一个既令人向往又很可怕的概念。

洋学家的学问内容虽以天文、地理为主,但对天文、医学等的理解可以成为他们把视线转向人类社会种种现象的契机。究天地之理,可促使他们重新构筑自己的世界观。如航海是走向世界的最有效手段。在没有大陆山脉作为坐标进行航海时,重要的是依赖方位和星座的秩序来保证方向。这也是为什么人们把对西洋的学问关心集中于天文地理和人文知识之上的原因。

从被认为深究兰学奥秘的兰化先生前野良泽(1723—1803年)的学问实践中可以看出他对天地人所下的工夫。

前野良泽曾作为中津藩医随青木昆阳学习兰学,和杉田玄白等在江户小冢原观看解剖死刑囚犯。前野良泽对西洋医学书籍记述之精确觉得很是吃惊,他在翻译《解体新书》时充分展现了他对医学的精通。而从他的代表作之一《管蠡秘言》中也可知,他对西洋的天文地理人文各个方面也都有造诣,留下了不少思索的火花。

《管蠡秘言·序》里,作者这样提到该书的立意:

> 荷兰有诸多学校,其中有的特别叫做穷理学校。其立教之本在于即三才万物穷本源固有之理。又名曰"本然学",以是敬天尊神,秉政修行,明事理精术艺,正物品利器用。而布帝王德政,保公侯社稷,四民安业,百工尽巧。盖其德化所至,既远又大[①]。

这里提到了西洋做学问的学校及其做学问的内容和做学问的功

---

① 《管蠡秘言·序》,《日本思想大系·洋学上》,岩波书店1976年版,第129页。

用。所谓穷理是出自《易经》的说卦传"穷理尽性",也是作为程朱学的方法被用于格物致知的传统学问概念。其要点在于通过究知一事一物的道理,发现贯通于此迸流而出的天理。前野良泽转而用它表述西洋学问的一般特征①。所谓本然学也引用自朱子学的"本然之性"和"气质之性"一对概念。即不掺入人工,客观地观察事物的表述。很明显,在把握西洋学问的本质特征时,作者采取了给固有的学术用语赋予新意的方法使传统得到再生。导致这种努力的是他对西洋文化的崭新认识。在《荷兰译文略》里他又说道:

> 且夫支那称圣人教化之国。而我思之,其制作技术其实自西土来之。况且,若看荷兰的图书,以予所见,其善美所至殆胜支那。唯憾之者,传习吾邦之书,或支那的翻版,或译家之所传,皆粗窥其事理,不仅隔靴搔痒,其谬误杜撰之多,亦不胜枚举②。

他明确地承认西方的技术胜过中国,认为要了解西方仅仅依靠来自中国的西洋知识和别人的译著已经不够了。他接近荷兰语的理由正是为了超越来自中国的西洋知识,使自己和西洋文明的对话成为可能。

前野良泽通过《管蠡秘言》试图构筑自己个人的"本然学"。这几乎囊括了作者当时围绕天地人这一主题所能接触到的东西方学问的全部。可以说,这意味着日本最早最新的包含天文、地理、人文的

---

① 后来,天保年间,帆足万里运用物理书《穷理通》广泛说明一般自然现象和文化现象。这可以说已经接近了良泽的意义范畴。进一步,福泽谕吉在《穷理图解》等翻译书籍里,用穷理学这一词汇来表述西洋物理学概念。

② 前野良泽:《荷兰译文略》,《日本思想大系·洋学上》,第74页。

综合学问体系诞生。有关这一体系的内涵,可以从《管蠡秘言》末尾的目录和附注①里看到。目录第一页包括地、地球、六大洲的图、亚洲诸国、支那称、浮海求世界等。第二页举出水、火、空、云雾雨露、日月体、星星。最后附有世界宗教大法、孝弟急务、三教一致、戏论五行、汤武革命、天地过不及由于人心等。

在《管蠡秘言》"略说"中,前野以地球、地大、六大洲的顺序描述了世界各国的轮廓。他说地球像美丽的玉石一样。从前中国人认为地球是方形的,这是错误的说法。地球这一称呼来源于欧洲。关于地球的大小,他援用西川如见"地球一周,凡一万三千八百四十六里"的说法。关于六大洲,尽管他指出"是吾邦及支那、印度等古人未曾知之也",但这种叙述并没有超过利玛窦以来的学问。不过,该书解说文字却透露了作者认识世界的深层信息。

继六大洲之后,作者列举亚洲各国,进行了如下解说。

> 以上诸国,小者以其与日本相比,仅五六分之一。大者五六倍,或十倍。最大者有可超过二十余倍者。六大洲中,以亚细亚尤为殊大。然而以此应可以想象其余五大洲之广大了。②

作者指出,亚洲虽大,但亚洲以外的五大洲的总和更大。明确显示了自己在世界整体中思考亚洲的姿态。

前野良泽这种世界意识是以他对西洋势力扩张的分析为背景的。前野良泽知道人们到最近才开始认识到由包含西洋的六大洲构

---

① 前野良泽:《管蠡秘言》,《日本思想大系·洋学上》,第197页。
② 同上书,第144页。

成的世界全貌,即使在西欧曾经也把世界分成三部分,认为欧洲以东有亚洲,以南有非洲。随着对新的世界观的靠近,前野欲向人们显示这样的事实,即西洋人通过刷新自己对新的世界的认识,谋求对世界的扩张,因此,世界的版图发生了巨大的变化。欧洲人进行世界探险的举动,给前野留下了深刻的印象。

> 往昔欧罗巴人不知三世界外还有国土。然自今二百八十余年(相当吾邦明应二年。乃后土御门帝之御宇也),欧罗巴内有意大利国人叫阁龙者。相信三世界之外,海中尚应有国土,遂行舟西海①。

阁龙,即哥伦布。明应二年,也就是 1493 年,正是哥伦布(1451—1506 年)出发进行第二次航海(1493—1496 年),开始踏上伊斯帕尼奥拉岛之时。就这样,前野良泽用很大的篇幅介绍了哥伦布这一人物和他发现"新世界"的前后经过。在前野良泽看来,哥伦布不仅是殖民者和探险者,同时也是一名传教士。

> 予按,在欧罗巴洲修教法之人中,有济度他邦之职,志愿持戒不犯、舍身救人。常游行不定居一处。设想阁龙也亦奉此职之人欤?②

前野良泽对哥伦布的西方宗教背景有所认识,他觉察到哥伦布

---

① 前野良泽:《管蠡秘言》,《日本思想大系·洋学上》,第 145 页。
② 《管蠡秘言》"略说六大洲",同上书,第 145 页。

行动后面的宗教的因素。从哥伦布以宗教为后盾努力向世界扩张的形象里,前野似乎发现一些反映西方人真面貌的信息。他生动地描写了燃烧着火热的宗教热情的哥伦布一行与"新世界"相遇的瞬间。

行程数月,从者或有困倦而发病者。阁龙恳恳教谕、安抚。时有看望远镜者,告知遥遥可见仿佛如土地形状者。船中诸人乃大喜,相竞进船于彼地。经数日到达此处。果然是另番世界①。

船行数月,一行中有人累倒,有人患病。哥伦布热诚地鼓励他们,安慰他们。突然负责从望远镜进行观察的人报告说远处发现大片陆地。船上的人顿时大喜,驾船朝所指方向前进,数日后登上一块陆地,果然别有一番世界。

然其土人,不能相通语言,且有恐怖表情。便施与财帛、美丽之物。让其亲近,遂至在彼地创置许多国邑②。

就这样,前野良泽花费相当的篇幅叙说哥伦布到达南北美洲,西洋人与三大洲以外世界相遇的过程。即便是遭新井白石否定的墨瓦蜡泥洲,他也论述道:"此一大洲的地理、人物等,至今未见详志者。其与上述五大洲地界全异。故备此记六大洲之名。"虽然是未知领域,但书中仍然保留了记录。

---

① 《管蠡秘言》"略说六大洲",同上书,第145页。
② 同上。

前野良泽认为到达新大陆的西洋人有其独特的有关人类社会的学问和宗教,这为他们的探险活动提供了强大的精神后盾。不过,前野与其说是对这种学问和宗教的性质感兴趣,不如说更倾向于对这种学问和宗教在世界的势力分布的状况感兴趣。对前野良泽来说,前者未必是新鲜的问题。有关西洋人学问和宗教的性质,早在中国明清时代就多少耳闻和思考过经西洋人传进来的东西。前野相信所谓学问和宗教虽随时代和地域之差发生变化,但一般都是为了教化民众、调整国家的治乱兴衰的。在谈论其本质之前,首先必须准确把握其势力分布范围。

> 大抵佛教所到之初,只亚洲之内,仅十分之二。儒教所及之处,十分之一。其余大凡天主教者,遍布诸大洲。在"亚细亚",以回回国为其首领。在"欧罗巴"以意大利专为教化之主。"欧罗巴"及"非洲"四方学士,皆聚会,不劳耕织,衣食于此者,凡七十万人①。

作者认为与佛教和儒教相比,天主教具有压倒性势力。进一步,前野良泽提及欧洲诸国无论宗教或官职都由国民选举产生,但中国自古有革命传统,"故胜败兴亡之移,如无环之端,相反,欧洲之中,自古不得有以篡权而君临天下者",他明确指出中国和欧洲政治传统的差异,从传统思想作用中寻找中国社会急剧变化的原因。很明显,他对西洋的宗教制度和社会制度给予了很高的评价。他实际上是想告诉人们,不能简单地用野蛮的夷狄来称呼占世界大势的宗教

---

① 前野良泽:《管蠡秘言》,《日本思想大系·洋学上》,第147页。

和社会制度的人们,应承认,西洋人实际上是新的世界里不可轻视的存在。

由此可知,至此前野良泽的学问构筑和新世界认识完全达到了同一个水平之上。许多洋学家在研究西方学问时,既是海外事情介绍者,同时也兼做世界地理研究。因为对西洋的理解直接关系到对接受西方学问的态度。尤其是实际感受到来自西方的危机时更是如此。1782年,前野良泽翻译了1692年刊于法国巴黎的尼古拉斯·桑宋的地图册《舆地图小解》。这是应时局变化原封不动地翻译西洋人写的地理书。后来,他还翻译了《东砂葛记》(1789年)、《东察加志》(1790年)、《鲁西亚本记》二卷(1793年)等地理书。这三本书都以北方地区和俄国地理为中心内容。《东砂葛记》的序文明确指出:"按,自虾夷属岛国后,沿直路用我们的里法当二百五十里处,有一国叫堪萨斯卡。我邦人所称奥虾夷即是此。这个国家如今有鲁西亚在插手。然而关于这个国家的地图和山川等并无详细记录。"他直率地承认北方的威胁是自己的翻译动机。翻译《鲁西亚本记》的宽政五年也是俄国使节拉库斯曼伴随漂流民光太夫出现在虾夷地逼迫通交的翌年,那是一个俄国问题不断升温的时代。

从内容上看,该译著力图历史地把握俄国形势,与其说是地理书不如叫做历史书更合适。这本译著随时注记有前野的按语,显示了译者对时局的认识。据说由于该书在俄国对外关系文献中,特别是俄国历史方面具有权威意义,其抄本广泛流传,一直到幕末还为诸书参考引用①。

到了18世纪末期,苦心在新的世界观下构筑新的学问体系的前

---

① 鲇泽等编著:《锁国时代日本人的海外知识》,第367页。

野良泽,面临来自北方的威胁,进一步提高了对海外情报和世界地理的关心程度,他主动响应时代的要求,把目光转移到学问和国家安全这两个方面,作为富有献身精神的知性战士向新的世界迈出了第一步。可以说,这向我们展示了在迎接19世纪世界之际日本社会精英适应崭新时代的一个典型侧面。

(三)杉田玄白的忧患意识

在新井白石离开人生舞台的1725年前后,1723年前野良泽诞生,1733年杉田玄白出生,这对德川日本来说也许可说是非常重要的时期。这些人都是德川日本最早积极探索新世界结构的知识精英。他们的生死带来的新旧交替,可说体现了时代的变迁。

18世纪中后期以前野良泽、杉田玄白为代表的洋学家的登场,为日本带来了思想上、学问上的带头人,做好了迎接新世界的精神准备。前野谋求确立新的"本然学"体系,试图进行学术观和世界观的转变。与此相对应,作为盟友之一的杉田玄白为了切实把握日本和新世界的关系,对新世界的真正含义开始加以重新认识。两者都较深地涉入到德川日本认识新世界、重构世界观的历程中,发挥了核心作用。

关于杉田玄白(1733—1817年),我们通过前面提到的《兰学事始》就知道他曾经与前野良泽、中川淳庵等一起在小冢原刑场现场观看对死刑囚犯的解剖。曾和前野一起把德国人库尔默斯著《解剖图谱》的荷兰译本于1774年翻译成《解体新书》刊行。显然,如果离开可称为兰学之祖的人们的学术成果《解体新书》或离开记录了他们所走过的道路的《兰学事始》一书,我们根本无法谈论杉田玄白。伴随着母亲难产致死而出生的杉田玄白与在其出生后第2年刊行的库尔默斯原著、迪克滕译成荷兰语的《解剖图谱》在日本的奇遇,作为日本文化史上难忘的时刻值得永远留在人们记忆里。不过,如果要触及杉田等的精神深处,只分析上述部分还不够。和前野一样,杉田从事兰学的目的虽也是为了追求实用的专门学问,但他同时也关心支撑这种学问的精神背景以及兰学来自于西洋这一事实对日本所具有的意义等等问题。前野和杉田都把这一思辨过程用与虚构人物进行对话的文章表现出来。如前面介绍过,前野为了表达自己对新的世界认识和学问的关系的强烈信念,在《管蠡秘言》等对话体文章里注入了大量的思想火花。杉田玄白也与前野一样,在《荷兰医事问答》和《形影夜话》等著作中,通过运用对话体文章,把自己的精神世界和外部世界对话的轨迹生动地展现给了读者。作为理性主义启蒙思想家,作者通过对话体文章向世间显示自己精神变化的轨迹以及对新世界的印象,也为我们留下了最理想的资料文本。

从《解体新书》刊行到《兰学事始》成书,是围绕日本的世界形势发生显著变化的时期。英国在对殖民地政策上采取本国利益第一的重商主义,拼命保护不成熟的国内产业资本。在北美大陆,18世纪后半叶由于美国独立战争的爆发和《独立宣言》的问世,出现了改变固有世界格局的前兆。法国革命成功和拿破仑时代的到来宣告了西欧世界从18世纪转而进入19世纪。更重要的是,以英国工业革命为嚆矢,法、德、美、俄等国同样掀起了工业革命的浪潮,代替旧殖民国家葡萄牙、西班牙、荷兰,上述新兴国家应运而生。如果再加上经过明治维新完成工业革命的日本,那么代表19世纪新世界形象的主要国家就基本到位。这一起自西洋的以工业革命为主的大变革浪潮后来给日本和中国等等非西方社会带来了强大的冲击。巨大的冲击力迫使非西方社会的人们纷纷寻找对付冲击的手段,迫使非西方社会的知识精英纠正固有的世界观,在惊喜与痛苦参半的状态下,扩展自己观察新世界的视野。非西方社会的知识精英们对接受从历史上和心理上都不易抱有亲近感的西方文明,走近陌生的新世界,虽也会感到好奇或刺激,但实际上更为自己国家是否在接受西方文明之前就被强大的西方殖民势力吞并消亡的现实和前景而感到担忧。生活在世纪之交的杉田老人也多多少少具有与此相近的心境。在他呼唤警惕西洋人进攻之危机的几篇文章里,可以强烈地感觉到他内心里的恐怖之情。一边行医,一边关心时代课题的杉田之所以晚年把自己观察人类疾病的能力更多用于分析社会危机所在,除了由于他具有感受外来压力的高度敏觉以外,恐怕还与他在面对超越个人生死关系国家存亡的大事情上,萌发出了只有勇敢地迎上去否则别无生路的强烈意识有关。

在翻译(1771年)和刊行(1774年)《解体新书》期间,日本社会开始呈现种种新景象。伴随着德川时代期间被认为是思想上最自由的田沼时代,人们对兰学的关心日益高涨。1770年平贺源内(1729—1779年)受当时的田沼之命,再赴长崎,出入兰馆,学习发电机的原理。平贺读后藤梨春的《红毛谈》,知道了发电机的事情,为了得到其制法,曾经赴长崎实地参观。回到江户以后,他大力宣传发电机的效力,呼吁人们关心西洋文化。1771年2月,萨摩藩主岛津重豪(1745—1833年)得到幕府许可视察长崎荷兰船,见其设备之精巧,为西洋文化惊叹不已。岛津积极导入洋学,推行开明政策,在藩校外创设造士馆等等。他还命令部下编撰《成形图说》、《世界地图》等书。与这样的气氛相呼应,同年3月5日,前野良泽、杉田玄白、中川淳庵三人着手翻译《解体新书》。同年7月,出现了一个震撼崇拜兰学知识界人士的意外事态。震源就是贝尼奥夫斯基的有关俄国南进野心的情报。尽管这是错误的情报,但许多知识界人士把它看成是俄国南下侵略日本的预告。从此以后,兰学家对世界地理的研究和对西方国家的关心更加升温。同年12月,本木良永翻译约翰·哈布纳编辑的地理书《阿兰陀地图略记》,翌年末,又翻译了荷兰人劳埃司·雷纳德撰写的《阿兰陀地图说》。1772年2月,荷兰甲必丹例行参拜幕府时,幕府官医桂川甫周受命幕府与荷兰人菲特等进行对话,交换意见。1774年1月,西村远里著《万国梦物语》,该书以新井白石《采览异言》为底本,借托梦中旅行,平易叙述世界万国的经纬度数、寒暖、产物、地理、风俗等。接着,平山旭山著《万国图说》,让关心荷兰事物的人们大为欢喜。同年8月,杉田玄白等翻译的《解体新书》刊行。同月,本木良永译《天地二球用法》(四卷)。本木自序曰:

> 古圣,俯仰天文见察地理,授民于时,治平天下。欧罗巴先贤亦同。尤荷兰浮海通商万国,富裕国家博学众艺以而润身。呜呼大哉、航海之术。以一只船舶渡万里大洋。其要在于观测天文,考查日月诸星运行。白昼观测太阳行度升降,夜晚测度恒星上下高低,以经纬度知其船只所在。天地二球乃天文地理学士及航海者要器①。

该译著除了最早提到地动说以外,还表示天文地理学的目的在于使自己的国家变得富强,广泛吸取别国的长处。字里行间透露出作者期盼人们关心世界地理知识,像荷兰一样谋求海外扩张的勃勃

---

① 大槻如电:《日本洋学编年史》,锦正社1965年版,第223页。

雄心。一年以后，杉田玄白著《狂医之言》，明确表示自己对新的医疗哲学和支撑这种医学的世界观的认同。

> 腐儒庸医不知天地之大，仅听闻东洋二三国之事，以支那为万国只冠，稍读其书漫然自称曰，夷狄其俗本无礼乐。其以礼乐文物划分尊卑。何国无尊卑？何国无礼乐呢？①

他对世界观陈旧、视野狭窄、总认为中国是世界之最的"腐儒庸医"加以猛烈批判，驳斥了认为"夷狄"无文明的言论。他用"何国无尊卑？何国无礼乐"一句问话，简明扼要地提出了自己的东西方文明相对论。

> 道之生成，非支那圣人所立，天地之到也。日月所照，霜露之下，有国有人有道。何谓道也。去恶进善是者。②

所谓"道"非中国圣人所做，乃自然发生。天底下有国家，有人民，也有"道"。什么是道呢？道就是去恶劝善。在这里，可见杉田倾向于追求世界共通的、普遍的、自然存在的朱子学固有之"道"。杉田相信只要正"道"，就可以去恶增善。可以说，一边追求普遍的"医学"，一边努力完成日常医务的杉田的生活姿态，也是以这种新的哲学认识作为背景的。这是站在世界视野上追求世界普遍性的表现，反映了与新井白石时代不同的杉田时代的一个精神侧面。如前面新

---

① 杉田玄白：《狂医之言》，《日本思想大系·洋学上》，第229页。
② 同上。

井白石一节所谈到,知识分子在吸收西方学问的时候,总伴随着批判发展中国思想和接受来自中国的刺激这样一种双重思维方式。杉田也不例外。他通过对"道"的重构,试图打破一部分人头脑里的中国思想的传统权威,同时合理地抽象出中国思想内涵的普遍性,巧妙地利用来自中国的刺激,以唤起人们的危机意识。

> 盖支那知天文及百工之类已传入其国之物的缺陷,明季以来,多学西洋之法。所盛行的,有西洋历、历算全书、奇器图说、灵台仪象、大西水法等书。故今日的浑天仪与古代其制有异。这即是择其善而从之。只是如我国之医学,仍然守株不改,岂不悲也。①

作者警告说,连在学问上富有传统的中国都要引进西洋文化,日本还能继续固守旧的权威吗?

由此可知,日本近代初期新的世界观和理性主义启蒙思想的基石就建立在对中国思想的批判、发展和接受来自中国的刺激之上。同时,在观察西洋的学问和中国的思想时,日本不是无原则的、盲目的,杉田谋求对西洋的医说和汉土的医说进行客观的、合理的判断。

> 汉土之医疏漏身体之理,故每事着实之所少。……其他,至后世之书,专主张五行配当,所设论说,舍弃者多,可取者少。……荷兰医学亦然。彼医也不无拘泥自己之所好者之处。

---

① 杉田玄白:《狂医之言》,《日本思想大系·洋学上》,第237页。

只是其根本之处正确,故可取者多舍弃者少。但此等取舍惟赖读者之力。①

作者认为无论对汉土的医学或西洋的医学都不应该一味地吸取或舍弃,应该有选择地利用。他强调,重要的不是学说的来源地,而是读者自己的判断力。这种取舍的原则也是支撑杉田从事《解体新书》翻译事业的一贯态度。对通过医学这一领域探索西洋世界的杉田来说,西洋医学的有效性本身具有很大的说服力,但这并不意味着采取唯西洋是从的思维方式。可以说,在萌生合理选择的思维范畴中,包含着近代初期日本人认识西洋的基本逻辑。

但在迅速变成现实的西洋冲击之前,合理选择的思维很快就显露出了限度。杉田在作为一个医生向西洋学习有用之医学的同时,也愈发意识到来自西洋的威胁。晚年杉田用为人看病的眼光转而观察国家的危机,其忧国之情在《野叟独语》一书中披露无遗。在杉田的眼中,沉溺于太平盛世却无视迫在眉睫之危难的人们令人痛心。

然世人在此余泽下,至今为止无何不足,不知干戈饥寒之患,终日饱食美服,华奢风流。忘却世上有何难事,幻想世道永不改变。上自贵人下至下人,代代安逸度日,也许是其天罚吧!近来,人们觉得金钱拮据,世道蔽塞,因有回避隐瞒之心,心底变得卑贱,其所业皆不得道。②

---

① 杉田玄白:《形影夜话》,《日本思想大系·洋学上》,第268页。
② 杉田玄白:《野叟独语》,《日本思想大系·洋学上》,第291页。

杉田指出,人们相信和平是永久不变的,不愿意正视国家面临危机的预兆。杉田作为医生,向人们指出危机,欲唤醒昏睡状态的人们。如果国家也和人一样有生老病死的话,有时也需要医生来看看。在此,杉田摇身一变,成为替国家看病的医生。

首先,他把来自俄国的威胁列为第一条。1792年,俄国使节拉库斯曼护送伊势漂流民大黑屋光太夫来到根室。对于俄国人的通商要求,幕府给予了入港长崎的许可状。1804年俄国使节列扎诺夫携沙皇亚历山大一世亲笔信乘军舰"纳德聚达"号护送漂流民来到长崎,又提出通商要求。幕府这次拒绝了俄国的贸易要求。对"纳德聚达"号的处置也非常严格。命令他们交出兵器、弹药,不准俄国人上陆,让"纳德聚达"号停在长崎港外,置于严重的监视之下。对于俄国人来说,1804年拒绝通商是幕府对于1792年曾表示允许通商的"毁约行为"。可以说,这也是从文化三年到文化四年之间,俄国人频繁袭击虾夷地的背景之一。

> 问曰,鲁西亚诚然是我国心头大病,良医治病于未然,此病若处理不当可成不治之症。如何是好呢?[①]

作为替国家看病的医生,杉田不仅指出病状,还在思考要如何才能治好疾病。要治好疾病首先必须客观把握疾病的性质。这要求进一步弄清楚鲁西亚是一个什么样的国家。

> 所谓鲁西亚本来叫没斯个未亚,昔为一个王国,自今四五代

---

① 杉田玄白:《野叟独语》,《日本思想大系·洋学上》,第294页。

以前,有位男性英主叫彼得德苟娄特,征服邻国,中兴俄国,渐渐强大,次第伸手,使得到我虾夷地区堪萨斯卡为止都成其领地。遂履彼方帝位,因成当今世界第一强盛之大国。①

可见,杉田非常懂得大国俄国对日本意味着什么。他苦苦思索日本应如何与这一大国交往,日本在包含俄国的世界上应占据什么位置。围绕俄国病,杉田开始注视日本和世界的关系,确立了国际环境中的日本的新视角。

  近来常闻自称美国船、孟加拉国船来要求贸易。不少地方还出现异国船漂流靠岸,多数看来是英国船。自荷兰特别立誓百余年来,我乃禁止外船来航之国,可人情变化,国力盛衰皆不可避免,怎能死守百年前规矩呢?如今相隔千里之国,交往方便,一切保持不变未必就妥当吧!②

他强调,为了应对美国英国登场、荷兰衰退这一世界新形势,日本人只有与变化着的世界一起变化才能生存。面对俄国的威胁,美国、英国的出现,杉田仿佛听到了时代变化的脚步声。这意味着对杉田来说,过去向往的西洋人和西洋文化同时也是感觉威胁的对象,和平列岛日本已不再和平,西洋既强大,也是危险的策源地。杉田观察西洋世界另一面的崭新的国际意识的形成,从他对自己国家危机的

---

① 杉田玄白:《野叟独语》,《日本思想大系·洋学上》,第295页。
② 同上,第300页。

分析中充分体现出来了。空前强大而又危险的俄国,然后,代替国力衰退的荷兰登场新世界的美国和英国,对这样一种变化了的新世界势力分布的认识,不仅存留在杉田等文化人士心中,以后作为19世纪初期的时代意识也渗透到普通民众中去。这也是明治日本西洋世界观的原型之一。

二、来自世界的憧憬和威胁

(一)司马光汉和本多利明对未知的挑战

18世纪后半叶,德川日本迎来当时的老中田沼意次(1719—1788年、1772年成为老中)主政的田沼时代(1767—1786年)。田沼时代继承享保改革的一面,活用商业资本,积极谋求再建幕府财政。不仅实现扩大了长崎贸易,同时利用商业资本推进开拓下总印番沼、手贺沼,开发虾夷地,与俄国进行贸易,推行前所未有的经世政策;思想上,这一时期在江户时代则被称为是最自由的时代,兰学盛行,平贺源内的活跃,新的经世论、经济论等等,显示已经做好了形成大变局的精神准备。另外,在天明饥馑、农民起义、农民暴动一连串事件之中,民众加强了对田沼意次、意知父子的专横跋扈的批判,对权力与金钱的结合表示强烈不满。这种大变动的局面,给一部分人带来了不安和焦躁,给一部分人带来了应变的能源和精神紧张,也给一部分人带来了梦和希望、抵抗和苦恼这一相互矛盾的情绪世界。可以说,这三者构成了18世纪至19世纪交替之际日本知识分子向往外部世界、告别传统世界的精神背景。

第二章　中国·西洋·日本：三角测量的视角

司马江汉正是活跃在这种时代精神下的知识战士[①]。他虽然以绘画为生，但他所获得的知识领域远远超越了绘画世界。这是对包含西洋的世界所进行的广泛的精神作业。对未知世界的挑战不仅是介绍地动说，或是以铜版制作"地球全图"和"天球图"为主的天文学和地理学，也涉及了工艺技术[②]、社会制度[③]以及他独有的人生哲学[④]。从浮世绘到汉画，从洋风画到西洋事情和世界地图，再到老庄人生观，他不断扩大其知识世界的空间和深度。

司马江汉的这种精神世界的结构是由其对西洋世界的好奇心支撑的。西洋的学问、西洋的物品、西洋的人物，无一不让他倾心。天明八年（1788年），司马江汉为了学习绘画赴长崎旅行。带着对遥远的未知世界的想象和向往，他走上了西行之路。

> 十一日，晴。去岛原屋邸，晚上去风吕（澡堂）屋，乃住居风吕也。入夜，去平户町幸作处，参观二楼荷兰坐垫。英国精制的玻璃镜框并列于荷兰式房间，下摆椅子，另外装饰着奇妙的荷兰物品，陈设着酒类。夜晚九点多归。[⑤]

对于一路上有着许多见闻和感想的司马江汉来说，在长崎接触

[①] 芳贺彻："18世纪日本的知识分子战士们"，《日本名著：杉田玄白·平贺源内·司马江汉》，中央公论社1971年版。
[②] 司马江汉也有着制作窥视眼镜、耳镜（助听器）和荷兰茶磨（碎咖啡机）的技术家的一面。
[③] 他在介绍西洋社会制度，教育制度的同时也同时初步接触到开国贸易论和人类平等说。
[④] 晚年的司马江汉形成了基于西洋自然科学和老庄思想的独特人生哲学。
[⑤] 司马江汉：《江汉西游日记》，《司马江汉全集》第1卷，八坂书房1992年版，第310页。

到来自荷兰的奇妙物品,也是他所谓的"极乐"①之一。不过,这种通过有形之物接近西洋的机会并不是太多,对他来说,还需要另外有一条通往西方世界的路。这就是从学问上探究西方,以接近西方世界。为此司马江汉开始构筑自己的西方学(理学)。

> 所谓理学,云天地人三才之理,欲究此理,必以天地为始而穷之。西洋视天地之穷理为教理之首。然而我们若连荷兰在西洋何方也不知晓,更不用说弄懂其理了。故小子等绘制地球总图,制造铜版,习彼国之法,以国字志各国之名。②

很明显,司马江汉重视天文地理,不单纯是出自对天文学、地理学的兴趣,他把这看成是更好地理解西洋大千世界必不可少的一步。在此阐明天地之理被认为是与认识人间世界紧密相关的。进一步,他在西方国家中挑选几个主要国家,一一进行剖析。

> 其万国之中,最先创建者乃英国、法国、荷兰三都。故其国之学兼通三才,穷极物理,巧思深虑,无所不至。圣圣比肩,贤贤接踵,加以穷之③。

圣人已不是中国的专有。代之以英、法、荷的圣人们和贤人们为中心的天地人的学问成为司马江汉的追求目标。司马在充满向往地注视着这些拥有天地人三才的国家群之际,从认识到西洋学问的优

---

① 参照芳贺彻:"18世纪日本的知识分子战士们。"
② 司马江汉:《荷兰俗话》,《司马江汉全集》第3卷,第119页。
③ 司马江汉:《和兰天说跋》,《日本思想大系·洋学上》,第486页。

秀过渡到开始相信西洋还有"鄙视以武治国,只以德治国"①的优秀的社会政治理念。在他看来,西洋简直就是理想世界本身。

> 天下第一大洲名叫欧罗巴(土地广大不超过亚细亚,然而以开辟之久为第一),乃人类首开、圣贤之道首成之乡。②

他认为西洋就土地的大小来说不及亚洲,但文明开化的历史长,也是人类文明产生、圣人之道开始之地。提出圣人之道最初发生于西洋之说,说明司马江汉的内心世界已经完成了文明观的转变。这也是司马江汉身处绘画世界,同时对世界地理和西洋事情开始感兴趣的理由。

把西洋景仰为文明发源地的江户画师司马江汉眼中的西洋人印象也别具一格:

> 此诸国大概人物气质相同,性温厚不躁,与亚细亚人相比,甚巧思深,人生来剃胎发,剃鬓发但不结发,头发以红色或白色斑纹为美,男女皆隆准,比诸洲人鼻梁高,眼睛浅黄色,眸子蓝色,比吾亚细亚诸国人其志甚异。③

对西洋人外观细致入微的描写,显示作者已初步形成亚洲人从精神上和外观上都不及西洋人的观念。这样的西洋人论产生于作者对遥远的西洋世界的人们积极进取和身边的人们甘于现状的对比之

---

① 司马江汉:《荷兰俗话》,《司马江汉全集》第3卷,第123页。
② 司马江汉:《和兰通舶卷之一》,《司马江汉全集》第3卷,第152页。
③ 同上。

中。这鲜明且充满智慧的西洋人形象中,满载着司马江汉对西洋的向慕之情。在他的眼里,西洋不仅是天地人的学问发源地,也是人类社会的理想之乡。即使是基督教,在他看来那才真正是与西洋这一理想之乡相匹配的东西。

> 我日本自古不交于他国,不外航。二百年以前,"葡萄牙"国人,乘大舶来东方,其时正当信长主天下,战争不已。彼"葡萄牙"人认为,此国现在战而不知教,吾等不妨施教于此,治平国民,以谋为吾国属岛。遂送教导师数百人,携金银财宝施于诸民,建医院施药于穷人,皆以奇药治难病,受恩泽者不鲜。①

他认为基督教传教士东渡虽然负有寻求新天地的使命,但他们从日本还在战争状态的两百年前开始带着和平的教义来为日本人工作,给人们带来了财富,建医院,施医于穷人,很多人受其恩惠。在作者眼里,西洋人乘船周游世界各国,布教于下层人民,给穷人带来金钱与医疗,道德高尚富有慈悲。与具有优秀道德和先进学问的西洋人相比,日本人在道德上不说,学问上也远远不够。

> 彼诸国风俗好学天文地理,小童也无人不知地球之事,我日本自贵人至卑贱者,专喜欢游乐技艺,不好实学不事究理,云理之人处处遭人嫌。②

---

① 司马江汉:《荷兰俗话》,《司马江汉全集》第3卷,第123页。
② 同上书,第126页。

通过对比西洋人和日本人,司马江汉流露出了自己欲模仿西洋人周游世界,运用天文地理等实学实现与世界各国来往交流的愿望。对他来说,满口"地球为何物"①而遭西洋人讥笑的日本人形象是既可耻又可悲的。

司马江汉对西洋物品、西洋学问的羡慕和赞赏如实反映了他的世界视野的扩大。在绘画世界,他把描绘对象从日本人、中国人转移到西方人。他敏感地从新鲜事物中、从奇特事物中感受到刺激和魅力。可以说,通过对未知世界的不懈追求,他获得了新的想象力,开拓了一片思维领域的新天地。从浮世绘、中国画,进而走向西洋绘画,司马江汉的绘画生活和他描写的世界不断得到扩展与深化。他不仅把中国式或日本式的绘画风格改变为西方式的,他也把自己的内心世界寄托在西洋绘画中,希望通过发现新的表现手段和描写对象走近艺术的理想境地。

司马江汉的这种模糊了理想和现实界线的独特的世界观,在正统知识分子看来显得有些离谱,但对同时代的普通大众、对渴望了解外部世界的一般庶民来说,这种世界观似乎更容易感受、容易亲近,不过也会令其觉得兴奋和不安。这从侧面衬托出了孤岛日本的庶民们欲往西方寻找理想世界的朦胧心愿和情绪。当然,这种梦幻般的世界观是绝不会为洋学主流派所接受的。大槻玄泽门下弟子就曾经讥讽过司马江汉,正统兰学家们看不惯江户街民出身的江汉那种小市民式的反叛精神。兰学家们虽然与江汉有着共通的学问领域,但他们对庶民学者司马江汉不区分想象的世界和现实的世界,太把自己的理想寄托在西方世界的做法,不免抱有一种陌生感和疏远感。

---

① 司马江汉:《荷兰俗话》,《司马江汉全集》第3卷,第126页。

晚年的江汉饱尝的孤独感可说在很大程度上是因为上述正统兰学家和江汉之间存在着这种感觉上的鸿沟所致。不过,他对老庄思想的回归,却不仅仅来自于他和正统兰学家知识人的心理抗衡。老庄思想里包含的东方情绪,本来就一直贯穿在江汉的绘画作品中。他的浮世绘中有幅制作于1722年(安永初年)的作品,题为《摹庄周梦蝶图》①。这是江汉成为宋紫石弟子刚开始学习南苹派时的作品。画的内容是把美女比作庄子。可知作者年轻时已对庄子显示浓厚的兴趣。尽管他老庄思想如此根深蒂固,但一直等到老年才回过来正视自己心中的老庄,这显示当时日本社会倾向西洋的风气制约了江汉的行动,同时表明西洋趣味不仅渗透了上层洋学界,在庶民学者的世界也是强有力的。可以说西方文化和东方文化的对峙——尽管其时而浮于表面,时而沉于深层——是不断贯穿当时知识分子精神世界的主要课题。也有人把这看成是明治时代知识阶层"和魂洋才"式的生活态度的先驱。② 然而江汉的所谓"和魂洋才"并不是一般理解的东西思想之融合,他更倾向于在精神世界深层追求东西方文化的对流或对峙。

江汉的这种精神结构在同时代也并不是绝无仅有的。和司马江汉结交甚厚的本多利明(1744—1821年)也在与江户兰学家交往的同时,开拓自己的学问领域,同时在西洋认识方面,他比江汉构筑出了更全面的理想世界观。

在利明自认为"融合和汉西域,照原样志其大概"③的《西域物

---

① 《司马江汉全集》第4卷,第19页。
② 成濑不二雄:"司马江汉的生涯和画业",《司马江汉全集》第4卷,第372页。
③ 本多利明:《西域物语·自序》,《日本思想大系·本多利明·海保青陵》,岩波书店,第88页。

语》里,可以看到他从和汉世界的深层走向西洋理想世界表层的精神轨迹。和江汉一样,利明也首先用自己的"穷理学"开阔了西方学问理想世界的视野。

  有穷理学,概括起来说,可谓是天地之学。疏于此将万事不解。这天地之学从何入门呢?初从数理、推步、测量之法最易进入。钻透了这些以后,才可进入西域之学。①

  照利明的论法来说,"穷理学"也就是关于天和地的学问。不了解天地之学,就谈不上什么"穷理学"。他认为,掌握西洋擅长的数学等学问才是靠近天地之学的唯一途径。在他的西方学问世界里,将要超越过去对天地存在进行的笼统感知,代之以严密的分析把握。这实际上是把理想的"穷理学"方法纳入固有学问之中,在不排斥固有学问的基础上,致西洋学问于表层、致固有的学问于深层。换言之,就是要通过改变西方学术和东方学术的排列秩序,实现两者的共存或对峙。

  这种想法不仅体现于有关天与地的学问领域,在把西方人理想化的思维里也可以看到。

  故人物风情也遥遥不同也。人体中目瞳蓝色、眼又白又大。脸部周身皮肤白,鼻子高大。身体硕壮、威武刚勇。与日本的人物大相庭径也。②

---

① 本多利明:《西域物语·上》,《日本思想大系·本多利明·海保青陵》,第90页。
② 同上书,第92页。

在这里,作者暗示西方人和日本人的差异不仅在于长相不同,"威武刚勇"的西方人比起日本人来说是精神上更优越的人。利明在列举"都而格、鲁西亚、意太利亚、佛良察、谙厄利亚、和兰陀"等西方"最兴隆之国"时也运用了这种价值尺度。

> 上述九国乃欧罗巴洲兴隆之国也。皆在国外拥有多处附属国,是富强之国也。①

他很鲜明地描绘出了西方大国在海外拥有诸多属国、兼有财富和力量的形象。而获取财富和力量的秘诀首先是作为海洋国家振兴天文、地理之学,进行海外贸易。此外,他还强调要有"不用武而治、维以德而治"②的"治国之道"。他说:"欧罗巴诸国选举德高望重者继帝位。有如尧自有莘之野推举舜。"③他充满向往地描写出使人想起中国古代理想社会的西方社会政治形态。拼命地带着想象捕捉西洋世界真实面貌的利明,通过他自己认为是"西洋诸郡政务书"④的《历史》⑤一书,进一步深入西洋世界,寻找感人的理想社会形象。

> 彼国风俗,与他国相交往时,虽言语不通,却礼仪甚厚,慎默之间,以通礼情为旨。况邻国之交和睦,王侯互通使币。王使者至时,帝亲自出迎。使者述礼仪时,合两手掌抬至额上,帝伸出

---

① 本多利明:《西域物语·上》,《日本思想大系·本多利明·海保青陵》,第92页。
② 同上书,第98页。
③ 同上书,第99页。
④ 利明1799年(宽政十一年)正月22日在致小宫枫轩的书简中言及这本书。
⑤ 1600年面世,戈特弗里德著,原名《记录从世界之初到1600年为止发生的值得纪念的纪年历史书》。

一手,合掌述礼终也。记其始末之书题号"历史"。①

《历史》一书,是距利明时代约两百年前问世的西方史书。18 世纪后半期的西方社会并不全是这般优雅的情景。就如相继发生于西方世界的美国独立战争(1775—1783 年)、法国革命(1789—1799 年)、英法殖民地战争(1689—1697 年)所象征的,西洋正处于革命与战争的旋涡之中。可以说对现实的西洋毫无所知的利明描写的有理想、讲正义的西洋图像里,浓厚地投射了利明头脑里固有的理想国形象。对追求理想的西洋的利明来说,前面提到的舜时代的君子世界是很好的参照物,也可以说,利明思维表层的现实的西洋理想国形象,有力地被他本人具有的东洋理想国形象所支撑。因此,在从西洋追求理想境地的同时,他并没有完全否定东洋或本国的一切。

> 今支那云国号大清。乃因其为清和源氏末孙故也。与往昔支那不同,今其为大国,于本国建州西北筑长城,并与秦古长城相接,竖立起与他国的境界,以为要塞。与往昔相比国土扩大近倍。西南至东京、交阯、占城,东至朝鲜皆领分也。日本不属其领,海路仅隔二百五六十里,虽小国但不失神武垂训、不失武道,故至今未曾遭他国侵略。诚可幸之风俗也。②

就国土来说,清国是大国,与此相对,日本是小国,但日本幸而没有像清国周边国家那样成为清的附属国家。不过无论是这个拥有广

---

① 本多利明:《西域物语·上》,《日本思想大系·本多利明·海保青陵》,第 99 页。
② 同上书,第 100 页。

大国土的清国,还是至今保持独立的日本,现在在文明上都落后于西方,两国需要的是追赶西方。

> 支那、日本自建国以来所经历的年数于西域相比还不到一半,西域乃古国,治世治国有方,取西域之善美以为我国之助才是正道。①

利明认为,中国文明之诞生仅3800余年,日本则只有1500余年,但"西方"就最早产生文明的埃及来说已有6000年以上,与这样的"古国"相比,中国和日本都是"新国",古国文明历史悠久,治国方策故也完备,当然应该取其善美而用之。

那么利明为何如此这般在西方寻找理想国度呢?首先,利明和江汉一样,都是出生于市民社会的读书人,也许多少都有点市民的乐天气质,同时,两人向往西方的背后与当时日本社会面临饥饿和灾害的悲惨现实也不无关系,恐怕促使两人靠近理想世界的最大的原动力正是他们对于眼前现实社会的深切忧虑。这种深层思维的跃动在江汉的《西游日记》即有所显露②,在利明的《西域物语》里也可以读到。

> 为探清屋内的情景,进入门庭仔细一看,只见里面有六七个分不清男女、疲惫不堪的人靠在长炉旁边烤火,余为解渴欲索要

---

① 本多利明:《西域物语·上》,《日本思想大系·本多利明·海保青陵》,第106页。
② 芳贺彻论文"十八世纪日本的知识分子战士们"指出江汉眼见处于饥饿交困的民众,感到了一种人类的连带感,种种类型的社会制约使这个草野学者觉得难以忍受。参照《日本名著:杉田玄白·平贺源内·司马江汉》,第72页。

一口水喝,趋前一看皆女子也。看上去似乎年轻,似乎又年老,长相更如猿猴一般,皆显得精疲力倦,真说不出是悲哀还是同情。①

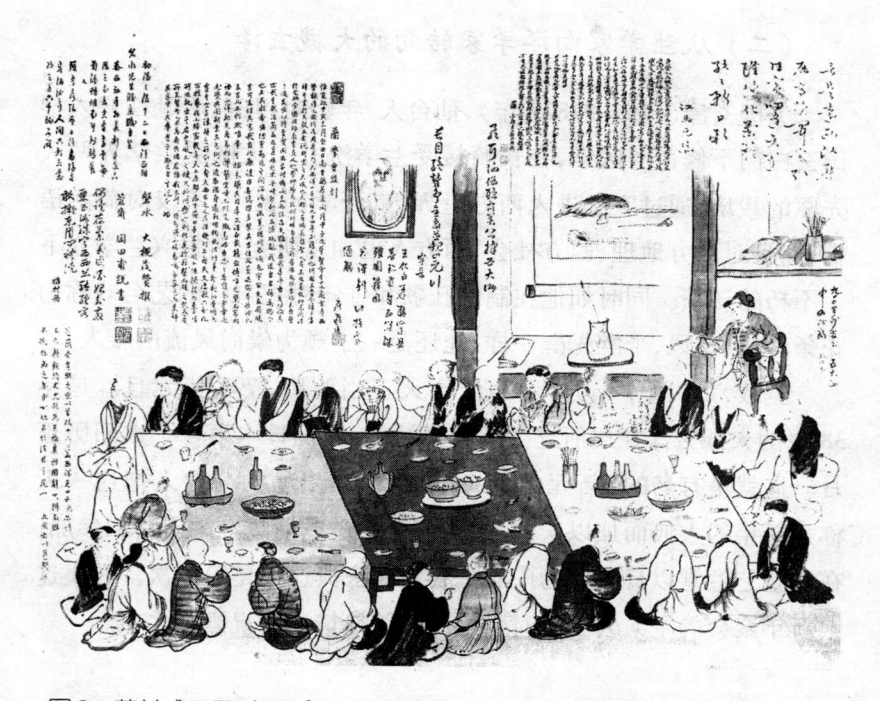

图8 荷兰式正月"新元会":前野良泽,桂川甫周,司马江汉,森岛中良,大黑屋光太夫等在大槻玄泽住宅的兰学学塾芝兰堂举行"新元会"。这是荷兰式正月的祝宴,这一场面象征着以荷兰医学者为中心的近世日本人西洋观发生巨变。早稻田大学图书馆收藏

眼看着一群累倒在地、分不清是男是女的人,利明只能"泪满胸

---

① 本多利明:《西域物语·中》,《日本思想大系·本多利明·海保青陵》,第124页。

襟","无言以对、只觉生出无限怜悯之心"①,这使得他顿时伤感心和同情心汹涌而至难以自控。由此可见贫农们极端悲惨的状态对利明的冲击是何等之大。

（二）从兰学家向洋学家转向的大槻玄泽

大槻玄泽（1757—1827年），仙台人，年轻时习医，后赴江户入杉田玄白门下修荷兰医学，在长崎接受兰学洗礼。大槻受兰学界两大先驱的栽培，通过医学进入西方世界，广开学问视野，不仅对荷兰语言，而且对西方地理、西方社会、西方人也加以研究，为振兴兰学立下了不朽的功绩。同时如他在制作狂歌和俳句时把自己的艺名戏称为花条种成、嘘风、半醉先醒一样，他还是一个颇为崇尚风流的雅人。

宽政六年闰十一月十一日，这天正当西历1795年元旦。是年38岁的大槻玄泽在居所芝兰堂召集社友，庆祝日本第一个太阳历正月。这就是有名的"新元会"。这以前住在出岛的荷兰人把这一天称为新年的大典而加以庆贺，当时也只不过邀请日本翻译参加参加，在私塾芝兰堂以日本人为中心举办新年庆典这还是第一次。召集这个新年聚会的主人公玄泽对兰学的满腔热情溢于祝酒词之中。

> 惟宽政甲寅闰十一月甲子及西学翻译社友会于芝兰堂、何为用、是日乃大西洋一千七百九十四年正月上日也、何用其上日、今读其书肆其业于其谷旦者、祝斯业之大成也。②

---

① 本多利明：《西域物语·中》，《日本思想大系·本多利明·海保青陵》，第124页。
② 大槻玄泽：《兰学会盟引》，杉本勉注解，森岛中良、大槻玄泽：《红毛杂话·兰说辨惑》（生活古典丛书6），八坂书房1972年版，第215页。

以从事西学翻译的同行们为中心举办的这个聚会,可以说是向世界正式宣布日本西洋学问新纪元的开始。这也是象征着兰学兴旺发达的一个场面。18世纪后半期以来,人们对兰学的关心从医学到语言、天文、地理、人文社会,不断得到展开推进。玄泽毫无疑问是推进这个运动的中心人物。为纠正一般人对兰学的误解而写的《兰说辨惑》(1779年刊行)就很直接地反映了大槻玄泽在兰学界的领导地位以及民众对荷兰这样一个国家充满求知欲的现状。

问曰:听说荷兰人天生无脚跟,或说眼目如兽类,或者说其人巨大。实然否?回答曰:不知此胡说从何而起。在这些人眼中,人家与此地人有异,故可贬其为兽类?也许是各处一洲,欧罗巴地方的人与我亚细亚人肤色有所不同,然而具有的身体器官毫无不同,其功能也毫不相异。①

他抨击世间流行的看法,努力塑造正确而崭新的荷兰人形象。他游学长崎后综合自己的学习成果而写的《兰学阶梯》②显示他已经走到当时学问的前沿。

《兰学阶梯》由上下两卷构成,上卷为兰学小史,下卷以荷兰文字为主,初步介绍荷兰文字和荷兰语汇。玄泽在这里欲提供给人们的学问世界极其广阔,它"不仅是医术,也包含天文、地理、测量、历算诸术,其法、其说虽有精有便,但不乏微妙之要论"。他这里所谓的讲授兰学实际上是为人们打开一扇观察世界的窗户。他说:"今

---

① 大槻玄泽:《兰说辨惑》卷上,第146页。
② 该书于1783年成稿,1778年刊行,《兰译梯航》序记述道:"翁廿五六时著《兰学阶梯》小册二卷。"

欲取各国之美,最佳途径就是读其书。我若择其美而取,当大益于天下。"他把兰学定位为取代中国学问并通用于世界各国的知识来源①。

丹波地区福知山城主朽木昌纲(1750—1802年)与玄泽同入前野良泽之门学习荷兰语言,后来试图通过学习欧洲学问改造传统上只受中国影响的货币学和地理学。就是这个朽木昌纲在其所撰写的《兰学阶梯叙》中指出玄泽出版发行《兰学阶梯》的意义。他说学习兰学有益培养世界眼光,"昔如汉张骞入西域,元人穷河源之类,仅到葱岭为止。更不用说非洲和欧洲。而荷兰人通商于万邦,定可详于知道世界万国的知识。"这就是说,中国人虽然具有到西亚为止的知识,但不知道非洲和欧洲的存在。荷兰人通商于世界,一定了解整个世界。所以,要了解世界,首先必须进行兰学研究。他接着说:"乃从兰化先生学外邦语,日读其书、日观其图,与大槻子焕相切磋得知,有关天地人才,其果然什百于支那诸说。"意思是跟随前野兰化先生学习荷兰语广泛涉猎西洋的书籍和地图,与大槻玄泽交流学习心得所知西洋的学问大大优越于中国的学说。字里行间仿佛可见洋学家大规玄泽和朽木昌纲互相切磋琢磨、埋头学习西洋学问的身影。这也是广求知识于西洋、探索未知世界的兰学者形象的真实写照②。

与荷兰学问的接触,引起兰学家对整个西方世界越来越抱有强烈的好奇,他们对荷兰以外的西洋地理、社会和人的关心也日益膨胀。对西洋学问感兴趣也是对固有的中国文明绝对性地位的挑战。

---

① 大槻玄泽:《兰学阶梯》卷上,《日本思想大系·洋学上》,第333页。
② 朽木昌纲:"兰学阶梯叙",同上书,第318页。

第二章 中国·西洋·日本：三角测量的视角

在另一篇题为"题兰学阶梯之首"的序文里面，作者还说："天地之大、无所不覆盖负荷，日月之明、无所不照耀。岂止涉及四大洲的人们呢？"他在批判中国中心的文明观时指出："普天率土、万邦一轨、人各生其间、同受其气。人生性虽然贤愚不等，但四方皆有圣人。"①强调任何地方都可以出圣人。可以说，这种意识为18世纪后期知识分子吸收洋学提供了一个前提条件。

对中华文明绝对性的抵抗并非兰学家的特有思维倾向，可以说，这在18世纪后半期已成为知识界普遍存在的意识。当时即使在儒学者中，也出现了重新认识"天下"、"万国"的尝试，频频产生出批判以中国为中心"华夷观"的论调。伴随着对世界地理的进一步认识，面对过去不曾纳入视野之内的西洋的存在这一事实，儒学家们也试图给予其一个合理解释。许多兰学家本来就是从这些具有很强儒学修养的儒学家改行过去的，这一事实从一个侧面反映了当时的现状②。

伴随着荷兰人的到来而兴起的兰学热，不久以后便开始变成了对整个西方世界的好奇心和对西方新世界的无限憧憬。由于现实上很难接触到荷兰以外的西方人，对整体西洋的想象以幻想成分居多。因此初期兰学家的西洋观中难免不包含有兰学家特有的理想世界观在里面。前述《题兰学阶梯之首》一文中如此描述理想国度荷兰："兰书万册。精详无比，大异于诸邦之无文彩，盖荷兰质而不野、文

---

① 孔平信敏："题兰学阶梯首"，同上书，第319页。
② 例如，大阪怀德堂学派的人们伴随着世界视野的扩大，频繁使用来自地球说的"万国"一词，盛行批判中国优越论。同时他们认为荷兰人擅长实学，不相信空虚的妄说，是十分理性的人种。很早关注地动说的商人学者山片蟠桃批评中国的宇宙说"如以管窥天"，高度评价西洋社会通过观察得到的宇宙说和地理学。

而不史,真乃文质彬彬也。钦和·彬兰·史华·野邦,其言,实不诬也。"①意思是说荷兰庞大数目的书籍既正确又详细,无与伦比。和别的文明国家完全不同。荷兰重视实质而不粗野,重视秩序而不走形式,是真正的文明国家。文章认为所谓礼仪之邦日本,文明之邦荷兰,形式之邦中国和其他野蛮诸国的区别,确实是言之有理的。在讴歌荷兰文明的同时,把中国定性为形式之国,运用中国古典的表达描绘出了一幅文明对野蛮的世界构图。这种描述与明治时代风行一时的把世界各国文明分类为开化、半开化、野蛮的世界认识具有惊人的一致。同时我们也可以发现这里不仅仅是把荷兰的国家和学问理想化,更进一步还把兰学家拥有的中国式的理想君子观念②推广应用到了对日本、荷兰和中国文明程度的评价上。

作为《兰学阶梯》续编,后来大槻玄泽又写了一部对话体著作《兰译梯航》(1816年),在该书里,他言及兰学以外的学问领域,努力揭示兰学的社会意义和西洋世界的整体形象。

> 且天文、历法之事,以西洋为最精。故西宾入汉地笔授传之,崇祯以来有星历译书数十卷。此类也将来我邦,因其法确实便捷,如今至于有人提出改历为西洋法。其编译以历象考成前后篇为首,合数卷而成律历渊源一大部分。其余据说也带来了新巧历书,其原书的新译也在渐渐进行。③

他说,天文、历学没有比西洋再精确的了,西洋人进入中国时把

---

① 孔平信敏:"题兰学阶梯首",《日本思想大系·洋学上》,第322页。
② 《论语·雍也》:"质胜文则野,文胜质则史。文质彬彬,然后君子。"
③ 大槻玄泽:《兰学阶梯》卷上,第379页。

其带进了中国。记录这门学问的翻译书有数十卷。这些书也传入了日本。其方法实用简便,如今竟有人考虑把历数改为西洋方式。以《历象考成》为首合数卷译书汇进《律历渊源》①这样一部著作里,成为日本历学的源泉。同时,新型历书也不断传进日本,有关这些历书原版的新译本也在渐渐问世。这段记述说明传自中国的西洋天文、历学影响了兰学家们的西洋观,是兰学家判断兰学价值的重要参考资料。作者还介绍了西方世界地理的基本概念,对地理学中包含的西方社会的整体信息给予了关注。

又如舆地学,彼人航行四海,把世界总界分为四大洲,其每洲容数百国,分洲加以详介,图文并茂,集古今之说而成。此类将来本邦唐山者颇多。其学说均被略译过来。如《职方外纪》、《增译采览异言》即是。读其译文,始能坐知万国方位、远近,土地寒暄以及治乱兴败,政治得失。②

他介绍道,西方人航行四海,把世界分成四大洲,各个洲再细分成数百个国家,然后对各个国家进行详细的研究。结果,他们制作地图,提高了古今世界地图的精确度。其地图大多为日本和中国引进,他们的学说也大多为两国翻译介绍过来了。代表性著作有《职方外纪》、《增译采览异言》。因为有这样的译介文章,我们才可以坐在家里而知道世界各国的方位、距离以及土地、战争的胜败、政治的得失。

---

① 奉清圣祖康熙帝(1654—1722年)之命编辑的西洋学术书(历法·数学·音乐),雍正二年(1724年)出版。其中《历象考成》上编16卷,下编10卷,表16卷,这成为日本宽政历法的基础,给予日本历学很大的影响。

② 大槻玄泽:《兰学阶梯》卷上。

这里指出世界地理书中包含有构筑新学问不可缺少的涉及各国政治、军事、社会的内容,显示他通过地理书学习世界各国的历史、文化,了解人们生活状况的学问态度。本来从中国传统学问的角度来看,舆地学不仅仅涉及地理,也关心历史和人类社会。这样的学问观对洋学家理解西洋学问有着一定的影响。不过,大槻玄泽并不满足于单纯接受来自中国的西方学问。

> 渐渐打开阅读原书之道以后,至今为此汉人不知之处,也将多为我方所闻。有关世界地图,已经搜集到西刻数种,近期将有详加校订的真正大地图制成官刻的铜版。①

他认为如果日本人能完全读懂西方原著,将能获取中国人尚不知道的知识。现实中,有关地球全图,已经收集到数种地理书,详加考订的大地图也将于最近作为官刻的铜版问世。大槻玄泽的思路直接反映了19世纪前后日本知识分子要在消化中国传来的西方地理书之上,更直接地学习西方学问,使世界知识和世界地图变得更加精密的求知目标。除了医学、天文、地理、社会以外,当时西洋学问的另一个领域即是制造技术。

> 自鸣钟,千里镜,眼镜等诸种制作物在唐山明季既有。我邦也于二百余年前开始传来。到如今这些东西已变得一日不可或缺也。尔来,渐渐有人仿造而用。……近时,得其真法于彼书,在城西官园开始进行重新制作。……从来成于和制者不当其

---

① 大槻玄泽:《兰学阶梯》卷上。

用。今以真法所造之物,实可欺舶来之物。……尤其炮术,火器之类原来专门自彼传来此地,乃成军备一大要具。其造法精详之书也亦颇多,必能提供参考。以上皆千古未发之所,近来大开此学之后,确实有功于国家利益。①

他说钟表、望远镜、眼镜等制造物在中国于明代既已存在。日本也是二百余年以前传入。如今这些东西已经是必不可少的日用品了。以后自己也能生产这些东西的模制品了。最近以来通过兰书获得原始制造法,人们又试着对其进行重新制作。过去日本制作的产品不太实用,可如今用原始制作方法制造的产品与舶来品并无两样。炮术和火器原也来自西方,这些东西乃军备之中心部分。有关这些东西的制造也有很多又详细又精确的解说书,很多地方可供参考。以上几个方面都是日本千古未发之物,从事这方面的学问研究是符合日本国家利益的。

以上叙述揭示了西方制造技术是如何经由中国传至日本,日本人如何通过学习有关西方技术的原著,并根据原著模仿制造,并开发新产品,最后竟能制造出丝毫不逊色于西方原产品的过程。由此可以看到近代初期日本移植西方文明的原型。大槻玄泽希望人们能广泛理解这一事实的社会意义。他强调只要学习到中国人也不知道的学问,制造出只有西方人能制造的物品,走进西方,超越西方,就符合日本的国家利益。这就是兰学家们追求的兰学的社会价值。

但是,兰学家们越加深对荷学的理解就越发对自己对西方文化缺乏整体认识感到不安。他们知道虽然西方国家文物发达值得景

---

① 大槻玄泽:《兰学阶梯》卷上。

仰,但实际接触起来却又可能成为强大的对手。继俄罗斯船只之后,英国航船的到来给兰学家们的冲击尤其强烈。这样的现实使兰学家们的视野从单纯的荷兰实学扩大到对西方历史、地理、社会、文化等等的关注。对俄国和英国的关注,为兰学家们带来了崭新的西洋意识,提供了促使兰学家向洋学家转型的契机。大槻玄泽的孙子大槻如电在《盘水事略》一书中如此描述了大槻玄泽对外视线的转变。

> 宽政中鲁西亚国船曾来航虾夷地(今北海道)。自此外患始起。乃有《鲁西亚志》(桂川月池)、《鲁西亚本记》(前野兰化)等译述出现。其后六年文化纪元鲁使船一艘来长崎求交通,幕府不许。此船载返仙台领漂民四人。盘水受藩命问鲁国风俗文物,撰《环海异闻》十卷。①

如前章所述,宽政四年(1792年)俄罗斯使节拉库思曼护送伊势漂流民大黑屋光太夫来到根室。俄罗斯船自那以后的一连串举动迅速地唤起日本人的对外危机感,为纠正兰学家们以荷兰为中心的西洋认识提供了绝好的机会。空前的外患意识使许多学者不断地把目光投向俄罗斯问题。林子平著《海国兵谈》和《三国通览图说》,本多利明著《西域物语》,尝试把握俄罗斯的历史、地理及社会;当时一流的兰学家前野良泽和杉田玄白各自撰写《亚鲁西本记略书》和《野叟独语》,意欲对俄罗斯问题进行详细的分析和介绍。后节要提到的地理学者山村才助(1770—1807年)于《增订采览异言》(1802年)中

---

① 大槻如电:《盘水事略》,大槻茂雄编:《盘水存响》坤集,思文阁出版,1991年复刻版,第518页。

提及莫斯哥未亚、鲁西亚的内容,进而他还编写了可谓是当时有关俄罗斯问题的论述中质量最高、部头最大的《鲁西亚国志》。

兰学家桂川甫周根据漂流民在俄罗斯的见闻体验的口述而编写的光太夫居留俄罗斯记录《北槎闻略》的问世把俄罗斯热推向了顶点。文化元年九月,俄罗斯使节列扎诺夫护送漂流民至长崎要求通商,这时笔录了漂流民津太夫4人的见闻的《环海异闻》(1807年)由大槻玄泽通过增加补充解说等方式进行改写编辑。这些出版物并非对西方人著作物的翻译,而是以日本人亲眼观察俄罗斯和世界的报告形式出现,给读者带来了一种从未有过的亲近感和新奇感。

大槻玄泽脑海里的世界观念体现在《环海异闻》序例附言中。

因曰,此天地世界自分为四大洲。远西人,航海四方欲穷此理。据说于唐山明朝之末,西洋人入内地示其图说,人始知之。何谓四大洲,一曰亚细亚,明人音译亚细亚或亚齐亚。①

关于亚洲,他举出了西边的有阿拉伯、波斯、印度,东边的中国、鞑靼、朝鲜女真、日本、琉球虾夷等和一些所属岛屿[吕宋、阿妈港(澳门)、咬磂吧(雅加达古称)等等]。

第二个洲是非洲。第三个洲是欧洲。这里有日耳曼、荷兰、法兰西、意大利、西班牙、葡萄牙、莫斯科比亚、英吉利,书中尤其注明英吉利是欧洲的大岛。第四个洲是美洲。他并没提到美国的独立战争,只指出这里有很多欧洲附属国。

上述四大洲的记述与其说是大槻玄泽独有的知识,不如说是当

---

① 杉本勉注解:《环海异闻》,八坂书房1986年版,第11—12页。

时精英社会的一般常识。有关这些知识的来源,他这样记述道:

> 此四大洲图说,有的来自明末译成汉字的舆地全图。有的载于叫做《职方外纪》的翻译书里。还有的来自荷兰船带来本邦的天地球并大地总界之类。多乃诸家所藏之物(据说官库里大小天地球并地球图说尤多)。还有近来流传于世的新制地球及世界图也皆以分四大洲者为多。此度漂流人初过彼二大洲(亚洲、欧洲)海陆,归路经历全部五大洲,实绕大地世界数万里外四面环海一周而归。预先知晓此世界从来被划分为四大洲,乃读斯编之先务也,因附记于兹。①

他认为,通过来自中国的世界地理书和来自荷兰的地理书能获取一定的世界认识,但从俄罗斯回国的漂流民提供的实地考察的知识则能帮助人们对书面知识加以确认。对寻求验证书本知识的洋学家来说,实际涉足西洋之地,从遥远大海的远方漂流回国的人们的见闻具有特别重要的意义。可以说,正是漂流民的体验谈促使兰学家们的学术眼光从对想象世界的观察转向了对现实世界的观察。

正是在这种针对旧的世界观进行检验的作业过程中,大槻玄泽思维中西洋世界的主角,已经从荷兰国转换为俄罗斯和英吉利国。大槻玄泽尤其关心俄罗斯的国家形象。

> 此国乃位于上述欧罗巴洲西北的王国。百有年来彼土贤主某人兴起怀柔诸邦,使其服从,兼并东北方亚细亚洲止白里(支

---

① 杉本勉注解:《环海异闻》,八坂书房1986年版,第12—13页。

那靼靼之北也)诸大国,其尽境至堪察加半岛。从而近时其人来往于我东北虾夷诸岛。(中略)原来其本国位于壹万有余里外之地,今至亚细亚尽境为其本领,削略兼并至东北虾夷之内奥诸岛附近,不知不觉成为近邻之国,成为距我境界海上不过十日即可到达的近邻之地。①

大槻玄泽眼中的俄罗斯是从欧洲一隅向外扩张国土、领土野心膨胀的国家,其扩张的动作已经逼近日本周边。遥远他乡的国度如今已成为危险的近邻国家。很明显,这才是危险的征兆。但是,世间有很多人对这个预兆反应迟钝。大槻玄泽意欲对这些人揭示自己的世界认识,指明认识新世界的方式与途径:

> 我方许多人只听说过唐土、朝鲜、天竺之名,对其不知之所间或硕学宿儒也不得而知。不知海外四边别有许多大洲和国土并列而居。凡常人固恬然不知自省也。真正有心之人虽说是异域外邦也应该努力做到了解其国情俗尚,应该总是预先知道海外诸国的方位风土人情、地形的广狭肥瘠、地海道里的远近、气候的寒温、物产的怪异、人类的多寡厚薄、政教的斜正、国土的治乱兴亡,这才是无虞或万全之谋。②

许多人只知道中国、朝鲜、天竺(印度)等国家。关于其他国家即便是硕学鸿儒也鲜有人知。据说有人甚至连海外有许多洲和国家

---

① 杉本勉注解:《环海异闻》,八坂书房 1986 年版,第 13—14 页。
② 同上,第 15 页。

并列存在的事实也毫无所知。凡夫俗子当然不知道自我反省,不过稍微有点眼光的人即便对异国他域也当尽力了解其国情和风俗,也当预先知道海外诸国的方位、风土、人情,其陆地海上的距离、天气、物产、人口、政治宗教、历史背景。大槻玄泽的关注范围不仅停留于各国地理位置、气候变化、物产情况,也涉及人口、政治宗教、历史等等侧面。

漂流民的归国,不仅证明西洋世界的存在,也提供了了解西洋社会的视角。对具有世界地理知识的兰学家大槻玄泽来说,亲历现实世界,"环海一周地球四面,凌驾惊涛九万里,再归朝我东方"的漂流民的目击证词,是给他朦胧世界意识增添明确形状和具体内涵的最佳依据。这也是大槻玄泽对这个完成"前代未闻从来没有的一大奇事"的漂流民带来的"上下古今三千年来绝无仅有的奇话异闻"持有强烈感激之情的理由之一。

真正打动大槻玄泽的还在于漂流民津太夫传达的西洋信息的新鲜度和深度。实际上,《环海异闻》口述者漂流民津太夫比《北槎闻略》口述者漂流民光太夫带来了更广泛和更新鲜的世界信息。《环海异闻》和《北槎闻略》的差异来自漂流民的回国路线。光太夫返回陆路西伯利亚经鄂霍次克返回日本,与此相反,津太夫从圣彼得堡外港喀琅施塔得,通过海路航海大西洋,经南美巴西,过合恩角进入太平洋,经马克萨斯群岛、桑威奇群岛,至堪察加半岛,改而绕日本列岛南侧进入长崎。这可以说是真正环地球巡航一周的、充实的、长达430天(1803年8月7日—翌年10月9日)的大旅行。旅行途中,经过拿破仑体制下的欧洲时,漂流民乘坐的俄罗斯军舰"纳德聚达"号被英国军舰误认为敌国法兰西的船只而遭到炮轰。俄罗斯的列扎诺夫使节不接受英舰单纯的认错,带领漂流民踏上英国土地,让漂流民看到了一场英俄外交交涉的现场表演。通过听取漂流民活生生的经历,大槻玄泽对西洋国家——英国的存在有了更真实的感觉。他悟出了一个道理。这就是说,绕世界一周的事实,对日本人来说意味着从远方眺望世界的时代即将结束。就好像通过大海这一媒介俄罗斯变成日本的近邻一样,英国也随时都可能成为日本的威胁。这种意识促使大槻玄泽越来越希望了解西洋真实状况。他努力从漂流民活生生的西洋介绍中,寻找自己所需要的西洋印象和世界图像,这种努力导致了他后来在《捕影闻答》前编①(1807年)里针对英国的疑问和质疑。②

大槻玄泽著《捕影闻答》对英国进行探索,是受欲把西洋世界这样一个未知的幻影还原为现实的强烈意识驱使的。他试图在变动中的西洋形象中发现西洋各个具体国家的个性特征,通过把握作为单独存在的西洋国家重新认识日本这个国家的存在意义。大槻玄泽这样描述作为个体的英国。

按总界全图,地处荷兰近旁。即系于欧罗巴大洲的一大岛屿。其分三洲。曰"英格兰""苏格兰""爱尔兰"。然而总名叫作"英格兰"。距我长崎,西海凡七千六十余里。位于自北极地五十一度至五十五余度。气候和适,土地肥沃,生产诸谷蔬菜,

---

① 《捕影闻答》前编是大槻茂贞编《婆心秘稿》所收的对外关系文献之一。后者第一册除了收有作为玄泽的对外论而著名的《捕影闻答》前后编以外,还收录有围绕文化六年袭击利尻岛的俄罗斯人留下的写给松前奉行书简的翻译而记述的《丁卯秘蕴》和抄录了《捕影闻答》末条的《问目草案》。《捕影闻答》本是一部介绍欧洲动乱情况以及追问1860年以来对待俄罗斯纷争日本应该采取什么方法的著作,但也由此引出了英国问题。

② 石山洋:"关于《环海异闻》——大槻玄泽的海外事务研究之一",洋学史研究会编:《大槻玄泽研究》,思文阁1991年版,第246页。

> 海边有鱼盐之利。山谷出银,锡,铜,且产良马。其中以锡为最佳。又毛织类胜于他国。土俗,天性勇悍,最习水战,常善操舟。且以天文历学为首,精究学术诸艺,皆胜他邦之人。在亚墨利加等其他三洲兼有多个附属国。是其约说也。①

这里不仅介绍了英国的国名、地理位置、气候、物产和习俗,也高度评价了英国天文历学等各种不同类型学科的精巧,展现出了英国非普通国家,是世界上重要国家之一的鲜明图像。

当然,大槻玄泽并没有把英国视为单纯的理想乐园。他在《捕影闻答》中大声呼吁对"仅次于鲁西亚的可怕的伊祇利须"②保持警惕,显示了他在内心对俄罗斯感觉到强烈威胁,对英国的存在也已经稍微觉得有些不安了。有关拿破仑战争时期的欧洲,荷兰人的"风说书"也因为荷兰本国的利益关系,并没有把英法两国取代荷兰成为欧洲的中心的现况告诉日本。日本人不知道美国独立战争的消息也因为同样的理由。就在这种对外信息严重缺乏的情况下,一部分国际感觉敏锐的知识分子尽管还没有完整的图像,却开始隐隐约约地意识到西方国家在发生变化。虽然大槻玄泽依靠书本知识和听闻,带着主观想象描写英吉利这一个国家,但他思考英吉利国真实面貌的态度是十分认真的。这种心态诱导他撰写《捕影闻答》,促使他对英吉利国提出很多令人信服的疑问。因此,尽管《捕影闻答》提出的疑问和推测不少地方和事实存在误差,但他把分析研究的目标选择为英吉利国就足以表现他对当时世界的认识的前瞻性。大槻玄泽

---

① 大槻玄泽:《捕影闻答》,《日本思想大系·洋学上》,第401页。
② 同上书,第452页。

率先通过英吉利国这一目标探索西方世界的真实面貌,致使19世纪日本扎扎实实地向西方世界走近了一大步。就这样,19世纪初期日本对西方世界的探索从书本转移到现实,其关注的焦点也从荷兰逐渐转移到俄罗斯,最后又从俄罗斯转移到英国。

(三)山村才助:世界地理研究的高峰

大槻玄泽的孙子大槻如电(1845—1931年)是精通"和汉洋"三门学问的学者,他在著作《新撰洋学年表》有关1807年(文化四年)条目中这样记述了山村才助的生平事迹。

> 土浦藩士山村才助以奉命译书之功被推举为幕府直臣,因病而死,时人惜之。
> 才助在增补注释《采览异言》之余,广涉万国地理风俗,因受幕府之命著译《鲁西亚志》《印度志》等。此人幼少有文才,每逢玩儿戏时常集柳叶作文字,成人以后,学于大槻之门,著译书甚多。性善诙谐,往往招人喜怒。曾有同藩丰田某好事之余乞其在刀上刻西字,才助一挥而成。某意气洋洋佩戴于身。知荷兰字者一读大笑,曰丰田藤马大混蛋王八。某虽怫然,却无法应对,遂不了了之。①

从这段记述中可以看出,藩士山村才助曾增补修订新井白石《采览异言》,为幕府翻译俄国、印度的地志著作,是位对幕府有功绩的学者。他富有文才,幼少好学,后入大槻玄泽之门,留下许多著译

---

① 大槻如电:《新撰洋学年表》,柏林社书店1963年版,第92页。

之书。同时他个性突出,曾奚落过同藩不懂荷兰语文字的后生学人。同时代很多人都为富有才气的山村才助盛年夭折而叹惜。

山村才助在前野良泽等翻译《解体新书》(1771年)之前一年出生于江户土浦藩邸,38岁终其生涯。传说他幼少即抄写《大学章句序》全文,20岁入大槻玄泽门,有幸经常请教杉田玄白、前野良泽等大学问家。他38年短短人生中所撰写的一系列著作多数被公认为近代日本地理学先驱之作。32岁时写作《订正四十二国人物图说》和《西洋杂记》,34岁翻译《大西要录》和《东西纪游》,接下来编著《订正增译采览异言》。极大地提高了德川后半期日本研究西洋地理和研究西洋历史的水平,无论从研究数量还是从研究质量上来看都为后人留下了不可忽视的成果。

山村才助的学问是在老中松平定信推进"宽政改革"(1787—1793年)时代完成的。继田沼时代以后,松平定信为了应付因天明饥荒带来的对幕藩制度的冲击,以享保改革为理想谋求振兴财政和复兴农村。这场政治改革在经济上针对城市商人采取抑商措施,在文化上对民俗和出版进行取缔,在学问上抑制徂徕学和折衷学派,提高朱子学作为正统学问的地位。作为这种政策的延伸,幕府后来把圣堂定为官立昌平坂学问所(1797年),把朱子学定为录取幕吏的指定考试科目。一般认为这个所谓"宽政异学之禁"强化了幕府对学问的控制,大大地影响了诸藩对异学的态度,但实际上并非如此,幕府的举动多半是因为内外形势所逼,并没带来什么实质性的效果。

以上所说的内外形势,指的是18世纪以来围绕日本国内和国外环境的变化。18世纪初期,俄国南下企图与日本通商,到田沼时代,原本关心北方问题的日本开始感到来自俄国进出虾夷的威胁,同时也开始对作为海洋国家对外进行经济扩张产生兴趣。林子平的《三国通览图说》、《海国兵谈》,本多利明的《虾夷拾遗》、《西域物语》、《经世秘策》等著作正显示了上述日本知识分子的心路轨迹。

1792年(宽政四年)俄罗斯使节拉库斯曼为了要求通商来到根室。老中松平定信为了捍卫祖宗之法而表现出拒绝对方要求的姿态,但实际上他内心并不是那么简单。后来他亲自撰写《秘录大要》(文化五年),承认由于北方的危机必须巧妙地修正固有的世界认识,他提到了幕府面临处理对外关系这一并不熟悉的课题。松平定信认为西方的学问如果限定在技术方面就不一定与朱子学发生冲突。这也可以说是当时幕府的一般看法吧。松平定信隐退后完成的《宽政历书》①是由幕府的天文官员高桥至时(1764—1804年)和间重富(1756—1816年)负责撰写的。被认为制作了不逊色于现在地图的《大日本沿海与地全图》(始于1800年)的伊能忠敬(1745—1818年)也是高桥至时的弟子,同时也拥有幕府官吏的头衔。本木良永门人志筑忠雄(1760—1806年)写作《历象新书》(1802年),成功得出可比肩于西欧地动说和星云说的研究成果,也可以说多半是得益于上述同时代的学术气氛。

当然,山村才助之所以登上德川后半期日本世界地理研究的顶点,不仅仅有幕末统治者们对天文、地理等技术研究持宽容态度这个因素,而且对山村才助来说,西川如见、新井白石等前辈学人的成就,兰学旗手之一、作为山村才助恩师的大槻玄泽的诱导,进一步与同时代诸位学者的争论和交流也是不可缺少的重要条件。然而,最重要的还是山村才助做学问的勇气和胆量。

---

① 江户后期改正的历书,由高桥至时和间重富参照吸收西洋天文学制作的清代历书而作成。从1798年到1842年天保历书制定之前被广泛使用。

如前所述,山村才助选择西川如见《四十二国人物图说》和新井白石《采览异言》,并且使用订正和增补的方法对其进行超越,在此基础上建立起了自己的学问系统。本来,西川如见和新井白石是德川时代世界地理研究的开拓者。超越二者绝对不是简单的事情。山村才助毫不犹豫地把自己的学术突破口选定在二者之上是需要有很大勇气的。

出生于长崎的西川如见(1648—1724年)自宽文时代学习儒学。以后,他在吸收从中国传入的天文、地理、历学、气象诸门学科基础上,综合前辈的各种学说以及来自西方的各种学说,对天地人三个方面进行了独到的探索。其代表性研究成果《华夷通商考》(元禄八年,1695年刊于京都)是"锁国"日本最早介绍海外情况的著作之一。该书分上下2卷,上卷解说"中华十五省之说",内容涉及各省的道路里程、方位、土产、风俗,下卷"外国"项目记载了朝鲜、琉球、大冤、交趾、东京等地的情况,"外夷"项目记载了占城、柬埔寨、太泥、六甲、暹罗、荷兰等31个国家的地方志。以后西川如见于宝永年间在参考长驻中国传教士艾儒略所著《职方外纪》以及本人在长崎收集的大量资料基础上完成了同书的增订工作。国际都市长崎这个当时日本唯一的对外贸易港所汇集的新知识极大地开拓了西川如见的学术视野。因此,在以后日本的世界地理研究界,《华夷通商考》被评价为"江户时代的一段时间,谈论世界地理者都得重视的重要参考书之一"[①]。另外,西川如见的《四十二国人物图说》(亨保五年,1720年)二卷主要针对世界的人种进行介绍,内容涉及广泛,连南美土著

[①] 鲇泽信太郎:"关于西川如见的《华夷通商考》",《历史地理》第77卷第1号,第17页。

也一起给予详细图解和注释。这里具体参考红毛传来的人物图像，再现了作者想象中的世界各国人物形象。图像说明部分简单记述了每个人物所居住国度的方位、气候、人物的性情等等内容。该书还在"浑地五大洲"项目中列举了来自利玛窦的世界地理知识，详细记述了亚细亚、欧罗巴、亚墨利加（南州、北州）、墨瓦腊尼加的方位所在等等情况。西川如见对外面世界的饶有兴趣的记述反映了他对外部世界感到关心的中心领域从自然扩展到了人类社会，这也可以说是江户时代日本知识分子进行人种学思考的最早实践。这对同时代日本的西洋印象和世界观产生了不可估量的影响。

该书所载刘善总的序文这样写道："凡闻异国名者必详询其风俗所好之处，所恶之事。因而可以记其善为吾身之宝，记其恶为吾身之戒。"[①]这表明当时的人们对走出狭窄的固有世界，寻求更广阔世界的急迫心情，这种注视异国，向异国寻求知识的愿望与关注超越了单纯好奇的境界。

前面提到山村才助还增补翻译了新井白石的《采览异言》。新井白石把经中国传入日本的世界地理和荷兰等西方国家人直接带入的世界地理综合起来写成了《采览异言》，进而又根据审问意大利人西多迪的记录写成了《西洋纪闻》。西川如见的《华夷通商考》基本上是根据源自中国的世界观而写，但新井白石则直接运用了来自西方人的口述知识，并以此对来自中国的固有观念进行了验证和批判。从这种角度来看，新井白石可说是日本最早确立崭新世界视野的先驱者之一。山村才助把赶超的目标设定为新井白石的《采览异言》，把记述各国人物知识的超越对象设定为西川如见的《四十二国人物

---

① 原文为汉文。

图说》,除了显示二位前辈学者的学问具有特别重要的意义以外,也说明山村才助做学问不仅具有过人的眼力,也同时具有过人的胆识。

山村才助之所以能批判继承前辈学者的事业,与他恩师的指导也有很大关系。最早建议山村才助修订《四十二国人物图说》的大槻玄泽在《订正四十二国人物图说》的序文里(1801年)就指导山村才助投身于研究修订的经过,做了如下的记述:

> 门人山村子明自幼嗜好地理之书,从余习西学已有数年。从来坤舆大地诸说从彼书中译著撰颇多。余遂命生考证其图说。①

大槻玄泽是处于对门生山村才助的信赖,才把订正增补的大任交给他,也就是说大槻玄泽已经认可山村才助的地理学造诣成熟到了可以对经典名著指点批评的地步。事实上,深受信赖的山村才助并没有辜负恩师的期待。他的增订修改工作完成得相当出色。如有关意大利之条,比较原作和山村才助的增订本,可以看出山村才助修改西川如见原作的蛛丝马迹。

> 意太里亚,以西把尼亚,此二国乃欧罗巴之国,大国也。据说其地四季分明。意太里亚首都称作罗马。自成一国。传说都是邪法之国也。

山村才助的订正本这样记述道:

---

① 原文为片假名。

第二章　中国·西洋·日本：三角测量的视角　131

> 意太里亚，别名华儿思兰。欧罗巴洲中之大国也。其西北以牙而白大山为界，与入尔马尼亚、赫尔勿蔞亚、拂郎察等国相邻。其地皆临地中海。此地气候温和、土地甚丰饶、物产殷富、国用无一欠缺。故称天下乐土。土人天性灵慧，精通星历、音乐、图画、诸技。其它至土木建造，百工器诫等等也皆尽其巧妙，殊胜他国。

这里的牙而白大山是指阿尔卑斯大山，入尔马尼亚现在属德国，赫尔勿蔞亚现在为瑞士，拂郎察即法国。

以上可见山村才助对意大利及其周边的描写比西川如见精细很多，更贴近当时最新的世界地理认识①。同时，他还介绍意大利的气候、物产和文化，带着几分憧憬赞赏意大利自然丰富，人们生来聪慧，各门学问都优异于其他国家。

不过，遗憾的是，在山村才助有生之年，《订正四十二国人物图说》沉睡于大槻家书箱中，未能如愿得以公开刊登。据说，嘉永七年（1854年），有个叫永田南溪的人以山村才助修订的《订正四十二国人物图说》为底本加以改造后，以《海外人物辑》为名把其出版②。经过长达半个世纪，山村才助的研究成果好不容易才经他人之手得以与读者见面。这也从一个侧面反映了山村才助世界地理研究领先时代的超前价值。

《订正增译采览异言》的制作（1802年）更进一步明确地显示了山村才助的世界地理造诣。在山村才助活动的时代，新井白石所著

---

① 鲇泽信太郎：《山村才助》，吉川弘文馆。
② 同上，第272页。

《采览异言》对关心世界地理的学人来说是不可忽视的巨大存在①。山村才助正是要对这样一部全国有数的名著进行增订修改。要完成这个计划,首先需要有足以超越新井白石世界地理学的实力。这也正是只有领导幕末世界地理研究潮流的山村才助才能胜任的工作。

新井白石《采览异言》(1713年)是德川时代日本最早的世界地理学著作之一。其用汉文体写作,勾画五大洲图像,记述介绍当时世界的地理、历史、政治、物产、风俗、宗教等情况,如实地反映了当时日本知识分子认识世界的水平。山村才助在《订正增译采览异言》中对新井白石原作进行了大规模增译和订正,极大改变了其固有面貌。据《订正增译采览异言》"引用书目"介绍,订正增译所用的参考书中有西洋书32种,汉籍42种,日本书籍52种。依靠这诸多的参考书籍,山村才助不仅增写了案文,订正了新井白石的谬误,同时还对书中内容进行了新的解释和说明。

山村才助在该书完成之际,就增译订正新井白石《采览异言》的缘由和使增译订正成为现实的前提条件作出了如下的说明。

> 宝永中白石源公明奉旨接罗马人,尔后正德年间逢和兰人出示官库从来所藏和兰叫做"约翰布莱尔"之人所撰舆地全图以问其方俗,并对其加以记录。……最后订正明万历中所刊《万国全图》,撰《采览异言》。(中略)其该博典实远非明图可比。然而,可惜四大洲中有名大国尚遗漏不少,或有唯记其方境所在,不及其国事者。此乃因为当时不通罗马人记其图的和兰

---

① 据鲇泽氏称,西村远里的《万国梦物语》(1774年)就有参考使用过新井白石著作的痕迹。此外三浦梅园的《归山录》(1778年)和《五月雨抄》所见世界地理也可以说几乎都是出自于《采览异言》的知识。

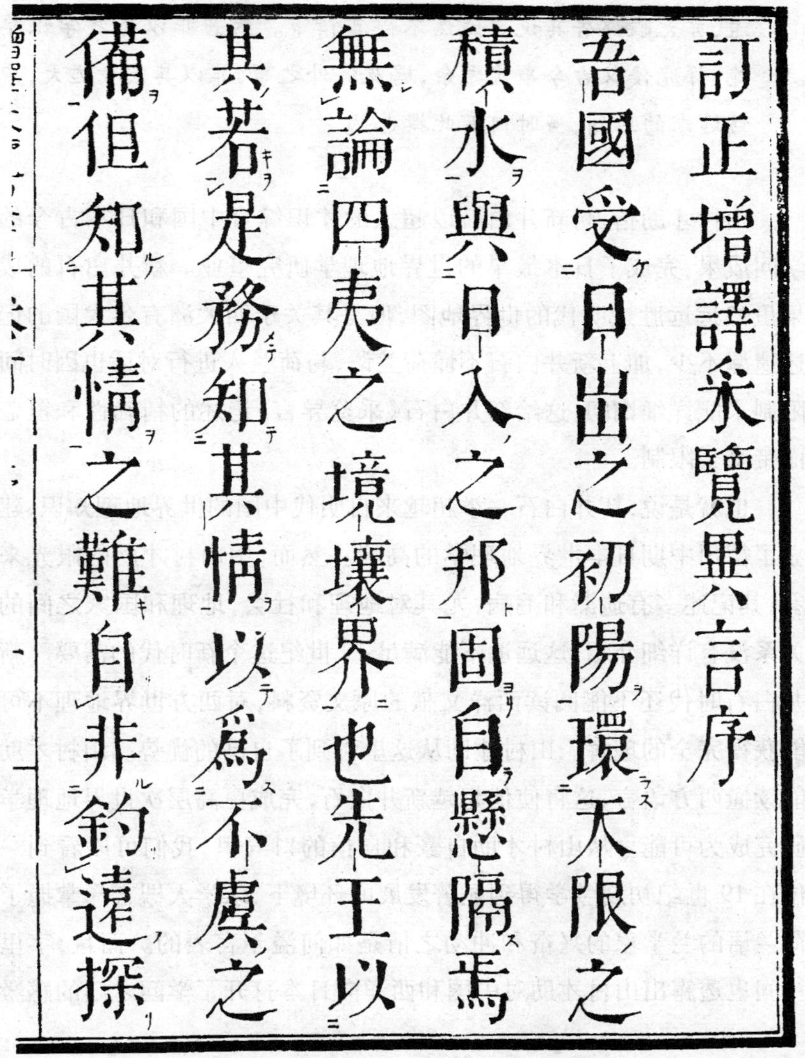

訂正增譯采覽異言序

吾國受日出之初陽環天限之積水與日入之邦固自懸隔焉無論四夷之境壤界也先王以其若是務知其情以爲不虞之備㤄知其情之難自非鉤遠探

图9　山村才助《订正增译采览异言》

文辞,公亦不解异方殊言,全不得传译,且对话的和兰人使期促迫,亦无暇详告其说。诚然不得其精审。然若非以公之学识卓绝,详究倭汉古今事实之余,遥及海外之事,非以其宏量远大,广访远求的恳到,当时何有此撰也①。

山村才助指出,新井白石以超人的才识综合中国和日本古今的学问成果,完成了日本最早的世界地理学研究事业。新井白石的成果虽然远远胜过明代的世界地图,但是其关于四大洲有名大国的记述遗漏不少,加上新井白石不懂荷兰语,与荷兰人进行对话也因时间限制未能详细询问,这给新井白石《采览异言》记述的精确性和覆盖面带来了限制。

也就是说,新井白石一举超越来自明代中国的世界地理知识,建立了德川中期日本世界地理学的高峰。然而,用山村才助的眼光来看,其记述多有遗漏和毛病,尤其对地理和社会,地理和国家之间的关系没有详细介绍,这远远不能满足19世纪这个新时代的需要。新井白石时代还不能阅读西洋文献的原文资料,对西方世界地理不可能获得完全的理解。山村才助从这里看到了自己的优势。山村才助能读懂西方语言,这将使他超越新井白石,完成更高层次世界地理学研究成为可能。从山村才助自豪和自信的口气里,我们可以看到一位在19世纪初期兰学得到显著发展的环境下,求学大槻玄泽掌握了荷兰语的兰学家的兴奋和冲动之情是如何溢于言表的。而且,字里行间也透露出山村才助对中国和西洋向日本打开了学问之门的感激

---

① 山村才助:"《订正增译采览异言》凡例",《订正增译采览异言》(上册),兰学资料丛书I,青史社1797年版,第23—24页。

之情。对于接受过兰学训练的山村才助来说,弥补新井白石的不到之处不是一时的兴奋,而是长久以来所抱梦想的实现。

> 昌永自幼好舆地记载之书。尝读异言因其诸说宏博感其多刷新听闻。但惜其纪事至今依然多有不备,且此书无开雕刊本,经数数传写,鱼鲁亥豕①之误亦多。恒有心校正增补之。②

也就是说,山村才助自幼喜欢地理学问,在学习新井白石世界地理的过程中,自然产生了要改写新井世界地理学的心情。接着,他还提到了修订上书的具体过程。

> 故得数书,加以校定,于其文义稍订正其讹字。……因诸西书,校考异言所载,遂成私说记其于其下。又译彼邦所刊《地图集》、《叩然滕图尔克》二书所载略说附于各国之下。又有载于天明中月池桂川君所谓官库诸藏的西图旁的各地略说译言……参勘此类并依据其它书简,若有足于考镜者亦附译其于次……③

可见山村才助不仅使用了多种参考书订正白石前辈的《采览异言》,同时还不时写下了自己的"私见"。具体比较一下《订正增译采览异言》和《采览异言》的记述内容,读一读山村才助增译订正部分

---

① 鱼鲁杂糅、乌焉混淆的意思。这里指文字的误写和误抄。
② 山村才助:"《订正增译采览异言》凡例",《订正增译采览异言》(上册),第25页。
③ 同上书,第26页。

和"私见"部分,就可以知道山村才助确实是下了工夫的。例如,有关欧洲地理部分,《采览异言》是这样记述的:

> 参之西图及罗马和兰人等说,是洲东南诸国在大乃河、墨何的湖外者,大小凡三十余,卧兰的亚亦在北海之北,明人之说颇为不合。①

意思是说,参照西洋地图及罗马荷兰人等说可知,此洲东南诸国在大乃河、墨何的湖外侧,大小综合起来有三十余国。卧兰的亚也在北海之北。明人(利玛窦)的种种说法并不准确。对此,《订正增译采览异言》是这样记述的:

> 昌永按,此说不然。综合考察此书记载,以如德亚、阿腊皮亚等国皆为欧罗巴一部,故云大乃河、墨何的湖外侧三十余国。然今详考诸西书所载,大乃河、墨何的湖皆欧罗巴和亚细亚之界,如德亚、阿腊皮亚皆其地明显属于亚细亚。因而,此处应以利氏图说为是。又此处所云和兰镂板之图,官库所藏月池桂川君详加译之,其说也记述大乃河、墨何的湖为欧罗巴和亚细亚之界。因而,此出明显误解了上述原文西图。②

山村才助在此指出新井白石世界地理记述的差错,并给予了订正。具体地说,针对新井白石误读荷兰镂板《万国全图》,错认为利

---

① 新井白石:《采览异言》卷1。
② 山村才助:《订正增译采览异言》(上册),第131页。

玛窦记述有误,山村才助强调正确读懂万国全图的话,可知利玛窦的记述是正确的。此外,山村才助用日语假名标出了大乃河的西方语发音,墨何的湖的荷兰语发音,卧兰的亚的西方语发音。山村才助不仅仅指出了新井白石世界地理记述的差错,同时尽量地附加上自己的新认识。例如,在《采览异言》中有这样一段记述:

> 又图说云,欧罗巴洲有三十余国,诸国共一总王非世及者也,国之王子中常推一贤者为之。①

对新井白石的叙述,山村才助作出了如下批判和订正。

> 按图说此诸国以下二十三字,所注于入尔马尼亚国之下。因而非云欧罗巴总洲之事。此书之下入尔马尼亚之条,言罗马人说其有舆国七国者亦谓此也。又艾氏图说亚勒玛泥亚之条,也有七大属国之语,则此乃入尔马尼亚国之帝的辅政七官的诸侯,彼此合考,原文作者有误字,因而很明显此诸国以下二十三字,非系欧罗巴总洲之事,亚勒玛泥亚乃入尔马尼亚国的别名,以下再行细述。②

总之,山村才助在这里对新井白石记述欧洲共有一个王的说法表示怀疑,他订正说那只是对入尔马尼亚国(现在德国)一条的介绍,并不是指整个欧洲。山村才助就这样从不同角度对新井白石

---

① 新井白石:《采览异言》卷1。
② 山村才助:《订正增译采览异言》(上册),第132页。

《采览异言》加以增译和订正,从而显示出了他代表19世纪初期日本最高水平的世界地理知识,在继承发展新井白石代表德川前期世界地理研究成果的基础上,超越新井白石,走到了当时世界地理研究的最前沿。

对于山村才助研究世界地理学的艰辛历程,杉田玄白在《兰学事始》里是这样提到的。

> 土浦侯藩士有一位叫山村才助的奇士。介其叔父市川小左卫门问翁求学兰学。翁彼时年老,以此业悉托付弟子玄泽。故这个男子也得入门为同人。玄泽从彼国文字二五个字教起。由于其天性具备才能,尤其钟爱地(理)学,因而专精此筋,增译重订白石先生《采览异言》十三卷书。也由栗山先生推举内献官府。其余,听说还有多种翻译计划,但没全其业则即世而去。真可谓可惜也。万国舆地诸说即便汉人不知之处亦多。此乃兰学至此之初也。①

杉田玄白给山村才助的评价尽在于这个"奇士"之上。所谓"奇",就因为他以30几岁年纪登上了德川后半期日本世界地理学的顶峰。正是由于这位"奇士"的奋战,才把日本"万国舆地"学术水平提高到一个连中国人也没有到达过的新境地。难怪受杉田玄白委托启蒙山村才助进入兰学之门的大槻玄泽在为《订正增译采览异言》撰写的序文中,也对弟子中尤其出类拔萃的山村才助的世界地理学造诣表示赞赏。他在序言中说:

---

① 杉田玄白:《兰学事始》(下卷),岩波书店1988年版,第59页。

第二章　中国·西洋·日本：三角测量的视角　139

　　独若山村子明,凤耽群籍,纯志于浑舆之学,(中略)最竭力于西洋舆地之诸书,顷有增订采览异言之撰,全部十二卷示余,请之斧正。取而读之,其说精详明备,增续重订之功,尽白石先生未能尽。①

　　无论杉田玄白还是大槻玄泽之所以撰文谈及与山村才助的关系,是因为山村才助这个优秀的弟子所完成的事业从数量上说达到了新井白石原著的大约十倍之多,从质量上来看也远远优越于新井白石的世界地理知识。也就是说,《订正增译采览异言》充分具有让二位兰学权威感到满足和自豪的价值。

　　山村才助虽然幸运地拥有在二位兰学大家扶持下从事编写《订正增译采览异言》的完美无缺的学问环境,但是仅仅靠这些还不能一举超越新井白石建立起自己世界地理学王国。也许他那种绝不辜负大家期望的意志和决心才是支撑他勇猛挑战,完成毕生大事业的根本保证。

　　山村才助把他那代表德川后期世界地理研究的杰作首先献给了恩师大槻玄泽。他在第一卷上题写:"盘水大槻先生阅,江都山村昌永子明著。"大槻玄泽如前所述,为山村才助写下序文,祝贺山村才助大功告成。此外,兰学同人杉田紫石②寄序文道:"后之读此书者。或取而为备不虞之要典,则子明之绩,千载不朽也"③,大赞山村才助

---

① 大槻盘水:"《订正增译采览异言》序",山村才助:《订正增译采览异言》(上册),第14页。
② 杉田玄白养子。紫石1778年(安永七年)16岁时成为杉田家养子,1789年(宽永元年)和玄白长女扇结婚,文化十四年继承玄白事业。
③ 杉田紫石:"《订正增译采览异言》序",山村才助:《订正增译采览异言》(上册),第8页。

的研究成果。同时经杉田紫石推荐,山村才助拿着自己的大作拜访当时的汉学大家紫野栗山[1](1736—1807年),请其把这本书进献给官方。紫野栗山认识到《订正增译采览异言》是出奇之作,答应请官方置此书为天下图籍之补,公开承认了山村才助世界地理研究的学术价值。至此,山村才助集学术同人的赞赏和官方的认可于一身,确立了他作为德川时代世界地理学权威的地位。

然而,尽管山村才助的地理研究受到很高评价,他的《订正增译采览异言》至今依然被封存于大槻家和官方书库里,人们虽然能读到此书的抄本,但该书却一直没有正式出版刊行。作为时代宠儿问世的新派世界地理学家山村才助为什么转瞬间就变成过去的人了呢?是不是因为山村才助不幸中年夭折了?这个问题至今仍然难以解释。但是可以肯定地说,山村才助的著作是德川末期日本世界地理学的最高杰作,可以说,山村才助的后代学者中有不少人受到山村才助世界地理学著作影响[2]。我们从山村才助以后的世界地理学研究中可以看到这本未出版发行的《订正增译采览异言》是如何作为幕末日本世界地理学的基础理论由后代学人加以发扬光大,在新的学术潮流中发放异彩的。

比较早地把《订正增译采览异言》吸收进入自己研究体系的人可以举出既是德川后期幕府臣僚也是北方探险家的近藤重藏(1771—1829年)。近藤重藏以对北方诸岛的探险而广为人知。他编辑的《外蕃通书》(1808—1819年间成书)屡屡参照山村才助的世界地理研究。该书第24册"亚玛港书一"之条有《新印度制》一段,

---

[1] 松平定信做老中时,紫野栗山成为昌平坂学问所儒官,被称为是宽政三博士之一。

[2] 参照鲇泽信太郎:《山村才助》。

这不外乎就是山村才助应幕府之命翻译的《印度制》(1806年)。由此可见,这本《外蕃通书》也大大地参考利用了山村才助的《订正增译采览异言》。

另一方面,也有通过与山村才助订正增译唱反调达到与山村才助世界地理学合流目的的人物存在。这个人就是作为幕府主管天文官僚,一边从事天文观测,一边修学满语、俄语,还精通地理学,后来在西博尔德事件死于狱中的高桥景保(1785—1829年)。高桥景保与山村才助关系十分密切,给予山村才助的兰学,尤其是世界地理研究事业提供了不少建议和关照①。据说高桥景保在阅读《订正增译采览异言》地图之部时,曾经仔细地在书页或文稿上端写了自己的批语和注解②。

山村才助同时代很少有人具备能力批评山村才助的世界地理学,唯独高桥景保可以在吸收山村才助地理学之后对其不备之处给以批评,并对其加以改进发展。可以说,只有高桥景保才称得上是与山村才助并列,且有望超越山村才助,发展壮大山村才助世界地理学潮流的少数学人之一。

山村才助的世界地理研究就这样在没有公开发表的情形下,融化进近藤重藏的北方探险地理学或高桥景保的兰学中,进一步,成为平田笃胤"为了解万国事情最低限度不能不记住的想象力种子"③,成为唤起渡边华山、桥本左内、吉田松阴等等幕末爱国志士热血沸腾

---

① 参照鲇泽信太郎:《山村才助》,第264页。
② 参见东京大学图书馆所藏《订正增译采览异言》善本。
③ 平田笃胤:"《古道大意》下",平田笃胤全集刊行会:《新修平田笃胤全集》(第8卷),名著出版1978年版。

的有关西洋的鲜明映象①。另外,据说日本西洋史研究先驱之一佐藤信渊也曾经取舍筛选已故朋友山村才助的《西洋杂记》,写成了《西洋列国史略》②。就这样,研究世界地理的接力棒从新井白石传到山村才助,从山村才助传到佐藤信渊,最后传到幕末日本的爱国志士手中。发源于德川时代的世界地理研究的涓涓细流,到了明治时代最终汇集成日本人观察世界、走向世界的巨大潮流,正是这股潮流推动明治日本走向世界,为明治日本大量引进西洋文化、快速实现近代化提供了精神准备。

(四)渡边华山:画家·儒学家·兰学家

兰学家、画家渡边华山(1793—1841年)也是一位在19世纪前半期大变动时代中把自己的目光投向世界,积极探索日本和世界关系的著名人物。不过当时的渡边华山并没有得到幕府的垂青。他在1837年"莫里森"号事件之际,因反对炮击异国船命令,陷"蛮社之狱"成为被问罪之身。天保十二年(1841年)十月十一日,时年49岁的渡边华山留下遗书数份和绝笔画《黄粱一炊图》,自己结束了自己的生命。根据中国"黄粱梦"故事画成的这幅绘画被评价为是"以苍老俊刚和简朴的淡颜色表现了寂寞寒村的风景,流露出画者略带杀气的不安心情,显示了一种肃杀凄凉的绘画景致"③。这可能正是渡边华山对自己内心世界的最后表现。渡边华山一定是在用死或者说用这幅画对世间传达什么信息。可以肯定地说,渡边华山不仅要告

---

① 高瀬重雄:"山村昌永和其《订正增译采览异言》——幕末洋学史的一个侧面",《金泽经济大学论集》(1979年,Vol. 12),第52页。
② 鲇泽信太郎等编著:《锁国时代日本人的海外知识》"西洋史部"。
③ 管沼贞三:《渡边华山:人和艺术》,二玄社1982年版。

诉人们他对人生虚幻和荣华如梦的体验,同时他也在向沉醉于太平之梦的幕府表示自己的强烈警告。因为使渡边华山陷入绝望心境的,恰恰是他那超人的世界认识和由此而来的对自己国家存亡问题抱有的危机意识。

图10 渡边华山的画:兰学者,儒学者,画家,渡边华山的头衔多种多样。他关注民众痛苦的绘画作品,为近世日本人的精神深处添加了一些近代知识分子的精神要素。

渡边华山生于三河国田原藩微禄之家。由于藩财政窘迫,渡边家经济状况时时陷入困境。少年时代的渡边华山为了接济父母的生活下工夫成为儒学家和画家,试图使藩务和副业得以两立。但是保持两者的平衡并不容易。为了成为天下第一的大画家,有一段时间,渡边华山甚至想过要脱离藩籍,去长崎专门从事绘画事业。这个计划失败后,最后留给他的去路只有并跨藩政事业和绘画事业两个领域,同时推进藩政改革和绘画技法的更新。

让渡边华山靠近兰学的背景是藩政中需要面对的海防问题的现实。1825年,幕府发布"炮击异国船命令"以后,可以说全日本进入了海防总动员体制。渡边华山所属的田原藩也不例外。这时候同藩第一次设置了"海防担当"这一职务。1832年5月,渡边华山被起用为"年寄役末席"兼任"海防担当",以此为契机,渡边华山开始关心海防,着力于兰学研究。

曾经专修过儒学和绘画的渡边华山既接受过作为江户时代基础教养儒学的洗礼,也通过绘画训练培养了足够的想象力。由于接触过儒学、兰学以及绘画这三个领域,渡边华山在把世界视野从东洋转移到西洋之后,从空间认识上和思维上都做好了积极进入新世界的准备姿态。对海防事业的关心和与荷兰医学的邂逅进一步加强了他具有的这种倾向。他运用兰学对西方世界进行的理性认识首先体现在他对空间世界的把握上。他如此描写世界各大洲的构成:

> 自古把地球分为四部分,其为亚细亚、欧罗巴、亚弗利加、亚墨利加。又把亚墨利加分为南北两半,称为五大洲。虽然以后发现之诸地增多,但随着查明四方再无遗漏之地,近来把南北亚墨利加合为一洲,集合大平海诸岛,称乌乌斯答剌利以为五大洲。①

这里从空间上把握住了整个地球构成为五大洲,这样的认识正

---

① "乌乌"乃"亚乌"之误,指现在的大洋洲。渡边华山:《外国事情书》,《日本思想大系·渡边华山·高野长英·佐久间象山·横井小楠·桥本左内》,岩波书店1971年版,第18页。

确反映了19世纪初期日本的世界地理认识水平,但实际上这只是回顾了当时日本人的一般常识,并非渡边华山的独创发明。不过渡边华山的观察并不满足于这种简单的地理分类,他把焦点对准了对各大洲文明内涵的分析上。他的结论是,在五大洲中,亚细亚和欧罗巴的人民特别优秀,其中,纬度40度以南地区比起40度以北地区文明更加悠久。前者以日本、中国、波斯、犹太等国为代表,后者指虾夷、鞑靼、蒙古、中国满洲以及欧罗巴各国。由于文明从南往北展开,在元代和清代,中国的教说进入了蒙古等国,犹太教进入欧罗巴成为所谓的基督教,阿拉伯和印度的教说进入鞑靼形成了穆斯林教。这样一来,以前落后的地区转变为文明进步地区,拥有令人骄傲的古代文明的地区反而走上了相反的道路。其结果是后进国家一跃而为先进国家。渡边华山在此特别强调指出,欧罗巴就是这样转化为文明的中心之地,夺取世界霸权,成为世界上最不可忽视的存在的。有关欧罗巴的扩张,他进一步说:

又欧罗巴诸国在海外无不到之处,因控制了四大洲诸国,天地之间,除鞑靼诸部之国以外,大体上无处不染欧罗巴洋夷之腥秽,唯皇国独立于万邦颠覆之中,自古不曾受一丝一毫的污辱。整个地球中,更无有可媲偶者,真可谓难得也。①

在正视欧罗巴膨胀的同时,他并没有忘记告诉人们只有日本完全保持独立,值得骄傲。渡边华山继续就世界文明变化过程和其体

---

① 渡边华山:《外国事情书》,《日本思想大系·渡边华山·高野长英·佐久间象山·横井小楠·桥本左内》,第19页。

现出来的意义进行分析:

> 如以上所知,天下古今之变,古之夷狄乃是古之夷狄,今之夷狄乃是今之夷狄,难以古之夷狄来指定今之夷狄。①

也就是说,文明与夷狄的关系归根结底是相对性的,昔日的夷狄并不等于就是今天的夷狄。换句话说,过去的夷狄既可以成为今天的文明,也可以反过来。渡边华山进一步分析了带来文明和夷狄的互换性关系的原因。他发现在西洋,促使"后起之国"②转换为文明之国的东西不是人们的信仰,而是因为他们的"物理之学"。

> 如以上所知,所谓古今大变,就大道来说,无论哪个国家都是今不如昔,唯有物理之学是古不如今。③

不管哪个国家的道德和信仰都是古代胜于今天,但是物理之学却是古代不如今天。正是这个所谓的"物理之学"才是欧罗巴得以扩张世界的奥秘。

> 因西夷专于物理之学,故日益通晓天地四方,不以一国为天下,以天下为天下,颇具有扩大其规模之势也。④

---

① 渡边华山:《外国事情书》,《日本思想大系·渡边华山·高野长英·佐久间象山·横井小楠·桥本左内》,第19页。
② 同上,第22页。
③ 同上,第20页。
④ 同上,第22页。

西方人通过物理学问穷尽世界万国之理,不妄把一国当作天下,而是以世界为天下。天下的范围被掌握了有物理之学的西方人拓宽加大了。

渡边华山之所以意识到自己国家海防的危机,努力争取依靠研究西方情况而提倡"知彼",完全基于他对西方国家世界规模大扩张的担忧以及对文人知识分子固有的只以唐土为世界中心的"中华"意识以及幕府只以一国为天下的唯我独尊思想的批判。西方国家接近日本周边的动向使渡边华山感到危机四伏,抱着危机感,渡边华山开始倾心探讨西方情况。渡边华山发现,由于西方的扩张,世界所有事情都变成整个地球的事情了。站在这个理性认识的至高点上,渡边华山惊奇地看到,在地球规模大的世界里,西方人及西方文明、西方学问所占的比重特别大,连孔子的教导也不过是世界五大伟大宗教(犹太教、基督教、伊斯兰教、佛教、儒教)中的一个而已。

渡边华山认为目前最紧迫的课题是认识世界各国,尤其是认识西方各国的制度、风俗及其"教说"。为了更进一步穷尽西方的学问,有必要跟西方国家进行交往。

> 今天下五大洲中,亚墨利加,亚弗利加,亚(乌)斯太罗利三洲已为欧罗巴诸国所有。即使亚齐亚洲也仅有我国、唐山、百尔西亚三国。其三国中,与西人不通信者,唯存我邦。真乃万分危机,实在不堪杞忧。①

渡边华山对不愿意与在五大洲掌握霸权的西方人进行交往的日

---

① 渡边华山:《慎机论》,同上书,第69页。

本现实表示忧虑,向面对西洋文明继续"闭关自守"的幕府当局盲目的现状认识敲响了警钟。基于这种强烈的危机意识,他主张为对应西洋世界膨胀扩大必须进一步加强针对西洋的学术探索,通过对西方"天地人"的学术研究,探明西方强大的秘密。他在《躾舌或问》里,利用对话体文章,取请西方人回答问题的方式,提示出了自己对于西方的关心所在。通过这些问答文,我们可以了解当时西方各国及其文明是如何反映在渡边华山眼光中的。例如,他把西方学问分为三个部分这样加以论述:

按说,推步学,即以天为专主。自然学乃自然的物理,代替地志以地为专主。人文学以人情、风俗、政事、沿革等以人为专主。①

也就是说,他把西方的学问划分为测定天体运行的频率制作年历的学问、数学和自然地理学以及有关人的学问三个领域。这虽然是按照中国特有的学问系统范畴"天、地、人"综合起来的,但是其学问的内涵和方法与以往的学问是大为不同的。拿与"地"对应的自然地理学来说,其是在测量的基础上,"航行全球进行实际测量的地理之学"②,比固有地志的"地"的范围大得多。在《外国事情书》中,他也提到说西方国家的"四学"(第一是教道,第二是政道,第三是医学,第四是物理学),与以往学问"四学"的明德、治民、养生、格智对

---

① 渡边华山:《慎机论》,《日本思想大系·渡边华山·高野长英·佐久间象山·横井小楠·桥本左内》,第81页。
② 同上。

应得非常工整①。这表明,在渡边华山的眼中,西洋学问并不是异质物,其或许是传统古典的延长,或许是补充了以往学问的不足,同时也是对以往文明的一种相对化。正因为如此,他才可以把学问的范围大大地扩大到西方世界。

渡边华山对西方文明的相对认识在其他兰学知识分子的思维里也可以看得出来。不过新井白石和杉田玄白、前野良泽等人是以医学和地理学为主,到渡边华山的时代,开始包含政治社会和宗教等内容,产生了对东方西方文明整体的彻底的相对化认识。

带着同样的文明视角眺望西洋,日本知识分子不仅是对西方学问,对西方的人和社会也不可能不产生兴趣。《躾舌或问》提问道:"在欧罗巴中,除贵国以外,哪个国家军事最强大?"②对此的回答是这样的:

> 答云,生质勇敢,战斗精良的,以都儿格国为第一。然以奇变百出,亦有奇败之事也。当是者唯俄罗斯是也。③

从上述回答可以知道渡边华山很强烈地意识到俄罗斯的存在。在以下的问答中,渡边华山进一步解释说,在军事领域俄罗斯虽然具有优势,但是学问发达的国家却是"独逸国"(德国)、"佛郎察"(法国),工艺精巧、技术进步的国家是大貌利太泥亚即英吉利④。从俄

---

① 渡边华山:《外国事情书》,《日本思想大系·渡边华山·高野长英·佐久间象山·横井小楠·桥本左内》,第24页。
② 渡边华山:《躾舌或问》,同上书,第81页。
③ 同上。
④ 同上书,第82页。

罗斯到德国、法国、英国,推动19世纪和20世纪世界历史的主要国家基本到位。但是有关进入20世纪以后走上世界舞台的新大陆美洲却仅仅提到"今时唯称北美,据说是大貌利太泥亚在亚墨利加的属地"①而已。渡边华山时代现实地感觉到的军事威胁,都集中来自于俄罗斯和英吉利的领土扩张。

> 抑俄罗斯东渐自东北止白里(西伯利亚)及北亚墨利加西岸,地方三千里,保地球四分之一。英吉利斯西渐,自亚墨利加东岸至内地加拿大,又南掠亚细亚诸岛,亚(乌)斯太罗利一部。②

面对俄罗斯和英吉利控制地球大部分地区的现实,渡边华山不能不关心这些大国与日本的关系。他认为:"由西人看来,我邦如路上之遗肉。不可避免引起饿虎渴狼的注意。"③他的危机意识与日俱增,对幕府统治者沉醉于和平之中的批评也愈演愈烈。

> 呜呼!今夫无论以此问责于在上大臣,或以此问责于纨绔子弟,要路谏臣,贿赂幸臣都无济于事。唯一有心之人是儒臣。可儒臣也难负重任。措大取小,无一不是不痛不痒的世界。今夫如此,难道就只有束手待毙了吗?④

---

① 渡边华山:《缺舌或问》,《日本思想大系·渡边华山·高野长英·佐久间象山·横井小楠·桥本左内》,第86页。日本对美国的知识和认识相对不足。因此,后来日本人对来航美国人培理船只的应对主要依靠的是运用从中国新传来的世界地理书,例如魏源的《海国图志》等书中的美国论和美国知识。
② 渡边华山:《慎机论》,同上书,第70页。
③ 同上书,第69页。
④ 同上书,第72页。

正因为统治者不知道世界的现状,看不到外患的危机,只能如井底之蛙讴歌和平,日本陷入了极端困难之中。渡边华山对当局给予了猛烈抨击,对日本的未来表示强烈的不安。他激越的言论后来在"蛮社之狱"发生时被当作他的罪证。所谓"蛮社"是"蛮学社"的略语。"蛮学社"即专修蛮学——西洋学术的同仁团体,这个团体以渡边华山为中心,参与者中有高野长英(1804—1850年)和小关三英等人士。

"莫里森"号事件发生以后,渡边华山写《慎机论》,高野长英写《戊戌梦物语》,批评幕府"炮击异国船令"。他们的举动受到厌恶洋学的官员鸟居耀藏的问罪追究,渡边华山被判永世禁闭,高野长英被判无期徒刑,小关三英被迫自杀。高野长英曾趁大火脱狱,逃过追捕,用剧药改变容貌,隐姓埋名在江户开业行医,但最终还是被发现,在遭到追手袭击时自杀身亡。

早在"蛮社之狱"之前,被世人称为"妖怪"的鸟居耀藏(1796—1873年)调查渡边华山时,曾指责渡边华山的盟友高野长英(1804—1850年)的反体制著作《戊戌梦物语》,明确指出这是一本"称美异国,诽谤我国的书籍,高野长英乃此书著述者"。可知统治者欲问罪的地方正在于渡边华山等对于现实的批判和对于西洋的赞美二点之上。

高野长英是作为奥州水泽藩(岩手县)的医生的孩子长大的。他在江户学习兰学,在长崎鸣泷塾求学于西博尔德,后来在江户开业行医,和渡边华山以及仙台藩医学馆教授小关三英(1786—1839年)交往。1838年写作《戊戌梦物语》。后和华山同样因"莫里森"号事件批判幕政,陷蛮社之狱被判无期徒刑。

高野长英最初只是对研究以医学为首的西方科学具有强烈的兴

趣,与渡边华山是在翻译荷兰语书籍时开始交往的。随着与渡边华山的来往,他渐渐对政治世界开了眼界。

高野长英的《戊戌梦物语》一书与渡边华山的一系列著作相比,作为政治论多少有点平庸,可作为我们了解当时普通兰学家认识世界及把握现状的情况的资料却是恰到好处的文本。

《戊戌梦物语》以描写即将进入梦境的"非梦非幻的恍惚时节"开头。这里虽然设定了与现实社会不同层次的话题,但正因为如此反而更加突出了要涉及在现实社会不能讨论的主题的严肃性和紧迫性。进入了这种既神秘又玄妙的气氛以后,几位被称为"硕学鸿儒"的大学者大先生,围绕位于遥远地球那面的国家英吉利展开了热烈的辩论。有人自信地披露了有关英吉利地理位置,气候,人民的气质,国家强弱的知识,有人介绍了这个国家首都伦敦的繁荣,街道的整洁以及航海万国称霸世界的威容,还有人以略带冲动的语气指出,强国英吉利不限于亚墨利加大陆,其势力范围遍及于印度、中国,接近了南洋诸岛、日本近海。

这中间最引人注目的要算是有关传说不久以后为送返日本漂流民要登陆日本的英吉利人莫里森的话题。

根据某人的情报,这位莫里森氏原本是一个有过长期滞留中国经验的英吉利最著名的东洋通,熟知东洋的仁义道德。因此,如果这位莫里森氏带领船队过来,是不宜用"炮击异国船令"加以拒绝的。如果那样做了,日本一定被看作为"不仁之国"。议论的焦点集中于如何对付即将靠岸的西方强国英吉利船只,日本是继续"锁国",还是实施开国等等重大问题之上。

议论的重心渐渐倾斜于主张应该开国的意见,作者正要就这个意见发表声明自己充满希望的看法时,听到一阵木柝声,梦醒了,因而提笔记录下了这个奇怪的"梦中讨论会"。作者的文章也就这样结束了。

这个梦幻故事,彻底表现了高野长英通过医学了解西方世界后潜藏在心中的对自己国家未来的担忧。他从根本上表现了对西方世界的肯定和对幕府锁国政治的怀疑。同样的担心渡边华山在《慎机论》里也表示过。从这种意义上来说,渡边华山和高野长英可说是站在同一个地平线上的"同志"。

不过,斗争对手幕府一边,未必完全站在与渡边华山和高野长英相反的立场上。本来,幕府领导人并没有完全忽视西方国家的实力。幕府对西方国家保有足够的信息,但是因为谋求情报的垄断和安定统治,极端警惕民间人士对国家政治的批判或公开有关西方的一般情报。渡边华山和高野长英所受到的不幸待遇也是因为他们作出了违反幕府意志的行动而招致的,他们被当作对社会一般人和兰学家或对西方情况越来越关心的儒学家们表示儆戒的牺牲品。换句话说,幕末为政者要压制的与其说是渡边华山和高野长英等等少数兰学家的越权行为,不如说是弥漫整个社会的对西方世界的不可抗拒的憧憬和好奇。接近崭新的西方世界,就意味着动摇幕府统治的固有"天下"。

(五)箕作阮甫:从中国医学到兰学

进入19世纪,伴随着对外视野的开阔,西方世界在人们心中的存在愈来愈增加分量,许多日本知识分子一边面临内心的不安和惊愕,一边开始对西方有关新学问尝试作进一步的学术探险,同时对新世界的图景展开更加大胆的想象。箕作阮甫(1799—1863年)就在迎接19世纪的前一年出生,明治维新之前去世,他是一个真正意义上活跃于幕府末年的人物。

箕作阮甫在京都学习汉文,掌握了中医医学。但是他并不满足于这些,而是进一步积极地学习了荷兰医学,也就是兰学。后来他成为幕府天文部门负责人的翻译官,临到创建蕃书调查所时成为那里的教授。他参加了缔结《日美友好条约》的外交谈判。箕作阮甫做学问的兴趣从中医医学发展到荷兰医学,到了19世纪中叶,进一步把目光投向世界地理学。在幕末,箕作阮甫这样的优秀洋学者之所以把目光投向世界地理学,我们不难从逼近日本的外国船只的动向和来自中国有关鸦片战争的情报中找到背景①。靠从兰学拼命接受西方国家文明刺激的日本知识分子,通过对鸦片战争的了解,开始认真思考来自俄罗斯、英国和美国的威胁。另一方面,他们通过研究世界地理,探索世界的真实状态,寻找防止西方国家发动进攻的可行办法。

另外,这个时代的知识分子在接受鸦片战争冲击的同时,也接触到了清朝知识分子对本国的批判以及对崭新世界的全新认识。箕作阮甫也是翻译介绍反省鸦片战争的第一部著作的作者之一。他高度评价广泛收集清末中国认识世界形势的论说、勾画出清末中国崭新世界观的魏源《海国图志》一书,同盐谷宕阴(1809—1867年)一起对其进行翻印,介绍给日本国内。箕作阮甫针对世界形势的学术关心,显示了时代的需要和他对这种需要的反应。与魏源著作的邂逅相遇,不仅仅是得力于箕作阮甫的个人体验,更大程度上是因为箕作阮甫所代表的时代让他处于接触来自中国的世界情报的位置上。箕

---

① 鸦片战争清朝中国的败北最早影响日本的事例是1842年(天保十三年)7月发布了"薪水给予令"。由此结束了1825年公布的"炮击异国船令",从此以后允许向外国船只提供薪柴以及饮用水和粮食。同样在1842年,清朝和英国之间缔结了《南京条约》。

作阮甫在接受来自中国的通过与西方国家发生冲突而总结出来的西方论启发的基础上,不断谋求刷新自己的世界认识。来自中国的信息无论在洞察当时的国际形势上,还是在预防万一日本发生同样悲剧上,或者是在促使以后对西方文明彻底改变态度之上,都起到了决定性的作用。就这样,幕末日本知识分子一边接触来自中国的西方信息,一边摸索包含西方的世界形象,为构筑更加精确、更加深邃的世界观迈出了扎实的一步。

近代以前日本的世界地理研究,以新井白石为出发点,大成于山村才助,经过青地林宗(1775—1833年)《舆地志略》(1826年)等荷兰译书,发展到高桥景保这里,已经达到当时日本世界地理研究的最高水平,建立了近代地理学的基本构架。

象征幕末日本世界地理学的最高水平的事件是高桥景保"新订万国全图"(1810年)的出版。这张图是幕府为了对付日益加强的来自西方的压力寻求新的对策,作为参考资料命令天文官高桥景保制作的。高桥景保搜采来自西洋和中国的资料,广求参考书于世界。在图的凡例里高桥景保分析西洋地理学的发达的秘密是"恒业航海,亲历诸国以得实验"。他自己也亲自实践这种认识,对于北方未开垦地域的地理,他派遣间宫林藏进行实地调查并把其成果记录于地图。

此外,高桥景保还根据19世纪西洋新的探险发现①,把山村才助和其他(司马江汉,桥本宗吉等)洋学家相信存在的墨瓦腊泥加的记述从地图中删除掉,显示了他地理认识的新水平。

---

① 18世纪和19世纪世界地理知识的最大不同在于通过英国库克(T. Cook)的南太平洋探险,用新发现的澳大利亚、新西兰等南海诸岛代替了原来谜一般的大陆墨瓦腊泥加,这些发现刷新了1780年以后的世界地图。

但是,由于这种新世界知识的获得超过了能提供给民间信息量的限度,结果反而引起幕府的不安。为追求世界地理最尖端知识,为得到西文图书,高桥景保曾把伊能忠敬测绘的《大日本沿海舆地全图》缩图赠与德国医生西博尔德(1796—1866年)以作交换。此事曝光以后,他终于于1828年被抓进监狱,成为所谓西博尔德事件的牺牲品。到了英吉利船和亚墨利加船接连不断进出于日本列岛沿岸的1830年代后半期,幕府试图以稳定国内和垄断国外知识的方式打开局势。著名的"蛮社事件"就是在这种背景下发生的。此后的幕府开始限制医学以外的兰学。也就是说,为了不让外来危机的浪潮冲击一般民众,幕府拼命地隔绝国外情报的流入,强化对进口荷兰语书籍的检阅制度,禁止翻译书的流传,试图把对外危机封闭在"锁国令"框架之内加以控制。幕府的过头反应,虽然促进了天文官以及长崎荷兰语翻译人员的翻译事业,但是却使各藩的兰学家对医学以外西洋情况的研究,在1840年代突然陷入困难状态。

面对幕府处理对外事务的收缩倾向,处于幕府天文官这一有利地位的箕作阮甫更主动地展开了自己对世界地理和世界情况的研究工作。箕作阮甫最早参与的事业,是在天文官高桥景保因西博尔德事件死于监狱中的时候,继续编译处于停滞状态的《厚生新编》[①]一书。从《厚生新编》翻译任务的分担状况来看,初期似乎是以大槻玄泽为中心,中期以宇田川榕庵(1798—1846年)为主,宇田川榕庵以

---

① 由幕府组织编译的百科辞典。该百科辞典在原由法国人诺埃·肖梅尔编撰,经荷兰人德·夏默特增译订正的百科辞典基础上编译而成。其内容涉及天文、地理、医学、物理、化学、动物、植物、矿物、生理、卫生、药学、农业、工艺等。翻译工作始于1811年(文化八年),费时近30年,至1839年(天保十年)终了。是幕末规模最大的翻译工程。参与编撰的兰学家都是与世界地理关系不浅的人,对幕末对西方的认识影响很大。

后一般认为继承其立场的人应该是箕作阮甫①。此外,箕作阮甫还参与了种种其他类型的西洋书翻译活动②。

箕作阮甫对世界地理的造诣在其养子箕作省吾(1821—1846年)的世界地理研究中得到了继承。箕作省吾从奥州水泽出来进入箕作之门。由于他的优秀才能得到承认,后来成为箕作阮甫家的养子,与箕作阮甫的小女结为夫妻。以后,箕作省吾把自己的才华注入对世界地理的研究,集他研究成果之大成的《坤舆图识》(1845 年),作为幕末专门性地理学著作广泛流传,大大地启蒙了当时的人们。作为其续编,养父箕作阮甫在箕作省吾死后进一步撰写了《八纮通志》(1851 年)。可以说,他这样做是基于完成养子箕作省吾未竟事业的信念和作为天文官所抱有的使命感。

《坤舆图识》共五卷三册,以亚洲、欧罗巴、亚弗利加、南亚墨利加、北亚墨利加、豪斯多剌利的顺序解说整个世界的地理。在各卷之首分别安排有世界六大洲总论,其次介绍各国的土地面积、人口多寡、历史盛衰、物产机器。无论从数量或质量上看,该书都与高桥景保的《新订万国全图》不相上下,在幕末明治时代的转型期间,它广泛地提供了了解世界形势的知识,充当了福泽谕吉《西洋事情》问世以前最好的启蒙书籍。

弘化三年(1846 年)箕作省吾进一步写作《坤舆图识补》4 卷 4 册,记叙了前书没有列出的各国沿革、形势风俗等等。卷一介绍了地

---

① 参照石山洋:《箕作阮甫的海外知识》,洋学史学会研究年报,《洋学·二》(特辑:箕作阮甫),八坂书房 1994 年版,第 70 页。

② 例如,箕作阮甫分担了《海上炮术全书》(1843 年)和《日本风俗备考》(1846 年)的翻译。又于 1846 年 5 月,美国东印度舰队司令壁珥(J. Biddle)航行至江户湾口要求开港时,担任了外交文书的翻译。此外,于 1853 年美国培理要求开国时,与杉田玄白之孙杉田成卿一起被任命为"异国书翰和文和解翻译御用官辅助"。

动说以及舆地总说、蒸汽、水原、河川、火脉、地震、山脉、冰山、沙漠等等自然地理。卷二载有亚洲补和米利干补,特别提到了哥伦比亚、智利的独立,美利坚合众国首都华盛顿的建立和其海军的现状,最后还附有"话圣东小传"一篇。卷三有欧罗巴志补,涉及德意志、俄罗斯、法兰西和英吉利,特别重点说明了各国人口,尤其是各国海陆军的军备状况。卷四基于箕作阮甫的译稿《西史外传》,登载有出现于本篇的人物略传。就这样,从《坤舆图识》发展到《坤舆图识补》,箕作省吾的观察对象渐渐聚集于西方国家的核心部分,从宏观轮廓的把握到细微部分的描写,拓宽和加深了幕末日本的世界视野。

如前所述,箕作省吾撰写《坤舆图识》不能没有箕作阮甫的帮助。比如说,一般认为箕作省吾《坤舆图识》里头的"豪斯多剌利"的记述有效利用了箕作阮甫的翻译稿子"澳大利亚"项目。另外,虽然箕作省吾在《坤舆图识补》的"附言"里头强调"意在独成",但是有关资料收集和提出问题等等方面,得益于养父箕作阮甫帮助的地方并不太少①。二人在学问上的密切关系并不是偶然的。本来对于欧洲列强的军事力量的关注和对西方文明抱有的好奇心是两个人共同拥有的精神背景。这种精神既贯穿于箕作省吾的《坤舆图识》和《坤舆图识补》的写作之中,也与箕作阮甫写作《八纮通志》的精神是一脉相承的。箕作省吾在执笔写作《坤舆图识补》途中病倒下来,以后坚持带病执笔,最后于成稿后不久的弘化三年末月十三日以26岁年纪死去。箕作阮甫8卷6册《八纮通志》的出版发行使箕作省吾的未竟事业得以继承。《八纮通志》凡例中,箕作阮甫这样记叙道:

---

① 吴秀三在评论以箕作省吾养子名字推出的这些著作时说:"有不少地方劳过箕作阮甫的笔和心。说是箕作阮甫的著作也未尝不可。"参照吴秀三:《箕作阮甫》,同朋舍1971年复刻。

若夫近二十年来新独立成国者,若赖大国的格外防护始建国者等,沿革也亦极多。亡儿《坤舆图识及补》虽记其大略,脱漏之所犹不少。今择其不载之所。且记丧乱后各国政治的善恶、国政之强弱、风俗之污隆、财货之丰啬、学术之盛衰、兵备之众寡、产物之赡乏等。务察识方今彼洲各国的形势,以便于探索海外事情。①

1850 年以前,西方国家的历史潮流伴随着改变世界格局的势头急剧地向纵深方向展开。1783 年美国摆脱英国获取独立,1789 年发生法国革命,围绕着拿破仑,欧洲全境陷入混乱,整个西方世界都忙于探索从混乱中获取再生的道路。对一直观察着这个西方世界的日本知识分子来说,英国侵略中国,西方列强俄罗斯、英国、法兰西、美国接二连三来航日本沿岸的事态绝不能等闲视之。对于以往对西方世界进行的概论性的介绍,箕作阮甫已经感到很不满足了。因此,他希望在弥补已故养子箕作省吾著作的不足的同时,广泛从政治、风俗、经济、学术、物产等方面对日本列岛的人们进行详尽的通报。

结果,箕作阮甫用《八纮通志》集中记叙欧洲各国人文地理,满足了幕末广求知识于世界的时代需要,与姐妹篇《坤舆图识》一起为当时的人们提供了包含西方的崭新的世界图像。

3 年后的 1854 年,箕作阮甫接受川路圣谟②(1801—1868 年)的指派,与盐谷宕阴③(1809—1867)一起给来自中国的世界地理书、魏

---

① 箕作阮甫述:《八纮通志》。
② 德川幕府末期的臣僚。1852 年成为"勘定奉行兼海防官"。
③ 德川后期儒学家。江户人,自幼好学,16 岁时入昌平黉校。后成为浜松藩主水野忠邦的儒官,继任职为幕府执政,常就清朝的鸦片战争以及美国船只来航之事,上书议论海防,应将军德川家茂之聘成为幕府儒官。其海防论著主要有《阿芙蓉汇闻》、《筹海私议》等等。

源(1794—1856年)的《海国图志·筹海篇》加上训点和注音,并付诸复刻印刷。对幕府海防官川路圣谟来说,或对经历过著述《坤舆图识》和《八纮通志》的箕作阮甫来说,把这部来自中国的世界地理书介绍给日本的意义何在呢?很明显,魏源的著作并没停留在简单探索西洋情况上,让二人感兴趣的是在《海国图志·筹海篇》里,魏源除了介绍西方事情以外,同时还揭示了自己针对西方压迫而提出的世界战略观。因为到19世纪中期为止,对包含箕作阮甫在内的日本人来说,世界战略论的话题还是一个几乎未开拓过的崭新领域。

和箕作阮甫一起着手翻刻《海国图志·筹海篇》的盐谷宕阴,曾受用于水野忠邦,是曾经参与过天保改革的江户儒学大家之一。箕作阮甫和盐谷宕阴的协同作业,可以说正好是幕末倡导洋学家和儒学家进行合作的"洋儒兼学"(佐久间象山所说)的一次试验。盐谷宕阴在"翻刊海国图志序"中就该书的性质和翻刻的意义作了如下论述:

> 予向者读魏默深《圣武记》,以谓此魏氏之《惩毖录》也①。……及读《海国图志》,则又谓此惩外篇也。记以省我,图志以知彼。英主硕辅能斟其意择其策,学而施诸政事,则转祸为福变凶为吉无难也。②

盐谷宕阴比较魏源《海国图志》和同年写出的《圣武记》,分析了

---

① 记录丰臣秀吉征韩时朝鲜左相柳成龙目击的情况,共17卷,1695年(元禄八年)在日本翻刻成4卷。

② 盐谷宕阴:"翻刊海国图志序",盐谷甲藏、箕作阮甫全校:《海国图志·筹海篇》,江都书林1854年(嘉永七年)甲寅七月刻。

两者的共性和差异,他指出后者是针对清朝的警告,前者是后者的续编,即在针对本国的警戒论之余,同时把议论的重心转移到了了解世界形势方面。他认为如果魏源的观点能为清朝统治者接受,运用到现实政治的第一线上去,或许可以帮助清朝国家摆脱内外交困的危机。可见他对魏源著作的实践意义给予了很高评价。

然而,无论是对箕作阮甫来说,还是对盐谷宕阴来说,魏源《海国图志》的价值都不仅限于了解他国的情况。同序进一步指出:

> 此编则原欧人之撰,采实传信,而精华所萃,乃在筹海筹夷战舰火攻诸篇。夫地理既详,夷情既悉,器备既足,可以守则守焉,可以款则款焉,左之右之,惟其所资,名为地志,其实武经大典。①

魏源的著作不仅传达了世界地理的真实,同时对新的世界之中本国应有的姿态也提出了明确的战略构想。陈述其世界战略的主要部分也就是箕作阮甫和盐谷宕阴要翻刻印刷的《海国图志·筹海篇》。魏源通过《海国图志》和《圣武记》提出"师夷长技以制夷"概念,并为实现这一目标,总结出了一套以"守""款""战"为主的完整战略思想。幕末日本有关西方的地理和军事技术拥有绝不亚于清末中国的学术积累。可是也许是由于没有形成运用这些学术积累构筑世界战略理论的社会环境,在获悉魏源世界战略理论之前,无论兰学家还是儒学家都没能出现以西方世界为对象提出自己有系统的战略理论的人物。魏源的论说填补了空白,启发了幕末日本知识分子,刷

---

① 盐谷宕阴:"翻刊海国图志序",盐谷甲藏、箕作阮甫全校:《海国图志·筹海篇》。

新了他们有关日本与世界关系的理论思维。幕末知识分子带着赞美和共鸣接受魏源学说的缘由就在于此。

同序还记述了翻刻魏源著作的起始过程：

> 此书为客岁清商始所舶载,左卫门尉川路君获之,谓其有用之书也,命亟翻刊。原刻不甚精,颇多伪字,使予校之。其土地品物名称,即津山箕作庠西,注洋音于行间。忧国著书,不为其君用,而反被深于他邦。吾不独为默深悲焉,而并为清主悲之。①

也就是说,受派往长崎的幕府外交代表川路圣谟委托,箕作阮甫和盐谷宕阴对《海国图志》开头二卷"筹海篇",即魏源的世界战略理论加以校正和注音以后付诸翻刻出版。由以上论述可知,他们为《海国图志》在清朝中国得不到有效利用感到遗憾,他们也毫不掩饰为这部宏大而宝贵的著作所提供的世界地理知识和世界战略理论以最快的速度与日本读者见面而感到自豪。尽管箕作阮甫在翻刻中只分担了注音部分,可绝不能说与这部中国世界地理书神交没有让他热血沸腾。作为幕末世界地理学领域的中坚力量,箕作阮甫肯定比谁都期待能通过学习这本中国世界地理书,掌握最新的西洋情报和来自中国的世界战略理论,以此超越以往的世界地理学。以后,他还校订了同时期进口的中国世界地理书、徐继畬的《瀛环志略》8册(1861年对嵋阁藏梓,由阿波藩出版),为美国裨治文(Bridgman, 1801—1861年)的《联邦志略》2册(1864年出版)施加训点,为英国

---

① 盐谷宕阴:"翻刊海国图志序。"

慕维廉(Williams,B)《地理全志》9卷3册进行补注。此外,箕作阮甫在学习来自中国的世界地理和世界战略理论的过程中,还写作"汉洋语对照地名一览",比较荷兰译词和中国译词,为设计到了明治时代仍被原封不动加以继承使用的汉字译词作出了努力①。

作为活跃在幕末这个变动时代大舞台的一个知识分子,箕作阮甫在加深了对西洋世界的了解的同时,发现了要对付西洋国家不断扩张的现实需要。为了应对这个时代课题,他决心活用来自中国的世界地理知识和世界战略理论。站在时代的转折关头,他满腔热情地用全力接受来自中国的学术刺激。他曾经总结自己人生最大的收获是"学术东西究古今、历朝治乱尽钩深"②。为了满足幕末日本社会转型的紧急需要,箕作阮甫把毕生的精力用在穷尽古今中外学术,求知于世界的大事业了。

三、西洋认识的深化与对传统世界的批判

(一)山片蟠桃的"世界"发现

通过观察一个个兰学家的学术和人生可以知道,18世纪后半期和19世纪前半期之间,是日本知识分子精神世界最动荡不安的时期。因为这个时期兰学得到发展,漂流民也提供了大量的西方信息,许多人敏感地获取外来知识,用心良苦地探索外部世界的状况,并在此基础上形成了一种要重新估价一切的精神状态。不过,人们在运

---

① 比如说,"合众国"、"华盛顿"、"地质学"等词即来源于这些中国世界地理书。
② 箕作阮甫:"临终赋诗",吴秀三《箕作阮甫》,第196页。

用这种重新估价一切的理性去怀疑固有学问,寻找代替固有学问的新型价值的同时,还要为俄国人和英国人来航日本的威胁而感到发愁和不安。以下我们要扩大分析范围,看看上述现象是否也波及到了统治阶层和兰学家以外的知识分子社会。

这里要提到的大阪商人学者山片蟠桃(1748—1821年)正是这样一位代表人物。他在立足于现实社会的经济活动的同时,撰写《梦之代》①,批判以往的学问,形成了崭新的世界认识。山片蟠桃首先在《梦之代》中为固有的"天、地、人"概念赋予了新的含义。与许多兰学家用"天、地、人"概念作为自己学问上的基本框架论述西洋的自然理论、地理学和人文社会学一样,山片蟠桃的新型世界认识也都凝集在他的"天、地、人"议论里面。

《梦之代》是以记录大阪怀德堂老师中井竹山和中井履轩言说的形式,利用大量的参考资料,作为子孙后代的教训而撰写的。我们从既不是儒学家也不是兰学家的山片蟠桃所展示的世界认识里面不仅可以观察到山片蟠桃作为启蒙思想家的本质特性,也能看到当时对外认识的一般趋势。

在中国传统学问中,以"天、地、人"为主要概念范畴既形成了把握整个人类社会的基本框架,也形成了最基本的做学问的方法论。山片蟠桃的《梦之代》的构成也基本上符合这种学问规范,他在天文、地理、神代、历代、制度、经济、经论、杂书、异端、无鬼上、无鬼下、杂论十二卷中对天文和地理卷格外赋予了特殊的意义。他在天文卷中如此论述道:

---

① 1802年,山片蟠桃以《宰我之偿》为题开始执笔写作。1820年,该书以《梦之代》名完成。

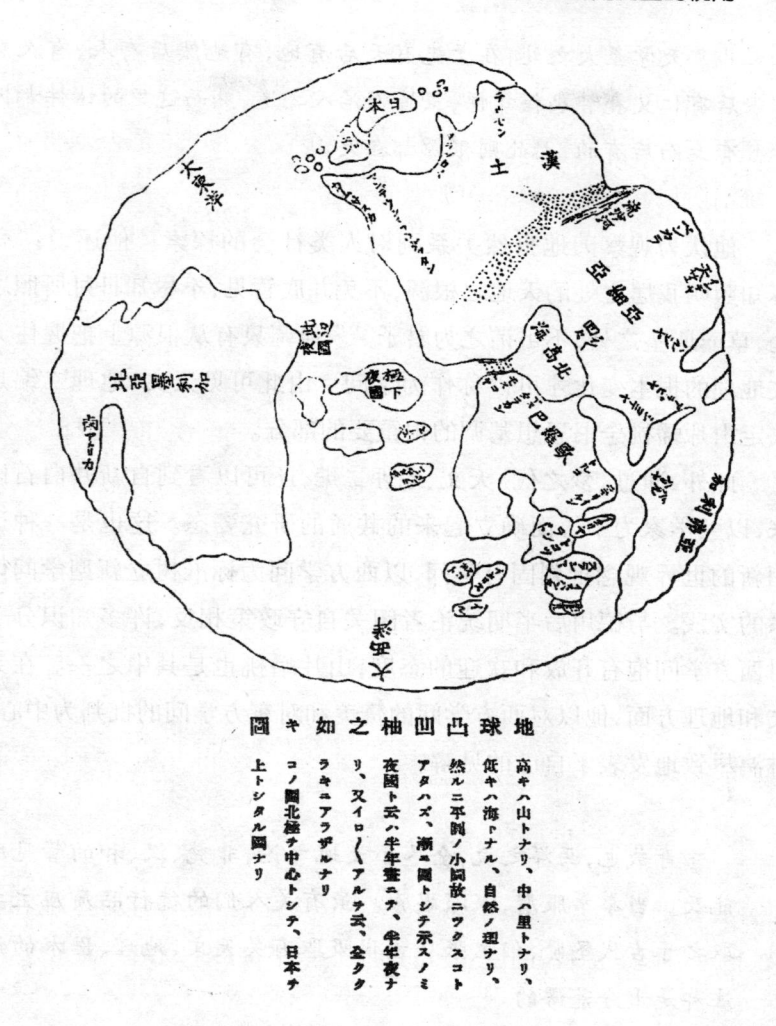

第二章　中国・西洋・日本：三角测量的视角　165

地球ノ凸凹柚之如圖

地球ハ高キハ山トナリ、中ハ里トナリ、低キハ海ニナル、自然ノ理ナリ、然ルニ平則ノ小圖故ニワクスコトアタハズ、漸ニ圖トシテ示スノミ夜圖ト云ハ牛年晝ニテ、牛年夜ナリ、又イロイロアルチ云、全タクラキニアラズルナリコノ圖北極チ中心トシテ、日本チ上トシタル圖ナリ

图11　山片蟠桃《地球凹凸柚之如图》：山片蟠桃在这里描绘的是一幅从极天向下俯视的地球图。

> 天学至大之处,在于先有天后有地,有地然后有人,有人然后有仁义礼智忠信孝悌,虽皆乃治人之道,然而这里的诸件都因有天而后有的,因此则根源都在天。①

他认为观察天地自然关系到对人类社会的探索。他还说:"苟不知照明我居之处的天地之根源,不免井底管见,不尽知日月所照之处,草露所坠之处,不可谓之为君子。"②强调只有从根源上把握住天文地理的根本变化才可以称作为学问。由此可见天文、地理二编是决定山片蟠桃全书思想基调的很重要的部分。

此外,通过《梦之代》天文、地理二编,还可以看到自新井白石以来,以兰学家为中心而确立起来的共通的研究姿态。这也是一种运用新的世界观念批判固有学问,以西方学问为标准树立新型学问体系的实践。与德川后半期统治者闭关自守政策相反,许多知识分子对西方学问抱有开放和欢迎的态度,山片蟠桃也是其中之一。在天文和地理方面,他以对西方学问的赞美和对东方学问的批判为中心,淋漓尽致地发表了自己的见解。

> 奇哉也,西洋之说,全尽于天地之论,非梵、汉、和的管见所能及。当拳拳服膺,深深思索。虽有关人们的德行品质应主要取之于古代圣贤,但主张从古代吸取有关天文、地理、医术的说法却是十分荒谬的。③

---

① 山片蟠桃:《梦之代》卷1之33,泷本诚一编纂:《日本经济大典》(第37卷),启明社1929年版,第116页。
② 山片蟠桃:《梦之代》卷1之32,同上书,第114页。
③ 山片蟠桃:《梦之代》卷1之30,同上书,第112页。

山片蟠桃强调,应该好好思考新奇的西方天地论是天竺、清国、日本所不能比肩的这一事实。虽然德行伦理应古为今用,但天文地理医术等等也要求复旧是很愚蠢的。他提出尽管可以在德行伦理心情上保留固有传统,但有关天地人的学问应该取之于西方。也就是说,他把德行伦理放置于天地人学问框架之外,展示了向西方求教有关天地人学问的姿态。在此我们可以看到日本人对待西方文化"与新井白白、佐久间象山、桥本左内相通的和魂洋才,取长补短式的态度"①,也可以听到自新井白石以后日本知识分子一脉相承下来对西洋文明发出的低音共鸣。山片蟠桃的西方学问观极大地影响了他的价值观和西方认识。

> 西洋人的精通诸艺非和汉之人所及,若欲制一器工一术,皆可诉说于官府直接提供俸禄于其家,官府遂备好费用无不到之处,如果病倒了,若诉说要让给其子或弟子,可以如以前一样奉继其嗣,故虽历三代五代无不得遂之事。②

作者的眼光对准了支撑西方学问的社会基础。他发现西方学问是应西方社会的需要而诞生,受西方社会的保护而发展起来的。这说明他已经开始思考西方学问和西方社会的关系,把学问、技术与支撑它的社会、人的要素联系起来考察,这与以福泽喻吉为代表的明治时代的西方文明论十分接近。

当然,仅仅受惠于社会保护并不一定能保证达到学问的目标,山

---

① 源了圆:《先驱启蒙思想家蟠桃和青陵》,《日本名著:山片蟠桃·海保青陵》,中央公论社1989年版,第46页。

② 山片蟠桃:《梦之代》卷1之13,《日本经济大典》,第67页。

片蟠桃也注意到了西方优良的学问方法论。

> 在西洋欧罗巴之国,不踏其实地,不作图不说教,如天文之类,因往来于海外诸国,测量观察成其说,故驾大舶抵万国,使天文地理日益精确,因而不若楚汉我国之类虚妄之说,为此而应信其所说。①

由此可见,山片蟠桃认为西方学问是基于事实的实学,所以值得信任。这里的所谓实学指的是重视实地考察,通过测量实验而得出结果的学问。意思是说,西方人往来于世界万国,通过实地调查和测量分析得出结果,在此基础上形成地理学理论,所以足以取得信任。山片蟠桃之所以对西方学问和文明有兴趣,主要是因为这种学问和文明是值得信赖的,在这种值得信赖的学问面前,虚妄的学问将不堪一击,自行崩溃。山片蟠桃对固有学问的批判也正是从怀疑"虚学"开始的。

> 凡天文地理之事皆一日比一日开化,告知我们古代之不足的,在于今天的发明。应该知道则从天竺须弥山之说,日本神代之卷之说,到汉土诸说,皆天文未开化之前,偏居一隅观测天地而得到的东西。其局限于其国之目所及,所以难免是以管窥天,如汉代西北地理大开,虽知有天竺,但还不知有西洋。②

---

① 山片蟠桃:《梦之代》卷1之25,《日本经济大典》,第92页。
② 同上。

了解西方天文地理新学说以后,不能不痛感古来天文地理学的欠缺和不完备。自古传来的印度的学说、清朝的学说及其日本的学说,几乎都是天文地理未开化之前未经过实际测量而得出的结论。各自都受各国人民视野的限制,有关视野外的西洋世界全然不知。因此这是不值得相信的。然而西方的天文地理无论东方还是西方或西方以外的其他地方都有明确记录,是好是坏不言自明。古老东方的天文地理学既不进行实际调查,也不了解西方世界,这在山片蟠桃眼里,越来越失去魅力。特别是自从山片蟠桃接触到西方的"地动说"①以后,他对西方天地学说的信赖愈发变得牢固。山片蟠桃说:"欧罗巴洲'暗厄里亚'国叫做'奇儿'的人著历象新书,在此之前的天学皆以地为不动,是书却以天为静地为动。且云地星以外有许多世界之理。"②西方人对天和地这一自然世界的动静关系提出的与从来学说截然不同的结论,对相信"凡格物之大莫过于天学"的山片蟠桃来说,无异于是对他向来具有的世界观和学问观的一个巨大冲击。

山片蟠桃饶有兴趣地发现西方有着优秀的方法论和优秀的天文

---

① 日本最早对"地动说"的介绍,出现于长崎译员本木良永(1735—1794年)翻译的地理书《和兰地球图说》(3卷,1772年译,原本不详,大约在1745年出版)卷1的《地球并地图诸圈之事》。又,同氏宽政五年(1793年)翻译的《星术本原太阳穷理了解新制天地二球用记记》(7卷)以地动说为基调对太阳系进行了说明。以后地动说浸透日本知识分子之中,对其世界观的变化给予了很大的影响。例如,思想家三浦梅园(1723—1789年)在其《归山录》之中,记述他在1778年(安永七年)访问长崎时听说过地动说。这个令人耳目一新的说法一定程度影响了三浦梅园的自然哲学。1788年(天明八年)以绘画为目的赴长崎的司马江汉也以从本木良永听到地动说为契机,开始关心西方的天文学和地理学,他的自然认识由此发生了剧变。从那以后,他亲自制作铜版世界地图,试图把崭新的世界观推广介绍给庶民阶层。山片蟠桃有关"地动说"的知识也基本上来自本木良永的介绍。参照广濑秀雄:"作为洋学的天文学——其形成和展开",《日本思想大系·洋学·下》,第429页。

② 山片蟠桃:《梦之代》卷1之28,《日本经济大典》,第104页。

学,同时有着详细描绘世界空间构成的新地理学说。崭新的地理学知识为山片蟠桃修正原有世界观提供了契机,也正是在此基础上他获得了进一步构筑自己独特世界观的勇气。山片蟠桃脑海里浮现出的新"世界"①是这样的,这个新世界以包含日本在内的汉土中国和亚洲国家为顶点位于中央位置,大东洋位于左上方,大西洋位于下边中央,北美位于左下方,欧洲和非洲被小小地描绘于右下角。从这幅图我们可以看出什么呢?首先我们可以看到作者虽然作为世界的一部分承认了欧洲和美洲、非洲的存在,但是作者在此要强调的似乎是以日本为中心环视世界的姿态。也就是说,这幅图要表达的是相对于世界来说的日本的自主性。不过,这种自主性意识并不损坏山片蟠桃对世界的好奇心和对西方地理学的信赖。《梦之代》之所以在论述天文、地理以后,花费许多篇幅阐述作者针对日本社会和日本文化的观点,正是反映了山片蟠桃的这一内心世界。

  山片蟠桃显示的姿态是在充分承认西方大陆的同时,把握住日本这一自我,在此基础上借助西方世界地理学知识构筑自己崭新的世界观。山片蟠桃的姿态与一心叙述介绍西方学问,不过多参入个人见解,试图站在纯粹西洋的视点上重新估价以往世界的兰学家们略有差异。山片蟠桃的特点是虽然相信西方学问的真实性,但他并不认为接受西方学问和保持主体自我有什么矛盾。因此他可以在客观地评价西方学问的同时,不因此把西方学问绝对化,试图依靠自己的判断来决定如何理解或发展这种学问。例如,他这样谈到世界五大洲说:

---

  ① 山片蟠桃:《梦之代》卷 1 之 28,《日本经济大典》,参照第 164 页"地球凹凸如柚之图"。

西洋人巡回天下,发现三大洲,曰亚细亚洲,曰欧罗巴洲,曰亚弗利加洲,后又发现二大洲,曰亚墨利加洲,曰墨瓦罗尔加洲,是云五大洲也。因皆由西洋发现,所以无论五大洲的划分或各个国家的名字的设计都出自西洋人之手。故即便天竺也好,汉土也好,我大日本也好,皆由西洋人命名为印度、支那、"Yappan"①,这不是羞耻之事吗?②

这里介绍西方人发现五大洲,并提到日本人原封不动地使用西方人发明的世界地理术语不是可耻的事情。在肯定尊重使用西方地理学通用的惯用词汇的同时,还强调没有必要把固有词汇国名的叫法(例如天竺,汉土,日本)改为西洋式的叫法(印度,支那,"Yappan")。他这种既重视客观性也重视主体性的记叙方法,也出现在有关各洲内部各个国家的介绍之中。例如,最先介绍的亚细亚洲项目有关中国和日本这样记述道:"大日本汉名倭,南蛮名 Yappan",又提到"支那乃南蛮名,自称华夏,为中国,历代改国号,日本称汉土,又云唐明"。以上记述显示了他不夹带感情,客观陈述事实的姿态。就是对于欧洲的记述也可以看到同样的姿态。以下的叙说归纳了作者当时抱有的西方印象。

意太里亚乃"欧罗巴"之总帝,进入地中海,今移"德意志地区"。"莫斯哥未亚"帝号,在西洋之东极,皆属于"亚细亚"之北边。云"俄罗斯",又云"新兴大陆"。度儿格帝号,"欧罗巴",

---

① 原文为日语片假名。
② 山片蟠桃:《梦之代》卷2之16,《日本经济大典》,第170页。

"亚细亚"，"亚弗利加"多为其属有。以上为西洋之三帝也①。

山片蟠桃把握到的西方国家，以上述三大帝国为首，接着还列出了"以西把尼亚"（西班牙）、"汉人兰土"（英格兰）、"佛良察"（法兰西）、"度逸都兰土"（德意志）等列强国家。这样的排列顺序与同时期洋学家的西方地理认识相比有点落后于时代，并没有精确反映19世纪初期西方世界势力交替的现实，只是提到了当时西方世界的主要国家，但这也说明他已经获得了一个笼统大致的有关西方国家的印象。山片蟠桃对西方国家最感吃惊的是西方人发现世界的事实和开拓殖民地的真相。他对所谓西方世界三大帝国之一的俄罗斯的势力扩张显示了特别的关心，生动地描述了其扩张过程。

> 鲁西亚的"莫斯哥未亚"出现"彼得"氏，其即位以后，自欧罗巴之东北，亚细亚的北边，鞑靼的大半皆为其属有，遂至东方堪察加半岛之地，（中略），彼于致知格物无不到之处，尤以天文地理为首勤于远略，通商诸国，在此期间，若遇有合适的国家，就施加夺取，以此获为己有，且置守御于远岛而治之，以为通商之便。其所到之处且不论西至欧罗巴中部，南也亦然，至而争夺"土耳其"的地盘，或夺或失者多也。②

接下来，他继续谈起俄罗斯在世界性扩张过程中，其势力范围靠近了日本虾夷地区的情况，叙述了由于漂流俄罗斯的日本人光太夫

---

① 山片蟠桃：《梦之代》卷2之16，《日本经济大典》，第172页。
② 同上，第179页。

等提供信息,俄罗斯人详细了解了日本,并派遣使节迂回绕过美洲西部,来到长崎要求通商等等热门话题。① 字里行间似乎还渗透着山片蟠桃对俄罗斯来往于世界万国的羡慕之情。

> 彼谙悉万国三千世界于胸中,深知简单如进出邻居家一样的方法,与我辈之泛船于湖水,亦感到寒胆恐怖不可同日而语。仅带领七八十人即巡回世界,不辱使命。可与孔子的所谓使四方不辱君命相比。知邻国性情之地与不知之地有天地之别。我士人若至此等外远之国,将会是何等恐怖?以此可知西洋人智术之高超。②

就好像出入于邻居之家一样简单地来往于世界万国的俄罗斯人的行事风度,在山片蟠桃眼里简直可以看成是大胆无敌,拥有人间最高气概的象征。这俨然是肩负使命通过与世界万国的往来交通,谋求相互理解的君子形象。反观日本人连泛舟湖上也惊慌失措,丝毫也不见巡航世界万国的志向与气概。在此他把封闭在小小世界里苟且偷生的日本人与雄心勃勃地来往于广袤世界的俄罗斯人看作为完全相反的存在加以比较,他继续论述说,伴随着西方人的世界扩张,"欧罗巴各国抢夺外国作为附属国,安置替代官僚治理这些国家,以为各国通商之方便,今我国只知道'阿兰陀'(荷兰)夺取了'雅加答腊'(雅加达),并筑城防守之类,以是而考知其底意,还不足以引起注意吗?"③他看到了西方国家征服他国,大量制造附属国的现实,提

---

① 指1804年俄罗斯使节列扎诺夫护送漂流民至长崎,要求通商。
② 山片蟠桃:《梦之代》卷2之19,《世界经济大典》,第180页。
③ 山片蟠桃:《梦之代》卷2之20,同上书,第184页。

醒日本好好观察具备勇气和指挥能力的西方人征服弱小国家的现状,思考西方殖民扩张对日本意味着什么。同时,他发现不局限于有无殖民扩张,就是在社会生活的细微之处,西方人和日本人也表现出明显的差别。

> 诚然,和汉之人自幼修习文字学,但一生也未必能尽知国字,而且以佛学、诗歌、茶道、谣曲、舞乐为首,费时日在无用的艺能技艺上,而不能为了各自的生路,兴办诸艺诸行,不能学习忠孝仁义用以修身。更不用说通天文地理以及此外的义理,也不用说学会致知格物了。……既不知天下万国的大势,唯知赞美我国的风俗和我国今天的现状,待碰上天灾人祸或外国的变局,遂无计可施而变得惊恐万状,度日如年,是可惜也。①

山片蟠桃批评日本人浪费时间学习佛教、诗歌、茶道、谣曲、舞乐等无用之虚学,忽视了对实用技术的学习和真正的修身养性活动,更不关心天文地理以及义理之学和致知格物,不了解天下大事,只知道沉醉于自己国家的风俗习惯,自以为是。这样的人们如果遇到了不测风云,就会变得无计可施,徒唤奈何。山片蟠桃对人们视固有的社会风尚为自然,不思改变,不愿意正视日本以外外部世界的变化感到遗憾。同时,在山片蟠桃脑海深处,一个以西方人为模式的崭新的理想人物形象开始逐步成型。

> 西洋欧罗巴人渡天下万国,明天文察地理,辨世界之全体大局,专心致志于忠孝仁义之学和致知格物之学,不费时日于无用

---

① 山片蟠桃:《梦之代》卷2之19,《世界经济大典》,第181页。

的诸艺诸术,(中略),故巡回万国往来于万里大洋之间,无论遇见任何妖魔鬼怪也毫不动摇,与第一次见面的外国人对话也毫无惧色,如平时一样。更不用说在自己国家了。①

这里描写的与其说是现实的西方人,不如说是山片蟠桃脑海中的西方人。山片蟠桃脑海中的西方人是来往于世界万国,依靠实证研究的成果,穷尽天文地理,能掌握世界全局的人,是既懂得儒家的忠孝仁义之说,也精通格物致知之道,不把时间耗费于无用技艺的人。这样的人走遍世界万国也丝毫不觉得胆怯,这样的人能够自由自在地应付一切困难局面,能与任何国度的人平静地进行对话。很明显,这个崭新的人物形象,是意识到世界这个大舞台而刻意勾画出来的。在这个诞生于 19 世纪初期日本的最早的"世界人"身上,我们可以切实感受到山片蟠桃借助西方理想表达东方自我的强烈冲动,更可以感受到山片蟠桃刻意将东方理想和西方理想融为一体的用心良苦。

(二)平田笃胤的"日本"发现

如前所述,进入 19 世纪以后,以洋学家为中心的知识分子通过接触从海外归来的漂流民的传闻和有关西洋的天文、地理以及关于人类社会的种种学问,形成了自己独有的世界认识。此外,其他非洋学系统的知识分子也一边接受报告这些西洋学问和情报的兰学家的影响,一边构筑自己的世界想象,开始思考世界之中的日本的存在意义这一紧迫课题。这一类学者中最典型的例子当属国学(日本古典

---

① 山片蟠桃:《梦之代》卷 2 之 19,《世界经济大典》,第 181 页。

学)家平田笃胤(1776—1843年)。

一般认为,平田笃胤作为德川后期的国学家,继承本居宣长的学问,由国学接近神道,利用神道的宗教色彩和实践意义对幕末日本的变动产生了很大的影响,于明治初期的教育与学术也发挥了重要作用。还有学者提到平田笃胤对西洋文明,尤其是对基督教有一定的理解。① 不过,以前的研究虽然言及了19世纪出现的新的世界观和西洋知识对平田笃胤思想,尤其是他的日本中心主义倾向的影响,但不可否认对这种影响的评价显然是很不够的。事实上,平田笃胤虽然与洋学家处于不同的学问领域,但他也和洋学家们一样是因为面对西方这一新世界的出现,在吸收来自西方的天文、地理知识的同时,开始思考新世界中日本存在的本质意义。因此,我们有必要进一步看看平田笃胤的日本中心主义背后的"世界"和"日本"到底有什么样的关系。

平田笃胤出生于1776年8月24日(永安五年),他是久保田(现在秋田市)城下町武士的第四个儿子。从幼年到20岁为止跟随山崎闇斋学习汉学,其间还跟叔父学过医学。此外也有研习武术的经历。1795年他结束平淡无奇的苦学生活,脱离藩属地奔赴江户。这成为他生活的转折点。以后他度过一段颠沛流离的生活,于1800年成为备中松山藩士山鹿流兵学家平田藤兵卫笃稳的养子。游学,进京,然后成为养子,至此平田笃胤才开始真正定居江户,从此以后,平田笃胤召集弟子以给门徒讲学的方式为主,迎来了他学问的高峰期。他的著作多以口语文体撰写,由于他时刻考虑到弟子的反应,文

---

① 参见村冈典嗣:《平田笃胤神学中耶稣教的影响》,《增订日本思想史研究》,岩波书店1994年版,第321页。

章富有启蒙性又通俗易懂。可以说平田笃胤做学问的动力来自于他时时要考虑说服教育自己的门徒和大众。对平田笃胤来说,眼前的门徒和大众有什么疑惑,寻求什么样的解答,是决定他学问方向的重要依据。因此,今天我们甚至可以通过平田笃胤的著述触及到当时日本普通老百姓真实的内心世界。因为平田笃胤的著述正是为了回答大众的呼声而存在的。这种呼声之一,就是对流行于以兰学家、儒学家为中心的精英社会的一味崇拜外国文化的风气提出异议。

平田笃胤在广大群众静静的愤怒中感觉到了力量,他一边吸收国内外可以接触到的学问知识,一边构筑自己以日本为中心的世界观体系,对正统学界不面向大众的学问提出了挑战。就这样,他作为把日本置于世界中心眺望世界,把握新世界日本存在意义的新型学者登上了历史的舞台。

平田笃胤学问的特点是既有一定的广度也有一定的深度,同时他也非常重视对西方学问的掌握。① 据说他通读《解体新书》达 4 次之多。② 他自己也承认自己在西方学问领域与世界认识方面多受益于诸多兰学家的启蒙教育。尤其是接受过西川如见、新井白石等先辈学者以及山村才助世界地理学的种种影响。他曾经在代表作《古道大意》(文政七年,1824 年)序中,如此论及山村才助的《订正增译采览异言》:

此乃一目了然介绍万国事物之书。山村才助昌永号称增译

---

① 参照唐纳德·基恩著,芳贺彻译:《日本人的西洋发现》,中央公论社 1986 年版。该书第 6 章"平田笃胤和洋学"对平田笃胤借用西洋科学和西洋神学有详细的介绍。

② 平田笃胤:《志都能石屋讲本》下,平田笃胤全集刊行会《新修平田笃胤全集》第 14 卷,名著出版刊,1977 年,第 498 页。

《采览异言》而著,共十二卷。最值得一提的是附有各国地图。是书本来是增补新井筑后守白石先生《采览异言》一书,实际上是经公家授意而编成的。所以欲知万国之事,再没有比这部书更管用的了。不过,是书漏载了我国的事情,故若遇我国路人皆知的事情,就不必求问外国人的评议了。①

在此,平田笃胤在提到新井白石以来的世界地理学研究,尤其是提到山村才助的业绩之外,没忘记对西方学研究中一贯可见的西方中心观点提出质疑。读平田笃胤的代表作《古道大意》印象最深刻的是平田笃胤面对现实世界,有意识地把日本置身于其间进行思考的气概。在这部著作里,他介绍新井白石以来广泛流传的世界五大洲学说时说:"且说把其在大地球的国家分为五部分,第一曰亚细亚,第二曰欧罗巴,第三曰亚弗利加,第四曰南亚墨利加,第五曰北亚墨利加。凡曰五大国也,又以是称之为五大洲。"进一步,他把日本、中国、印度等划分为第一洲亚细亚的大国,欧罗巴为第二洲,反映了当时的世界地理的常识②。不过,他的介绍并没有停留在祖述洋学家们的学说上,而是试图通过更新世界观念,建立起自己有别于新井白石等洋学家的以日本为中心的观察世界的新视角。

日本很早以前曾经有人模仿中国的《三才图会》编纂了《和汉三才图会》一书。仔细推敲《和汉三才图会》的记述内容,可以发现早在西方文明大规模进入日本以前,日本就已经有了相对"中华"而言的日本文化主体意识和相对意识的萌芽。以后这种意识逐渐壮大,

---

① 平田笃胤:《古道大意》下,《新修平田笃胤全集》第8卷,1976年,第60页。
② 同上书,第57页。

便成为日本式的"中华"意识。在此基础上,以日本为中心的对外视角宣告形成。然而,与西方世界接触以后,日本人碰到了有必要再一次活用以往针对中国的文化相对意识,重新认识世界之中日本所处位置的新课题。不过,朝着西方突飞猛进的洋学家们反而跌进了对西方世界好奇和憧憬的迷宫之中,轻易地把西方的视角当成了自己的视角,因而失去了文化自我。从新井白石到山村才助,遵循西方视角已经成为无意识的标准,不可怀疑的惯例。平田笃胤正是要对这样一种文化脱主体倾向放出批判之矢。

一般地说,主张文化主体性时最常见的做法是把自己国家的文化与别的文化进行比较,论述本国文化相当于别国文化,或者强调本国文化的优越性。当然,要进行比较就一定得有比较的标准和逻辑。在过去针对中国文化主张文化的相对性和主体性时,日本人运用中国式的"华夷秩序"建立了日本的主体文化观念。平田笃胤与他的弟子们一边警惕把西方视角当成自己视角的学术倾向,一边杜撰出所谓神代以来的历史发展水平等同于西方或超过西方的论调,以此作为他们的日本中心主义的根据。这样的思维在一定程度上受到西方天文学和地理学部分内容的启发。

> 要学习天文地理历数,首先必须通晓天地初始状态与有助于其运动的灵机以及万物生成的实理。然而有关开天辟地的解释,无论哪个国家的书籍都显得荒唐无稽毫不足取,唯独我国古代传说,皆有实证……,无一个传说存有异议。①

---

① 平田笃胤:《天之御柱之记》上都卷,《新修平田笃胤全集》第12卷,1977年版,第5页。

意思是说,学习天文地理学的目的之一,是分析天地初期状态,探明天地万物生成的根源,有关开天辟地的学说,日本的古老记录远远胜过外国书籍。这并非否定天文地理学的功效,而是欲在有关宇宙生成和人类社会的形成方面,给天文地理学理论加入根基于日本古典文献的日本式解释。也就是说,对西洋天文地理学本身没资格发表意见,但是有关宇宙生成说却希望施加日本式的解释。当然,这种强烈肯定日本古典文献的倾向背后,并没有坚实的学术根据,很大程度上是基于作者对无论什么都以西方为准则的学术风气的反感。

> 如果认为只有外国人知道一切,皇国人绝对想不到的话,那只能说是心胸狭窄。这些人恐怕只会贱视皇国人,盲目崇拜外国人。这不像是有志把大倭精神推广于世的人所应有的言论。①

在猛烈指责认为外国人什么都优于日本人想法的同时,平田笃胤内心深处浮现出了一个崭新的日本形象。这就是在万国世界中出类拔萃、无与伦比的伟大的、美丽的日本。

> 这个神奇国家与亿万外国有天地之别,这里没有任何不满足的地方,丰衣足食美丽无比。第一是维系生命的米谷之好奇妙无比胜过万国。正因为我们生于这个拥有奇妙无比的风土和水土的国家,才能秉承丰受大神,也就是伊势神宫的神明们的深厚德惠,天天食用着这奇妙无比的五谷。生于这个神奇国家的

---

① 平田笃胤:《天说辩辩》上,《新修平田笃胤全集》第7卷,第25页。

人是最原初最本质的后裔,聪明善武,特别优秀,与任何外国人都不可同日而语。①

平田笃胤眼中的日本与世界万国全然不同,这个国家不缺少任何东西,人们都非常满足,过着幸福美满的日子。尤其是这个国家拥有世界最好的人的生命最需要的大米,日本人生活在这个风景绝妙水土适宜的国度里,享受着世界最好的事物,承受着神明的恩德,只有这才称得上是人类生活的本源。日本人既具有聪明才智,又富有勇气,是世界任何国家的人们都无法比拟的。

从平田笃胤以上述说可知,他那日本人胜过世界万国之人的论断是基于对日本风土和自然的认识而得出来的。把受神明的恩惠拥有最好的大米作为日本的象征的论调,曾几何时在围绕大米自由化的贸易谈判中又出现在日本人的议论之中。不过,今天日本的对外国意识的重心在于强调本国风土和自然的特殊性,与外国大米的靠近保持距离。平田笃胤的用意则是试图通过与外国的比较,描绘出自己国家优于世界万国的美丽图画。同时,平田笃胤还有意识地利用外国书籍里涉及日本的言论,欲从相反方向证明西洋人也是承认日本的优越性的。他找到了德国人肯贝尔(1651—1716年)有关日本的言论。此人1690年作为荷兰东印度公司的医生来到日本,曾有过跟随荷兰甲必丹二次参拜江户幕府的经历,1692年归国后,因著《日本志》一书而出名。平田曾对此记述道:

据说自遥远的西方之国流传过来的书籍之中,有一部介绍

---

① 平田笃胤:《古道大意》下,《新修平田笃胤全集》第8卷,第56页。

日本①的书。把其翻译成日文叫《日本志》。这是叫做肯贝尔的人所著之书。因为此人详细知道世界万国的情况,走遍了世界各国。为了了解神奇的我国,成为称为阿兰陀甲必丹的官人,于正德时分进入我国。既看过京都也去过江户。因作此万国风土记。……恐怕是因为他走遍万国以后,发现天地之间再也找不到一个国家像我国一样奇妙无比,遂如实记录其事情于此也。②

结果,肯贝尔的《日本志》在平田笃胤眼里只不过是一幅歌颂日本的赞美画。平田笃胤认为即使熟悉世界万国情况的西洋人也大力称赞美丽无比的日本,而许多出生于这个无与伦比的国家的人,却只知道羡慕外国,实在令人费解。接下来,平田笃胤又企图从历史文化背景的角度,进一步证实自己的日本优越论。他把批判的锋芒同时对准了认为印度和中国也比自己国家优越的人们。

  首先要指出的是信佛的人们,他们光知道赞美天竺,喧嚷什么彼国是佛教的本国,是尊贵的国度,我国不过是东海散粟之国,就像浮放在东海的一颗板栗一样微不足道。再说那些儒学家们,他们称颂汉土,说什么彼国是圣人之国,是中华,我国乃小国,且为夷狄,虾夷之国。都在贬低我国。又有最近以来开始流行的做阿兰陀学问之辈,他们虽然很了解外国情况,却经常出现错觉,竟懵懂地为远在西方之极的国家帮腔说话。③

---

① 德语原题 Heutiges Japan。平田笃胤文为日语片假名。
② 平田笃胤:《古道大意》下,《新修平田笃胤全集》第 8 卷,第 60 页。
③ 同上书,第 68 页。

在平田笃胤看来,无论是赞美天竺的佛者,或是赞美汉土的儒者,抑或是赞美阿兰陀和俄罗斯的洋学者,都是不能正确对待自己国家优点,不能正确把握自己国家和别国关系,不知道正常和外国进行交往的人。平田笃胤脑海里的日本,与国家大小毫无关系,是一个美丽而特殊、可成为世界中心的存在。

国家不管有多大多宽,糟糕的国家总是糟糕;不管多么狭小,美丽的国家依然美丽。近来观看万国地图,当南极下方,有盛大之国,把此地所有国家划为三个部分,其中之一面积很大,但那里既不住人,也不生草木,若以大小论国之美丑,这不也要称为美的国家吗?①

平田笃胤批驳世间的通俗看法,告诉人们国家不是由大小区分好坏的。称比起大小更应该重视质量。进一步,他再次引用外国人的世界地理学知识,刻意从地理位置上强调日本优越论的理论依据。

遥远西方国家之人,在详细记载万国风土的书中,也记有皇国之事,认为各国领土最为丰饶,舒适的地方不超过从北纬三十度到四十度之间。日本正位于其间,且处于万国极东之境。这一定是天神之意,是天神厚施恩惠于此国,在四周布置险峻凶猛的大海,以防外敌的侵犯,还把其地形分割为不同部分,综合诸多岛屿,意在造就国内各种不同类型的物产,供全国享用,因此,唯独日本一国不稀罕外国产物,仅靠国内生产的东西就十分满

---

① 平田笃胤:《灵的真柱》上,《新修平田笃胤全集》第 7 卷,第 110 页。

足了。①

平田笃胤高声赞美理想之国日本,认为日本位于西方地理学著作所提的最佳纬度,且拥有大海这一可以防御外敌的天然屏障。由于这块理想的土地具有丰富多彩的物产,因此没有什么需要依赖外国的。他继续说:"其实,仅限于皇国人,与唐土、天竺、俄罗斯、荷兰、暹罗、柬埔寨等等一切存在于此天地之间的万国之人性质完全不同,远远比他们尊贵和优秀。"②

平田笃胤自信心十足,把世界以日本人为顶级进行重新排列,认定中国、印度、俄罗斯、荷兰、泰国、柬埔寨的人民都不及日本人优秀。至此平田笃胤凭想象把日本推到了至高无上的地位,在他眼里,作为"神的国家,则地球的首都"③的日本已成为凌驾世界、傲视群雄的存在。

平田笃胤依靠兰学家的记述,获取有关西方学问的最新知识,在此基础上模仿西方天文地理学问中关于开天辟地的神话,形成了自己独有的神国理论和日本中心的世界观。但是,尽管他最终也只能捕捉住一个作为遥远的幻想世界存在的西方世界,不过他却将这个只出现于传说和神话中的将现实与幻影混为一体的影像投射到向来朦胧不清的国家观念之上,发现了一个又古老又清新的"新日本"形象。平田笃胤试图以此为基础超越兰学家,不是孤立地注视远在地球对面的西方世界,而是在具备世界视野的同时,重新发现日本,从

---

① 平田笃胤:《灵的真柱》上,《新修平田笃胤全集》第7卷,第108页。
② 平田笃胤:《古道大意》上,《新修平田笃胤全集》第8卷,第29页。
③ 平田笃胤:《伊吹于吕志》上,《新修平田笃胤全集》第15卷,1978年版,第122页。

估价日本位于世界的地位中找到自己的学术使命。

(三)会泽正志斋的日本主义

就在国学家平田笃胤一派高谈日本中心主义的同一时期,后期水户学理论带头人、尊攘派中心人物会泽正志斋(1782—1863年)撰写了《新论》一书,以其"国体"主张和直率的形势分析,呼吁当局执行应对时局的新政策,并基于他固有的世界认识以及神道的和儒家的思想框架,描绘出了另一个光照幕末日本的日本形象。

会泽正志斋出生于常陆久慈郡诸泽村,19岁时就学于藤田幽谷(1774—1826年),后成为水户藩士推进藩政改革和尊皇攘夷运动,提倡结合神道与儒学的大义名分之说。会泽正志斋青少年时代的经历已鲜为人知,只有传说中提到他师从藤田幽谷时,因好强傲气曾屡受藤田幽谷师教训,以至他后来一改少年气盛变成一个稳重的君子。他在水户学界崭露头角是1825年《新论》成书以后的事情。成为幕末尊皇攘夷运动思想先声的《新论》一书共2卷,分成国体、形势、虏情、守御、长计五编。该书未正式刊行之前就广为人们阅读,1857年才由会泽正志斋的门徒们初次悄悄刊行。

《新论》作者强烈意识到当时世界以及日本在这个世界的位置,试图勾画出与此相应的崭新的日本影像。首先看一看他有关"万国"的论述。

> 夫在地之大洋,其大有二,一曰中国及海西诸国、南海诸岛,此乃所谓(其地,东起京师以东二十五度地,西至京师以西七十五度地,或称为亚细亚、亚弗利加、欧罗巴,只是西夷之私称而已,不是宇内公名,且不为天朝之命名,故今不言)。一曰海东

之国,此乃所谓(西起京师以东五十度地,东至九十五度地。或称为南亚墨利加、北亚墨利加,也只是西夷的命名)。①

很明显,这里的"中国"指的是日本。海西诸国表示亚洲、非洲、欧洲,南海诸岛表示东南亚、大洋洲。在括弧中会泽正志斋虽然强调不使用西夷发明的地理名称亚细亚·亚弗利加·欧罗巴,但还是基本上按照西方传来的地理学惯例划分了世界范围和区域。他尽管表明不承认西方地理学概念的普遍性价值,但却没有拒绝沿用西方人勾画的世界图像。进一步,他称日本为"中国",把日本看为位于世界最中心的国家。"中国"这一称呼,在这里并不联想到中国文明,只单纯在"世界中心之国"的意义上使用。如此看来,会泽正志斋这种置日本于世界中心眺望世界的姿态,与前面提到的平田笃胤的思想取向如出一辙,表现了惊人的相似性。会泽正志斋曾经针对本居宣长赞美日本精神的著作《直毗灵》,写《读直毗灵》,强调了水户学与国学的差异。但是如果就有关世界与日本关系,也就是说,有关阐述世界中日本所处地位的言论来说,自称本居宣长弟子的国学家平田笃胤跟水户学家会泽正志斋之间并无多大差异,甚至可以说两者基本一致。这种共同点也是支撑他们相似的日本观的思想基础。

由于平田笃胤和会泽正志斋苦心建构的"日本观"实际上夸大了日本的真实存在,最终必然要陷入理论上虚无缥缈的困境。这说明他们对日本和世界的关系的认识太过于偏向表面,缺乏深度,并没有捕捉住这种关系的本质。当然,他们那近乎狂热的把日本凌驾于

---

① 会泽正志斋:《新论·形势编》,《日本思想大系·水户学》,岩波书店1973年版,第88页。

世界的主张,却不可避免会对以后人们思考日本与世界关系的思维取向产生诸多影响。

(四)佐藤信渊的国家目标构思

平田笃胤的"日本中心"论理所当然成为其门徒们的思想指针。跟随平田笃胤学习日本古典学的佐藤信渊(1769—1850年)就是在接受日本中心论刺激之下,探讨日本和诸外国关系的学者之一。佐藤信渊在使用特有的天文学、地理学知识一段一段解释平田笃胤古史传的书籍《天柱记》的自序里,谈到了他的学问与平田笃胤国学的姻缘关系。他说自己自幼喜欢天文历法,广读中国、印度、蕃夷的书籍中关于天地生成之说,从没遇到过值得注意的东西,一直到最近看了平田笃胤的《灵真柱》,才第一次弄明白天地运行、万物生成都依靠产灵神的产灵之御灵而成立的道理。① 这表明平田笃胤的世界观对佐藤信渊的思想形成具有很大的影响力。

在以日本为中心展开课题意识的学问方法上,佐藤信渊和平田笃胤也完全一致。佐藤信渊确信把世界各国从野蛮的境地拯救出来是皇国日本的职责。他把世界看成是一个整体,而日本却处于这个世界的顶点之上。他在《混同秘策》中更明确表述了这种逻辑,再一次显示了他与平田笃胤思想的渊源关系。

> 皇大御国是成立于大地最初的国度,乃世界万国的根本。故若妥善经纬其根本,则全世界皆应成为其郡县,万国君长皆应成为其臣仆。……救济世界万国苍生乃极其宏大的事业,首先

---

① 佐藤信渊:《天柱记·序》,《新修平田笃胤全集》第12卷,第3页。

应好好明辨万国地理形势,如不根据其形势采取妙合天意自然的措施,产灵的法教也不得而施①。

把日本看成是世界中心的观点完全是平田笃胤思想的再版。进一步他还毫无掩饰地显示了自己欲把全世界划进日本版图,把全世界的统治者化为日本臣仆的国家构思。为此他号召日本人不仅要学习世界万国地理,也要更多地了解世界中心的日本。他脑海里浮现出的作为世界中心的日本也与平田笃胤的日本图像很相似。

今夫详察万国地理和我日本全国的形势,自赤道北三十度起至四十五度,气候温和,土壤肥沃,无不万种物产遍地满溢,四边皆临大海,海舶运漕其便利之处万国无双,地灵人杰,勇猛之气殊绝他邦,鞭策宇内一切实征全备,其形胜之势自堂堂于八表,若以此神州之威征蠢尔之蛮夷,混同世界统一万国,有何难哉②。

佐藤信渊不仅明确继承了平田笃胤的日本观,还进一步强调日本负有统一世界的使命。为了实现他的国家目标构思,佐藤信渊提议先要征服世界上最大国家之一的清朝中国。他描述他精心设计的进攻计划是,先夺取满洲,从那里挺进燕京,最后把清朝中国全境划进日本版图,进一步进军征服全世界。这与明治维新以后到第二次世界大战败北为止八十年间日本对外侵略扩张路线谋求的目标正好

---

① 佐藤信渊:《混同秘策》,泷本诚一编:《佐藤信渊家学全集》复刻版(中卷),岩波书店1992年版,第195页。
② 同上。

吻合。

然而,到了19世纪40年代,佐藤信渊通过清朝中国与英国之间发生的鸦片战争,痛感西方实力之强,也许他悟到了以前的征服世界论并不现实,遂基于对西方的重新认识,撰写《存华挫狄论》,从维持现实中东西势力均衡的角度,修改了自己的国家目标构思。在此,他用亚洲对欧洲的构图代替原来日本对全世界的构想,寻求勾画新型的日本和世界关系的未来图景。

> 天地虽然无私,怎奈四大洲人性不同,盖亚细亚洲人崇礼行意,各确然守其境界,侵伐他国夺取他人物品之念甚寡,故远出海外以私利为业者稀少,而欧罗巴洲人好利纵欲,欺夺之念甚深且贪得无厌。①

他把站立在世界顶点的日本回归为作为亚洲一部分的日本,似乎把过去要征服清朝中国以至全世界的论理忘记得一干二净,从文化背景比较亚洲和欧洲,并得出结论认为与志向和平的亚洲人相比,欧洲人具有强烈的侵略本性。为此他呼吁面临欧洲侵略扩张的东方各国进行横向联合。他以非常现实的口吻建议以保存清朝中国的方式阻止西方势力的逼近。

> 古人有言曰,唇亡齿寒,自今以后若清国日益式微不振,西夷贪得无厌恐终祸及本邦可不虑哉。以是愚老窃欲以清国的复

---

① 佐藤信渊:《存华挫狄论·序》,泷本诚一:《佐藤信渊家学全集》,第863页。

兴,以永为本邦西方屏障。①

　　强大西方世界的出现打破了他那日本中心的美梦。当明白根据对西洋实力的虚幻推测而构筑的世界观根本不现实时,佐藤信渊没有固守旧说,显示了他灵活面对现实的另一个侧面。面对强大西方殖民主义势力的压力,为了日本的存亡,他转而寻找东方国家结成一体的可能性。这表明,出于现实考虑,他意识中的日本从平田笃胤恩师苦心构筑的凌驾世界的日本暂时转换成了世界之中的日本或者说是东亚之中的日本。就这样,面对强大的西方军事压力的威胁,平田笃胤的日本中心主义观念在幕末维新的风云变幻中暂时销声匿迹,但这并不意味着这种观念在日本就永远消逝了。它曾经出现在幕末尊皇攘夷的思想潮流之中,也作为寻求文化主体性的精神源泉,再生于明治时代以后的日本主义者、国粹主义者的思维之中。它作为借助西方技术威力寻求自我膨胀的理论根据,今天依然在构筑日本人对外心理双重结构中继续发挥作用。

---

① 佐藤信渊:《存华挫狄论·序》,泷本诚一:《佐藤信渊家学全集》,第863页。

第三章 《海国图志》的
冲击和幕末日本

一、中国知识分子和鸦片战争

乾隆末期,也就是说到了18世纪末,清朝社会出现统治体制的矛盾和社会重构动向(地方分权的倾向),进入19世纪以后,由于来自以英国为首的西洋列强的军事压力日益增大,清朝廷开始走上衰落之道。

在中国,一般以鸦片战争(1840—1842年)作为中国近代史的开端。这意味着不能脱离跟西方文化的冲突和融合来谈论中国的近代。由英国商人蛮横无理的鸦片走私贸易引起的鸦片战争给中国人的西洋观带来了重大冲击。面对西洋的挑战,促使人们面对现实,重新思考中国在世界的定位。就在这种状况之下,一部分知识分子开始放弃天朝独尊的世界观念,认识到只有承认西方文化的合理价值才有中国的未来,为此,他们勇敢地站起来号召人们积极引进西方文化,希望以此发展壮大中国文化。

魏源正是体现这个时代精神的当之无愧的代表人物之一。他在1842年鸦片战争终结后撰写的《圣武记》和《海国图志》披露了他为这个时代作出的思想解释。《圣武记》通过向内反省清朝廷曾经走过的道路,指明了清朝现在所到达的位置。《海国图志》通过向外观察把握清朝在世界所处的地位,明确揭示了世界之中的中国和对中国来说世界存在的意义。曾经有历史学家评价魏源是近代史上"第一个开眼看世界"的先驱人物。在刺激中国人朝价值观念近代化迈出第一步的魏源的思考之中,包含着许多指明中国近代化发展方向的重要启示。

魏源,乾隆五十九年(1794年)4月23日出生于湖南省邵阳县金潭一个地主家庭。他所处的清末中国,已经进入传统社会出现剧烈震动,农民武装起义和宗教叛乱接连不断的时代。由于沿海地区遭到西洋殖民势力的渗透,朝廷内外开始蔓延滋生出种种不安迹象。但是,年轻魏源却生活在另外一个"世外桃源"之中,这就是他那在群山簇拥中形成的平坦小巧的盆地,一条溪流悄然流过精致的农家院落旁边的家乡大地。对好学少年魏源来说,家乡是与山外混乱不堪的世间截然不同的、悠然自得的别样天地。在这里他就读于私塾,接受了扎实的启蒙教育,获取了认识整个中国乃至世界的最初的思维和知识。

另一方面,通过与在北京或外省过着官僚生活的父亲的来往接触,魏源与故乡以外的世界也取得了联系。与外部世界的接触,使魏源对不同风土的人和人之间的复杂关系,获得了独特的感性和观察能力。由于魏源既拥有在家乡这个"世外桃源"接受的牢固的传统教育,也拥有来往于外部中国的广大舞台而获取的丰富的社会经验,他无论在学问上还是在精神上都获得超常的成长。后来他能够作为刚刚走上社会的学生出现在北京,并成为文坛瞩目的宠儿,与他自少年时代起所处的超乎寻常的特殊生活环境和学问背景不无关系。

有几个讲述少年魏源好学的小故事。据说,魏源小时候好像并

第三章 《海国图志》的冲击和幕末日本 193

不是那种天生爱好学习的学生。有一天,少年魏源在书斋打瞌睡的时候,做了一个奇怪的梦。在这个梦里他吞吃了满满一艘船的书。为此,以后他在学问上突飞猛进,步上了天才少年的轨道。当然吃书只是一个梦,生活中的少年魏源并没吃过书。不过据说少年魏源由于专心学习,长时间不出门户,时而有忘记季节变迁和周围农事,甚至在学习过程中误把墨汁当茶喝的事情出现。

图12 魏源:体现清末中国思想发生转换的代表人物。他的《圣武记》和《海国图志》刷新了清末中国人的世界认识。

科举是传统中国为了选拔官吏所进行的资格考试。科是指分科考试的学问科目,举是用选举的方式选拔举用官吏的意思。这是一个从隋代到清代延续了一千三百余年的中国独有的考试选举制度。隋代的科举取代了从前的九品官人法,最初是作为以考试成绩为标准赋予官吏资格的选拔方法而导入的。唐代继承了隋代的科举。科举作为一种制度,随着时代以降,其形式愈来愈完整,愈来愈复杂,到清代达到了极致。

获得科举资格者被看成是拥有优秀教养的人备受民间尊敬,他们和官僚一起形成了庞大的士大夫·读书人社会。由于科举及第者的知识结构倾向于经书教养和诗文能力,这导致人们对受教育者的评价不是看重专门性、务实性的能力,而是看重整个人格的优越性。科举制度作为整个社会的最大关心事项,自然也成为小说戏曲的最佳题材。戏曲方面,元曲《西厢记》的主人公和南曲《琵琶记》的主人公,文学方面,清代小说《儒林外史》等等都与科举有关。此外,读唐、宋以来的历史、传记、政论等等,如果不了解科举制度,也是不好理解的。

自近代以前开始,欧洲就把中国的科举制作为公平录用人才的好制度给予很高评价,但在科举发源地中国,近代以后反以指出其弊病者居多。欧洲各国19世纪以后纷纷施行文官任用考试,从某种意义上来说是对中国科举制度的一种继承和发展。不过,中国在19世纪以后,面对西方科学与文化的强大攻势,人们加大了对传统文化进行反省与批判的力度,最终决定以西式学校教育取代科举,遂于1904年(光绪三十年)废止了科举制度。

魏源15岁被补选为科举预备阶段的县学生员。17岁时,年纪轻轻就以其知名度得以教授童蒙。20岁被选为贡生。21岁结婚与父亲一起进入首都。在首都求学于京师大学者,与著名文人交游,把活跃的舞台从山区接受启蒙之乡转换为清朝政治、文化的中心之地。以后在他 26 岁和 28 岁时，两次因顺天乡试被举为副贡生；29 岁时，以第二名考上顺天乡试举人，获取会试资格。以后，到 51 岁考上贡士，52 岁考上进士（道光二十五年，1845 年），先后成为扬州府东台县和兴化县知事为止，魏源的仕途并不是一帆风顺的。

也正是在这个时期，他从仕途转移目光，开始广泛思索和探讨中国现实社会问题和海外世界问题。道光五年（1825 年），他接受江苏布政史贺长龄（1785—1848 年）的邀请，与贺氏一起担任编辑收集清初以来经世学文献的《皇朝经世文编》（120 卷，1826 年）。在这样的学问环境中，他收集了执笔写作《圣武记》的资料。结果，撰写出《圣武记》14 卷（1842 年），自费出版《海国图志》（1842 年 12 月）。在这些著作中，他敏锐地洞察时代的发展趋势，开始在脑海里对中国以外的未知世界进行知性巡礼。此时正值清朝和英国之间缔结《南京条约》（1842 年 7 月），迎来第一次鸦片战争终结之际。

鸦片战争以后，魏源对世界形势的学术好奇心日益强烈。道光二十七年（1847 年），他为了回答读者对《海国图志》的反响，补充该书五十卷的不完备，决定出版该书的增订版。1848 年，他如愿将《海国图志》60 卷付诸出版。

（一）思索和体验的长途旅行

1848 年 4 月，魏源抱着进一步修订《海国图志》六十卷的念头，出发进行追求思索和体验的长途水上旅行。他从扬州出发，游过庐山以后进入洞庭湖。然后，他沿湘江，游览桂林、阳朔，最后到达广州。从广州渡过香港澳门，观察了这个日趋西洋化的地区。归途，他路过江西到达南昌。往东游览武夷山以后，经温州、杭州回到扬州。

香港和澳门位于南方中国广东省的边缘,是清末中国最早接触到西方文化的地区。魏源来到这两个地方,亲眼观察西方殖民势力渗透强烈的现场,加深了对清朝现状和世界形势发展的理解。后来,他在诗篇里表达了自己踏进这块东西文化浑然一体的土地时的兴奋之情。

> 天风吹我大西洋,谁知西洋即在澳门之岛南海旁。①

这句话表现了魏源面对本来觉得遥远的世界突然出现在眼前时的惊愕和迷惑的心情。这种心情在记述与葡萄牙人接触时的文章里也做了详细的表达。

> 澳门自明中叶为西洋市埠,园亭楼阁,如游海外。怪石古木,珍禽上下,多海外种。其樊禽之所,网其上以铜丝,纵横十丈,高五丈。其中池沼树木,飞浴啄息,空旷自如,忘其在樊也。园主人曰委理多,葡萄牙国人。好客,延登其楼,有洋琴如半几,架以铜丝,请其鼓,则辞不能。俄入内,出其室,按谱鼓之,手足应节,音调妍妙,与琴声、海涛声隐隐应和。鼓罢复出其二子,长者九岁,冰肌雪肤,瞳翦秋水,中原未之见也。主人闻予能文,乞留数句,喃喃诵之,大喜。赠洋画而别。②

进入"西洋世界"的魏源第一次接触到了西方人的生活,他为欢

---

① 魏源:《魏源集》下册,中华书局1976年版,第739页。
② 同上。

蹦乱跳于鸟笼的珍鸟而吃惊,看到了异国的小孩,听到了异国的音乐,并获得一幅西洋油画。作为回赠,他披露了一首得意的诗歌,让对方大开眼界,欢欣若狂。这完全可以称得上是中国文人进行东西方文化交流和文化理解的最早的现场体验。这也是一个清末的文人知识分子开始对西洋有了直接的和感性的认识的时刻。同时,看着在被金网包围的小天地里飞翔的小鸟,魏源在一瞬间甚至有点怀疑自己是不是也和这些小鸟一样产生错觉,把他人划定的天地误当成自己的自由世界了。他陷入了深深的思索之中。这时,魏源的视野又从眼前与西方人接触的优雅空间,转移到了大陆中国面临日益增长的来自西方的压力的现状,他预感到了某种不祥的兆头。他在苦苦思索,对中国来说西洋世界到底是一个什么样的存在?在西洋的势力下,世界将变成什么样的呢?一连串的疑问萦绕在魏源的脑际。

坐船从澳门赴香港的途中,魏源看到了海市蜃楼在眼前海际时隐时现,霎时间他觉得大为感动。对于连日来忘我地沉浸在追踪西方世界奥秘的激情之中,决心以此为素材进一步酝酿自己的世界构思的魏源来说,眼前展现的光景足可以使他感受到世界的无限,把他带入梦幻一般的想象的世界中去。此时此刻,他心潮澎湃,实在无法控制自己的情绪。以下文字记录了当时的真实情景。

香港岛在广东香山县南绿水洋中。诸屿环峙,藏风宜泊,故英夷雄踞之。营廛舍楼观如澳门,惟树木郁葱不及焉。予渡海往观,次晨甫出港而海中忽涌出数山,回顾香港各岛,则锐者圆,卑者矗,尽失故形,若与新出诸山错峙。未几山渐离水,横于空际,交驰互鹜,渐失巚崿,良久化为雄城如大都会,而海市成矣。自寅至巳始灭。幻矣哉!扩我奇怀,醒我尘梦,生平未有也。其可以无歌。①

雄伟的海市蜃楼强烈地刺激了魏源的想象力,使他如痴如醉,分不清眼前的景色是梦境还是现实。此时的魏源仿佛通过眼前神秘的光波与大气派生出来的景象发现了另一个世界的真相,在强烈的兴奋和好奇心的驱使下,他靠近了香港这一崭新的"西洋"。

从漫长的旅行回到扬州,魏源再一次投入了改写《海国图志》的工作。长达数月的一连串的旅行得到的"西洋"体验,就这样融入了不久后再版的《海国图志》60卷本和《海国图志》百卷本(咸丰二年,1895年)的世界图像构思之中。

魏源获取的西洋认识表明清末中国文人知识分子对西洋的关注,意味着启动确认西洋存在作业的崭新时代的开始。受魏源思想的感召,一部分朝廷官员和文人知识分子开始对世界形势产生兴趣,表示关心。正是为了不负众望,魏源也一遍又一遍地改写《海国图志》,努力为人们提供更丰富的世界知识和世界图像。

(二)从魏源的《海国图志》到徐继畬的《瀛环志略》

正当魏源以赴香港澳门视察旅行的体验为基础于翌年构思《海国图志》60卷重订本时,与魏源的著作一样把目光从清末中国狭窄的"天下"转向西洋世界的崭新的世界地理书《瀛环志略》的编写工作也已经接近尾声了。作者徐继畬(1795—1873年)出生于内地山西省五台山的名门之家,他与父亲同样获得过科举最高学位进士,担任种种官职以后,道光二十三年(1843年)被任命为福建的布政司,

---

① 魏源:《魏源集》下册,第740页。

受道光帝接见以后,又被指派负责管理厦门、福建两地的对外通商事务。徐继畬利用可以与西方传教士、领事广泛接触的有利条件,探讨西方的有关世界地理的学问和知识,并在公务之余,花5年时间撰写了《瀛环志略》10卷(1848年)。《瀛环志略》虽然出版发行迟于魏源《海国图志》50卷本,但成书出版后,给魏源很大刺激,魏源迅速把其内容导入了《海国图志》百卷本之中。由此可见,《瀛环志略》也是一部引导时代潮流的、有代表性的世界地理著作。

徐继畬出生成长的环境以及家庭社会背景和仕途遭遇,很意外地与魏源的情况有点相似。徐继畬的故乡如前所述是五台山这一被群山环绕的地方。来源于五座神圣山峰的五台山称呼,原封不动地成了当地县城的名称。少年时代的徐继畬除了五台山,也跟随父亲在任官地北京等地有过生活经历。在接受同族亲戚学问熏陶的同时,徐继畬特别在父亲的指导下广泛阅读了四书五经等儒学经典,成年以后他以在乡里和北京来来往往时接触到的人为中心,建立了自己的广泛的人际关系网络,疾步行走在官运亨通的仕途之上。19岁时,他考取了举人,13年后的道光六年(1826年),又以第一名的成绩考上进士。由此他获得殊荣谒见了皇帝,并被选为翰林院庶吉士。就这样徐继畬一边做学问,一边为自己进入官僚社会准备好了相应的人缘关系和政治资本。

仕途、生活一帆风顺的徐继畬对世界地理发生兴趣的最大原因,在于他任官广东与福建以后开始产生的要了解从海上逼过来的西洋人的真正实力的强烈愿望。亲临现场目睹鸦片战争以后东南沿海地区的悲惨现状,徐继畬痛感中国低估了英国的存在。种种迹象表明,从遥远海疆杀过来的西洋"夷狄",也许并不如人们想象的那样文明低下,说不定还拥有比清中国更加进步的技术呢!面对矗立眼前的

200 走近"西洋"和"东洋"

强大的西洋世界,徐继畬从正视西洋文明,重新认识"世界"的存在给中国带来的影响,补充林则徐、魏源二人世界地理研究的不足,走进更现实、更真实的世界中去看到了自己的使命。为此他把公事之余的时间全部用于为编写《瀛环志略》做准备工作,埋头于他独有的世界地理学研究之中。

图13 徐继畬:1840年代末,徐继畬已经成为清国外国地理学界的代表人物了。他把通过讯问传教士得来的知识融合在自己的世界地理学中。在美国人眼里,他还是最早的亲美派中国士大夫。

徐继畬的世界地理研究,首先从直接询问跟他有接触的西方传教士开始。《瀛环志略》"序"记述了这方面的背景情况。

> 泰西人善于行远。帆樯周四海。所至辄抽笔绘图。其图独为可据。道光癸卯。因公住厦门。晤米利坚人雅裨理。西国多闻之士也。能作闽语。携有地图册子。绘刻极细。苦不识其字。因钩十余幅。就雅裨理询译之。粗知各国之名。①

与雅裨理的邂逅相遇成为徐继畬研究世界地理的契机之一。翌年,徐继畬为搜集详细资料,再赴厦门,从中国人手里获得两册新的世界地图。该资料比雅裨理的世界地图更为详细。他不仅从中国人也从外国人那里搜求世界地图。遇到西洋人时,他总是拿出自己入手的资料向他们询问,嘱托他们进行考证。通过收集一手资料和向西洋人确认事实,他一点一滴地积累世界地理知识,一步一步地靠近正确的世界图像。利用手头的地理学资料,通过向西洋人进行确认构筑自己崭新的世界图像的行动方式,在近世日本最早确立自己世界视野的新井白石那里也可以观察到。清末士大夫徐继畬的实践在时代上虽然远远落后于新井白石,却也可以称得上是具有勇气和富有创意的行动。用这种方法,他不仅获得了编纂世界地理书的自信,并且找到了在精密度上超越林则徐和魏源编撰的世界地理书的可能性。

本来,魏源《海国图志》的主旨不光在于谋求纯粹的世界地理研

---

① 徐继畬:《瀛环志略》"自序"。参照井上春洋、森荻、三守柳圃训点,阿阳对嵋阁藏梓,1861年版。

究,他还希望通过这种研究探索中国的世界战略。与此相对,徐继畬追求的目标是捕捉住纯粹的、精密度高的世界图景。也就是说,《海国图志》在为人们提供世界地理知识的同时,也提供世界认识和世界战略。徐继畬所取的态度却是揭示世界地理本身的真实。因此,可以说《瀛环志略》是一本遵循地理学顺序综合介绍世界整体图像和各国事物的著作,但它并没有涉及《海国图志》认为最重要的世界战略内容。而《海国图志》犹如卷一《筹海篇》所示,全面铺开了世界战略论,从地理和历史的两个方面,并从天地人的所有角度,显示了全方位论证"世界"的姿态。相对而言,《瀛环志略》从卷1到卷10只专注于世界地理的记述。魏源后来把徐继畬《瀛环志略》的一部分收进了《海国图志》百卷本。这表明魏源承认在地理学记述上,徐继畬《瀛环志略》精密度更高,略胜一筹。总之,以上所述两者的不同主要是两位作者的写作意图和编撰方针的差异。如果比较对照吸收《瀛环志略》以前的《海国图志》60卷和《瀛环志略》内容,就会很清楚地发现这种区别。

当然,《瀛环志略》和《海国图志》尽管各有不同的编辑意图,但是在为当时的中国提供了解外部世界的重要窗口,以独到的世界战略的陈述和精密的世界地理的描写,唤起人们对遥远大海对面的世界产生强烈关心和无限想象方面,两者是完全一致的。正是这样的《瀛环志略》和《海国图志》,以后不但影响了中国人睁眼看世界的方向,还为幕末日本仁人志士广泛借用,成为近代初期中日两国人民思考世界、认识世界的重要知识来源。

与《海国图志》一样,《瀛环志略》也于安政六年(1860年)传入日本,翌年,也就是文久元年,很快由井上春洋等施加训点刊行问世。该书的刊行受到了关心世界地理学的人们的热烈欢迎。明治以后,更进一步出版了日语译本,大大影响了幕末明治期日本人的世界认识。

在中国,这两部撰写于清末混乱时期的先驱性著作以后也诱发出了许多关心世界大事的学术思考。同治三年(1864年),赴任来华的美国传教士丁韪良以《万国公法》名称汉译美国惠顿所著"Elements of International Law"。译稿得到清朝廷的允许,经中国人加笔润色,直接由北京崇实馆刊行。清朝廷之所以同意刊行本书,也许是因为朝廷也开始意识到自从鸦片战争向西方打开国门以后,清中国也进入了不能不跟西方国家进行交往的时代,如果不了解对方国家共同具有的交往之"法",将不能保住自己的国家。日本幕府打听到《万国公法》汉文翻译本问世以后,急忙推出了自己的翻刻版。其理由也是因为培理来访以后,日本的政治突然闯进了世界舞台,要参与国际政治,就必须了解西方国家通用的"法"。因此,可以说对《万国公法》的共同关心,象征着中国人和日本人从孤独地思考世界的时代,跨进了走向世界、成为世界一个部分的新时代。

此后,清中国探索世界的学问实践得到了急速发展。其发展轨迹最明显的可以在光绪六年(1880年)年江苏人王锡祺编辑的当时世界地理书的集大成《小方壶斋丛钞》①中得到确认。从传统"天下"把目光移向包括西方国家的世界时,中国近代最早的文人知识分子们不但对国内外历史地理研究产生了浓厚兴趣,也对包括西方国家的世界论和处于世界之中的中国论感觉到了魅力。这不久就化

---

① 该书以汇编17世纪以后的著作为主,是综合以中国为主的世界各地地理著作的丛书。最初的《小方壶斋丛钞》6卷只汇集了53种地理书,以后,收集了1200种地理书,分为12帙,取名《小方壶斋舆地丛钞》。后来,在此基础上,作者进一步进行增补,成为网罗1400多种地理书籍的大型丛书。不用说,魏源和徐继畬的著作都包含在里边。

为他们对中国在世界地位的认识和参与建设新世界的决心。可以说正是他们这种一边观察世界形势,一边确定中国在世界上现有的位置的思想实践,瓦解了传统"天下"意识的理论基础,促使中国向近代世界迈出了一大步。

(三)魏源与林则徐

近代中国被称为睁眼看世界第一人的福建人林则徐(1785—1850年),在考上科举最高位进士以后,曾历任翰林院庶吉士、江南监察御史、各地的按察使(司法、检察长官)和布政使(行政长官)及河东河道总督、江苏巡抚。1837年(道光十七年),晋升为湖广总督,1838年,作为钦差大臣(特命全权大臣)派遣广东。在广东,他下令洋人交出全部鸦片,对违法外国商人给予了严厉取缔。

在此期间,他还组织人员翻译外国地理书和法律书等等,编写《四洲志》、《各国律令》,努力收集外国情报和了解外国事情。1840年,他被任命为两广总督。6月,著名的鸦片战争爆发以后,他组织团练水勇等义勇兵给予英国军队很大打击。但是,随着北方的战败,朝廷内部和平论抬头,林则徐被解除总督职务,翌年,进一步被追究发起战争的责任,结果被放逐到毗邻中俄边境的新疆伊犁。

林则徐赴伊犁途中,在今江苏省镇江市江口(也叫京口)会见了魏源。晤谈中,林则徐嘱托魏源编纂《海国图志》。魏源曾作诗两首描述了当时的情景:

江口晤林少穆制府 二首

万感苍茫日,相逢一语无。
风雷憎蠖屈,岁月笑龙屠。

方术三年艾,河山两戒图。
乘槎天上事,商略到鸥凫。

去国桃千树
聚散凭今夕,欢愁并一身。
与君宵对榻,三度雨翻苹。
去国桃千树,忧时突再薪。
不辞京口月,肝胆醉轮囷。

前一首《江口晤林少穆制府》的大意是:在这感慨万千的时刻我们见面,然而过度的悲伤使我们相对无语。猛烈的暴风雨憎恨任意伸屈的尺蠖,失去的岁月将讥笑自以为是的统治者。治疗疾病的方术必须早有准备,把握国土哪能缺少南北边境地形图。最后两句暗示了他们议论治理世界地理学,编辑《海国图志》等等事宜。后一首《去国桃千树》的大意是:您被放逐,朝廷的政敌得势。聚会和分别都在今天夜里,欢喜与忧闷在我的内心交织。彻夜与您倾心相谈,窗外的雨声一阵阵敲打浮萍。您被放逐,朝廷的政敌得势,我们忧国悲时却无法收拾难局。但愿今天不虚对这美丽的江口明月,尽情饮酒以浇灭心中积蓄的无限忧愁。

以上短短的两首小诗既真实地表达了魏源对林则徐具有的敬重之心,也表达了魏源对林则徐寄予厚望嘱托他撰写《海国图志》充满了感激之情。

如上所述,林则徐在广东省谋求禁止鸦片的时候,对翻译西方书籍也颇下了一番工夫。1838年(道光十八年),清朝廷任命林则徐为钦差大臣派遣广东时,林则徐即命令袁德辉、梁进德从英国商人所办刊物《广州周报》翻译了许多有关中国、茶、禁烟、用兵以及各国形势的参考资料,并从东印度公司驻广州"大班"(经理)德庇时的《中国人》一书中转译了有关英国对中国认识的部分资料。进一步于1839年11月,翻译了英国传教士地尔洼的《对华鸦片贸易罪过论》一部分。1839年,为了审理英国人刑事案件,翻译了瑞士滑达尔《各国律令》(1758年版)的有关部分,用于与英国进行谈判。林则徐的西书翻译虽然有仅用于外交的局限性,但确实可以称得上是着手翻译国际法的先驱者。然而,正初具规模的西书翻译却因突然而来的流放变局影响而怦然中断了。就在这种状况下,出现了前述林则徐和魏源在江口聚会的场面。后来,林则徐组织的以《四洲志》为中心的一系列翻译文章,被魏源沿用于《海国图志》的编纂之中,为魏源观察世界提供了最早的一部分基本资料。

19世纪40年代,当时最强大的殖民主义国家英国在对中国贸易上领先于其他国家一步打开局面以后,终于开始对中国进行鸦片出口,同时展示了一个强大而自负的新西洋形象。英国对清朝挑起的鸦片战争把清朝承受的来自西洋的冲击和压迫推到了极限。在这种冲击和压迫之下,清朝开始注视以英国为首的19世纪西洋国家的发展动向,试图在对外适应外部变化和对内寻找改革途径之中找到交接点。

但是,渡过大海来攻击中国的局势却是清朝廷上层万万没有料到的,为了救急而可以参考的议论只有明代写作的对付倭寇的海防论①和清朝前期成书的《海国闻见录》等著作,显然这些东西过于陈旧,根本不能应付新事态的需要。

---

① 明代刊行的《筹海图编》13卷作为海防全书是最早的针对倭寇的研究书籍。

(四)《海国图志》描写的世界

有关《海国图志》的编辑目的,魏源曾经说过:"是书何以作?曰,为以夷攻夷而作,为师夷之长技以制夷而作。"①这表明该书的写作背景里边有强烈的对外危机意识。魏源活跃的时期是清朝中国动荡不安的时代。鸦片战争前后,中国社会面临历史上从未有过的危机。由于鸦片战争的败北和不平等条约的缔结,清朝统治者的无能和士大夫阶级的软弱无力暴露于世,作为士大夫一员的魏源也受到了极大的思想冲击。就是在这种背景下,他埋头于编写《海国图志》,该书的编写表明具有经世理想的魏源在主动接受时代挑战,自觉履行自己的社会使命。他决心抛弃仇视和拒绝西方文化的保守心态,积极地走近西洋世界,吸收西洋优秀的技术化为己有,并利用这种技术反击来自西方的军事压力。他用《海国图志》向世间宣示了自己的世界认识和世界战略。可以说,《海国图志》的出版,标志着具有传统华夷观念的中国人开始发生巨大的观念转变。②

本来,中国传统上并不愿意对等地看待别的国家,而是把自己国家看成是一个自我完结的天下,其本身就构成一个世界。《海国图志》呼唤向中国以外的世界学习,事实上是对传统中华意识的否定。

当然,向中国介绍西洋情况,魏源并非第一人。明万历年间(1573—1620 年),天主教传教士通过传教活动带进了大量的西方知识和信息。他们的著作在中国为人们广为阅读。鸦片战争前后,伴随着广东地区对外贸易的发展,人们先后编译出版了《地球全图》、

---

① 魏源:《魏源集》下册,第 739 页。
② 藤间生大:《1840 年代中国思想变革的方向——魏源〈海国图志〉的理论》,《历史学研究》第 388 号,1972 年 9 月,第 5 页。

《四洲志》、《平安通书》、《每月统纪传》等书籍。不过,魏源对这些著作的不够完备颇有微词:

> 多出洋商,或详于岛岸土产之繁,埠市货船之数,天时寒暑之节,而各国沿革之始末,建置之永促,能以各国史书志富媪山川,纵横九万里,上下数千年者,惜乎未之闻。①

他指出此类著作多为商务所用,最关心的是对外国物产和港口的介绍。不像《海国图志》一样,除了地理、历史,还广泛介绍各国的政治制度和社会文化。

从《海国图志》的构成可以看出,其内容的覆盖面确实很大。第1篇叙述海防论,从第2篇到第9篇阐述世界各国历史地理,第10篇论宗教,第11篇和12篇有中国西洋历法异同表、中国西洋纪年通表,第13篇以后涉及自然地理总论、政治、贸易、军事和兵器制造法等等内容。这样的内容安排从一个方面体现了魏源的关心所在。同时也可以看出编者作为前提承认了西洋各国相对于中国具有的存在价值。总之,魏源的终极使命在于寻求应对来自西方压力的途径和方法,为此他在《海国图志》提出"师夷之长技以制夷"的主张,而作为实现"师夷之长技以制夷"的方法,他提出"知夷形"和"知夷情"的必要,呼吁人们通过这样的努力来维持国家的"主体"。但是,无论是"制夷"还是了解"夷形""夷情",要实现上述目的,首先必须要改造清朝中国文人士大夫具有的不合时宜的固有的精神结构。

---

① 魏源:《海国图志后叙》,《海国图志》(百卷本)卷首,咸丰二年邵阳魏氏古微堂重订本。

魏源在《海国图志叙》里写道："明臣曰，欲平海上之倭患，先平人心之积患"，明确指出知"夷"只不过是"兵机"，并不意味着解决一切问题。事实上，《海国图志》不仅有对"夷形"和"夷情"的具体介绍，也不时加入了针对"夷形"和"夷情"进行主体意识改革的议论①。从这个意义上来说，魏源"尽收外国之羽翼为中国之羽翼，尽转外国之长技为中国之长技，富国强兵"②的说法也只反映了魏源思想的一个侧面。《海国图志》的真正目标也许并不只在于吸取西方的"长技"。

（五）"战斗精神"和"学习精神"

阅读魏源《海国图志》对世界各国的分析介绍，可看到魏源广泛观察外部世界的思维轨迹。比如，为了说明西欧的强大，他以英国为例，侧重于介绍强国英国获得19世纪世界霸权的具体过程。他说要了解西方最强国家英国，必须站在整个世界的高度来观察英国。同时，他强调兵法的无穷力量，断言在国家林立的世界，中国要想防御外夷为害就应该师其所长，否则难免走向衰落。

魏源认为，为了达到从侵略者的攻击中保护自己的目的，首先要学习侵略者具有的优秀技术，然后使用这些技术来防止外来侵略。也就是说，面对随时都可能遭受外来力量侵犯的局势，与其说坐等其死，还不如主动向对方学习以达到最后征服对手的目的。魏源试图通过《海国图志》，同时用"战斗精神"和"学习精神"的二重思维从精神上把中国人武装起来。

---

① 藤间生大：《1840年代中国思想变革的方向——魏源〈海国图志〉的理论》，第3页。
② 魏源：《道光洋艘西抚记》下，《魏源集》上册，第206页。

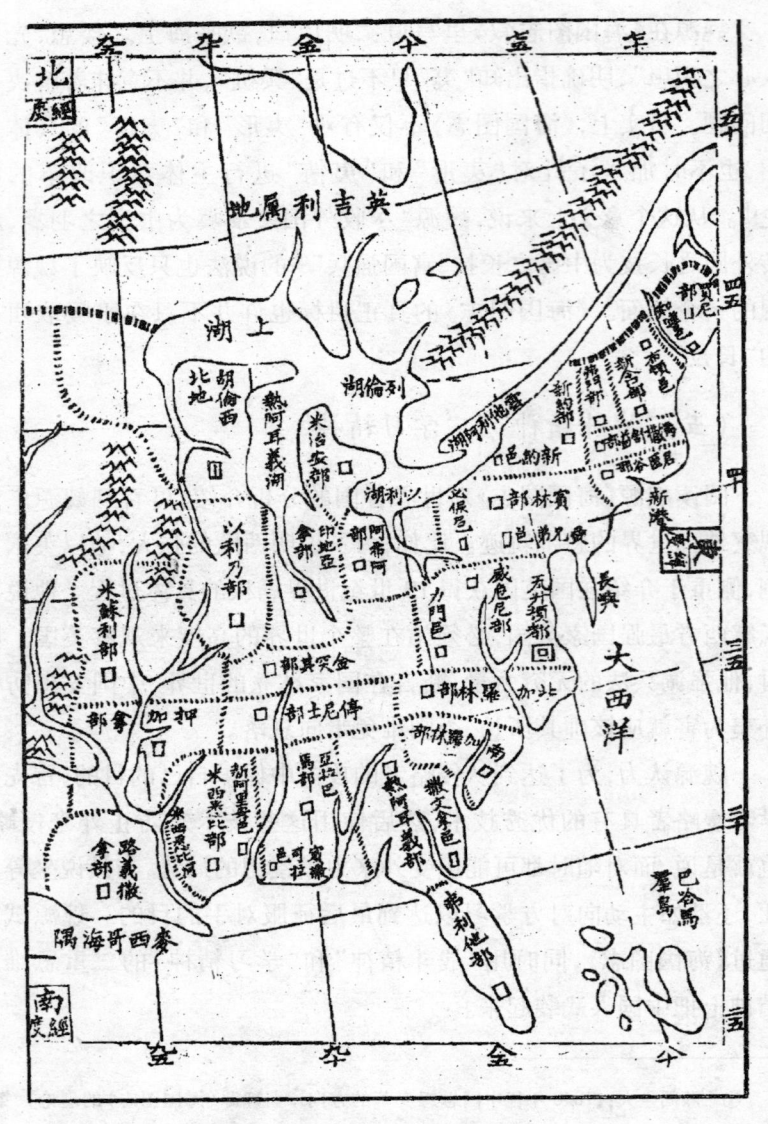

图 14 《海国图志》美国图。

《海国图志》的世界战略意识正是在这种二重思维结构中形成的。为了获取夷之长技,他主张把视野扩展至全世界,全面学习世界各国的历史、地理及军事、政治知识。他还提出所谓利用各国之间利害关系的"以夷款夷"的战略思考。他首先把这种战略思考运用于分析英国和别国之间的关系。

例如,《海国图志》有关美国的记述就是当时魏源国际意识达到的广度和深度的佐证,是魏源对外认识二重结构思维的根本体现。在叙述美国的时候,他不断拿美国和中国进行比较。这里基本上看不到他在描写西欧时常用的负性表述。很明显,魏源把美国看成为与中国立场最接近,既有正义也有理想的国家。比如,他说美国的地理位置与中国很相似:

> 《美里哥国志略》曰:环地周围三百六十度,以天测地,则美利哥地属七十余度,中国亦属七十余度,若以南北环地而计,周围亦三百六十度,内三十余度属美利哥国,三十余度属中国。中国之京城与北极相去不过五十度,而美利哥国之都城,与北极相去亦不过五十二度。所以美利哥之北甚寒,而中国之北亦然。①

他还把美国当作与中国站在同样立场上、抵抗外来势力侵略的国家。《海国图志》卷59还直接引用华盛顿《独立宣言》,明确指出英国和美国的对立,记述了美国人从英国支配下获取独立的历史过程。

关于独立以后的美国,他提到美国在没有物资和知识的情况下,

---

① 魏源:《弥利坚即美里哥国总记》,《海国图志》卷59。

向其他国家学习知识,在有物资和知识但没有人力的情况下,以机械取代人力。从不同的角度观察美国并给予了高度评价:

> 开国之初,无知无识,不谙工作之事,或有人力而无物本,或有人力、物本而无知识,皆难成器,必三者兼备而物始成。即如中华之绸缎、瓷器,既有人力、物本,又有知识,何怪其精美?如中华之匹头,已有人力、知识,独无物本,何怪其不成?至中华之时辰标,虽有人力、物本,而无知识,亦何所用?新国则不然,如有物本而无知识,则延他国知识者以教习;或有知识而无物本,亦往别国运载;或有知识、物本而无人力,则以物力代之,如水力、火力、兽力皆是。①

这些记述很真实地表现了魏源对美国这个新兴国家发生的新鲜事物的赞叹之情,同时也流露出他希望自己的国家也能学习他国治国智慧的强烈愿望。在阐述美国的政治制度时,他的憧憬和羡慕之情更加显露无遗。

> 呜呼!弥利坚国非有雄材枭杰之王也,涣散二十七部落,涣散数十万黔首,愤于无道之虎狼英吉利,同仇一倡,不约成城,坚壁清野,绝其饷道,遂走强敌,尽复故疆,可不谓武乎!创开北墨利加者佛兰西,而英夷强攘之;愤逐英夷者弥利坚,而佛兰西助之,故弥与佛世比而仇英夷,英夷遂不敢报复,远交近攻,可不谓智乎!二十七部酋分东西二路,而公举一大酋总摄之,匪惟不世

---

① 魏源:《弥利坚即美里哥国总记》,《海国图志》卷59。

及,且不四载即受代,一变古今官家之局,而人心翕然,可不谓公乎!议事听讼,选官举贤,皆自下始,众可可之,众否否之,众好好之,众恶恶之,三占从二,舍独徇同,即在下预议之人亦先由公举,可不谓周乎!中国以茶叶、大黄岁数百万济外夷之命,英夷乃以鸦片岁数千万竭中国之脂,惟弥利坚国邻南洲,金矿充溢,故以货易货外,尚岁运金银百数十万以裨中国之币,可不谓富乎!富且强,不横凌小国,不桀骜中国,且遇义愤,请劾驰驱、可不谓谊乎!①

魏源赞扬美国的"武、智、公、周、富、谊",表明了对支撑这些价值的美国社会制度的理解和憧憬,同时也流露出对英国的非难。他之所以如此看重美国,一方面是因为美国是从英国的殖民统治下独立的国家;另一方面是因为当时在亚洲的美国势力还没有充分确立。可以说,与英国的对立关系成为魏源对美国感到亲近的主要原因。

并且,在以上的引用文中,魏源一般把英国称呼为"英夷",把英国以外国家叫做"国"。对英国表示出特别的对抗意识。他之所以能够一方面主张学习英夷的长技,一方面赞扬美国与英夷的对抗,也是因为他在美国寻找到了"武、智、公、周、富、谊"这一世界共通的美德。对魏源来说,只有"武、智、公、周、富、谊"才是中国传统的精华,是可以向整个世界进行推广的普遍价值。因此,魏源在无意识中已开始将中国传统价值进行世界化,并试图以此判断世界规模的是是非非。在这样的价值观之下,英国的世界霸权显然是"不义"和"不公"的,不符合推广应用于世界范围的"中华价值"。所以,他很自然

---

① 魏源:《外大西洋墨利加总叙》,《海国图志》卷59。

地把英国叫做"英夷"。总之,魏源在把中国从世界中心降落为世界中的一个国家的同时,也力图把中国的价值推向世界。

(六)对普遍价值的向往

总之,魏源通过《海国图志》把英国的霸权作为偏离了普遍价值的东西来看待,相反把独立后的美国看成为是具有"武、智、公、周、富、谊"的国家。他认为中国也应该和美国一样积极地从外国获取物资和文化,坚信因此中国也可以成为像美国一样的具备"武、智、公、周、富、谊"的国家。① 也就是说,虽然魏源用"以西洋人谭西洋人"②的方法,作出了接受世界万国长技的姿势。但他同时也认为,在使用这个长技的过程中,应该有效运用世界通用的"武、智、公、周、富、谊"原则。由此可见,魏源认为必须控制拥有"长技"的"夷狄"的根据一个是"夷狄"具有进行攻击侵略的危险,另一个是为了纠正"夷狄"对"武、智、公、周、富、谊"原则的偏离。

就在魏源作为经世致用思想家尝试对水运和盐专卖制度进行改革的时候,东洋和西洋的关系日趋紧张。西洋列强的代表英国以近代海军和近代工业为后盾向中国偷运鸦片,为此中英之间发生激烈的冲撞,其结果导致了鸦片战争。最终,清朝中国没能战胜英国的"船坚"和"炮利",以失败结束了战争。在这种情况下,清朝与英国缔结不平等条约,以致被迫无条件接受"割地赔款"、"开港通商"等

---

① 刘大年:《美国侵华史》(1951年)指出,鸦片战争中美国并不是以公正的态度出现在清朝和英国之间的。美国没有参加战争,实际上却偏袒英国,寻找机会谋取利益。战争结束以后,美国与清朝缔结《望厦条约》,比英国获得了更大的利益。可以说,魏源忽视了美国的这一实质性侧面。

② 魏源:《海国图志叙》,《魏源集》上册,第206页。

等要求。面对这个历史转变的局面,魏源正视现实,反省过去,欲回应时代的挑战。魏源的思想也以此为契机完成了一次巨大的飞跃。

图15 "黑船"来航图:1853年7月8日,美国人培理带领舰队出现在江户湾的浦贺要求开国。这些船的船体被涂成黑色,因而被称做"黑船"。黑船给日本人带来了巨大的心理冲击。财团法人黑船馆收藏。

魏源的新世界认识显示了清末中国知识分子对西洋世界的关注,这标志着清末中国知识分子开始着手探索西洋世界的存在意义。正是在这样的氛围之下,越来越多的文人知识分子开始对外部表示兴趣,逐步把目光移向海外世界。也正是为了回答人们求知的需求,魏源反复修改《海国图志》,试图竭力为人们提供更加精确的世界观念和世界图像。

二、日本知识分子和鸦片战争

在日本近代史学界,一般把培理来访(1853年)看作是近代史上有象征意义的引起时代巨变的重要转折点,尽管许多学者同意把江户中期以后看成日本走向近代的起跑期,不过人们也不得不承认来自黑船的冲击也是促使日本人毅然走向开国的一个重要契机。与中国的鸦片战争相比,日本与西洋世界的最后冲突晚了整整十三年。总之,日本迅速走向近代化并不是像中国那样被突如其来的危机所迫,而是在长时间从思想上、观念上探索西洋的存在,为把握西洋真面貌所作出的不懈努力基础之上实现的。

由于围绕日本的自然环境和人文环境的特殊性,日本人对日本列岛以外的广阔世界总是抱有特别的关心与向往,这种心态是伴随中国文明传入日本列岛以后开始定位于人们思维之中的,并在漫长的历史过程中变得越来越浓厚和旺盛。进入近代之前,日本人已经与西洋人之间共有很长一段交流与接触的历史,通过与南蛮人的交往,日本人学会了把来自中国的学问和知识与来自荷兰的学问和知识进行对比分析,在这种对比分析过程中,形成自己最初的对外意识。这就是说,在此获得了他者意识和自我意识的最早萌芽。从这时起,他们开始意识到大千世界既有中国大陆,也有西洋,还有日本。18世纪初期的西川如见、新井白石,以及后期的兰学家们就是这样一批最早注视西洋,对西洋学问怀抱憧憬之心的代表人物。到了19世纪初叶,无论是洋学家,还是国学家、儒学家,凡是做学问的人都不可避免地思考怎样处理西洋文化影响与自己的关系问题。

对在培理来访以前就不断对俄罗斯南下和英国的动向作出敏感

反应的日本人来说,鸦片战争的教训绝对不是一件小事情。因为迄今为止日本不仅从中国大陆导入了中国文明,也同时假道中国吸收了大量的西洋学问和知识。而就是这个中国在英吉利这个西洋列强国家的军事力量面前吃了败仗,这一事实的意义十分重大。这意味着如果条件允许的话,日本也可以被置于同样的状况。从这种角度来看,日本人眼中的西洋文明也可以由憧憬的对象转化成恐怖的根源。这就是为什么有不少幕末日本的武士和知识分子在面临历史上少见的对外危机时会纷纷陷入情绪起伏、忐忑不安精神状态的深层原因。

(一)对《海国图志》的注目

魏源以鸦片战争为背景而编撰的世界地理书《海国图志》就是在这样的历史背景下,作为化解对外危机的指南书为幕末日本人引进和利用的。

1851年作为"唐船持渡书"的一部从长崎进入日本的《海国图志》是60卷本,3年后的1854年增补的百卷本也引入日本。同年,日本很快就出现了《海国图志》的各种翻刻本、训点本、日译本。从1854年到1856年之间,在日本刊行出版的各种《海国图志》总数达到20余种。

日本最早的《海国图志》刊本为1854年(嘉永七年)由盐谷宕阴(1809—1867年)和箕作阮甫施加训点的《翻刊海国图志》2卷2册,其内容主要是《海国图志》的"筹海篇"。据盐谷宕阴在"序言"中说,这个刊本是受幕府海防负责人川路圣谟之命而翻刻的,由箕作阮甫于文字旁添加西洋注音。讲述海防战略问题的《海国图志》"筹海篇"最先引起统治阶层的注意,就是因为防止来自西洋的进攻是当时日本面临的紧急课题。从 1854 年到 1856 年之间《海国图志》在日本出版发行的状况可看出当时日本知识分子对海防问题关心已达到异乎寻常的地步。

图16 由盐谷宕阴和箕作阮甫这样的洋学家和汉学家合作发行的《海国图志》日本翻刻本，从一个侧面证明日本近代化中，来自中国和来自西方这两个情报来源共同发挥了重要作用。

总的来说，日本知识分子最关注的是提到有关西洋战略思想的"筹海篇"和介绍西洋情况的"夷情备采"。

与箕作阮甫一起参与翻刻《海国图志》的盐谷宕阴在《翻刊海国图志序》中评价《海国图志》说:"精华所萃,乃在筹海、筹夷、战舰、火攻诸篇。"他强调《海国图志》的中心内容在于筹海诸篇,准确地把握住了《海国图志》在探讨应对对外危机方面具有的重要意义。

在《翻刊海国图志序》里,盐谷宕阴还对翻印出版的经历发出感叹说:"呜呼忠智之士。忧国著书。不为其君之用。反而被深于他邦。吾不独为默深悲焉。而并为清主悲之",认为魏源的著作不为本国君主重视,而在邻国得到尊重,这不仅是作者魏源的悲哀,也是清朝廷的悲哀。由于被清朝廷冷淡对待,魏源的《海国图志》在中国反响很小,可是在海外却产生了巨大影响,得到很高评价。为此盐谷宕阴不仅对魏源深表同情,也为清朝廷感到遗憾。

汉诗大家梁川星巖(1789—1858年)怀抱忧国之心阅读魏源《海国图志》以后,曾经这样披露他当时的激动心情:

<blockquote>
百事抛来只懒眠,
衰躬迨及餔糜年。
忽然摩眼起快读,
落手邵陵筹海篇。①
</blockquote>

邵陵乃位于湖南的魏源故乡。短短的话语充分表达了作者被魏源切中要害的世界战略论所震撼的内心状况。在对抗西洋威胁的意义上,魏源的议论尽管与林子平以来的海防论有相通之处,但魏源从

---

① 梁川星巖:《读魏默深海国图志》,《梁川星巖全集》第2卷,梁川星巖全集刊行会1957年版。

对中国现实的思考与反省中得出来的活生生的认识却是日本固有的海防论所无法比拟的。

受父亲影响开始接触儒学的佐久间象山(1811—1864年)自幼熟读当时的启蒙书《四书》、《五经》,成年后成为广为人知的儒学家。他同时精通朱子学和洋学,学术视野开阔,作为幕末思想界的代表人物为世人瞩目。

佐久间象山曾经因被问责涉嫌吉田松阴偷渡一案遭到囚禁,后来他把在狱中的感想记录下来,出狱以后写出《省誉录》一文,文中提到读过魏源《圣武记》以后的感想:

> 前君公成为老中,负责海防问题。当时英国攻击中国,局势紧急。我有感于时事上书陈说了我的对策。那是天保壬寅十一月的事。后来读魏源《圣武记》,知此书也是有感于时事而写作的东西。这本书的序文记述此书乃是年七月所写。也就是说是比我的上书早四个月以前问世的。然而,其所论之处与我偶然达成一致的地方很多。呜呼!我与魏源虽然所属国家不同,互相之间连姓名都不知道,但是却于同一年里有感时事写出了有相同之处的著作,所论所述也多有吻合。实在是奇异无比,只有这才可叫作真正的海外同志吧。[①]

面对英国的压力,魏源对时事发表感慨,写作《圣武记》探索国家兴亡的历史根源,佐久间象山也几乎在同一时段里撰写上书,对时

[①] 佐久间象山:《省誉录》,信浓教育会编:《象山全集》卷1,信浓每日新闻社1934年版,第12页。

事政策进行分析并提出建议。佐久间象山为自己和不同国度的魏源的偶然一致感到自豪,他把魏源称作海外同志,透露了他对未曾谋面的魏源产生了一定程度的精神上的连带感。

幕末志士中,后来打破幕府禁令,欲以偷渡出海的方式观察外部世界的吉田松阴(1830—1859年)在其《读书录》(安政二年,1855年)里也提到了《海国图志》:"《海国图志》抄要总目乙卯五月十三夜写了。"①在《读书录》中有关西洋的书籍还举出有《西洋列国史略》四册、《采览异言》、《坤舆图识》三册、同补四册、《舆地志略》、《八纮通志》、《地学正宗》、《职方外记》、《海国闻见录》、《西域闻见录》、《海岛逸志》、《英吉利纪略》、《海录》等等。由此可见,吉田松阴把魏源的《海国图志》与日本新井白石以来的世界地理书和原有的、来自中国的世界地理书排列在一起,对《海国图志》作出了相应的评价。吉田松阴在所著《野山狱文稿》"读筹海篇 清魏源海国图志首篇"一文中述说了他读到此书时的感想:

> 清魏默深筹海篇,议战、议款、凿凿中窾,使清尽用之,固足以制英而驭鲁拂矣。②

吉田松阴认为,清朝魏源在"筹海篇"里提出了"议战"、"议款"的世界战略,如果清朝廷有效地运用这个理论,既可以制服英吉利,也可以控制俄罗斯和法兰西等国。同一文章中,吉田松阴还联想到当时在清朝发生的太平天国农民起义,对"筹海篇"只提起世界战略

---

① 吉田松阴:《读余杂记》,山口县教育会编撰:《吉田松阴全集》第8卷,岩波书店1935年版,第406页。

② 吉田松阴:《读余杂记》,同上书,第407页。

没触及国内问题表示疑问。吉田松阴的质疑并非空谈,但却难免有误解《海国图志》作者之处。本来,魏源在"海国图志序"就提出中国的威胁不在外而在内的观点。为此他同时还撰写过针对国内问题的《圣武记》一书。当然,吉田松阴的疑念并不影响他对魏源"筹海篇"中世界战略的评价,事实上,把目光投向世界的东亚人魏源提出的宏大的世界战略构思,正是面临海防危机的幕末志士吉田松阴现实中最关心也是最渴望得到的东西。

除此之外,有关《海国图志》其他章节的具体内容,幕末文人、知识人士特别关注的是对美国这一新兴国家社会政治、历史、地理的介绍和分析。为什么除了"筹海篇"以外,大家的主要关注点集中在美国论之上呢?

伴随着俄罗斯南下,日本人进一步感受到了来自英国和美国的日趋高涨的压力,这使他们开始认识到原来当作憧憬对象的西洋同时也可能变为威胁的来源。人们觉察到要对付这样的西洋人,仅依靠原来具有的西洋知识和对西洋战略显然不够。培理的来访正好对疏于海防的日本敲响了警钟。日本虽然自古以来有从文明大国学习先进文化的经验,但是却从没有与文明大国对峙和战斗的经验,为此他们担心这一次也可能真的是大祸临头了。他们的危机意识比大部分清朝中国人的危机感要强烈得多。正因为如此,同一部《海国图志》在清朝中国虽然被当作呼吁正视西洋长技的著作得到一部分人的青睐,但却并没有被当成指出西洋危机的理论得到广泛认知。事实上,清末中国虽然有人对魏源在承认西洋技术优势基础上赶超西洋的想法表示理解,但对于魏源敲响的对来自西洋威胁的警钟却不像日本一样在知识人士之中激发出同等强烈的共鸣。在日本,《海国图志》是作为专门揭示来自西洋的危机以及与西洋列强进行周旋的世界战略思想,作为提供人们认识向日本提出开国要求的强国美国最新信息的著作为人们广泛阅读和尊重的。

总之,当日本把目光从俄罗斯、英国转移到美国这一新兴国家时,也就是培理来访(1853年)的翌年,日本人与详于论述西洋诸国与美国的《海国图志》的相遇,具有划时代的重大意义。与《海国图志》的不期而遇使日益感觉到西洋威胁的日本人对美国这个从来没有加以注意的遥远国家有了新的认识,对魏源"师夷长技以制夷"世界战略和西洋观念的认识和理解使日本的美国印象得到了进一步的深化和加强。就这样,魏源的思想伴随着幕末知识人士佐久间象山的"东洋道德·西洋艺术"的命题,明治维新以后始终贯穿日本的西洋化与反西洋的思想或者是"和魂洋才"观念,共同拼缀出近代日本人面对西洋世界的貌似崇拜又似反感的矛盾心理以及在此基础上形成的对外来文化的既恨又爱的紧张心态。

继《海国图志》以后,徐继畬编的《瀛环志略》也于1860年(万延元年)6月传入日本,翌年(也就是文久元年)9月立即被井上春洋等施加训点出版发行。该书的出版受到关心世界地理学的人们的热烈欢迎。进入明治时代以后,该书又被翻译成日语出版,从幕末到明治时代初期对日本人的世界认识给予了很大的刺激。

(二)《万国公法》和幕末日本

问世于清末中国混乱期的魏源和徐继畬的先驱著作,对以后的中国也产生了不小的影响,连带着从学术上引发了许多对海外世界的关注。1864年,赴任清朝中国的美国人传教士丁韪良把美国人亨利·惠顿所著的"Elements of International Law"一书取名《万国公法》进行汉译。这部译稿取得了朝廷的认可,经中国人加以文字加

图17 《万国公法》：在日本翻刻刊行作为东亚地区国际法知识源泉的汉译《万国公法》，由1865年（庆应元年）幕府开成所注上训点和振假名而得以实现

工以后，立即由北京崇实馆出版发行。清朝之所以迅速同意该书的出版，是因为清朝廷也似乎意识到伴随着鸦片战争的结束，向西洋各

国打开了国门,已经进入了不可避免要和西洋各国进行交往的时代,如果不了解对方国家共同认可的交往之"法",就捍卫不了自己国家的利益。日本幕府得知中国出版了《万国公法》的汉译本以后,迅速推出了该书的翻刻版本。其理由也和清朝廷类似,是因为他们认为自从美国人培理来航以后,日本政治已经进入了世界大范围之中,要参与国际政治,就不能不精通世界通用的"大法"。可以说,对《万国公法》的共同关注,说明中国和日本都从一味探索世界万国存在的时代向自觉意识到自己为世界万国之一员的时代靠近了一步。

图18 到达美国的岩仓使节团:自左向右依次为:副使木户孝允,山口尚芳,全权大使岩仓具视,伊藤博文,副使大久保利通。

总之,来自中国的有关世界形势的信息和情报以及传达西洋文明真相的著作(如《海国图志》和《瀛环志略》等)接连不断地被幕末日本文人知识人士据为己有并加以消化吸收,这些书籍和情报极大地提高了幕末日本人的世界认识水平,为他们现实地理解和对付西洋世界带来的冲击提供了帮助。从此以后,日本进入了一个急剧变化的时代。冒着现实危险试图渡海出国的幕末志士吉田松阴,接二连三派遣出国的"大君使节"(1860—1867年),涌向海外进行官费和自费留学的文人知识人士是领导这个时代潮流的主要人物。日益加强的与世界接轨的思维急剧地改变了日本社会的面貌,先进知识分子们纷纷用自己的眼睛理性地观察西洋,探索西洋近代的真实面貌,寻找西洋近代化成功的奥秘,为开创明治时代文明开化新局面提供最好的知识积累和精神准备。

三、来自中国的世界地志与《美欧回览实记》

1871年年底,日本派出了一个以岩仓具视为首的使节团,访问考察了美国、英国、法国、比利时、荷兰、德意志、俄罗斯、丹麦、瑞典、意大利、奥地利、瑞士12个国家,历时1年10个月。从岩仓使节团历访美欧的报告书《特命全权大使美欧回览实记》中不但能够读到使节团对所访对象国国情所作的调查记录,还可以欣赏到使节团对所访国家所作的许多出色的地理记述。中国是岩仓使节团归国途中靠过岸的国家,可以说从亚洲的角度来考察《特命全权大使美欧回览实记》将为研究该报告书提供一个崭新的视角。

在阅读此份报告书时,我最想知道的是《美欧回览实记》的地志学背景以及亚洲的人文学传统是如何反映在这份报告书中的。由一百卷构成的《美欧回览实记》实际是一部对世界各国进行访问的记录,没掌握一定的地理学知识是很难撰写出来的,从这种意义上来说,我为能在书中读到大量的至今仍被中国沿用的地理名词如瑞士、瑞典、埃及、希腊、华盛顿、印度、威尼斯、加利福尼亚、智利、土耳其、芬兰、普鲁士、苏格兰而感到吃惊。虽然现在的日本已经不使用这些汉字名词了，但在明治时代这些名词却是常识性用语。这为理解清末中国和明治日本在相当程度上拥有共通的人文知识背景的说法提供了佐证。

（一）中国的"地志"和"游记"传统

近代地理学把对某地域进行特殊研究的报告称为"地志"，广义上的"地志"，指对某地域地理现象、风俗习惯的记录。"地志"不仅是人类的历史记录，还为我们考查各地域、各民族的历史、文化提供了宝贵的资料。中国具有发达的"地志"学传统，多数"地志"也被称为"地方志"。最初把所有的地理书叫做"总志"，后汉以后，出现了附带有简单地图，叙述国、郡地理的书籍《图经》，还出现了记述特殊地带山川自然、风俗、史迹，被叫做《风俗传》、《风土记》之类的地理书。到了19世纪中叶，中央集权官僚体制得到进一步完善，详细记录地方情况成为惯例，昔日的《图经》遂为州志、县志所取代。从此以后，地志超越单纯地理书的范畴渐渐发展成地方志、地方史，其涉及的范围亦得以扩大。例如，明清时代典型的地方志中将各类地图、名胜置于卷头，紧接着列出舆地（又称坤舆，与大地意同）以及地理（沿革、境域、自然、古迹等）、建筑物（城池、官署、学校、市街等）、赋役（租税、徭役等）、职官和选举（科举的合格者）、名宦（奉职于当地的官吏）、人物（地方出身的名人）、艺文、金石（古纪念碑文的记载）等项目。

另一类型便是旅行见闻录的游记。最早的有5世纪初期法显所著的《佛国记》、7世纪中期玄奘所著的《大唐西域记》。玄奘于628

年悄悄离开长安,冒着犯"国禁罪"之风险奔向求法之旅。他途经西域诸国抵达印度后对佛教进行研究并开始了佛迹巡礼。其间他将游历138国所观察到的佛迹、风俗、生活编成《大唐西域记》一书。明末徐霞客所著《徐霞客游记》更是久负盛名。该书作者把22岁至55岁临终的前一天之间30余年的自然观察和亲身体验撰写成书。该书内容包括地形、地质、水文、植生等自然知识,也包括矿产、手工业、民俗等社会现象,记述得既合理又客观。

除此以外,记录郑和下西洋的《瀛涯胜览》(马欢)、《西洋番国志》(巩珍)、《星槎胜览》(费信)等书分别详述了东南亚、印度、阿拉伯海诸国的地理、风俗、物产、人物,这些游记均为我们追溯当时中国人观察海外世界的精神轨迹提供了珍贵的文字资料。

西方世界地理书籍的流入更加开阔了中国人的视野,其中意大利传教士利玛窦所著《坤舆万国全图》的地志记载、同国的艾儒略所著《职方外纪》、比利时人南怀仁所著《坤舆图记》等书,不仅影响了中国,对东南亚、尤其对日本也影响深远。例如西川如见将东洋地志与直接从西方传来的地理信息相互参照对比,撰写了《华夷通商考》(1695年,1708年增补版)。该书阐述了通向海外诸国的路程,各国物产、风俗,极大地提高了当时日本对海外认识的水准;新井白石著《采览异言》(1713年),该书成为最早给当时日本知识界带来"何为西方"之问题意识的研究书籍。

经历过鸦片战争以后,清末文人学者开始意识到重新把握世界的紧迫性。林则徐编《四洲志》便是其中一例。中国人终于开始思考"何为西方"这一课题,开始追寻西方与中国即将发生关联的真正意义。魏源的《海国图志》集古今中外的"地志"及世界地理书于一体,从"海洋与新世界意识的关系"角度对东西洋地志学宝库进行了

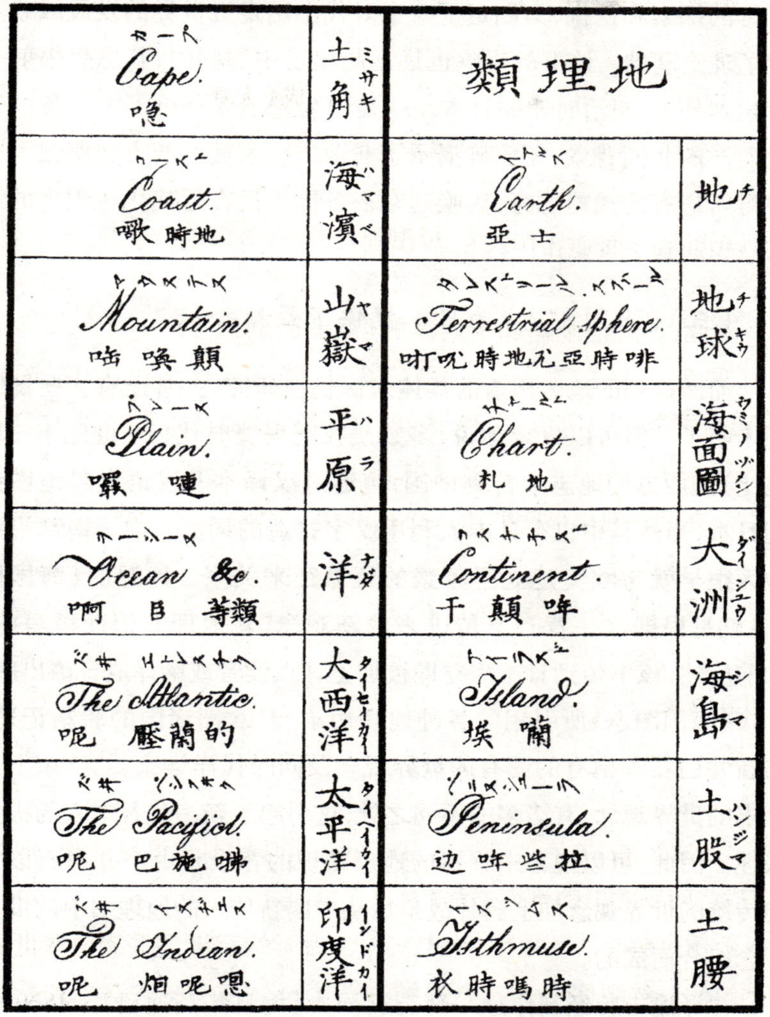

		地理類	
Cape. 喀一スミサキ 唵	土角		
Coast. カーズドマベ 啾 時地	海濱	Earth. ヱドㇳ亞士	地 チー
Mountain. マヲㇳヱㇳヱ 呣嗟顛	山嶽 ヤマ	Terrestrial Sphere. カゼドニース、ス、ベーー 吋叺時地几亞時啡	地球 チーキウ
Plain. プレーズ 嘁嗹	平原 ハラ	Chart. サトㇳミ 扎地	海面圖 ウミノヅメ
Ocean &c. ラーシヱン 啊日等類	洋 ナダ	Continent. カンチヰㇳㇳ 干顛哞	大洲 ダイシウ
The Atlantic. ゼ ㇳㇳヱㇳヱ 呢 歴蘭的	大西洋 タイセイヤウ	Island. ヱㇳヱㇳ 埃喃	海島 シマ
The Pacifiol. ゼ パスヱヱ 呢 巴施唏	太平洋 タイヘイヤウ	Peninsula. ペリㇳㇳス、ーァ 边哞些拉	土股 ハンジマ
The Indian. ゼ ヱㇳヰヱ 呢 烟呢唔	印度洋 インドカイ	Isthmuse. ヱㇳㇳミㇳㇳ 衣時嗎時	土腰

图19 《增订华英通语》:访美时从华侨那里得到的《英华词典》通过福泽谕吉的加工改造摇身一变成为《增订华英通语》。从中不难看出能够自由运用汉文的幕末日本人知识分子在吸收外来文化方面具有语言优势。

详尽的探索和挖掘，为制定下一个时代中国走近世界的发展战略奠定了理论基础。该书的影响也远远超出了中国国内，其思想辐射一直达到幕末、明治时期的日本。这是因为它不仅分析了东洋各国走近西洋的共同背景，还明确揭示了非西方国家面对西方文明强大攻势时所应有的战略思考，为唤起东亚各国人民在近代化过程中的连带意识起到了重要作用。

(三)《海国图志》为日本提供了最新知识

前面提到的地名用语的具体来源仍在研究之中，还有一些疑问尚未明了。但可以肯定地说，多数是在利玛窦时代(16世纪末—17世纪)随西方的地志学传到中国，再通过汉译本及汉语世界地图传到日本，当然其中也有日本人利用汉字打造的词汇。中国南部沿海地区很早就与欧美建立了频繁的贸易往来关系。魏源的《海国图志》就是根据这一背景下传进来的新观念、新地理知识而撰写的。如前所述，该书传到日本后立即被加上训点读音或翻译成日语出版。

《海国图志》所引用的各种地理用语、对欧洲诸国的崭新记述，与新井白石等抱有的固有的世界观念及同时代洋学家、兰学家一直追求的世界观念，有诸多的不同之处，这引起了新一代日本人的极大兴趣。因此，可以说幕末日本的地理知识的背景是由新井白石以来的传统的世界观念加上鸦片战争后从中国新传入的地理书中的世界观念组合而成的。

福泽谕吉曾经制作过一部英汉词典《增订华英通语》。1860年(万延元年)，作为幕府遣美使节随行的福泽谕吉在旧金山从华侨手里购入英汉词典《华英通语》。这是一本用广东方言标音撰写的辞书。福泽谕吉把这本辞书带回日本后，加上日语翻译和日语假名标音并改名为《增订华英通语》予以出版。显然,福泽谕吉是有意给通晓汉字、熟悉汉字中文发音的日本知识分子学习英语提供方便而编撰此书的。中国人学习西洋事物的成果以这样的形式给日本人学习西方提供了一条捷径,这说明精通汉文是幕末知识分子学习西方不可缺少的有利条件。不过,从福泽谕吉在《增订华英通语》中,将汉字"大西洋"标以日语假名"大西海"字样还可以看到幕末日本世界地理用语与清末世界地理用语之间存在的微妙差异。

(四)《海国图志》编纂方法与《美欧回览实记》

从中国人的眼光来看,《美欧回览实记》显然与中国传统的地志以及对这种地志加以日本化而产生的地志在形式上有不少的类似之处。例如,基本上承袭中国传统地志而编撰的《海国图志》在对某一个国家进行记述时,首先在前面设置"总记"一章。该书中这一章的具体内容各种各样,但不外乎是全书的"总论"部分。例如,《海国图志》这一部分中有"外大西洋墨利加洲总叙"、"墨利加沿革总说"、"弥利坚总记上"等章节。该书一般都在概述某个国家和地区的整体状况以后,再展开有关谷物、气候等具体"分论"的。

《美欧回览实记》和《海国图志》在文章体裁上有相似的构成方式。例如,《美欧回览实记》的"米利坚合众国总说"是以"西班牙的哥伦布发现亚米利加洲地"的叙述展开文章的,这样的形式与《海国图志》"总记"的"弥利坚总记上"的记述顺序基本吻合。《海国图志》也与《美欧回览实记》一样,首先列举出哥伦布的事迹,并简述了美国的由来和发展历史。另外,《海国图志》随处可见用"案"一词起头的文章,这是"按语"的意思,是编者就自己收集的资料和自己的记述进行特别说明的部分。这也是多见于《美欧回览实记》的编辑手法之一。不同的是,《美欧回览实记》的按语,比《海国图志》表达作者意见的程度更高且更具体,与其他部分的关联更大。

图20 舞会上的岩仓使节们:赴美使节团的成员们被西方人在社交场合表现出来的魅力所震撼。以向西方学习见长的日本,此时开始把一部分观察视角从西洋的"硬件"(科学以及技术情报)向"软件"(精神和生活风俗)转移。

此外,《海国图志》在介绍一个国家时一般以"天、地、人"的顺序进行论述。这也是中国地志自古以来沿用的方法。《美欧回览实记》的记述顺序虽然没有中国地志那么明显,但也基本采取了"天—气候"、"地—地理"、"人—人和社会"的记述体裁,从中仍然能够感觉到中国地志的影响。

《海国图志》在有关机械方面,特别是有关大炮和军事方面的介绍甚为详尽,对其他方面的介绍稍有忽略。相对来说,《美欧回览实记》关注领域十分广泛,可见其具备了把生活各个方面都纳入视野的学习姿态。也可以说,明治期的日本虽然追求强军和富国的目标,但并不等于观察外部世界的眼光就只停留在这个目标之内,他们似乎已经明白了如果不观察整体生活状况的话,强军和富国的目标也不容易达到的道理。而在同时期的清末中国,许多人仍然还单纯地认为只要把军队建设强大,一切就好办了。因此,同样谋求向西方学习,但是两国准备要学习的内容却具有很大的差异。

另外要指出的一点是,《美欧回览实记》的记述方式中表现出很强的"游记"文体特点。所谓"游记"虽然接近"地志",但较"地志"记述方式更为自由。如前所述,中国有很悠久的"游记"文体传统,而中国"游记"中的大部分相当于是一种旅行日记性质的东西,这种文体对熟悉汉文典籍的日本人来说并不陌生。从《美欧回览实记》的记述体裁中可以看到不少地方有采用类似"游记"记录的传统方法进行记述的痕迹。

(五)"世界"概念的形成

以下将对"世界"这个概念在中日两种语言中形成的过程做一个比较。英语的"World"一词是如何变成"世界"这一汉字表达的呢?无论在中国还是日本,汉字文化圈在引进西方学术概念过程中,曾经在各种各样的意义上把世界分别表述为"天下"、"万国"、"普天下"、"万国土"、"斯界"、"全球"、"环球"等等字样。这诸多的表述最后是如何作为"世界"定型的呢?有人指出"世界"一词是由日本人发明的,因而是从日本传入中国的。然而,也有研究表明,19世纪初,滞留中国的传教士制作的汉译西方文献中有"哥伦布发现新世界"等说法,证明其时已使用过"世界"这一用语。

当然,也有人认为这也不如日本的用例早。据说日本在新井白石时代已经开始使用这一用法。新井白石在讯问西多迪时使用过"新世界"一词。洋学家和兰学家中,前野良泽也曾经明确指出要把荷兰语"Wereld"翻译成汉字单词"世界"。这些记述恐怕是西洋式的"世界"概念作为日语"世界"概念而定型的最早例证吧。新井白石大概是从佛教用词那里借用了"世界"一词的。其作为地理用词在日本开始使用应该说是前野良泽以后出现的事情。沿用这个惯例,以后的日本从横井小楠、高野长英、佐久间象山到福泽谕吉、久米邦武等一直使用"世界"这一表述。

在中国,虽然传教士在西文汉译中使用过"世界"或"新世界"表述,但这一词汇并没有得到普及运用。一直到进入20世纪以后,由于日本的教科书大量流入中国,在中国才开始普及使用"世界"一词。后来,使用这个用语甚至成为一种时髦,出现了诸如《女子世界》之类的杂志刊名,因此,这个用语广为流传。中日两国形成"世界"概念的不同过程,很真实地体现了中日两国走近"西洋"的心态特征和时间差距。

总之,从《美欧回览实记》的地志传统、游记背景或"世界"概念的形成过程来看,中日两国近代化既呈现了不同的特征和结构,也具有千丝万缕的相互关联。把自己国家定位于西洋和东洋之间的德川日本知识分子,在运用大量的传统中国人文资源的同时,巧妙地吸收欧洲的人文资源,试图融合东西文明于一体。这种姿态在清代中国文人学者处并不多见。当时的中国人最强烈意识到的是如何对立于西洋文明,他们面临的只是二者择一,即要么是拒绝西方文明,要么是接受西方文明。而同时期的日本知识分子却开始尝试在两大文明中间择优而取了。而明治时代编撰的《美欧回览实记》确实是我们了解日本知识分子站立于西洋和中国之间，从双方获取最佳知识和信息的历史过程的最佳资料。

第四章 走向世界：中日文人知识分子的精神轨迹

一、从"夷务"到"洋务"

1861年11月,清朝设置了总理各国事务衙门。总理各国事务衙门的设置象征着晚清政府迈出了尝试与外部世界进行真正外交交涉的第一步。

晚清政府作出这一举动从国内来看主要与太平天国运动的深化和第二次鸦片战争失败这一双重打击的背景有关。把西洋人看作是同样信奉"上帝"的"洋兄弟"的太平天国战士,以打倒共同的敌人"清妖",建立"上帝大家庭"(天朝田亩制度)理想之国作为目标,从根基上震动了清朝帝国的统治大厦。

另一方面,作为第二次鸦片战争的结果,1860年10月,清朝与战争对象国英、法的公使,各自就《天津条约》的批准与《北京条约》的签订进行了交换签字。这个签字不但保证了《天津条约》的全面实施,而且对天津开港、赔款增额、自由传教、割让九龙(香港岛的对岸)给英国加以重新约定。《北京条约》的缔结,意味着中华对夷狄传统秩序的崩溃和对外主导权的完全丧失,宣告了华夷秩序变化的来临。

图21 小斯当东跪见乾隆帝：1793年，以马戛尔尼为大使，斯当东为副使的英国政府代表团以祝贺乾隆皇帝82岁寿辰为借口访问清国要求通商，遭到拒绝。当时，副使斯当东的孩子小斯当东年仅12岁，和父亲一起谒见了乾隆皇帝。斯当东著《英使乾隆谒见纪》记录了当时的情景。

清朝本来把中国以外的国家分类为蕃国、附属国、盟国，来自各国的使者都受到作为宾客的款待。清朝礼仪中，主要有"天使"（清朝的使节）对附属国等进行访问的礼仪和外宾来访的礼仪。访问附属国由于有行使"天朝敕封"使命的性质，一般用对附属国等进行访问的礼仪对待。这种场合按惯例，一般各国的国王要亲自出去迎接"天使"并行臣下之礼。多数外国的国王宁肯承受这个屈辱也要维持与清朝的交往。这种仪式也是显示清朝国威的重要场所。可是欧洲各国不愿意接受这种仪式。雍正年间(1722—1735年),清朝两次对沙皇派遣了祝贺使节,不过,因为访问全都遵照俄罗斯的礼仪进行,大大地损害了清朝的"面子",从此以后,清朝极端讨厌向欧洲各国派遣使节,对附属国的使节派遣也渐渐变少。

对来自外国的访问者,也同样有蕃国人、附属国人、盟国人之别。由于清朝视"四裔"(远方或周边诸地)为比自己低一等的附属国,因此把从那些国家正式派遣来的使者称为"贡使"。也由于朝贡的有无反映了国威高低,故清朝廷即使经济上受亏损也要盛大地招待来宾,只要附属国使者履行清朝要求的"三跪九叩"之礼,一般清朝廷都会盛大地招待来访附属国使节并让使节带走充足的归国礼物。

大多数亚洲国家愿意接受这样的清朝礼仪,不过,也有日本这一例外。早在隋朝时代,从倭国遣派来见隋炀帝的使者,就以"日出处天子致日没处天子,无恙。云云"这样的国书对隋中国进行了挑战。隋炀帝看了这份国书后表示:"蛮夷书有无礼者。勿复以闻",指出这个国书不符合礼仪①。据说在访问唐朝的日本使节中时而有争抢座位的现象。因为不满中华的礼仪,到了江户幕府时代,日本遂不再向中国遣派正式使节,加强了对中国的平等意识。

(一)对外谈判的舞台:总理各国事务衙门

欧洲各国使节最早对清朝礼仪挑战的是俄罗斯、英国和罗马教廷。西洋各国试图以向清朝要求外交来往礼仪的"平等"作为突破口,把清朝推到对外交流的大舞台上来。总理各国事务衙门正是为

---

① 西岛定生:《倭国的出现——东亚世界中的日本》,东京大学出版会1999年版,第248页。

图 22 赫德:罗伯特·哈德(1835—1911 年),出生于爱尔兰。中国名叫赫德,清朝的税务官。在中国驻留的 44 年里,他致力于建立清末关税制度,也扮演过外交顾问的角色。

了应对这样的状况而设置的。

　　随着总理各国事务衙门的成立,由于设置在北京的英、法、俄、美的公使馆就有关与外国使节的应酬以及外交文书等,提出了强烈的"平等"要求,清朝最终决定使用"洋"这一字眼代替在公开文件和国书中指称西洋的"夷"字。总理各国事务衙门也叫做总理衙门,其所管业务规定为:"掌各国盟约,昭布朝廷德信,凡水陆出入之赋,舟车互市之制,书币聘飨之宜,中外疆域之限,文译传达之事,明教交涉之端,王大臣率属定议,大事之上,小事则行。"①这意味着该机构在主持外交事务的同时兼顾管理对各国的公使派遣、通商、海关、海防、军事用品的采购,并负责同文馆的管理及留学生的派遣。由此可见,分配给总理衙门的工作事项明显超过了普通的对外事务的管辖范围。

　　从此以后,总理衙门作为对外谈判的场所成为晚清朝廷进行外交活动和洋务活动的主要舞台。因为许多不平等条约也是在这里缔结的,总理衙门也曾被人们揶揄为"卖国衙门",不过,作为清末朝廷最初的正式对外开放窗口,该机构曾发挥了特别的作用。在领导这个机构的人中,先后有崇厚、郭嵩焘(1818—1891年)、李鸿章等在晚清历史上粉墨登场的重要官僚的名字。出自曾国藩之门的李鸿章(1823—1901年)因对付太平军和捻军起义有功而成为清末朝廷的宠儿。1870年,他成为直隶总督兼北洋(通商)大臣,从此以后他连续25年间保持了自己施展权势的地位,尤其是一手掌握了有关外交问题的发言权。设立总理衙门以后40年之间,以上所述的位于洋务运动中枢的人们,通过这个窗口与西洋人或东洋人(日本)进行了诸多的交流和谈判,各自进行着自己最早的世界体验和世界观察。

---

　　① 《大清光绪会典》卷99。

（二）赫德与中国

总理衙门的设立意味着清朝对西方外交体制的接纳,不过,设立当初由于缺少跟外国人进行外交谈判所必要的知识和了解,居住在中国的西洋人的帮助,中国人和外国人的共同作业就具有了重要意义。在这种状况下,美国公使蒲安臣(1820—1870年)把西洋人亨利·惠顿写的《万国公法》中译本赠送给总理衙门。这是自林则徐节译瑞士人滑达尔《各国律例》以来,朝廷中枢事隔多年的又一次跟西洋国际法的接触。

1866年,任职中国海关总税务司的英国人赫德,以回英国结婚为理由向总理衙门要求半年休假的许可,并向总理衙门进言欲携带满人官僚斌椿父子和同文馆的三名学生同行。朝廷批准了这个请求,斌椿父子及三名满族人赴英国、法国、德国、丹麦、比利时的观光旅行由此成行。这是清末中国官僚的首次对西欧的访问。

赫德是爱尔兰出生的英国人,1854年(咸丰四年)作为翻译官候补赴任于香港,历任英国驻宁波、广东的领事馆翻译官,1859年,清朝聘请他为广东海关副税务司。1863年(同治二年)升任为总税务司的赫德滞华44年中只回过两次英国,第一次就是1866年,他因与故乡姑娘结婚而短期回国。第二次是1878年,他是作为参加巴黎万国博览会中国政府使节团团长赴欧的。这次他也只在英国本土伦敦停留了仅仅两周。滞华期间,他尽力整备关税制度,也扮演了外交顾问的角色。在他操持下,海关的工作范围远远超过了本来的关税业务,到1898年,海关已经贡献了清朝全年岁入的三分之一。他还为清朝建立了国际性的关税官僚组织。在他去世的1911年,海关中,外国人的"内班"组成是:英国人153名,德国人38名,日本人32名,法国人 31 名,美国人 15 名,俄罗斯人 14 名,意大利人 9 名,葡萄牙人 7 名,挪威人 6 名,丹麦人 6 名,比利时人 5 名,荷兰人 5 名,瑞典人 4 名,西班牙人 3 名,朝鲜人 1 名。① 1906 年(光绪三十二年)总税务司迁移到税务处的管辖下后,赫德最终回到了英国。1911 年 9 月 20 日,他来不及看到终生为之效力的王朝崩溃就离开了人世。

赫德在中国度过了一生的大部分岁月,他供职于清末中国的奇特人生为人们留下一个高度融合中国文化和西洋文化的典型。他成功的秘诀正在于他比同时代任何人在更高的水平上融合了东西方两种文化。他活跃于英国商业帝国主义和中国早期近代化的交叉路口,是调整英国通过对外扩张获得利益和清朝从对外贸易中获取利益两者之间关系的中介体。从他出色的中文能力和对中国文化的了解程度来看,他似乎已经被彻底中国化了,不过,作为大英帝国的臣民,他似乎一刻也没有忘记西洋是近代社会先驱之信仰,梦想着引导中国步上近代化轨道。可以说从联结东洋文化与西洋文化这个角度来看,他是当时不多见的"世界公民",东洋和西洋两个文化的相遇,正是构筑这位世界公民独特人生的基石。

一般认为年过六十的斌椿之所以回应了赫德的访欧邀请,其背景与他作为士大夫的交友关系有关。作为传统的读书人,斌椿以前有过在外地做官的生活经验。与这位信奉行万里路、读万卷书古训的典型中国式知识分子交往的人中,有撰写了著名世界地理书《瀛环志略》的作者徐继畲和著名数学家李善兰。

---

① 乔纳森·斯彭斯著,三石善吉译:《改变中国的西洋人顾问》,讲谈社 1975 年版,第 144 页。

（三）往来于中日之间的人们

幕末日本的遣外使节和赴欧美留学出洋旅行者的近半数在到达欧美之前，都要先靠岸上海和香港，通过游览西式宾馆和商社，参观印刷所设施，在实地进入真正西洋之前拼命吸收有关的预备知识。很多年轻的幕末志士，还把上海和香港看成是调查"西洋情况"，观察"半殖民地地区"的现场，以此帮助他们思索是应该"开国"还是应该"攘夷"。高杉晋作、五代友厚、中牟田仓之助访问中国得到的宝贵体验，都被充分发挥和运用于推动明治维新运动之中。他们曾经是为跟清国缔结通商条约而乘贸易船"千岁丸"出访清国的幕府使节团成员。

很明显，这个时代的中国，尤其是上海和广东，不仅仅是西方人进出中国的最前线，也为东洋日本提供了观察"西洋"、体验"西洋"的最佳场所。

明治以后，日本人对清国的关注更加强烈，观察中国大陆的目光也变得更加热切。

1876年7月，日本佛教界净土真宗大谷派东本愿寺的小栗栖香顶和谷了然等在上海设立寺院。东本愿寺上海分寺编《东本愿寺上海开教60年史》（1937年，资料编275）记载道："北京有雍和宫。……活佛替身一样的大喇嘛驻在那里。……小栗栖香顶和谷了然以此为目标出发了。"该书是日本佛教在中国传道的记录。

1884年，小说家、评论家、政治家末广重恭（铁肠，1849—1896年）等人联合建起的上海东洋学馆最初自称是出于对欧美列强用武力支配亚洲的义愤，而试图在大陆中国实现兴亚论者们所追求的公正的国际秩序的理想目标。末广重恭把视野扩大到中国大陆，摸索近代日本的国家观念,思考日本和亚洲应有的关系,显示了明治日本人"历史意识"的一个侧面。

罗列一下到 19 世纪末(明治十一—三十一年)日本人建起的许多兴亚团体、据点的名单,足可见当时的日本人对以中国为首的亚洲异乎寻常的关心。上海东洋学馆和以后还要提到的日清贸易研究所也在其中。

振亚社	1877 年(明治十年)
向阳社	1878 年(明治十一年)
玄洋社	1879 年(明治十二年),从向阳社发展而起。也有 1881 年之说
兴亚会	1880 年(明治十三年)3 月,由振亚社改名
亚细亚协会	1883 年(明治十六年),由兴亚会改名
上海东洋学馆	1884 年(明治十七年)8 月
汉口乐善堂	1886 年(明治十九年)
政教社	1888 年(明治二十一年)4 月
日清贸易研究所	1890 年(明治二十三年)9 月
东邦协会	1891 年(明治二十四年)7 月
东亚会	1898 年(明治三十一年)春
台湾协会	同年 4 月
东亚同文会	同年 11 月,东亚会、同文会、亚细亚协会合流

1809 年 6 月 5 日,日本人松野平三郎在上海发行中国第一份日文报纸《上海新报》。同年 9 月 20 日,日本人荒尾精在上海设立日清贸易研究所,到 1893 年 6 月解散为止,研究所向社会输送出 89 名学生。荒尾精是从甲午战争以前开始尝试针对清朝进行人才教育的日本人之一。

1893年2月，被称为是大陆浪人的日本人宗方小太郎在汉口创设了《汉报》，这是日本人在中国发行的最早的中文报纸。同年6月17日，清朝和日本之间缔结了邮政协定。邮政协定的缔结，从一个侧面反映了日本人进入晚清中国和两国人们来往增加的状况，这显示明治日本大陆浪人加强对中国的关心，同时也显示中国人对日本的日益关注。

在这里再补充说明一下前面提到的总税务司赫德"内班"的情况。

1911年时，赫德的"内班"除了英国人152名、德国人38名以外，也有32名日本人。能与西洋主要国家并列进入这个国际化的官僚组织，说明在当时的世界上，日本的存在得到了一定的承认，同时也表明当时日本人涌入中国的势头很大。由于实行明治维新而早一步踏进了近代世界，许多日本人希望在迎接巨变的中国寻求新的活动舞台，也有不少日本人梦想把中国作为建设"大亚洲"的主战场而涌进中国。

当然，大量日本人涌向中国，不仅仅只是因为日本人大陆思维单方所致，也依赖于清末中国积极向日本学习的极大热情。学习日本有两个方法：一个是留学日本，再一个是雇请日本专家和教师。就派遣留学生来说，由于废止科举制度和日俄战争的结果，中国人对日本的关注忽然升温，从1905年开始仅仅一年，留学日本的人数就达到了8千余人。而雇用的日本人分日本专家和日本教师。所雇的日本专家和顾问，多用于与洋务有关的治安和铁路领域。据说1898年日本下野政治家、前首相伊藤博文访问清朝中国时，朝廷内部发生了小小的争论。有人主张朝廷应该雇伊藤做政府顾问，也有人上奏主张，为了应急不如让伊藤成为中国的总理大臣①。这一传闻再好不过地反映出当时清末的社会状况。供职于赫德"内班"的32名日本人正属于这一类专家和顾问。

另一类被雇用的日本人,是任教各种学校的日本教师。据统计,20世纪初清末中国雇请的日本教师,共计有五六百名之多。上从京师大学堂下至幼儿园,中国全境所有种类的学校都有日本教师存在。担任教学科目除了日语以外,有理科、实业、法制,有时还涉及图画、手工艺、体育、音乐等等。同时,掌握学校教育中枢担任总教习的日本教师也不少,也有地方请日本教师编写教材或采用日本教科书。日本教师的采用于1906年达到顶峰,此后伴随着大量从日本回国的留学生,逐渐减少,到1911年猛然锐减。

到形成独自的近代社会系统之前,大量使用和雇用外国人(专家和教师),对清末中国来说是理所当然的事,不过,由雇佣外国人带进来的外国文化的要素,却出乎当时的统治者想象之外,深刻地影响了中国近代化的进程。由此可见,包括日本专家、教师在内的各类被雇用外国人对社会转型期的中国近代化留下的文化影响也是不可忽略的。

(四)早期中美文化交流

1852年,李善兰(1811—1884年)与在上海墨海书馆担任翻译的英国人伟列亚力、艾约瑟相识,联合翻译有关科学技术的西方书籍,10年间合译《续几何原本》9卷,《代微积拾级》18卷,《重学》20卷,《谈天》18卷,《植物学》8卷。关于数学,他还著有《则古昔斋算

---

① 王晓秋:《近代中日关系研究》,中国社会科学出版社1997年版,第196页。

学》13 种 24 卷。他翻译的《谈天》,则正确介绍了哥白尼的学说。

他与被称为"西儒"的懂中文的传教士也有来往。以下的诗叙述了当时的情景,其中不难看到中美文化交流的影子。

> 卫公来京师,赠我联邦志。
> 才士丁韪良,着书讲文艺。
> 初如井底蛙,开编犹愦愦。
> 书云地形方,主静明其义。
> 岂知圆如球,昼夜如斯逝。

所谓卫公即美国驻北京大使馆的卫廉士,丁韪良即是前面也提到过的完成《万国公法》中译的"西儒"之一。联邦志就是《联邦志略》,是布里奇曼 1846 年汉译的世界地理书。该书后于 1864 年由箕作阮甫引进日本,对幕府末期日本影响很大。

1867 年 11 月,深得清朝厚遇的美国公使蒲安臣于任期届满回国之际,建议由自己作为中国代表带团访问西洋各国,这一建议得到了朝廷的同意。满人志刚、汉人孙家谷一起被任命为"办理各国中外交涉事务大臣"。在此之前,即同年 10 月 22 日,蒲安臣曾代表美国政府把装饰在白宫的华盛顿复制画像赠给《瀛环志略》著者徐继畬,蒲安臣面对出席赠呈式的总理衙门官僚和徐继畬,做了热情洋溢的讲演,他称赞徐继畬通过《瀛环志略》向中国介绍了美国,介绍了华盛顿的功绩。对此徐继畬也发表了感谢之辞,并强调了中美两国相互理解的必要性。以后蒲安臣带志刚、孙家谷访美时,《纽约时报》也报道了蒲安臣给徐继畬赠送华盛顿画像之事,把徐继畬称为中国的伽利略,给予很高的评价。这一情景是中美早期文化交流过程中的一个小片断。

图23 清朝最早的外交使节团：中立者为美国人蒲安臣。右起第4人为年轻翻译张德彝。右起第6人是志刚。左起第6人是孙家谷。

华盛顿特区的华盛顿纪念塔刻有各国及各州赠送的雕刻文字。西侧第十层墙上镶有一块有中文碑文的长方形花岗岩石。碑文抄录了徐继畬《瀛环志略》中称赞华盛顿的部分。这是由美国传教士从福建寄赠给华盛顿纪念馆的，碑文日期是1853年（咸丰三年）6月7日。该碑文到达美国与美国政府向徐继畬赠送华盛顿画像有密切关系。高度评价华盛顿的徐继畬，作为知美人士得到了美国的高度评价。中美两国开始相互摸索时代的这一美谈，今天还隐隐约约地存留在两国知识人的记忆之中。

（五）走访"洋人"之国

1868年2月25日，以蒲安臣、志刚、孙家谷三人为代表的中国首个外交使节团一行30人从上海出发奔赴美国。由美国公使加上两位中国大臣带领的这个使节团，似乎带着清末使节团的典型特征，是由中国人和西洋人混合组成的特殊队伍。之所以这样,与晚清朝廷缺乏有关西洋知识、不擅长外语有关。不过,另一方面,对拥有许多民族的清朝来说,传教士和外国使节等西洋人已经不再是从前印象中遥远世界的存在,已变为司空见惯的"洋人"了,依赖"洋人"办事,也没有什么不恰当的地方。

使节团6月到达华盛顿,会见了美国第17届总统安德鲁·约翰逊。由于在与因对南部采取宽大政策而受到共和党激烈攻击的美国总统见面时,只有与访问团成员互相握手的简朴礼仪,因此没发生清朝方面担心的礼仪纠纷。7月28日,蒲安臣和美国务卿西华德同意缔结《中美追加条约》,朝廷也予以批准。根据这个条约,美国在中国的权益得以扩大,而在认可华人工人(苦力)赴美和基督教在中国自由传教方面也有了新的进展。

1870年2月23日,蒲安臣在俄罗斯彼得堡病逝。志刚一行则没有就此放弃使命,继续访问比利时、意大利、西班牙。同年11月18日,志刚、孙家谷带领清朝首个外交使节团,结束了长达3年的外交旅行,历访欧美11个国家后返回北京。

清朝的首次外交亮相,从团体访问美欧并完成第一次真正意义上的外交谈判这一点来说可以给予很高的评价。但是,派遣外交使节本身一事是受外国人蒲安臣规劝而得以实现的,这说明清末中国人自身西洋观的变化还不够充分。当然,随蒲安臣同行访问美欧各国,把清朝中国人和西洋世界的距离拉近了一步却是不争的事实。

(六)郭嵩焘的西洋发现

第二次鸦片战争以后,由于与列强谈判的现实需要,清朝不得不认可了列强各国在中国设立派驻公使馆。进而,清朝也决定设立驻

250 走近"西洋"和"东洋"

外大使馆,开始摸索真正的"世界中的中国"之路。'湖南人郭嵩焘正是在这种状况下由清末派出的最初的驻外使节。

图24 郭嵩焘:郭嵩焘是一个讲求现实的文人。在担任第一任驻英法大使职务时,他实现了魏源没有体验过的对西洋社会的现场观察,可以说他代表了清末文人知识分子认识西洋的一个顶峰。郭嵩焘能够获取崭新世界观念的事实说明,他接受的儒学教育并不妨碍他发现西洋。

从1876年到1878年期间,郭嵩焘被派遣为驻英大臣,后来还兼任驻法大臣。他把自己驻外时期对西洋的观察与分析,详细地记录在《使西纪程》与《伦敦与巴黎日记》这两本洋洋60余万字的日记里面。

郭嵩焘1847年科举进士合格，1857年被委任为翰林院编修，是对洋务改革满怀热情的文人。他出生于湖南省的旧商人家庭，放弃做买卖之路立志学问的理由，是希望以文章著称于世。进士及第以后作为官界精英进入翰林院，看上去他好像离实现自己的梦想很近了，不过，面对太平天国的骚乱，他却把自己的关心从纯粹的学问转移到了现实世界。他主动请求担任镇压太平天国急先锋曾国藩私家军——湘军的智囊，为天下国家与太平军作战。可是等到太平军被镇压之后，他又遭遇仕途的不幸，最后只好辞掉官职，再次回到安安静静看书写文章的日常生活中去。

1875年（光绪元年）2月，郭嵩焘从赋闲中被朝廷召出来，被起用为福建按察使。由于清朝和英国关系紧张，战争大有一触即发之势。占领缅甸南部的英国派了一支探险队到云南，翻译马戛里被杀害了。朝廷为了谋求和解提议对英国派遣使节，郭嵩焘因此被朝廷召见，受命派遣英国。朝廷给他的使命是为马戛里事件谢罪讲和、在伦敦设立大使馆、研究西洋状况三件事情。但对郭嵩焘来说，似乎对第三件事即研究西洋状况最有兴趣。

郭嵩焘对西洋的关心，与他过去曾经在上海、广东各地与传教士接触，具有广泛的交谊不无关系。他以前曾经读过介绍西洋的书籍《数学启蒙》、介绍西洋状况的出版物《遐迩贯珍》、介绍俄罗斯情况的书籍《朔方备乘》、介绍世界地理的书籍《海国图志》等，并与朋友就这些书进行过讨论。因公务出差上海时，他访问游览了西方各国领事馆、有名的西洋贸易公司和出版社，在那里参观了麦都思（Walter Henry Medhurst，1796—1857年）设立的"墨海书馆"，与伟列亚力、艾约瑟及在那里工作的王韬和李善兰见过面。

第二次鸦片战争以后的一段时间，曾抱有"西洋各国与所谓古来的夷狄并无二样①"之清末中国普遍西洋观的郭嵩焘,在访问英国之前,已经开始具备新的世界认识了②。他到达英国后迅速呈交给总理衙门的《使西纪程》,就是基于崭新的西洋观而撰写的。

他在日记里写道,西洋立国两千年,政教分明,本末俱有,与辽、金繁盛一时转瞬衰弱的情况,无论性质和形式都完全不同。③

在这本日记中,郭嵩焘详细记录了自己每天的活动,介绍自己收集有关英文杂志、报纸了解当地社会和政治信息的情况。日记在述说自我体验和见闻的同时,不时加入与中国进行比较的论述、短评,有关外国的地名和人名等都用音译汉字加以标记。日记还透露了他对自己依赖部下翻译读资料的现状感到不满,呼吁驻外使节有必要接受外语教育。

驻英期间,他不仅走访了王宫、官邸、议会等公共机关,也走出去参观工厂、报社、电报局、法院、监狱、医院、美术馆、图书馆、各种学校、博览会,拼命吸收知识。其眼光不仅仅投向工业设施,也涉及政治和教育现场,全方位地探索英国富强的奥秘。

他关于英国"政教"的记述确实很精彩。他说:英国这个国家,是为了人民的便利而存在,并且由人民的剩余财产所支撑。考察英国政教的始原,国会设立于相当于宋代初期那个时代,已经有八百多年历史。到亨利第三才形成巴力门(Parliament,即议会),即是现在的上院。1264年(实际是1265年)开始有下院④。

---

① 佐佐木扬:《清末中国的日本观和西洋观》,东京大学出版会2000年版,第108页。
② 同上。
③ 郭嵩焘:《使西纪程》,郭嵩焘等:《郭嵩焘等使西记六种》,三联书店1998年版,第39页。
④ 钟叔河编:《郭嵩焘卷:伦敦与巴黎日记》卷七,"光绪三年四月",岳麓书社出版,第197页;卷十,"光绪三年七月初九日",第280页。

他认为英国的富强始于中国的清朝,但求学问作为富强的根基要追溯到明代。英国比法国、日耳曼各国落后。制造机械,扩大物品之用,其实是乾隆以后的事。当初国家政治非常混乱。其立国之本,在于以巴力门议政院(国会)为国是,通过买阿尔(Mayor 民选市长)统治人民。①

看起来,他尤其为英国的议会制和市长民选制所吸引。另外,他还谈及英国哲学家,他特别欣赏科学方法论和经验论的先驱培根和在力学体系中导入万有引力原理的近代科学先驱牛顿,可见他开始思考欧洲的富强和学问的关系。②

他赞美西方国家的君主有君德,称其不劣于中国三代之主。他指出,在西方这个角落,聚集了天地的精华。③ 对他来说,只有具备为议会和学问所支撑的"君德"的西方国家,才能叫做与中国三代(中国古代夏、殷、周三个王朝时代)相匹配的乌托邦。

(七)郭嵩焘的中国发现

在称赞西洋世界的同时,他观察中国的目光逐渐开始发生变化。

他发现世界可分为文明国、半开化国、野蛮国,在这中间,中国被认为是半开化的国家。不过,他觉得说不定西方人就像中国三代盛世时看夷狄时一样地看待中国,从西方人的眼光来看,中华也可能就是夷狄。由此可见,郭嵩焘的世界认识越来越现实。

---

① 钟叔河编:《郭嵩焘卷:伦敦与巴黎日记》卷十四,"光绪三年十一月",第407页。
② 钟叔河编:《郭嵩焘卷:伦敦与巴黎日记》卷十三,"光绪三年十月二十九日",第385页。
③ 钟叔河编:《郭嵩焘卷:伦敦与巴黎日记》卷十五,"光绪三年十二月十八日",第434页。

他指出,西方政治学把光明正大的国家称为色微来意斯德(Civilized文明)国家,欧洲各国与此相当。中国及土耳其和波斯,被称为是哈甫色微来意斯德(Half-civilized 半开化)国家,非洲、回教(伊斯兰)国等叫作巴尔比瑞安(Barbarian 野蛮)国家,与中国夷狄的称呼相同。……汉代以来,中国的教化衰弱,政教风俗只有欧洲各国变得繁盛。因此西方评价中国就像三代盛世时中国看待夷狄一样。①

三代以前,中国用有道制止夷狄的无道。秦汉以后,专以强弱互相制衡。中国强,兼并夷狄;夷狄强,侵略中国。互为无道。与西方通商30年以来,西方似乎是以有道攻中国的无道,这是应该引起注意的现象。在中国,是靠圣人一个人为天下操劳,而在西方,却把臣庶(家臣们,各种各样的官吏)等人变为公家的人。一身之圣德不能继续长久,而变为公家的臣庶则新陈代谢,永不终结,时间越长,人文越盛。这种有道是三代圣人的圣天下也达不到的。②

"有道"和"无道"的逆转,"天下"和"世界"的交替,世界观的这种转换导致郭嵩焘对清朝生死存亡这个紧迫的现实问题进行思索。

郭分析说,俄罗斯自兴安岭以东进入黑龙江;英国占有香港岛控制东南各港的出口,一边虎视眈眈盯着中国,一边进行贸易;日本近年来修明政教,积蓄力量,强化军队,联合俄罗斯,寻找获利的机会。③

欲通过占领香港控制东南中国的英国,在中国的边境蠢蠢欲动的俄罗斯,积蓄力量与俄罗斯一边竞争一边注视中国的日本——郭

---

① 钟叔河编:《郭嵩焘卷:伦敦与巴黎日记》卷十七,"光绪四年二月初二日",第491页。
② 钟叔河编:《郭嵩焘卷:伦敦与巴黎日记》卷二十,"光绪四年五月二十日",第627页。
③ 钟叔河编:《郭嵩焘卷:伦敦与巴黎日记》卷十八,"光绪四年三月二十日",第548页。

嵩焘认识到了围绕清朝国际环境的严峻,他警惕的目光不仅仅对着欧洲各国,也扫向了东洋邻居日本。

(八)从欧洲看东洋日本

郭嵩焘真正对日本的观察开始于驻英期间。在与从日本来英国的外交使节的多次接触中,他对过去从来没有在意过的日本这个国家开始表现出兴趣。他想弄明白1878年时同样是非西方国家的中国和日本,为什么一个被西方国家看成为近代化优等生,一个被看成为近代化落后的衰老大国。通过跟驻伦敦日本外交官的交往,他了解到,在有关西方的知识和对西方国家的了解、掌握外语的程度上,日本可说是远远地跑在中国前头。就这样,通过与日本外交官接触,来自中华文明本土的郭嵩焘逐渐成为掌握"通过日本学习西方"这一近代中国独有的学问方法的人,成为有意识地观察日本的最早实践者。

郭嵩焘的实践,体现在他跟日本人井上馨的会见中。3月27日日记记载了他跟因研究财政经济来英国的井上馨见面的情景。他说:我问井上馨在读什么样的西书?回答说:亚当·斯密和约翰·穆勒。他谈话中透露出来的经国之谈也大有裨益。中国的人才远不如此,自己感到极为羞愧。郭嵩焘对这位读"阿达格斯秘斯"(亚当·斯密)和"长斯觉尔密罗"(约翰·穆勒)的日本人既感到佩服,也为中国少有像井上一样能畅谈国政的人才觉得惭愧。他还记述道:据说滞留英国的日本人有200多人。90余人在伦敦。学习法律的人很多。……他们全都通晓英语。中国远远不如也①。

---

① 钟叔河编:《郭嵩焘卷:伦敦与巴黎日记》卷六,"光绪三年三月初一日",第166页。

跟日本留学生和访问者接触时获得的感想,很自然地被郭运用来跟中国的现实进行对比。赞赏日本人懂英语,学习经济、法律的人多,也就是对中国人不擅长外语、洋务运动的重点偏向吸收军事技术的现实的反省。

面对优秀的日本留学生,郭嵩焘对日本这个原本被认为是毫无知识的东洋国家产生了无以名状的好奇心。

郭还在日记中写道:听说近几年日本创建了电报局,发信量达25兆。当时,英国以1008兆最多,法国次之,美国再次之,德国再次之,俄罗斯再次之。日本位居第6。由此可以推知其贸易之大和业务之宽,知道其人才之广,学问之盛。可惜的是我不懂日语,不能进一步对其进行探索①。郭嵩焘的诉求,真实地反映了中国知识人对日本认识的变化。

从此以后,虽置身于西方世界,他一有机会就四处打听东洋日本的情况。他关心的范围很广,从明治维新以后的日本政治制度的实例②,到以殖产兴业为目的的日本国内博览会(1877年,在东京上野公园举行第一届国内劝业博览会)的召开,从日本人积极参加万国博览会的情况③,到东京邮政的状态,还涉及东京地区国立西学学校开成学校的授课科目等等④。他的日本认识越来越具体。

---

① 钟叔河编:《郭嵩焘卷:伦敦与巴黎日记》卷六,"光绪三年三月十一日",第175页。

② 钟叔河编:《郭嵩焘卷:伦敦与巴黎日记》卷九,"光绪三年六月初十日",第260页。

③ 钟叔河编:《郭嵩焘卷:伦敦与巴黎日记》卷十二,"光绪三年九月二十八日",第349页。

④ 钟叔河编:《郭嵩焘卷:伦敦与巴黎日记》卷十六,"光绪四年正月初十日",第462页。

(九)最早关注日本明治维新的学人:王韬

王韬(1828—1897年)是江苏人,考上秀才以后在科举场上连连失意。1849年(道光二十九年)来到上海,从此就职于墨海书馆达十多年之久。1862年初(咸丰十一年末)回到老家。因用假名黄畹致书太平军将领,被清朝通缉捉拿,逃亡香港。停留香港中,他参与了英国传教士理雅各布翻译中国经典著作的事业计划。1867年(同治六年),他前往英国,帮助完成了《诗经》、《左传》、《易经》等儒教经典的英译。就在这期间,他在牛津大学和爱丁堡大学做了有关中国古典的讲演。德法战争结束之后的1871年,他撰写14卷《普法战纪》,分析德法战争的原因和过程,预测战后国际关系。这本书很快成为畅销书,并传到日本广为人知。

1874年(同治十三年),王韬在香港创刊了《循环日报》。这是中国首份宣传变法,主张寻求财富、广泛进行交易、开拓矿山、兴办铁路的报纸。1879年4月22日,王韬从上海启程前往日本访问。在停留日本4个月(128天)的时间里,他接触到许多明治日本官僚和名士、诗人、书法家及平民,就世界形势和东西方文化问题进行了广泛对话和交流。这个时期的见闻和观察日后被详细地记录在他的《扶桑游记》之中。该书高度评价了明治维新以后日本的政治制度、文化习惯等,认为这中间有很多东西值得中国学习。在清末知识人中,他成为最早关注日本明治维新的学人之一。

停留日本期间,他还跟下一节要提到的清朝首批驻日公使团成员之一黄遵宪邂逅相遇。二人很快变成数日一会的知己,见面时每每对酒当歌,谈天下大事,亲密无间。1884年(光绪十年),王韬在李鸿章的默认下,再次返回上海,主持格致书院,担任《申报》主编。

1894年,经郑观应介绍,与日后被称作中国革命之父的孙中山相识,参与对孙中山《上李鸿章书》一文润色的工作。1897年,因病在上海逝世。

二、立志研究日本的晚清中国人

如前所述,晚清中国人最初认识日本,是根据与洋人谈话或通过读洋人的书,或者说是通过与滞留西方国家的日本人进行接触而获得的。这种以间接听说为中心的知识,往往带有想象的成分,不正确的地方很多。同样是东方国家的日本为什么能吸收西方文明、制度而完成"明治维新"？日本为什么能得到西方人很高的评价？一部分中国知识人越来越强烈地想寻求答案,他们对日本这个好像近在咫尺、又好像远在天边的国家的好奇心和知识欲不断膨胀,立志要对这个国家进行深入研究,其中尤以黄遵宪为代表。

（一）黄遵宪和《日本国志》

1877年(光绪三年,明治十年)12月,黄遵宪作为参赞,跟随清朝首任驻日公使何如璋到达日本。他是一位对成功完成明治维新的日本具有很强好奇心和认知欲望的文人。以后他以《日本国志》和《日本杂事诗》①这两部有关日本的亲历记,改变了中国人对明治日本的看法,为晚清中国认识第一个西方以外的近代国家日本提供了第一手资料。

---

① 除《日本国志》和《日本杂事诗》以外,还有诗集《人境庐诗草》。他不仅仅开拓了日本研究和日本文化研究这个领域,还呼吁所谓"我手写我口"的口语体形式诗歌创作,对近代文学文体变革作出了贡献。

第四章 走向世界：中日文人知识分子的精神轨迹

黄遵宪1848年(道光二十八年)4月27日出生于广东省嘉应州（现在的梅县）。他从年幼的时候开始显露出文学的才能,特别对诗歌有异乎寻常的热情。令这个爱好文学的青年将目光转向天下世界的原因,既有鸦片战争以后清朝的混乱,有思考太平天国起义的体验,也有他阅读清末出版的世界地理书、介绍中国或世界情况的《万国公报》以及江南制造局汉译的西洋书籍的经历。

1876年,好不容易考中举人的黄遵宪成为翰林院侍讲。此后,他应广东同乡、被任命为驻日本国特命大臣何如璋的邀请,作为驻日公使馆参赞奔赴日本。驻日本期间,黄遵宪致力于解决日清间的外交问题,特别对琉球归属和朝鲜问题表现出强烈的关注。① 同时他一边尽外交官的本分,一边开始对日本这个谜一样的国家进行研究。关于开始日本研究的经过,后来他在《日本国志》序中这样说道：

> 既居东二年,稍稍习其文、读其书,与其士大夫交游,遂发凡起例创为日本国志一书。②

从这个记述可知,黄遵宪动笔撰写《日本国志》之前,有两年作为接触日文,阅读和消化资料,与日本人进行交流、收集信息的准备时间。之所以做这样的周密部署来开始研究日本,是因为他对日本有了从来没有的崭新认识。

> 余观日本士夫类能读中国书、考中国之事。而中国士夫好

---

① 他关注朝鲜的严峻形势,发表了《朝鲜策略》一文,对朝鲜方面提出了"自强"的呼吁。
② 黄遵宪:《日本国志》,上海古籍出版社2001年版,第2页。

谈古义,足以自封,于外事不屑措意,无论泰西,即日本与我仅隔一衣带水,击柝相闻,朝发可以夕至,亦视之若海外三神山,可望而不可即。若邹衍之谈九州岛,一似六合之外、荒诞不足论义也者,可不谓狭隘欤。①

黄遵宪在这里提到:日本的文人士大夫都读中国书,钻研中国的事情,而中国的文人士大夫喜好谈论古典解释,固步自封,对外国的事情没有兴趣。不要说西方国家,就像日本这样与中国一衣带水、击柝(梆子)相闻、早晨出发傍晚能到达的近邻地方,也被看成是好像海外三神山一样的遥远世界,就像邹衍(战国时代的思想家)谈九州岛一样,认为简直是六合(宇宙全体)以外的世界一样不足议论,这样的视野不是太狭窄了吗?

日本文人士大夫读中国的书,对中国的事很了解,而中国文人士大夫不仅不知道西洋,就是对像日本一样的近邻国家也毫不表示兴趣,完全不打算了解。对这种现状的不满和对作为世界一部分的日本的求知心,把黄遵宪与日本研究连接起来了。

《日本国志》共40卷12志,分为国统志3卷,邻交志5卷,天文志1卷,地理志3卷,职官志2卷,食货志6卷,兵志6卷,刑法志5卷,学术志2卷,礼俗志4卷,物产志2卷以及工艺志1卷。该书不受中国史书传统纪传体和编年体形式的束缚,也摆脱了官职和制度的框架结构,如同百科全书似地就天文、地理、历史、社会、经济、思想、制度、学术、外交、习俗、物产、工艺等多方面介绍日本情况。可谓中国第一部真正的日本研究著作。该书区别于以外国为研究对象的

---

① 黄遵宪:《日本国志》,第2页。

魏源《海国图志》之类的概论性著作，是中国人把日本作为学问对象进行国别研究的开山之作。通过黄遵宪，我们也可以发现准备进入近代国家行列的清朝和已经进入近代国家行列的明治日本之间的特殊关系。明治日本可以说是清末中国走向世界的第一个关口。

(二)《日本杂事诗》的明治日本文化观

黄遵宪后来通过可以说是《日本国志》姊妹编的《日本杂事诗》(1885年)，把焦点集中到日本文化，更深层次地对明治日本的精神背景进行了探索。这也是中国人有系统地研究日本文化的开端。黄遵宪在该书"重刊序"中阐述了自己著作的意义。

他指出，古今著作家有千百家，不过，现在的人远不如古代的人。而只有记录外国事情的书，时代越近越好。为什么呢？因为古代的人，一般依靠听说记述，只能模棱而论，现在船车四通八达，通过旅行可以亲临其境，亲读其书，与别的国家知识人互相质疑应答，探求精确的答案。总之，两者所据之处，决然不同。①

黄以自己的眼睛观察为根据所撰写的《日本杂事诗》涉及的内容丰富多

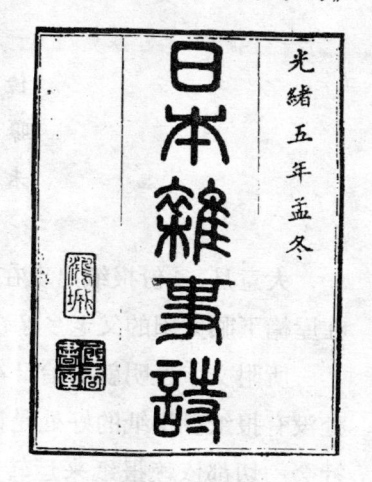

图 25　黄遵宪《日本杂事诗》：中国文学作品出现大量的日本记述，开始于黄遵宪的《日本杂事诗》。中国正史很少提起日本。因此，黄遵宪的这本书令清末知识分子在关注西洋的同时，又把目光投向了这个东洋邻国。

---

① 参见黄遵宪:《日本杂事诗》，"东洋文库"，平凡社1968年版，第4页。

彩。从介绍三种神器到明治维新、议员、货币、贸易、假名、日本汉文、日语四十七音符、日本诗坛和中国诗坛的比较、富士山、产妇、艺妓、家徽、日本刀、占卜及民谣等,有200余项,广泛深入地对日本文化进行观察和比较分析。

譬如在《日本杂事诗》原本有关"报纸"项目,他首先写上一首诗,然后附文对此加以说明。

> 一纸新闻出帝城,
> 传来令甲更文明。
> 曝檐父老私相语,
> 未敢雌黄信口评。①

大意是,一份报纸出现在帝国城乡,传来法令使社会更加文明,在屋檐下晒太阳的父老乡亲窃窃私语,从来也未曾敢对其妄加评论。

所附文字说明就明治日本报纸进行介绍说,无论深山或海边,无处没有报纸。报纸的好处是讲时事问题,公开是非曲直。由于西洋社会一切都依赖报纸来运转,遂设置约束政治诽谤、个人攻击的法律,以防报纸的放纵。罪轻者科以罚款,罪重者科以监禁之刑。日本对此全都加以仿照。②

《日本杂事诗》定本对报纸的特点性质又给予了更进一步的阐述:

---

① 参见黄遵宪:《日本杂事诗》,"东洋文库",第84页。
② 同上,第84页。

新闻纸以将求时务,以周知四国,无不登载。五洲万国,如有新事,朝甫飞电,夕既上版,可谓不出户庭而能知天下事矣。其源出于邸报,其体类乎丛书,而体大而用博,则远过之也。①

黄遵宪认识到报纸的功能是报道新闻,为了了解世界,什么都得登载。世界各国发生什么新鲜事物,早晨刚刚发电报,晚上就可以登上版面,可以说是不出家门便可知道天下大事。他指出,报纸类似中国的邸报,②而报纸体裁相当于中国的丛书,但在规模宏大和用途广泛上远胜于丛书。

《日本杂事诗》对明治日本的新鲜事物"博物馆"也颇有兴趣,书中这样描写道:

博物千间广厦开,
纵观如到宝山来。
摩挲铜狄惊奇事,
亲见委奴汉印来。③

大意是日本国建了许多博物馆,逛博物馆就好像进入藏宝之山,抚摸着青铜器觉得奇妙无比,更令人吃惊的是亲眼看到了"汉委奴国王印"。

---

① 吴振清等编:《黄遵宪集》上卷,天津人民出版社 2003 年版,第 24 页。
② 邸报也叫"邸抄"、"邸钞",即中国古代抄发皇帝谕旨、臣僚奏议和有关政治情报的抄本。宋代起发展成一种手抄的类似报纸的出版物,明末开始发行活字版本,到清代称"京报"。
③ 吴振清等编:《黄遵宪集》上卷,第 24 页。

黄进一步解释说,所谓博物馆,凡是可以陈列的东西,无不拿出来陈列。博物馆可以扩大见闻,增加知识。在此有一枚金印,如蛇钮模样,上有文字汉委奴国王印。据说是筑前人从地下挖出来的。后考证《后汉书》,知道建武中元二年,委奴人奉贡朝贺,光武帝曾赐以印绶,所看到的就是这个印章。

黄遵宪提到的筑前位于日本九州地区一带,现属福冈县管辖。后汉光武帝赐予委奴国"汉委奴国王印",作为委奴国向后汉派遣外交使节,臣服汉朝的标志。后汉根据金属的种类(金、银、铜)和钮型动物排列上下等级赐授印章。"汉委奴国王印"是蛇钮,现在知道蛇钮也曾赐给云南作为"滇王之印"而闻名于世,可知当时的日本被看成是与云南的滇国同一水平的国家。

"汉委奴国王印"使黄遵宪浮想联翩,他对古代中国给日本的影响感到自豪,也对能在明治日本的博物馆里看到这些文物而感到吃惊。他似乎从受西方文明和东方文明两者熏陶的明治日本悟到了未来中国的发展方向。这种预感使他更加确认了撰写研究日本、介绍明治日本的著作对晚清中国的重要意义。

明治日本很频繁地使用"进化"和"文明"这两个单词,滞留日本的黄遵宪开始真正领会了这两个概念的意义。他在撰写《日本国志》以外再写出《日本杂事诗》,对日本文化进行更深入的研究和探讨,就是他正视现实,领悟近代文明含义,思索明治日本社会与文化发展奥秘的具体表现。他在《日本杂事诗》列举的大部分条目,都是清末中国一般文人学士毫无所知的内容,为晚清时代填补了一个知识空白。通过黄遵宪的介绍,中国人对日本的认识程度迅速提高,此后,从这些人中间产生出了许多把目光投向明治日本,通过与明治日本文化对比思索中国现状、思考中国未来的新一代知识人。

三、超越洋务运动

推进变法(改变制度)的急先锋康有为于1898年,总结到此为止的洋务运动,认为当时流行讲天下之变的人们,只说铁路、矿务、学堂、商务。他断言这样的变只是变事,并非变法("敬谢天恩立统筹全局折")。于是,以他为代表,清朝晚期出现了许多超越洋务运动、推进中国进一步变革的人和事。

(一)康有为的世界宣言

康有为的总结是对19世纪60年代开始的洋务运动成果的评价,也是宣告洋务运动接近尾声的宣言。最早强烈地反映出洋务运动失败的,是1894年清朝和日本之间发生的甲午战争。甲午战争的失败,并非败于军事实力,而是败于对东洋日本缺乏知识和清朝的政治腐败,这对许多中国人给予了极大的冲击。大败于岛国日本的事实,唤起人们思索洋务运动的问题所在,也唤起人们认识日本的强烈好奇心。晚清中国走进了超越洋务摸索变法的新时代。前述的黄遵宪《日本国志》的正式出版,实现于战争终结半年后的1895年末,绝对不是偶然的巧合。

康有为(1858—1927年)出生于广东省南海县。他名祖诒,字广厦,号长素,举人(科举中级考试合格者)资格考试失败后,或请教于同乡公羊学家,或游玩香港,最终受西方近代文明所吸引开始学习"西学"(西方学问)。此后,他出于对19世纪末中国内外环境所抱有的危机意识,通过对朝廷上书呼吁变法的紧迫性,对变化中的世界里中国应有的形象进行了思索。

《大同书》是康有为的代表作之一。在该书中,他以公羊学派三世说为基础描绘了一幅新世界中国应该具有的大同世界的图景。

该书由以下10个部分构成:"入世界观众苦(置在世界观察众生之苦)"、"去国界合大地(消除国界合并大地)"、"去级界平民族(消除阶级平等民族)"、"去种界同人类(消除种族合并世界)"、"去形界各独立(消除男女差异保持独立)"、"去家界为天民(消除家族制度成为公民)"、"去产界均生业(消除私有财产均等职业)"、"去乱界治太平(消除地方差异施行太平之治)"、"去类界爱众生(消除种类的差别爱所有的生物)"、"去苦界至极乐(消除苦难烦恼达到极乐世界)"。康有为在此就中国走进世界,就消除国境消除民族,保持阶级间的平等,建立一个大同世界,很认真地勾画出了一幅带有强烈空想性质的理想图像。

图26 康有为:他的出现代表着中国变法时代的开始。

他说:如果出生于一个国家,接受一个国家的文明才具备知识,他就有作为国民的责任。……只要出生在大地上,大地万国的人类,长像身姿虽有不同,但全部都是我的同胞。如果彼此相识,彼此之间就会变得亲近。印度、波斯、罗马及近代英国、法国、德国、美国先哲们的精华,已经成为我生活中的一部分,与我同寝食同甘苦,我与这些先哲的心灵是完全相通的。

这简直就是号召人们拥抱世界和接受西洋学问,也可以说这是一个充满着一国国民的自觉和国际公民的希望,洋溢着要把世界的学问揽为己有的自信的清末中国人的世界宣言。

作为晚清中国一个有强烈国民责任感的知识人,康有为大胆呼吁光绪帝对清朝进行改良维新。他建议朝廷重视周边各国政治改革成功的经验。

他介绍说,附近的国家俄罗斯本来是小国,但到彼得大帝时代之后发奋变法,开始称霸北半球。德国也不应该说是特别大的国家,不过,却自小国普鲁士起身,接连战胜奥地利、俄罗斯、法国,变成了强大的国家。威廉一世巧妙地起用俾斯麦治理国家,现在称霸欧洲。日本的领土只不过有我四川一省那样大,人民也不过是我国的十分之一。然而由于决然变法,终于击败我大国的军队,割裂我辽东、台湾,夺走了我 2 亿两赔款。①

他指出,俄罗斯、德国、日本近代化的起点慢,但由于其成功进行西化,结果很快改变面貌,迅速作为强国登上世界舞台。康有为为了促使光绪帝作出政治改革决断而叙说的这段话,可以让我们真实地看到康有为对外认识所达到的高度。

(二)康有为的转变

通过明治维新对"政治日本②"加以关注,成为清末中国人获取

---

① 康有为:《日本明治变政考》序,《中日哲学史资料选辑近代之部分》,中华书局 1959 年版,第 189 页。
② 康有为:《日本明治政变考》序。由于关注日本,康有为撰写了《日本书目志》和《日本变政考》。前者 15 卷,分成 8 册。1896 年(光绪二十二年)开始编辑,翌年完成。同年的冬天由上海大同译书局出版。主要介绍日本明治以后的书籍。内容涉及生理、理学、宗教、历史、政治、法律、农业、工业、商业、教育、文学、文字语言、美术、小说、兵书,共计记录了著译本、图籍 7700 多种。后者 1886 年(光绪十二年)根据日本人指原安三《明治政史》和坪谷善四郎的《明治历史》等开始编写,1896 年完成。自 1898 年起,陆续将抄本呈送光绪帝。以时间顺序记述明治元年到明治二十三年的明治维新以后的事情。记述中不时加入康有为的意见,劝说光绪帝学习日本,断然实行变法。

日本认识的起点。不久人们就进一步发现日本之所以成为变法的模范国家,是因为日本有着能迅速吸收西洋学问的背景。对"学术日本"的发现,为此后中国的近代化建设和文化形成带来了不可估量的影响。

1898年6月11日,光绪帝采纳康有为等上书的一部分,制定维新变法的国是,公布一系列实行改革的政令,开始了戊戌变法。可是在朝廷内部,反对派阻碍这些政令的实行,同年9月以慈禧太后为中心发动宫廷政变,监禁光绪帝,把维新派主将谭嗣同等判以死刑。康有为,梁启超逃亡香港、日本,百日变法运动宣告失败。

此后16年间,康有为辗转奔波于欧洲11个国家,他撰写的《欧洲十一国游记》(只出版了《意大利游记》和《法兰西游记》)记述了他逃亡欧洲的经历。他在序言里说,在欧洲的逃亡生活是观察西洋绝好机会,自己被"天"委以大任,有责任像不死的神农一样,尝遍所有药草,最终要治愈清朝这个患者的病。可见他改造中国的热情丝毫也没有衰退。

可是进入逃亡生活的康有为,并不能像预期的那样发现西洋文明的长处,也没有找到弥补中国文明缺陷的"灵丹妙药"。

> 现在欧洲新理,多皆国争之具,其去孔子大道远矣。
> 我昔者视欧美过高,以为可渐至大同,由今按之,即升平尚未至也。[①]

他认为现在欧洲的新学说,许多都是国家间争斗的工具。远远

---

① 康有为:《欧洲十一国游记二种》,岳麓书社1984年版,第125页。

偏离了孔子的大道。自己从前过高地评价欧美,以为其已经达到大同的阶段。现在看来,就是连升平(国运昌盛和平)也没有达到。

结果,康有为越进入现实的西洋社会,目光就变得越尖锐,对现实的西洋文明的观察也就越冷静,反过来通过对中国文明和西洋文明进行比较分析,开始具备重新认识中国的视角。此外他脑子里还时刻不忘光绪帝寄予的信赖,对光绪帝有很强的报恩意识。因此,以后他屡次对推翻中国君主制度的革命思想作出强烈的排斥反应,成为保守派的代表人物,与正在中国发生的推翻清朝,以建立革命新中国为目标的革命派背道而驰,偏离时代主流,消失在茫茫历史之中。

(三)翻译机构和翻译学馆

近代以前,在中国进行的规模比较大的翻译活动,要算唐朝玄奘的佛教经典翻译和出自明清时代西方传教士的"西学"介绍。为了学习公元前6—前5世纪古代印度起源的佛教经典,29岁的玄奘(600—664年)走出中亚赴北印度留学。以后他相继游学东印度、南印度、西印度诸地区,虔诚地学习佛教经典,在印度扩大了名声。645年(贞观十九年),返回长安,根据唐朝太宗的旨意在长安弘福寺从事经典翻译。玄奘的翻译显示了很高水准,而且反映了5世纪以后印度佛教学的全貌,在后世得到了很高的评价。

中国摄取西洋文化,开始于明末意大利人传教士利玛窦的中国访问。可是,这时候一般是依赖西洋人学中文,并得到中国人的帮助,在此基础上对西方文献进行汉译,介绍西方天文学、日历学、数学、医学、地理学、水利学、建筑学、音乐、绘画等等书籍。虽然也有通过皈依基督教中国人的手完成了的译本,不过,从普通人角度来看,那看起来已经与西洋人的译书毫无两样,实际上因为这些书籍太缺

图27 傅兰雅：英国传教士傅兰雅19世纪中叶来到中国后，曾先后担任同文馆英文教师、英华书馆校长、江南制造局翻译馆口译。他长期致力向中国人介绍西洋的翻译工作。

乏中国文化色彩，没能够获取人们真心的信赖。对深深沉浸在中国文化之中的许多文化人士来说，学习西洋语言，掌握西洋教养本身不但毫无意义，甚至是一种耻辱，因此跟传教士们交往较多的知识人士也很少有人打算学习西方语言。

打破这种封闭性气氛的,是两次鸦片战争的教训加上来自邻国日本明治维新的刺激和来自甲午战争失败的巨大冲击。在这样的背景下,朝廷和一部分知识人士开始对西洋军事技术感兴趣,开始大规模设置以外国人为中心成员的翻译机构和翻译学馆。

1868年,江南制造局设立翻译馆,招聘李善兰、舒风、王筱云、赵静函、英国人伟烈亚力、傅兰雅等从事翻译工作。翻译的书籍包括算学、测量、机器、科学、地理、地学、天文、造船、博物学、医学、工艺、水陆兵法、年表、国史、交涉公法等。

1895年,文廷式、康有为在北京成立强学书局(翌年改名官书局),翻译内容包括各国公法、商务、农务、制造、测算、武备、工程等方面。

1897年,张元济在上海设南洋公学(上海交通大学前身),成立译书院,除了编辑教科书以外还翻译各国政治、技术、历史、艺术著作。

1901年,江鄂编译局创设于南京。

1902年,严复等在北京创建京师大学堂编译局。

1905年,学部图书编译局在北京成立。

这一时期也出现了不少民间翻译机构。1897年,上海成立译书公会。1901年,上海成立科学仪器馆。1903年,上海设立上海商务印书馆编译所。以上机构翻译了《原富》、《物种起源》、《近世社会主义》、《共产党宣言》(编译)等。

此外还设置了许多翻译学馆。

1862年7月缔结《天津条约》以后,设京师同文馆。最初只是英文馆,翌年增设法文馆,俄语馆。

1867年设算学馆,1872年设德文馆,1896年设东文馆。东文馆的学生,上学期学中文、外语,下学期进而学习科学并作翻译练习。

1863年,上海成立广方言馆。这里教自然科学、应用科学、外语,培养造船、翻译、外交人才。1872年,从中选出毕业生30名送到美国留学。1869年,与江南制造局合并。

1866年福州设立船政学堂(原名求是堂局)。这是一个学习英文和航海驾驶技术以及科学技术的机关,严复是这个学堂最早的学生。1864年,在广州设立广州同文馆,1901年,在北京设立京师同文馆。后者后来与京师大学堂合并。各个学馆不仅仅培育翻译人才,也贡献了不少外交和科学技术人才。在进行教育的同时进行翻译工作,出版了不少外交、经济、地理、化学、医学等书籍。

(四)严复:思想转换的类型

清末官民一致关注引进外来文化的局面,极大地改变了当时中国人的世界认识,加快了中国人走近世界的步伐。尽管还不能一下摆脱对被称为"西儒"的传教士们的依赖,但由清朝派遣赴英国等地留学回国的人们总算可以开始活用自己在西洋掌握的外语能力,学过日语或有留学日本经验的人们也开始活跃在清末社会舞台。这显示清末中国大规模学习外来文化运动已经展开,近代中国由中国人自己主导的大规模文化移植事业正式启动。严复,这位毕业于左宗棠创设的马尾船政局附属船政学堂,自1877年(光绪三年)起留学英国两年多,回国后被聘任为李鸿章创设的北洋水师学堂总教习的年轻学人,正是这场大规模学习外来文化运动中敢于回应时代呼声,走上时代最先端,运用翻译接近"西学"的代表人物之一。

1853年,严复出生于福州的一个医生家庭。他幼年受过严格的

第四章 走向世界：中日文人知识分子的精神轨迹 273

家庭教育，7岁进入私塾接触儒教经典，15岁进入船政学堂，跨入西学之门。其时正值曾国藩、李鸿章开展洋务运动，设立军械局和制造局，热衷于引进西方军事技术的时候。严复走进位于福州为培养海军人才而设立的马尾船政学堂，也是对时代趋势的一种响应。船政学堂是一所仿效西洋学制，雇佣西洋教师，尝试新式教学方法的教育机构，课程设置包括英文、算术、几何、代数、解析几何、平面三角、立体三角、代积数、动静力学、流体力学、电磁学、工学、声音学、热学、化学、地质学、天文学、航海术等。通过真正的、有系统

图28 严复：翻译西方学问，提倡中国的名学，欲把东西学问融为一体的严复恐怕可以说是中国近代最早的新儒家学者。

的"西学"学习，他不仅具备初步的外语能力，也牢固地打好了自己的科学知识基础。1871年，由于毕业成绩优秀，严复作为实习生被派遣到"建威"号舰，2年后，调任"扬武"号舰。在此期间他曾随军舰一起巡游黄海，访问日本。明治维新后日本的面貌，给少年严复内心带来了很大的冲击。

当时的清朝致力于海军建设，已经打造了北洋、东洋、南洋3个舰队，紧急需要培养大批海军人才。继1847年派容闳、黄宽、黄胜赴美国留学①后，朝廷于1873、1874、1875年连续3年向美国选派留学

---

① 容闳一行首先进入麻省蒙司学院。容闳后来于1854年毕业于耶鲁大学。澳门

生。1875年,严复与船政学堂毕业生中的12人一起被选为赴英国的公费留学生,他们先进入朴次茅斯大学,以后迁入格林威治海军大学,在研究和教授西洋学问的现场学习先进的海军技术。这时的大学课程中,包括高等数学、化学、物理学、海军战术、海战公法等。

  伦敦的留学生活,使严复耳目一新,视野开阔。通过对西洋文化的实地体验,严复的关心范围渐渐从技术之类的硬科学往社会经济、政治、法律和文化思想等软科学扩展。大英帝国这个政治民主、社会自由、经济发展,拥有超过本土领土140倍的海外殖民地,自工业革命以来无论工业和商业都引导世界潮流的国家,他的致富和强大的秘诀在哪里呢?一个又一个朴素的问题强烈地震荡着年轻留学生严复的内心。为了解答自己的疑问,他对4年前已经去世但当时仍风靡一时的英国功利主义哲学家约翰·穆勒,生活于同时代里的达尔文(1809—1882年)、斯宾塞、赫胥黎等的学说发生了极大的兴趣。同时,正好这个时候他与首任驻英国公使郭嵩焘相遇,在学习西学重要性问题上取得了一致认识。郭嵩焘欣赏严复对西洋学问的见解,并对他进行了鼓励。郭嵩焘在自己的日记中透露了两人交往的情况:

  严又陵(严复)语西洋学术之巧妙,曰恼于无论怎么学习也学不完。

  予极端评价其言词,劝他把每日的听闻记于日记。[①]

长大的黄胜因病退学,返回香港之后在一家公司学习印刷技术,1852年左右开始与伦敦会印刷部保持联系。1871年协助有名知识人王韬,买下这个印刷机构,参与《循环日报》的创刊。1873年作为清朝国费留学生团第2年度组的监督再赴美。此后在华盛顿清国公使馆工作,返回香港之后于1883年末加入英国国籍,成为香港市政参事会的唯一中国委员。黄宽1849年离开蒙司学院前往苏格兰爱丁堡大学学习医学,1857年毕业回国。

 ① 钟叔河编:《郭嵩焘:伦敦与巴黎日记》卷20,"光绪四年五月二十九日"。

1878年,作为郭嵩焘后任成为清朝驻英国、法国公使的曾纪泽(1839—1890年,曾国藩的长子)在自己的日记中也写下了有关与严复接触的事情。

> 十三日,晴阴半。辰正二刻起,茶食后,核改答肄业学生严宗光(严复)一函,甚长。宗光才质甚美,颖悟好学,论事有识。然以郭筠丈褒奖太过,颇长其狂傲矜张之气。近呈其所作文三篇,曰《饶顿传》,曰《论法》,曰《于人书》。于中华文字,未甚通顺,而自负颇甚。余故抉其疵弊而戒励之,爱其禀赋之美,欲玉之于成也。①

曾纪泽对严复在给予严厉指点之下也寄予了厚望,他为严复的脱颖而出感到激动。从严复提供的论文来看也可以知道严复的学问视野已经超越自然科学,扩大到了文学、社会科学领域。

对东西方社会的共同感受是使三位年龄、身份都很不同的清末中国人走到一起成为"忘年之交"的主要原因。后来严复在所译孟德斯鸠《法意》(《法的精神》)的序文中提起这段经历。

> 犹忆不佞初游欧时,尝入法庭,观其听狱,归邸数日,如有所失。尝语湘阴郭先生,谓英国与诸欧之所以富强,公理日伸,其端在此一事,先生深以为然,见谓卓识。②

大意是说严复初次去英国的时候,进入法庭观察了诉讼的现场。这个体验给他很大的冲击。他对湘阴郭(郭嵩焘)先生说,英国与西

---

① 曾纪泽:《出身使英法俄国家日记》,"光绪五年3月13日",钟叔河主编:《走向世界丛书》,岳麓书社1984年版,第186页。
② 《严复集》第4册,中华书局1984年版,第969页。

洋富强的原因,就是在于公理越来越深入人心,先生表示同意并称之为卓见。

年轻的严复对西洋富强的思索,幸运地得到了郭嵩焘的肯定和曾纪泽的理解。三人的邂逅足可以为近代中国西洋认识史的第一页内容增光添彩。

图29 严译著作:严复先生翻译的英国赫胥黎《天演论》和亚当·斯密的《原富》。这些著作在中国青年的脑子里移植了生存竞争、物竞天择、适者生存等概念。

1879年,严复毕业于英国海军大学,回国后被聘为船政学堂教习。1880年,李鸿章在天津创设北洋水师学堂,严复调任总教习,1890年成为同学堂总办(校长)。不过,由于不是科举出身,为了避免自己的意见被朝廷轻视,他先后4次参加乡试。因为当时严复等留学生在主流社会否定留学生中国文化教养的成见压迫下抬不起头来。很多人认为只有西洋学问并不能得到认可,要在西方学问之外再懂中国学问才能够获得承认。严复从英国回国后,曾师从清代古文学派最大文学流派桐城派大学者吴汝纶学习古文技法,他的"西学"翻译也几乎都是古文风格,这是因为他有意识地要显示自己在中国教养方面也造诣不浅而非等闲之辈。

1895年,甲午战争中国失利以后,他发表《论世变之亟》、《原强》、《救亡决论》、《辟韩》4篇政论文章,指出中国要走上富强之路,根本在于鼓舞民力,开放民智,刷新民德,他力说要废除阻碍革新的科举制度和专制政体,尖锐地抨击作为科举制度和专制政体思想基础的朱子学和阳明学的非实用性,强调了引进"西学"和国会制度的重要性。

1898年,严复翻译出版了赫胥黎的《进化和伦理》(1894年)汉译本,题名为《天演论》。这本书为当时中国知识界引进了根基于生存竞争、优胜劣败的社会进化观念,也广为传播了中国处于亡国的危机之中的忧患意识。译本采用桐城派古文典雅的文章体裁,受到众多青年的欢迎和喜爱。严复的知名度因此高涨。以后他又翻译出版了亚当·斯密《国富论》(1902年),题名为《原富》,翻译出版约翰·穆勒《自由论》(1903年),题名《群己权界论》,《逻辑学体系》(1905年),题名《穆勒名学》,还翻译出版了孟德斯鸠《法意》等多种西洋学术著作,有系统地介绍了西方近代学术成果。

可是,辛亥革命以后,严复在思想上逐渐显示出对传统的理解,并支持袁世凯的帝制运动,这使他声名坠地,最终于1921年在五四新文化运动处于最高潮时怏怏离世而去。不过,他从传统中国靠近西洋,最后又返回传统中国的谜一般的思维转变模式,却被许多近代中国知识分子继承下来了,这从一个侧面反映了中国文化近代化具有的多重性和分裂性特征。

(五)严复翻译中的东洋和西洋

那么,严复通过翻译西洋学术介绍西方文化的活动,在中国近代引进西洋学术史上有什么样的意义和地位呢?首先要指出的是,严复推出的译著是中国人有系统地开始翻译介绍西洋社会科学原著的最早的尝试。在中国翻译西方书籍,从明代利玛窦、徐光启(1562—1633年)到清代傅兰雅、徐寿(1818—1884年),一般不超出记述宣教师口述的翻译方法,虽然也有少数皈依基督教的中国人直接从西文翻译,但是从翻译范围的广阔和体系性来考虑的话,远远不能与严译西方名著相比。

严译的特征首先在于以"案语"的形式大量附加了译者对有关内容进行的解释和评论,再就是以古文风格翻译西洋文章。当然也正是因为这种古文风格的翻译,导致了其只能为一部分有教养的读书人接受理解,限制了严译世界名著的社会影响。也因为同样的理由,除了《天演论》以外,严译世界名著对当时中国的知识分子带来的影响并没有想象的那么大。① 与此相反,严复出版约翰·穆勒《群己权界论》的同一年,由留学日本的马君武②(1882—1939年)完成

---

① 赖建诚:《亚当史密斯与严复:国富论与中国》,台北《汉学研究》第7卷第2期所收,1989年。

② 马君武是广西桂林人,1901年(光绪二十七年)留学日本,在东京参加过反对清朝政府的活动,并加入了以孙中山为中心的中国同盟会。在进行革命活动的同时,他从日译西方名著翻译了拜伦、歌德、席勒的诗歌和达尔文的《物种起源》、卢梭的《民约论》、约翰·穆勒的《自由论》。此后,他还在上海担任《翻译世界》杂志主编,积极推进经过日本介绍西洋文化和学术的翻译活动。

的该书另一译本以《自由原理》之书名出版。由于马译通俗易懂,所以比严复的翻译流传的范围更广。

严复翻译孟德斯鸠的《法意》也有同样遭遇。出版这个译本的6年前,该书已经用《万法精理》的书名由张相文经过日译本翻译过来。辛亥革命以前的中国人,一般不是通过严复的译文而是通过张相文的译文知道孟德斯鸠名字的。严译有很多严复精心设计的独特的译词,不过,后来在汉语中得以保留下来的只是"物竞"、"天择"、"逻辑"等词汇,远远地少过汉语中吸收的来自日本的西方译词。商务印书馆出版的《严译名著八种》附有《中西译名表》,在其中482个词汇中作为学术词汇使用的只占有56个,不及百分之十二①。

不过,严复在翻译过程中总结出来的"信、达、雅"(《天演论·例言》)的三原则作为翻译指南却深入人心,广受欢迎。这里的"信"指译文要忠实原文,"达"指译文要达意流畅,"雅"指译文要高雅有格调。由于严复指定要使用"汉代以前的字法句法",这个三原则以后多多少少要接受许多人的修正,但其作为近代中国最早的翻译理论,给大规模引进外来文化的下一个时代带来了很大的影响。

明治时期的知识分子福泽谕吉作为一位启蒙思想家很大程度上改变了近代日本的世界认识,他曾经公开表示并引以为自豪的是在翻译和写作时"以世俗通用的通俗文体引导世俗达到文明"②。与此相对,严复在翻译时却彻底拘泥于古文风格。不仅如此,严复即使留学回国后仍然数次参加科举考试(1909年,其由朝廷赐予文科进士出身),始终对传统文化显示出自信和夸耀的态度。晚年的严复更

---

① 熊月之:《西学东渐与晚清社会》,上海人民出版社1994年版,第701页。
② 《福泽全集》绪言。

是坚定地反对新文化运动中对西方科学的靠近和对白话文学（口语体的文学）的倡导，这和高声疾呼并积极推进日本社会用西洋文明代替旧来文明的福泽谕吉形成了鲜明的对比。这样的对比真实地反映了中日两国近代化社会背景和文化背景的明显差异，显示出中日两国知识分子在精神结构上存在着巨大差异。

（六）在中国近代化中注入日本因素

1896年12月，康有为的弟子、变法维新的领导者梁启超曾为黄遵宪《日本国志》再刻本的后序写下了下述意味深长的文字：

> 中国人寡知日本者也，黄子公度撰《日本国志》，梁启超读之，欣怿咏叹黄子，乃今知日本，乃今知日本之所以强，赖黄子也。又憝愤责黄子曰：乃今知中国，知中国之所以弱，在黄子成书十年久谦让不流通，令中国人寡知日本，不鉴不备，不患不悚，以至今日也。①

梁启超说中国了解日本的人很少，黄遵宪写《日本国志》大大地弥补了这个缺陷。他对作者先是表示感激之情。认为能了解现在的日本，知道日本强大的秘诀多亏黄遵宪。同时他还埋怨著者，说黄遵宪脱稿经历十年，一直因为谦虚没将其付诸出版，使中国人至今一直不了解日本情况，也因此没有反省、忧患和畏惧意识。

梁启超认为，正是因为对日本的无知导致了甲午战争的败北。

---

① 梁启超：《〈日本国志〉·后序》，《梁启超全集》第1册，北京出版社1999年版，第126页。

他的分析此后有力地唤起人们对洋务运动的反省和对明治日本的关注,形成清末社会认识世界和认识日本的转机。

图30 梁启超:一位主张通过日本来学习西方文明的改良思想家

梁启超(1873—1929年),是中国近代思想家,戊戌变法运动的领导人。字卓如,号任公,别名饮冰室主人。广东省新会人。从年幼的时候起在家庭受到传统性的教育。1889年成为举人,1890年前往北京参加会试不及格。返回广东途中停靠上海,在那里触及世界地理书《瀛环志略》和上海机器局汉译的西洋书籍,扩大了世界视野。同年与康有为相识,并投其门下。1891年求学于万木草堂,接受康有为的思想和学说,开始走上改良维新之路。

众所周知,早在19世纪前半部,魏源就在《海国图志》提出"师夷长技以制夷",呼吁向西方学习。到19世纪末期,当时的关注点已从要不要学习西方转移到如何学习西方上来。年轻的梁启超最早看准这个方向,着手处理这个最尖端的时代课题。梁启超的结论是通过日本学习西方文明。他对日本的重视领导了清末中国学习日本的潮流,通过注入日本因素,大大加快了近代中国吸收西洋文明的速度。

梁启超特别重视日本的背景,与他获得新的世界认识,形成了独到的日本认识有关。1892年,他在"读书分月课程"中记下了自己的学习计划。其读书目录既有中国古典著作也有西洋书籍。

> 要读西洋书籍,首先读《万国史记》,以知其沿革。其次读《瀛环志略》,以详其形势,读《列国岁计政要》,知其富强之本源,读《西国近事汇编》,知近日之形势。关于格物致知各个技艺,各自有专业,这是入门性的学习,在此不一一列出。①

他强调说,读西洋书籍,首先读《万国史记》,以知道世界历史沿革。然后要读《瀛环志略》,以知道世界形势;读《列国岁计政要》,以知道世界富强的本源;读《西国近事汇编》,以知道今日世界形势。

由此可见,梁启超非常重视了解各国历史沿革,学习西方天文、地理和科学技术,掌握外国情况,具备世界视野。他选择达到这个目标的途径就是求学日本。

---

① 梁启超:"读书分月课程",《梁启超全集》第1册,第3页。

(七)从"洋务"到"变法"

1895年4月,由于清朝政府与日本签订《马关条约》,梁启超等广东省和湖南省的举人一千数百人联名向都察院呈报了反对签署《马关条约》意见书。5月2日,康有为等人再联合各省举人,向清朝政府提出"拒和"、"迁都"、"变法"三个要求,发起震撼朝野上下的"公车上书",启动了清末维新变法运动。都察院以签名者还没进入宦途为理由,驳回了上书。

翌年8月9日,《时务报》在上海创刊发行,梁启超担任主编。旬刊《时务报》发行量据说有一万份之多。梁启超还发表了鼓吹变法的《变法通议》,该文不仅在中国内陆广泛流传,在海外也被广为阅读。梁启超指出,中国这个巨大的建筑物面临被毁坏的危险,但多数国民还全无觉察,他举出近邻,特别是印度被沦陷为英国殖民地的教训为例呼吁人们思考"变法"。他对"变法"的认识基于他对洋务运动的反省。他号召人们把关注的目光从强化军队和开发矿山,重点放在通商的"洋务"上转移到重视"变法"上来:

> 吾今为一言以蔽之曰:变法之本,在育人才,人才之兴在开学校,学校之立在变科举。而一切要成其大成,在变官制。[①]

梁启超没有忽视当时极度缺乏从事这种改良活动的人才的现实。在梁启超开始言说学西方制度用以谋求富强的清末中国,非常缺乏精通世界各国语言和人文知识的人才。这个现实是梁启超在思

[①] 梁启超:《论变法不知本原之害》,《梁启超全集》第1册,第15页。

考通过吸收西洋文化,改变旧的教育和学问,建设新中国问题时备觉烦恼的事情。结果,梁启超得出结论认为借用日本学问是接近西方学问的捷径。

> 然则以求学之正格论之,必当于西而不于东,而急就之法,东故有未可厚非者矣。①

他指出说:如果寻求真正的学问,当然应该去西方而不是东洋日本,不过,从救急的角度来看,假道日本也是一种不坏的选择。

> 夫日本三岛之地,千里之国耳,近以步武泰西,维新政治,国势之强,与欧西等。推原其由,皆在遍译西书,广厉学官之故。②

他认为,日本这个只有三个岛屿、面积不大的国家,最近学习西方后,国势之强几乎等同于西欧。推其原因就在于其大力翻译西方书籍,广泛招集有学问的官僚。

梁启超强调为了确保变法人才,必须学习西方学问。日本就是通过学习西方学问取得成功的实例。当然,仅仅这样还不具备充分吸收日本学术文化的理由。他进一步分析:

> 我中国英文英语之见重,既数十年,学而通之者不下数辈,而除严又陵外,曾无一人能以其学术思想输入中国。

---

① 梁启超:《东籍月旦》,《梁启超全集》第1册,第325页。
② 梁启超:《日本横滨中国大同学校缘起》,《梁启超全集》第1册,第323页。

> 若治东学者,苟于中国文学既已深通,则以一年之功,可以尽读遍其书而无隔阂。①

也就是说,如果有很好的汉语基础,一年就能通读日语书;相反,即使学习西方语言已有五六年,也未必能读懂其原文书籍。所以,从这个意义上看,从日本吸收西方学问既快又有效。

(八)梁启超的"东学"主张

在以后学习日本学术文化的实践中,梁启超制定了自己的翻译程序。② 一是选择应该翻译的书。第二是确定翻译方法。三是培育翻译人才。他所指的应该翻译的书,包括兵法,但更包括各国的法律、章程、历史、哲学、经济学等社会科学的书。关于翻译方法,梁主张首先要统一人名、地名、官制、物产、度量衡、纪年表等,翻译时要追求完整表达翻译内容意思的意译,这大体上肯定了严复关于翻译方法的说法,与严复提出的"信、达、雅"三原则是相通的。不过,梁启超并没有像严复那样强调使用优雅文体。当然,他也没有立即呼吁通俗文体的使用。

关于培养翻译人才,梁启超认为欧洲语言的修业不是瞬间可以完成的,暂时应该培养使用汉字并容易学会的日语的人才。梁启超读日语的秘诀,在于把日语文章结构前后颠倒去读。这想法恐怕是因受日本人加上读音顺序符号读汉文启发而来的。1899年夏天,梁启超与以前在万木草堂学习的同学罗普(比梁早一年留学日本,是

---

① 梁启超:《东籍月旦》,《梁启超全集》第1册。
② 梁启超:《论译书》,《梁启超全集》第1册,第44页。

梁的日语启蒙老师）合写了《和文汉读法》，介绍了简单读日语的方法。这本书很快就为许多对西方学问有兴趣的年轻人所接受，广为流传。

关于翻译方法，日本在早期近代化过程中也有过各种不同的说法，早在1774年（安永三年）刊的《解体新书》已经提出了翻译的三个原则。《解体新书》凡例有如下记述：译有三等。一曰翻译，二曰义译，三曰直译。① 这里的所谓"翻译"用现在的话说叫直译，指有相当于荷兰语的汉语表现时，使用中国或日本既存的用语表达。"义译"是说在没有与既存的词汇相对应的表达时，按照荷兰语意义造词翻译。"直译"，是指在既不能"翻译"也不能"义译"的情况下，用汉字或用假名记下荷兰语音的音译。在来自日本的用汉字表达的西洋概念的译词大量进入中国之前的时代，遵照《解体新书》的翻译原则进行翻译并不容易，当时中国实际上通行的与其说是"翻译"、"直译"，不如说更多的是倾向于"义译"。

对吸收日本学问颇有兴趣的梁启超，在戊戌变法失败后前往横滨，一边过逃亡生活一边自学日语，致力于消化和理解明治日本的学术和文化。他首先把关注重点对准了日本学校的教科书，他关注的日本教科书所涵盖的基础科目有伦理、国语及汉文、外语、历史、地理、数学、博物、物理及化学、法制、经济、习字、图画、唱歌、体操。② 此后，经由明治日本传进来的西方学问接二连三地被介绍到清朝中国，给晚清中国传统学问（儒学）的土壤灌输了大量西方学问的新鲜成分。这部分经由日本传入中国的西方学问的单词群，作为中文词

---

① 《解体新书·凡例》，《日本思想大系·洋学》下，岩波书店1972年版，第217页。
② 梁启超：《东籍月旦》，《梁启超全集》第1册，第326页。

汇的一部分现在仍然为人们广泛使用。①

甲午战争以后,晚清中国人的日本认识基于对洋务运动的反省,开始倾向于对明治维新的正面评价。梁启超在吸收西方的日本评价和有驻日经验的黄遵宪的日本介绍的基础之上,形成了把明治维新作为晚清改革效仿对象的思路,加大了对日本认识的深度。尤其是他提出了把构筑"东学"(日本的学问)作为学习西方必须手段的构想,表明在他意识中,日本已经从一个无关痛痒的邻国转化为令人憧憬的邻国了。

梁启超追求东学的理想,不久以后,就因大批年轻的中国人为了引进西方学问奔赴日本留学而变成现实。

晚清学习西方原本有三个途径,这就是翻译西方学术著作,雇用西方教师,留学国外。到20世纪初期,通过前二者学习西方已经不够,为此梁启超等开始摸索留学国外的可能性。从变法派的角度来看,他们认为仅仅靠少数人留学西方不适合大规模的文化移植,因此去看上去在地理、文化、社会上都接近中国的明治日本留学具有特别的魅力,也具有可行性。也正是这个时候,1905年,晚清废止了一千多年以来牢牢束缚中国知识人精神世界的科举制度,这一举措加速了取代科举接受新式教育的留学之潮。

废止科举形成了晚清教育史的转换点。科举制度本来是在公平竞赛、机会均等的原则下,确保优秀人才的中国独特的考试制度。可是这个考试制度一旦与官僚制度紧密联系在一起,遂招致教育内容

---

① 据语言学者高名凯《现代汉语外来词的研究》(文字改革出版社1958年版)的统计,在现代汉语1270个外来语中,出自日语的459个。实藤惠秀《中国人日本留学史》增补版(黑潮出版社1981年版)举出了784个单词。这些单词,如"近代化、方程式、帝国主义、取消、手续、人口、出版、哲学、化学、经济、杂志"等等单词,现在仍然是常用词汇。

僵硬和考试方法形骸化的弊病。晚清学习西方的困难,与拥有一大批只对科举考试有兴趣的知识人不无关系。废止科举带来了教育制度的巨变,迎来大量设置新式学校和海外留学的潮流,开拓了20世纪初期晚清中国大规模移植外国文化事业的新境地。

20世纪初期晚清社会发生的留学日本热,揭开了近代中国和日本之间进行大规模文化交流活动的序幕。加入这个留学行列的人中间,既出现了像周作人①(1885—1967年)和戴季陶②(1890—1949年)那样的获得崭新日本观的新一代文人学者,也出现了像鲁迅(1881—1936年)那样的获得崭新世界观和中国观的新一代思想家。

四、从文化争论看近代中国的他者发现和自我发现

中国在漫长的历史过程中虽然获得了自我完善的文明系统,但对中国以外的外部世界也并非全无所知。明代中国人曾经尝试对中华以外的西方世界进行航海探索,把文明视野扩展到了非洲东岸。更有一部分知识分子早在明末清初就接触过西方传教士带来的基督教文明和大航海时代西方世界崭新世界观念的刺激,极大地丰富了

---

① 周树人(鲁迅)的弟弟。1906年继鲁迅之后留学日本,在立教大学等学校学习。1911年回国后从事教育、研究活动。自1917年起任北京大学教师,积极参加文学革命运动。除散文"日本管窥"还有许多像"日本与中国"、"日本的新村"这样的讨论日本的文章,与一篇日本论也没留下的鲁迅形成鲜明对比。他观察日本文化眼光很尖锐,对日本文化有深层观察,形成了战前中国研究日本文化的一个高峰。

② 四川省人。在成都学习日语之后,留学日本大学读法律系。回国后做过记者,并以文学出名。此后参加同盟会时遇到孙中山,1913年以后直到孙中山去世(1925年)为止,任孙中山的翻译和秘书,同时兼作国民党论客。1927年由国民党右派派遣到日本,在日本各地进行公开演讲,回国后综合日本研究的成果,撰写出被认为堪与后来出的本尼狄克特的《菊与刀》一书相提并论的《日本论》。以后成为国民党政府考试院院长。

他们的世界认识。

可确认的最早传至中国的西洋文化是外来宗教"景教"。781年德宗时代,唐朝长安大秦寺院内修建的"大秦景教流行中国石碑"上,记录了"景教"的概要和来历。但是东西方文明真正的接触和相互影响,却要等到明代万历以后耶稣会传教士来朝以后才得以实现。从明朝到清朝的漫长的历史时期中,耶稣会士利玛窦、汤若望、南怀仁等人向中国介绍了欧洲发达的步枪、大炮等的铸造技术和历学、地理学、天文学、数学等等科学知识,耶稣会士郎世宁还向中国介绍了欧洲绘画技法和建筑样式。诸如此类的欧洲实学,巧妙地为中国的传统学问所吸收,由此产生出了不少像徐光启《农政全书》、李时珍《本草纲目》一样有创新价值的学问成果。

（一）西洋对中国伦理的高度评价

虽然西方传教士给中国带来了很多新的东西,然而传播基督教这一西方传教士的本来目的却因为所谓"典礼问题"①的发生而受到阻碍,基督教传进了中国,但没有能够以此推翻中国传统的世界观。反之,"典礼问题"作为一个契机,深化了欧洲知识分子对于中国习俗的关心,这除了让18世纪巴黎宫廷流行起所谓的"中国趣味"以外,也吸引了孟德斯鸠和伏尔泰等人尝试将欧洲文明与以中国为首

---

① 清代因天主教传教而发生的争论。明末耶稣会传教士承认中国固有的诸典礼（上帝,孔子,祖先崇拜）,顺应中国的风俗习惯进行传教。清朝初期,多明我会、方济各会传教士对此给予了否认。两者之间产生了纠纷。1705年（康熙四十四年）,教皇克雷芒十一世（1700—1721年在位）发布命令,视容忍典礼派为异端。康熙帝为此震怒,于后年禁止典礼否定派传教,命令传教士退到国外。到了雍正时代,1723年（雍正元年）以后,全面禁止基督教传教,除政府雇佣者以外,把所有传教士放逐国外。

的亚洲传统文明进行比较和对照,议论这两大文明的优劣。①

18世纪法国文学家、启蒙思想家、历史学家伏尔泰虽然一次也没有踏上过中国的土地,不过,却曾经与旅行到过中国和中国周边国家的20多个人会面,阅读了当时介绍中国的所有著作之后,他形成了自己独有的中国文明观。②最令他着迷的中国文明优秀传统是德治观念,即用德治理国家的理念。

儒学伦理的根本基于伦理原则和政治的一致,在政治和道德的关系中以道德为先这两点之上。总之,其强调的是孔子所说的"道之以政,齐之以刑,民免而无耻,道之以德,齐之以礼,有耻且格"(《论语·为政第二》)。在这里存在着刑治和礼治、德治的对照。也就是说,如果用德去引导人民,用礼仪,即文化生活的法则去规则社会的话,人们自然会产生羞耻心理;有了羞耻心,人民就能选择正确的行为方式。伏尔泰在其《风俗论》中,对中国文明的德治传统给予了高度的评价。③

在他看来,中国的德治文明远胜于西方文明的武力政治文明。他赞美《论语》"以直报怨,以德报德"的思想,认为无论什么西方民族的格言、原则,都不能对抗如此纯洁完美的道德,如果所有人都实

---

① 1298年,马可·波罗(1254左右—1324年)向游记作家鲁斯奇克罗口述了用商人的眼睛观察到的中国见闻。这成为《马可·波罗旅行记》(《东方见闻录》)的原型著作。可是利玛窦才是最早向西洋介绍中国哲学和文化的"中学西渐"的第一人。他对西方介绍的中国文化,以儒教为首,包括佛教、道教以及明代思想。利玛窦开始的中国文化介绍事业,以后为许多传教士所继承,从而加快了中国文化传进西方的速度。这直接影响了后来的笛卡儿(1596—1650年)和帕斯卡(1623—1662年)的中国文化论以及皮埃尔·贝鲁(1647—1706年)的中国记述,在18世纪法国的中国热中得以进一步发酵。参照后藤末雄:《中国思想的法国西渐》(全2册),"东洋文库",平凡社1994年版。
② 安田朴:《中国文化西传欧洲史》,商务印书馆2000年版,第654页。
③ 伏尔泰:《风俗论》,商务印书馆1976年版,第217页。

践这样的美德,那么人世间将会永远消除争斗。①

伏尔泰对中国德治伦理的评价,实际上也是对当时欧洲的武力政治伦理的批判。对中国伦理的赞美是伏尔泰对西洋文明进行反省的武器。

(二)日本是第二个西洋

从明末到清末,西方传教士和贸易商人们,依靠包含科学和技术的合理主义和对神的信仰,把活动的范围推广到世界大陆、大海、大洋的各个角落,这显示了西方世界从技术到精神的优势地位。他们的努力某种程度上冲击了中国人以自我为中心的世界认识,但并没有从根底上撼动中国人基于华夷秩序的世界观念。人们没有强烈感觉到以与传统农业生产相配套的技术和经济上自给自足为特征的中华文明的统一世界正在遭受来自西方世界的威胁,一直到19世纪中叶,大部分中国人并没有落后于西方的意识,反而用中华文明的价值观对待来自西方并充当西洋文明锐器的宗教和贸易。对中国人来说,西方人绝对不是来自理想国的应该尊敬的存在,只不过是贪图利益的"红毛"而已。尽管也有人(有时还包括皇帝)倾倒于西方人带进来的物品和文化,譬如地球仪、天文观测器、油画、建筑、音乐,不过这并没有直接导致人们承认西方文明比中国文明更加先进、更加出色。

18世纪中期清朝和英国之间围绕鸦片走私而爆发的战争,是严重伤害自任为文明中心之地的大清帝国朝野上下自尊心的事件。面对突然出现于眼前的强大的西方军队,一部分清末中国士人不得不

---

① 伏尔泰:《哲学词典》上册,商务印书馆1997年版,第321页。

正视现实,开始意识到西方世界也是一种文明的存在,他们呼吁"师夷之长技",希望探索英国军队强大的秘诀,实现从传统天下转向现实世界的观念更新。文明视野的转变,帮助人们产生相对看待本国文明的意识,加强了人们对未知世界的想象力。

走向世界的清末中国人还透过西方人的议论和评价重新认识了比清中国早一步踏进近代化道路的明治日本。同样位于亚洲,日本到江户时代时还只是单方面引进中国文化,不为中国人所注目。可是,自明治以后,日本却先中国一步大规模引进西方文化,实现了日本社会的近代化,反过来成为中国学习西方的楷模,成为反映出中国近代化落后的一面镜子。面对邻邦日本的变化和甲午战争的结果,清末中国知识界人士对自己国家的反省和批判之念与日俱增,对既落后于西方世界,又追不上东洋日本的现实越来越感觉到有一种不可名状的焦躁。随着有人提倡通过有着西学传统和实际成绩的日本去学习西方文化,在中国人的眼光中,日本逐渐作为西洋化过程中的优等生脱颖而出,演变为值得中国模仿学习的另一个西洋。

(三)"传统文化"和"西洋文化"的关系

自 19 世纪以后,中国向西方的学习伴随东西文化之争以种种形式得以展开。甲午战争后,在变法派批判"中学"正盛之际,折衷派张之洞提出中体西用①,试图调解两者的矛盾。1905 年废止科举制度后,催化新一代知识分子的欧化议论在五四新文化运动中达到顶

---

① 体用作为哲学概念,主要指本质(体)和具体显现(用),或者形体(体)与其机能、属性(用)。不过,该术语在近代中国也被用于表述中国版的"和魂洋才"意识,成为洋务运动的有名理念。现代也有"西体中用论"(李泽厚)的说法,可见体用论还保持着很强的思想生命。

点。这个时代的代表人物陈独秀基于近代西洋的自由、平等理念,对传统文化进行猛烈攻击。但是伴随着第一次世界大战的终结,与来自欧洲的"西洋的衰落"论遥相呼应,又出现了呼吁重新评估东西文化价值的声音,在主张全盘西化论者和倡导复兴传统文化的"中国本位"派论者之间,围绕中国文化应有的方向展开了激烈的争论。

1915年以来,五四新文化运动过程中出现了以"民主和科学"为口号积极导入西方科学主义和物质文明的动向。这个动向对中国社会,特别是对学界和思想界给予了很大的冲击。在此,如何评价西方文化或如何评价中国文化,成为了许多青年人最为关心的大事。五四新文化运动前后10年兴起的所谓"东西文化争论",正是这个时代课题的直接表现。

初期论争发生于以陈独秀、李大钊为中心的《新青年》和以杜亚泉为主编的《东方杂志》之间。辜鸿铭撰写《春秋大义》提出中国文化对西洋文化的优越性,反对引进西洋文化,《东方杂志》登载了许多支持辜鸿铭的文章,陈独秀和李大钊则通过《新青年》展开宣扬西洋文化优越性的论战。

第一次世界大战以后,梁启超从欧洲旅行回国发表《欧游心影录》(1919年),宣称科学万能主义已经破产;而辜鸿铭则主张只有东洋文明才能形成更完美的人类;梁漱溟在北京大学讲授印度哲学,他撰写的《东西文化和哲学》(1922年)主张"用中国文化、印度文化缓和西洋文化的弊病",主张回归东方。两三年以后,围绕着这些问题的讨论遂演变为张君劢反对科学万能主义和丁文江重视科学的"科学和人生观"论争。

总之,一连串的论争提出的问题并没有全部得到解决,不过,论争本身促进了新文化运动的深入发展,为普通中国人思考"传统文化"和"西洋文化"的关系,理解"科学"和"民主主义"的意义提供了难得的思维平台。

五、大洋上的对话
——中日知识分子的精神结构

(一) 文化冲击与文明观的转变

至19世纪中叶为止,日本人一直通过长崎这个通向世界的窗口来直接或经由中国间接地获取西方文化和各种信息。虽然包括兰学家在内的许多文人都将目光投向西方世界,其中一些人还有着将西方理想化的倾向,然而大多数文人并没有失去对本国文明的自信,他们心目中的世界是以日本为中心,在此之外是中国和西方。然而,1860年(万延元年)日本外交使团首次访美之行,令幕末的精英们有了周游世界、与异域的人和物实际接触的机会,从而扩大了视野,同时也令他们的世界观和文明观发生了深刻的变化。

18世纪末以来,因为对外的危机意识和国内兰学的兴盛,日本人对世界的认识虽然还不十分完整,但已经获得了一个大体的概念。然而最令他们痛切地认识到西方世界之存在的契机,还是清朝中国在鸦片战争中败北这个事实。接下来1853年(嘉永六年)美国人乘黑船前来逼迫日本开国。一贯对西方的知识和学问深怀好奇的日本人,面对这些来自未知世界的使者,虽然心怀恐惧,但仍然积极出谋划策,商讨应对之术。是攘夷还是开国,举国上下面临着艰难的抉择。而就在这时,一本来自中国的著作,即魏源探讨鸦片战争的得失、描绘世界大观的《海国图志》传到了日本。书中提出的"以夷制夷"的战略思想,立刻得到了同时代的日本文人的赞同。面对美国这个陌生的国度,幕末的仁人志士们从魏源的世界观中获得了深切的共鸣和极大的启示。面临危机的幕末文人一致认识到,除了吸取美国以及世界各国的"长处"之外,别无他法,而这个结论也和魏源的世界观一脉相通。

然而仅仅远眺西方世界,终究无法完全掌握其庐山真面目。认识到这一点后,幕末日本人很快就决心迈开脚步去西方世界实地探测考察一番。

1853年,佐久间象山向老中阿部正弘提出派遣"人才"去西方"实地探索当地的形势事情"。而同年以及翌年,吉田松阴也遵从老师象山的指示,为探索"夷情",两次潜入停靠在长崎和下田港附近的"夷船",企图偷渡出海(众所周知,这两次尝试都以失败而告终)。1857年(安正四年)幕府向荷兰派出了留学生,同时也开始商讨向其他欧洲国家及美国派遣留学生或视察员的办法。岛津齐彬也开始构思向美英法三国派遣留学生的方案。① 同年,幕府内部也出现了派遣使节赴美签订"日美友好通商条约"的呼声。②

然而幕府赴美使节的派遣,却直要到3年后的1860年(万延元年)才得以真正实现。而乘坐美国军舰"坡哈顿"号赴美的并不是当初提出这个计划的水野忠德和岩瀬忠震,因为这两人已经因为安政大狱事件而被除名,取而代之的是新见正兴和村垣范正,分别任正大

---

① 芳即正:《岛津齐彬》,吉川弘文馆1993年版,第184页。
② 时任幕府外国奉行(外交大臣)的筑后守水野和肥后守岩瀬曾经提议由自己亲自担任使臣,率领幕府中的可用之才亲赴新大陆美国,考察那里的军事、文化等状况,为日本的改革提供契机。这一提案立刻得到了当时的老中堀田正睦和美国首任驻日领事哈里斯的赞同,上述两人也因此被内定为赴美使臣。

使和副大使。此外与"坡哈顿"号同行的"咸临丸"船长是著名的胜海舟(1823—1899年),而船员中还有着日后以其文明论名扬国内外的福泽谕吉(1835—1901年)。

上船伊始,福泽谕吉还为自己虽未学过航海术,但操纵能力却不亚于美国船员而洋洋自得。可是一旦踏上美国大陆,他还是受到了极大的文化冲击。而最震动他的,并不是"美国人以为日本人做梦也想不到而展现给他们的"①那些工厂里的电信设备和制糖原理之类。真正让他大吃一惊的是日本人视作珍品、用来包裹烟盒之类小东西的"绒布"居然铺满了足足有八十甚至一百帖的大得"吓人"的大厅地面,而美国人却毫不在乎地穿着鞋子在上面走动。还有那些漂亮豪华的"马车",有着奇怪味道的"香槟"酒,浮在酒杯里的冰块,用来点火的"火柴",以及绅士淑女们相拥而舞的社交舞会等等,这些奇妙的异国风情,以及日常生活中的各种"风俗习惯"②都让年轻的福泽谕吉眼界大开,给他的精神世界以极大的影响。

美国社会的这些日常生活的风景迷住了来自东方的文人福泽谕吉,将他引到了一个完全陌生的文明世界。其实,有关西方的各种知识和先进技术,他赴美之前的"这几年在日本整日里就是研究它们,因此一点儿都不觉得奇怪"。③ 而面对那些美国社会的日常生活用品以及各种奇怪的风俗习惯,他却大为吃惊,赞叹连连。而且他的目光,还渐渐从诸如大量的铁被丢弃、物价极高之类的细节上,继而转向"社会政治经济"④全体方面的观察上来,比如他注意到了美国人

---

① 福泽谕吉:《新订福翁自传》,岩波书店1995年版,第116页。
② 同上,第115页。
③ 同上,第116页。
④ 同上,第117页。

图 31 福泽谕吉和美国女性：与美国青年女性的合影使年轻的启蒙思想家福泽谕吉似乎又找到了一个通过女性观察西洋的窗口。庆应义塾福泽研究中心收藏。

即使对开国总统华盛顿的子孙也相当冷淡，并没有"世袭"一说。对年轻的福泽谕吉来说，一切都显得那么不可思议，以至于让他这个"在日本国内时昂首阔步、目中无人、胆大包天的磊落书生，到了美国大陆,居然变得像个刚过门的小媳妇一般,畏畏缩缩起来了"。①

其实我们可以说,福泽谕吉所受到的文化冲击,正好触到了幕末文人对西方世界之认识的盲点。日本自德川时期以来对西方的天文、地理、医学和军事技术等方面积累了相当丰富的知识,然而对西方社会的生活方式却漠不关心。而这也是导致福泽谕吉遭受文化冲击的直接原因。敏感的青年谕吉,通过对美国这个完全陌生的世界的考察,很快意识到了自己对西方社会认识的偏颇和狭隘,感受到了东西文明的根本差异。而这次访美,因此也成了他领略西方文明的精神之旅的起点,为日后以启蒙思想家的身份为明治日本掀起一股文明开化热潮的福泽谕吉本人上了一堂启蒙课。

福泽谕吉通过自己历访欧美各国所得到的深切体验,终其一生始终主张文明开化是日本应该遵循的唯一正确道路。为此,他首先致力于将世界各国的实际情况和历史地理的一般知识传播到普通民众中去,并令其渗透到社会各个角落。福泽曾经刻过一个名为"三十一谷人"的印章,意为世俗,从中也可以看出他将启蒙一般民众视为己任的强烈的责任心。② 福泽本着"以通俗易懂之文使一般民众广泛获取文明之新思想"和"令雅俗共领文明之佳境"的愿望,写作出版了《西洋旅行指南》、《掌中万国一览》等通俗易懂的世界地理启蒙书,竭尽全力将自己所获得的西方概念传播给厌恶"唐人"③,即外国人的日本普通国民。

继 1860 年访美之后,1862 年(文久二年)福泽谕吉还访问了欧

---

① 福泽谕吉:《新订福翁自传》,第 115 页。
② 福泽谕吉:《福泽全集绪言》,庆应义塾编纂:《福泽谕吉全集》第 1 卷,岩波书店 1969 年再版,第 6 页。
③ 当时一般对外国人的称呼。同上书,第 11 页。

洲各国。他于1865年(庆应元年)在当时尚未出版的《唐人往来》一文中提出了自己对世界的认识,批判了当时社会上厌恶外国的情绪和攘夷派的论调:

> 大凡世界之广,以一里坪计算,约八百四十万坪。如此宽广之地分以五处,称为五大洲,即亚细亚洲、欧罗巴洲、美利坚洲、亚非利加洲、澳大利亚洲。这五大洲之中,亚非利加洲与澳大利亚洲属下等之国,(中略)美利坚洲除北美之合众国为新开之国,属世界一流之外,亦无特别突出之国。而全洲之内所有国度无一不昌盛,且文武两道俱精,炮术操练之外,亦能建造汽船、火轮车之类便利工具,不费劳力之苦,不仅可备战时之需,亦能为平日之用,如此各国俱安乐富强之地,唯欧罗巴洲莫属。①

福泽谕吉在这里将世界五大洲按顺序排列,视美国和欧洲各国为上等国家,而将非洲各国视为下等。也就是说将文明的最高峰置于欧美,而将非洲和澳洲视为远离文明的僻地。而他对亚洲的陈述则是这样的:

> 亚细亚洲虽地大人多物博,各种手工精巧之物亦能闻名世界,学问亦精,自然非亚非利加与澳大利亚可比。然不善改革之国甚多,只知墨守一两千年前之古人教诲,坐井观天,不知临机应变之风甚强。②

---

① 庆应义塾编纂:《福泽谕吉全集》第1卷,第12—13页。
② 同上,第12—13页。

也就是说，福泽将亚洲的位置置于欧美"上等国"与非洲、澳洲之"下等国"之间。这里所描述的亚洲各国是一种墨守成规、不思进取，拒绝与外界接触的顽固封闭的形象。而这里所说的西方诸国是指英吉利、法兰西、俄罗斯、意大利等国，亚洲则包括日本、唐土（清国）、暹罗（泰国）、安南（越南）、天竺（印度）等国。我们可以看到，在福泽的脑海里已经清晰地出现了这样的构图：是继续与亚洲各国为伍，固步自封直至落到"下等国"去，还是打开国门，实现文明开化，最终跻身"上等国"之列。而面对大多数混沌无知、毫无危机感的同胞，福泽迫切地认为"唯有澄清西洋之实情，以促进日本国民之变通，从而尽早进入文明开化之门"。也正是这种强烈的使命感令福泽成了西方文明的启蒙家。对于福泽而言，向民众广泛传播正确的西方知识和世界观，是走向文明开化的第一步。

> 千百年来之蛰居之民略开国门，欲与世界相交，先须知彼为何物，居何位，并知其地名远近。往年只知唐、天竺为世界之末端，而今却知唐、天竺以外，尚有欧罗巴、亚米利加等，因此人之眼界亦须比旧日徒增数倍不止。而眼界既开，世界自然变窄，因此只期望全体国民持视日本国内之眼光放眼世界，……①

也就是说，要面向世界打开国门，首先必须全面把握整个世界，必须清楚地了解其形状、方位、地名和距离等等。从前只知唐国与天竺（即中国与印度）位于世界的天涯海角，而现在在那后面又出现了欧洲和美洲。因此人们的视野必须比从前扩展好几倍。而视野的扩

---

① 福泽谕吉：《世界国尽》，同上书，第37页。

大同时意味着世界的缩小,因此我们必须与审视日本同样的方式来审视世界。而福泽之所以写作出版了许多如《西洋旅行指南》、《掌中万国一览》之类的旅行指南,也就是出于希望国人能够接受西方文明世界的洗礼这样一种启蒙家的强烈愿望。

福泽所提倡的世界文明的代表,当然非欧美莫属,这些地方"是世界上学问最盛行、人情最温和、兵力最强盛、礼仪最规矩的富庶国家,虽然资源不多,但通过人工努力,物产甚多,陆上有蒸汽车,海里有蒸汽船,万事便利,文武昌盛"。因此福泽为国人赴欧美旅行便利而专门写作了导游书《西洋旅行指南》。这本书不仅介绍了欧美的一般常识,还详细介绍了去欧美的行程、路线、支付船费的方法和外汇的换算,以及世界的时差、经纬度、外汇牌价①等等,因此不仅阐述了有关文明论的观点,还提供了许多具体细致的实用知识,因此称得上是一本理论实践俱全的通向文明世界的指南书。

而以一般大众为对象,根据同样的宗旨写出来的世界地理著作《掌中万国一览》②,则以介绍地球五大洲为始,详述了世界的海洋与山脉、人口与人种、语言,以及文明与野蛮的区别,并叙述了欧洲王国的变迁、欧洲五大国(英、法、奥、普、俄)与美国的情况,并进而详述了西方各国铁路的长度、矿产的有无、世界各大都会的经纬度等等。比如,有关文明与野蛮的区别,作者下了如下的定义:

> 人类根据具体情况,可分为两种类型,一曰野蛮,一曰文明。所谓野蛮,指居无定所,为求食物而流徙各地。所谓文明,指安

---

① 福泽谕吉:《西洋旅行指南》,《福泽谕吉全集》第 2 卷,第 121 页。
② 同上书,第 457 页。

居乐业,知礼仪,信宗旨,勤工守序,从而得享天赐之福。

而这两种状况还可细分为四:即混沌,野蛮,未开,和文明开化。①

因为福泽谕吉继承了西方的文明论,因而将一直以来以"华夷"为代表的文明对野蛮的概念和范畴,完全切换成了西方的文明价值观。② 在这里,作者坦率承认了西方文明在世界上所处的绝对地位,从而对照出了日本所处的地位。文中福泽谕吉将非洲和大洋洲的居民归之为混沌之民,将鞑靼、阿拉伯和非洲居民归之为野蛮之民,而将中国、土耳其、波斯划入未开之民。而美国、英国、法国、日耳曼人则属于文明开化之民。至于日本的位置究竟应该是文明还是野蛮,文中并没有明确规定。也许福泽谕吉是这样想的:因为日本需要走文明开化之路,自然尚未达到文明的境地,但是既然已经准备接近这些文明国度,因此就可以将日本归之于朝着文明迈进的发展中国家。福泽谕吉的这种文明观,既显示了作者心目中的世界观和日本人自

---

① 《福泽谕吉全集》第2卷,第463页。

② 有一种说法认为在日本随着西化的开始,"中华"这个常年梦想的概念也得以实现了。笔者虽然同意"中华"思想这种序列的文明意识是接受西方文明的价值观的基础,但并不认为"中华"意识的升华或者实现能够直接转换成西方的文明观上去。自18世纪以来,从日本文人的相对的文明价值观上,已经能够看到中华志向与西洋志向的断层。一面承受来自西方文明的强烈刺激,同时与中华意识彻底决别,才是德川后期日本思想界的取向。在这个潮流中,多数文人已经完成了与"清朝中国"的相对的文明像与价值观。同时与此平行的,是迅速地对西方的思想和学问产生共鸣。他们不断探讨世界究竟是什么,探讨日本在世界上的位置,再次产生了将世界按序列划分的意识。因此可以说西方文明的价值观正好填补了之前舍弃掉的"中华"思想的真空。从这里,我们也可以看出隐藏在持有"中华"意识的清末中国与日本之间面对西方世界所采取的不同态度的背后,其实存在着这个理由。参见渡边浩:《"进步"与"中华"——日本的场合》,沟口雄三等编:《亚洲思考〈5〉:近代化像》,东京大学出版社1994年版,第167页。

我认识的深层心理,又成了那以后明治日本学习西方文明的理论根据,继而成为文明开化运动的基本准则。也就是说,自新井白石以来的兰学文人提出了以西方世界为中心的世界地理观,到这里形成了以西方为顶点的将各国文明序列化的世界文明图,并且固定下来。通过福泽对世界地理知识的启蒙运动,人们加深了地理空间层面上的视点与文明层面上的视点的联系,日本人开始将空间层面上的世界意识与概念层面上的世界意识统一起来。在那之后,对日本人来说,欧洲和美国这些名称,与其说是地理概念,不如说是文明层面上的概念。也就是说,亚洲和非洲就是未开化与野蛮的代名词,而说到欧洲和美国,立即就联想到文明与开化,近代日本人脑中世界观的轴线就这样由启蒙家福泽谕吉的世界地理论决定了。而且直到今日,仍然与日本人偏重西方世界的世界观一脉相承。①

(二)沟通中西文化的理想与现实

而同时代的晚清中国,因为鸦片战争的败北,而不得不正视经过了产业革命而日益强大起来的西方世界,并被迫与之接触。魏源"以夷制夷"的主张,可以说正好反映了晚清中国文人决心与西方正面交锋的决心。魏源自己虽然没有机会赴西方实地考察,但是在他之后,许多中国人走向世界,深化自己对世界的认识,并重新认识中国在世界上的位置。

马六甲虽属南方的僻地,但也是中国最早接受西方来客的地方。1847年1月4日,就读于澳门的教会学校,因而无缘参加科举考试

---

① 比如时至今日,日本仍有不少人因为从观念上认定亚洲是贫困和未开化的地区,因而面对亚洲各国的繁荣和进取的现实感到困惑,或者因为仅仅将西方作为文明的标本,而只能以西方的视觉来看世界,从而难以摆脱盲目追随西方的心理症结。

图32 容闳:第一个毕业于耶鲁大学的中国人容闳。他期待那些肩负中国未来的人们都有接受西洋教育的机会,以此使中国变得强大。

的3个中国少年靠了美国教师 S. R. 布朗(Rev. Brown)的帮助,从黄埔港乘坐帆船"亨特利思"号(Huntress)前往美国。帆船朝西航行,越过印度洋,绕过好望角,进入大西洋,然后朝北航行,驶向纽约。1847年4月12日,一行人抵达美国,航程长达98天。而在这3个少年中,有1个名叫容闳(1828—1912年)[①]。

容闳幼年丧父,生活贫困,母亲将他送到了外国人开的教会学

---

① 容闳是广东香山人。自幼接受西式教育,1847—1854年留学美国,是最早毕业于耶鲁大学的中国人。后推进幼童留美事业,并担任清廷驻美国副公使。回国后参加维新运动,失败后流亡美国,并在美国度过余生。

校。母亲也许是凭着直觉抓住了时代将进入东西交流的时机。因为她明知进了洋人开的教会学校,就不可能再走科举这条升官发财之路,但是也许可以让儿子今后与洋人做生意。就这样,靠了美国教师的帮助得以赴美留学的容闳,7年后(1854年)怀揣耶鲁大学的毕业证书,乘坐"欧里加"号离开纽约重返中国。回国后容闳致力于西方文明的传播,不辞辛劳奔波于中美两国之间,期望将中国建设成美国那样的国家。然而容闳的这个理想并没有得到晚清政府的理解,在历经种种失败后,失意的容闳最终在美国结束了他的人生。在自传《西学东渐》中,容闳回顾了自己毕生沟通中西文化的努力。书中叙述了作者试图导入"西学",向清政府建议派遣留学生赴美,或者寄希望于太平天国革命而与太平天国首领接触等种种举动,显示出容闳竭尽全力希望中国与外界接触,从而得以改造祖国的不懈努力。

容闳的"西学东渐"活动始于为吸收西方文明而培育人才。1863年,容闳向当时清政府的重臣、两江总督曾国藩(1811—1872年)提请派遣幼童赴美留学,得到首肯。1872年(同治十一年),清朝廷派出了第一批幼童赴美。之后前后共有120名幼童(12至14岁)先后分4期(每期30人)被送往美国留学。在遭受到两次鸦片战争的失败后,清廷终于1861年设立了"总理各国事务衙门",改"夷务"为"洋务",并于翌年在北京设立"京师同文馆"开办英文班、法文班和俄文班,用于培养通"洋文"、习"洋务"之人才。正是在这样的背景中,洋务派曾国藩、李鸿章等人才注意到了容闳的派遣留学生计划。但是如果说容闳的理想是通过派遣幼童赴美,得以"借西方文明之学术以改良东方之文化"①的话,那么曾李们所看重的则仅仅局

---

① 参照容闳:《西学东渐》,钟叔河主编:《走向世界丛书》第1辑第2册,岳麓书社1985年版,第124页。

图33 清末少年留学生：清末"洋务"的两大事业之一是设立江南制造局，另一个是往美国派遣120名少年留学生。

限于西方的天文、地理、军事、造船、算术、机械制造等等"实学"方面。① 因此容闳的"西学"改造中国文明论必然会与洋务派的"西学"之"中学"辅助论发生冲突。1881年，已经完全习惯了西方生活的赴美留学生们，突然被全体紧急召回。原定留学15年的这些幼童们在第九年就被召回的原因在于少年们的"洋化"。曾国藩的后任李鸿章以及幕僚们深恐这些幼童将来完全美国化了。就这样幼童赴

---

① 参照《同治十年七月十九日大学士两江总督曾国藩等奏》，《筹办夷务始末》同治期卷82，第46页下。

美计划最终夭折,容闳的"西学东渐"之理想也受到了重大的挫折。

被召回的幼童们之后又接受了清廷对他们的"再教育",并重新融入晚清动荡的社会之中。当然他们的留学经验绝不会一无用处,在留美幼童中,有30多年后于1914年担任徐世昌内阁交通部长的梁敦彦(？—1923年),有中华民国第一任国务总理唐绍仪(1861—1938年)。而设计铺设了第一条中国自己的铁路(北京—张家口)的詹天佑,也曾是留美幼童的一员。然而遗憾的是,在他们中间并没能出现像日本的福泽谕吉那样的传播西方文明的启蒙思想家。究其原因,也许是这些被"洋化了"的少年留学生,因为没有经过足够的中华文化的熏陶,因此没有足够的力量来承受"中国式的近代化"所要求的东西文明的冲突。而且在他们回归之后的晚清中国,即便已经将西方文明作为某一种相对的文明样式而正视,但将其作为一种与本国文明相对立,并且是证实本国落后停滞之现实的一种参照物来考虑的人真是少之又少。这些留美幼童所面临的,只是再一次被这个文明古国所同化,而自然绝不会产生希望超越这种文明的意识。

一方面,容闳意识不到横挡在留美幼童面前难以逾越的东西文明的巨大差异,只希望为中国复制一些与西洋人毫无二致的人才,而另一方面,朝廷又深恐洋化了的幼童们将难以再适应中国的现实社会,双方的这种决然不同的认识可以说正好印证了要沟通背负不同历史的东西文明是何等困难,同时也体现了晚清政府对社会迈向近代化的戒备之心。实际上,容闳自身原本就是从小到大一直接受美式教育,对本国的学问教养一无所知的"洋化了"的文人。因此我们可以说容闳与其"西学东渐"之理想的失败,本身就是中国式的近代化拒绝洋化的产物。而容闳的"以西方之学术,灌输于中国,使中国日趋于文明富强之境"①的一片爱国热忱,最终也不过是他的一相情愿而已。

(三)清末中国文人和明治日本文人的文化对话

1871年3月17日,因为"天津教案"而赴法谈判的清使崇厚②(1826—1893年)与随行翻译官张德彝③(1847—1918年)来到了巴黎公社革命爆发前夕的法国首都。崇厚时任"太子少保,三口通商大臣,兵部左侍郎",是清朝第一位赴欧的政府高官。而任翻译官的张德彝日后也曾经担任过光绪帝的英文教师和赴外使臣。当时,张还只是区区"兵部候补员外郎",年方23岁。但是这已经是他第3次赴法了。1866年作为同文馆的学生,张德彝第一次游历了欧洲,并写下了《航海述奇》,记录了包括法国在内的各国见闻。1868年,张德彝又随清朝最初的外交使团——蒲安臣环球使团访问了美、英、

---

① 参见容闳:《西学东渐》,第62页。
② 清朝政治家,满族镶黄旗出身,1842年(道光二十二年)中举。1861年,任三口通商大臣,在天津参与和英法两国改定租界条约。翌年就任直隶总督,组织洋枪队与捻军对抗。1867年(同治六年)设立天津机械制造局。1870年,为处理在天津发生的市民袭击法国教会,致死伤多人的"天津教案"赴法。1876年(光绪二年)任奉天将军。1878年为交涉伊犁问题被派往俄国,翌年独自与俄国签订了《里瓦几亚条约》,归国后得不到朝廷的批准,并因此被断罪被捕。
③ 满族镶黄旗出身,1862年(同治元年)进同文馆英文班,1865年通过总署举办的考试,获八品官职,翌年随总税务司赫德赴欧洲访问。1868年又作为翻译随蒲安臣使团赴美国大陆和欧洲访问。1870年随崇厚访法,担任翻译官。1887年(光绪十三年)随洪钧赴德国,在驻柏林使馆任职。1890年回国后任总理衙门英文正翻译官,翌年被选为光绪帝的英文教师。1896年,任驻英伦敦使馆参赞。1901年至1906年,分别担任赴英国、意大利、比利时的外交使团的正使。他前后共出国八次,并将每次的旅行记录在《航海述奇》、《再述奇》、《三述奇》,以至《八述奇》等书中,从中可以看出作者对西方社会和文化的广博深入的知识和见解。

法各国,并写下了《再述奇》。而张德彝的第三次赴法,因为遭遇巴黎公社和普法战争,历时达1年之久。而在滞留法国期间以及往返途中漫长的海上生活中,张德彝有机会与西方各国人士以及同样来自东方的日本使节频繁对话。在他为这次旅行写下的《三述奇》中,就详细记载了这些发生在东西方人士间的文化交流场面。

在《三述奇》中,张德彝介绍了西方、日本和清末中国文人对世界以及世界文明的不同认识,从而显现了中日文人走向世界时不同的精神构造。同样怀着对未知"世界"的好奇心,和对未来世界的探求欲望,中日两国文人共赴西方。在漫长的海上生活期间,他们通过对话与吟诗唱和,一方面显现出文化上相融相通的一面,但另一方面在两者的文明意识和对西方世界的认识之间,又存在着极大的差异。然而这种差异却又并没有影响到双方其乐融融的感情交流。因此,发生在清末中国文人和明治日本文人之间的这场求同存异的文化对话,即便在今天看来,仍然意味深长。因为它不仅局限于张德彝个人,而且令我们得以读取同时代的中国人以及日本人对世界的认识,以及对他们本国的描绘。

张德彝对日本的意外发现,始于赴法途中。据《三述奇》所记,1870年农历10月20日(西历12月10日,下文均为农历),张德彝乘坐的法国客轮"拉布当内"号,于下午1点15分左右抵达安南国嘉定省(今越南),3点进港,8点停泊于离西贡约二十六七里的河面上。之后张德彝与同船的六七名日本人进行了笔谈。他从日本人那里,了解到了日本的天皇和年号、当时日本正值明治三年等知识,并且第一次听到了日语中"欧海欧"(ouhayou 你早)、"果吉延尤"(gokigenyou 祝你身体健康)、"海"(hai 是)、"伊业"(iie 不)、"阿立

图34 张德彝:作为近代初期精通英语的中国人,他拥有了置身于两种文化之间,对东西方文化进行思考的可能性。

牙头"①(arigatou 谢谢)等单词的发音。21日,"拉布当内"号在西贡停靠了1天,乘客得以上陆观光游览。第2天航船离开西贡继续西行。23日清晨,西贡的街市渐渐远去,一轮朝日如彩虹般倒映在海

---

① 张德彝:《随使法国记》(即《三述奇》),钟书河主编:《走向世界丛书》,第347页。

面上,如梦如幻。而船上的张德彝与一位西方人之间,以日本为话题发生了一场有趣的对话。同船一个叫"讷武英"的西方人对张德彝说:

> 今日本国学习各国文武兵法,效验神速。贵国亦宜有备,方可无虞。即以诸公所着鞋底论之,足见其蠢笨不灵欤。①

也就是说,这个西方人一面赞扬明治日本学习西方文明之神速,一面劝说中国也与日本走同一条路,并讥讽张德彝脚上穿的彩绣布制厚底官靴是那么的厚重不堪,借此指责清朝拒绝欧化的态度。对此,张德彝回应道:

> 即以鞋底观人,其真假虚实,亦可略见一斑。贵国鞋底,必先薄而后厚,虽厚亦只四分之一。日本鞋底,前后实而中空,虽实不足四分之一。皆不如我国鞋底,首尾一律。以之待人,亦必始终如一,不致易辙改弦也。②

张德彝批评了西方和日本的鞋底的缺陷,用以对比中式鞋底的好处,虽然不免牵强附会,但西方人原本就是借题发挥,张德彝自然也将话题导向了文明论。事实上他所要强调的,并不是中国的鞋底优于西方或者日本的,而是着眼于强调中国人所持文明指向的一贯性,从而揶揄了轻易转向西方文明的日本。这个讨论其实非常准确

---

① 张德彝:《随使法国记》(即《三述奇》),钟书河主编:《走向世界丛书》,第349页。
② 同上。

地代表了当时西方人和中国人眼中各自的日本形象。然而从西方人口中得知日本的成功,张德彝仍然不能不受到些许震动。在那以后,他对明治日本社会的各种变化日益关心起来。《三述奇》里留下的许多有关日本的记载,极好地体现了作者的这种心理。

第二天,也就是农历 10 月 24 日,张德彝又从同船的日本公费赴欧留学生①口中,听到了有关发生在明治四年(1871 年)日本政府废藩置县之举措的说明,并学到了日本的数词的发音。② 午后,船停在新嘉坡。许多华人和泰国人的小商小贩上船来推销商品,在他们嘈杂的叫卖声和卸货的纷乱中,张德彝又和年轻的日本留学生就儒教问题展开了讨论。

一个日本人问:"贵国的兵舰共有几艘?"

张德彝答:"东南海上有无数炮船。"

又问:"孔夫子的后裔现在怎么样了?"

答曰:"千余年来,已被封为世袭衍圣公,实在是国人的师表。"

又问:"贵国人都信奉儒教吗?"

答曰:"儒教如日月中天,亘古不变。即便有信奉其他教的,也不过亿万人中的一两个而已。"

接下来,张德彝又反问道:"日本人信奉什么教呢?"

---

① 与张德彝谈话的一行中,也包括了日本兵部省派往法国留学的陆军兵学寮的学生。1870 年 10 月,日本兵部省从陆军兵学寮的学生中选取了楢崎赖三等 10 名派往法国。该校的前身是设立于庆应元年十二月的陆军学校,新政府从法国招聘了夏诺望等 10 多名军事顾问,将其发展成了一个西式的军事教育机构。1870 年 10 月,日本兵部省决定从法国引进陆军编制,从英国引进海军编制,因此派遣留学生赴英法学习。而 10 名留学生在学校的法国教师、骑兵大尉碧郎(Bullant)的陪同下,从横滨出发,此刻正在赴法途中。参见石附实:《近代日本海外留学史》,密涅瓦书房 1972 年版,第 143 页。

② 张德彝:《随使法国记》,第 350 页。

对方答道:"我国有国教,并以儒教为辅。古时候无知的愚民信奉佛教,现在已经被废止了。"

彝问:"国教又是什么教呢?"

答曰:"忠君、孝亲,其乃天下公法。"

问:"忠孝二字又是传自何教呢?"

答曰:"皇祖皇孙,授受心传,施之于政,载之于书。"

又问:"皇祖皇孙,原系何教?"

答曰:"皇祖即天御中的主神,为我国开国之祖,皇孙就是其子孙,即位的统治者。"

张德彝觉得难以理解,又反问道:"贵国既然知道忠君孝亲,这不就是儒教吗?贵国从上到下所读的,不全是我国的四书五经吗?因此贵国国民自然应该知道这个道理。不知贵国先王施之于政,载之于书的,又是什么呢?百姓能够读得到吗?"

对张德彝的这个质问,对方无人能答,讨论就此终止了。①

发生在年轻的中国翻译官张德彝和日本留学生之间的围绕宗教信仰的这段一问一答,实在意味深长,充分显示了隐藏在两者背后的文明意识的变化。明治维新后不久,努力吸收西方文明的这些年轻的日本人,面对来自儒教之国的中国人,即便竭力想主张本国国教(神道)的特色,却似乎因为自己也尚未理解透彻而不能做详尽阐述。② 而另一方面从对话中,也可以感受到张德彝一面对儒教的普

---

① 张德彝:《随使法国记》,第351页。
② 据张德彝所述,参加这次谈话的日本人共有5名,他们是野村尚赫、毛利亲信、楢崎景福、小坂贯一和堀江春町。下面是有关他们的简单介绍:

野村尚赫大概是野村小三郎的别名,出生年月不明,冈山人。他是1870年作为陆军兵学寮的学生被派往法国的10名留学生之一。

毛利亲信通称毛利藤内,1849年1月10日生于荻(现在的山口县)。参加过幕长战

遍性深信不疑,同时又竭力想知道明治维新后的日本是否还能够继续维持儒教。

　　与日本人的对话仍然在继续着。10月25日晚饭后,张德彝又和两个日本外交官进行了交谈。张德彝记录了他们其中一个自称自己官居办务使,从五位,名叫鲛山乌藤原信(原名鲛岛尚信),年近30岁。另一位是权大记、正七位的盐田菅原笃信(原名盐田三郎),年纪大约20左右。两人都为处理外交事务而赴英、法、德等国,并都擅长英语①。在交谈中,盐田菅原笃信写了一首七律请张德彝指教。

役、长萨联合进攻、鸟羽伏见战役等。1869年(明治二年)藩政改革后任施政局。翌年4月,赴大阪学习法式兵法。1870年被派往法国留学。在法国学习法律和普通学等,但因病于1874年中途回国。归国后创立了周阳学舍,从事教育活动。1879年设立第百十国立银行,任行长。

　　楢崎景福通称楢崎赖三,1845年5月15日生于荻藩士家庭,父亲名林源八。楢崎赖三先就学于荻明伦馆。1863年赴下关参加攘夷战役。1870年10月大阪兵学寮改称为陆军兵学寮后,作为低学年生被兵部省派往法国留学。在巴黎,楢崎师从密尔曼学习法语和军事刑法,1873年任留学生统领。

　　小坂贯一估计就是小坂千寻,1851年出生于岩国(山口县)藩士家庭,1869年入横滨陆军学校学习参谋学。1870年被派往法国,进圣西尔陆军学校学习兵法。1877年12月毕业。1878年归国任士官学校学科部副提理,兼海岸防卫调查委员。1884年随大山岩游历欧美各国。同年回国,任参谋本部第一局第二科科长。1888年随山县监事遍访欧美各国。

　　堀江春野别名大久保春野、堀江提一郎、堀田提一郎打、堀江提次郎。1846年8月18日生于远江国(现静冈县西部)。成年后与父亲一起投入八木美穗门下学习国学。1870年5月,入大阪兵学寮幼年学舍,受命赴法留学。1870年10月至1875年在法国师从罗鲁内伊学习军事刑罚。

　　① 这里的鲛山乌藤原信,实际上就是1870年明治新政府设立外务省时的首任外务大臣、同年10月兼任驻英、法、德三国"少办务使"驻巴黎的、日本最早的外交官鲛岛尚信。估计他与张德彝谈话时,用的是假名。1865年成为萨摩藩公派留英学生的一员。同年3月22日,他化名野田仲平从鹿儿岛出发,经新加坡、印度洋、苏伊士运河西行,路上考察了沿途各国文化风俗和世界情势,最终于5月28日到达伦敦。回国后立即出任明治新政府的要职。1870年因为他丰富的海外经验而被任命为政府最初的外交官派往巴黎。

　　盐田菅原笃信应该就是1870年4月进入明治新政府民部省,之后又移至外务省,随特命全权公使鲛岛尚信赴英、法、德各国,并出席在意大利罗马召开的万国通信会议的盐田三郎的假名,此刻他正在赴欧途中。

第四章 走向世界：中日文人知识分子的精神轨迹　315

其中几句是这样的：

> 欲避炎威倚玉栏，渺茫万里碧波澜。
> 去家既觉南来远，北斗七星低不看。①

对此张德彝给予了极高的评价，这令日本青年大为兴奋，又录了两首旧作给他看，其中之一是：

> 梅香雪影鄂罗夏，萤火虫声印度春。
> 踏遍东西万奇景，退成天地一闲人。②

对诗中流露出来的怀乡之情和踏遍世界万国的豪迈气概，张德彝感到了强烈的共鸣，因而对作品大加赞赏。其实他的褒奖，与其说是针对这两首律诗的水准，不如说是冲着日本人吟作汉诗这个行为本身而来的。就这样，日中之间的对话，首先从儒教及汉诗这种共同话题切入。但是对于希望抓住日本新形象的中国人来说，更为刺激的话题自然是围绕着对西方文明的评价。

10月26日，船驶入东临马六甲海峡（当时属英领）、西近苏门答腊岛（当时是荷兰殖民地）的海域，张德彝又和一位名叫建野乡三③

---

① 张德彝：《随使法国记》，第352页。
② 同上。
③ 1841年1月出生于丰前国（福冈县）小仓藩士渡边弥五兵卫之家。后被牧野家收为养子，改名为弥次郎左卫门，但是13岁时又被建野建三收为养子，遂改名建野乡三。曾经活跃于幕末的政治舞台，小仓陷落后曾和友人组织赤心队。1870年为避难赴英留学。归国后于1877年在西南战争中参加警备队。后先后任宫内权大书记官、太政官权大书记官，1880年任大阪府知事。1890年11月受命特命全权公使赴美，翌年兼任驻墨西哥特命全权大使。1894年进入实业界，先后任唐津工业铁道、日本移民合资会社、内外物产贸易公司要职。

的日本人进行了交谈。这次谈话内容主要围绕中日两国面对西方文明所应该采取的态度而展开，充分显示了这两个同样来自东方世界的年轻人一面在西方文明和传统文化之间彷徨挣扎，一面努力寻找时代的正确出路的共同渴望。

这次谈话由建野乡三发起。他说："我国自古以来有着传统的发型和服装，但是近年来发生了根本的变化，一切效仿西洋。和贵国相比，真是令人觉得羞耻。"本来建野也许是想说明自己对本国改革的不安和文明开化途中日本人的矛盾心理，但是这在张德彝听来，却似乎是在炫耀日本的欧化速度。因此张德彝答道，"大襟宽袖的中式服装，是神州自古以来的服装，有什么可羞耻的？但是将西洋所有补我之不足，也不是无益之事"，从而指出坚持传统文化与吸收西方好的地方并不矛盾。

听了这话，建野乡三又追问说："那么西方有什么呢？"张德彝答道，"不外乎军舰、机械和武器之类吧。"建野回答说："这些东西固然有益，但是也有害处吧？"对此，张德彝强调了学西方所长的重要性：既然已经与各国交换条约，实行通商，那么就必须学其所长。要是一味拒绝，一旦灾祸来临，必将后悔莫及。显然，在他的脑海里，涌现出了中国在鸦片战争中失败的惨痛教训和与魏源"以夷制夷"相似的主张。而另一方面，建野乡三则试图从中国人那里听取对日益欧化的明治日本提出批评或者反对意见，从中我们也可以感受到他彷徨于近代化与本国的传统文化之间的矛盾心情。

11月6日清晨，张德彝乘坐的客轮已经在印度洋上航行了好几天。早上他一边眺望着位于印度南面的大小岛屿的景色，一面回想起两天前的圣诞夜同船人高唱圣歌的情景。他向前来探访的名叫山田虎吉①的日本人询问"握手"的习惯,并且展开了一段有趣的对话。事情源于一个中国使团成员欲与山田握手,可是山田却说:"握手非礼也。"对此张德彝答道:

> 入境问禁,入国问俗。书有名言。今所处之地,既非中华,亦非日本,以是礼行之,似无不宜②。

也就是说,在张德彝看来,在中国和日本境外,没有必要拘泥于中国的礼节。反过来说,在中国境内,就不宜行西方之礼。从中也可以看出,如果说日本人以为是中国人自然应该行中国礼,但中国人却认为不管何种人种,均应该入乡随俗,行当地之礼仪。也就是说,文明仅仅是某个地域的特殊产物,而不是全人类共通的。③ 而山田的行为背后则有着文明不是和地域,而是与人类本身密切相关的认识,因此他认为中国人必须遵守中国人的礼节,而西方人则应该行西方人的礼节。也正是基于这样的认识,在理解了西方文明之优越性之后,谦虚地引进其风俗习惯也就变得很自然了。包括张德彝在内的崇厚使团的中国成员们,在滞欧期间,无论是在外交谈判席上,还是在日常生活中,一直都穿着中国传统服装。这也许是他们考虑到自

---

① 1854 年生于丰津(福冈县)藩士家庭,父亲名叫山田忠吾。1868 年作为丰津藩的官费留学生赴英,1870 年 11 月转赴法国,入巴黎中央工科学校。1876 年毕业于该校土木建筑系。回国后受雇于政府参与各地的土木工事和铁道建设。1899 年经工学博士会推荐获工学博士学位。

② 参见张德彝:《随使法国记》,第 357 页。

③ 这实在是一种文明相对主义的思考,与"大中华"思想格格不入。这种思考既肯定了西方文明,同时又保持了本国的传统文明。也就是说,将西方文明和本国文明相对化了的张德彝,已经超越了"大中华"意识,形成了一种相对的文明观。

己正在参加不同文明间的政治交涉吧。但据张德彝所说,当时的日本外交使节却是平时着西服,而到外交谈判时则换成和服。如果这是事实的话,那么也许可以从中看出当时的日本人一方面承认西方文明的优越性,竭尽全力向西方人以及西方文明靠拢的姿态,但同时他们又有着作为国家的代表参与外交交涉时所持有的强力自尊。中日两国使节的这种差异,令两者无论是在行为方式还是意识态度等各个方面都构成了鲜明的对照①。

11月15日清晨,航船乘风往北驶近红海口,从船上往西看去,是非洲东岸绵延的山脉,而东面则是高山耸立的亚洲大陆西部。晴空万里,酷暑难当。而船上的张德彝又和同船的法国人毕路安②(大概是随日本留学生赴法的法语教师碧郎)围绕日本展开了一场有关东西文明的讨论。首先,这个法国人对日本急剧进行的近代化大加褒奖:"这十多年来,不仅国家政治发生了巨大的改革,就是民间的风俗习惯也洋化了许多。不仅蒸汽船、火车、电线已经非常流行,就连服装和建筑也大变样了。"对此张德彝反问道:"天下各国的政治和教育都是基于各国国情而定,应该不失其本来面目为好。说到兵器和车船,因为西方国家中好战的居多,他国不得不效仿。但其他各

---

① 这种对照同样体现在中日两国的近代化进程上。对文明持相对论的中国人即便承认西方文明是世界文明的一种,但并没有将其绝对化。如何择其优、去其劣的选择方式令后世大伤脑筋。而日本人则将文明与人种相联接,从西方文明的优位导向西方人种的优位,结果便希望以西方文明来"开化"落后的日本人,并通过迅速的西化运动,获得了近代化的优等生之称号。

② 幕末在横滨的法语学校执教的法国士官。1864年,幕府听从法国公使罗歇的劝告,于1865年3月开设了官办的法语传习所。学校事务由外国奉行总管,教学方面则由法国使馆书记官嘉逊担当。当时驻扎在横滨的碧郎,和布朗、卢路而、布波等人一起,除了为幕府子弟教授法语,还担任了地理、历史、数学等课程。1870年10月,碧郎带领楢崎赖三等陆军兵学寮的十名学生从横滨出发赴法。此刻正在途中。

第四章 走向世界:中日文人知识分子的精神轨迹

点则并没有非改不可的理由。日本人虽然样样模仿西洋,不提制度之类大的方面,就是细微之处,比如日本人穿的洋服和西洋相比,你觉得如何呢?"法国人回答说:"他们穿的服装和西方人相比还差得远呢。首先服装上官民文武的区别还一概没有呢。"从中张德彝提出完全没有必要一切模仿西方的理论,并通过比较日本人所穿着的洋服和真正的西方人所穿的服装,得出了日本人也没有完全照搬西洋的结论。

在和西方人的辩论中,张德彝反复回击了西方人对日本的褒奖,然而同时这又促使他增强了对新生中的日本的好奇心。17日夜晚,应同船的日本外交官盐田菅原笃信的请求,张德彝写了一首诗,歌颂东方人之间的友谊,并抒发了自己的感怀和对新世界的期待。

> 四海皆兄弟,瀛寰五大洲。
> 遂游舆地外,数载弗能周。
> 幸遇邻邦士,乘风溯上流。
> 挑灯衷曲诉,诗酒足千秋。①

从中可以看出张德彝比之前更为强烈地意识到了"邻邦之士"的存在、并乐意与他们交往的心情。就这样,同样期望登上世界大舞台的来自东方的大国中国和岛国日本,虽然自古以来同属中华文化圈,但是两国之间历来只存在着日本单方面的对中华文明的钦仰,而少见中国文人对日本这个国度的瞩目。然而从19世纪后叶的世界形势来看,日本已经不单单是中国的邻邦。包括上述和张德彝展开

---

① 张德彝:《随使法国记》,第362页。

争论的法国人在内,在西方人眼中,1870年的日本已经是近代化的优等生,同时也是反衬出中国在近代化过程中迟缓落后的一面镜子。因此我们可以说,中国人正是在面对西方文明的过程中,通过西方人的褒奖又重新发现了"日本"。这样,清末年轻的官吏张德彝与同样急于引进西方文明的日本人在南中国海和印度洋上的邂逅,就谱写了发生在清末中国的"日本发现"的一幕序曲。随之而来的,是黄遵宪凭着自己在明治日本的实际生活体验而导出的"日本论",以及大批清朝留学生胸怀壮志,东渡日本的壮举。

六、制约近代化方式的世界观转型

近代以后的日本总是把"亚洲"概念置于与"欧洲"相对立的位置加以认识。明治日本流行的"脱亚入欧论"作为过时的议论消失在流逝的记忆之中,平成日本反而有人在大声疾呼"脱欧入亚",呈现出"亚洲热"的壮观景象。尽管如此,但很难肯定日本大众真正正确理解了现在要"重视亚洲"的时代背景,所谓"脱欧入亚"观念,从本质上来说也许还仅仅是日本人既往文明意识的延长而已。昔日近代化过程中强烈感觉到的对"欧洲"的神往和对"亚洲"的憎恨虽然已看似日渐淡化,但在多数日本人内心里,"欧洲"和"亚洲"这两个名词却依然残存着许多特别的含义。可以说,像日本人这样对于这两个固有名词怀有特别强烈爱憎感的民族在世界上也是绝无仅有的。

德川时代前期,不论"欧洲"还是"亚洲",它们仅仅是经由中国而来的西方地理学所指地域范围的代名词而已。那时的人们虽然对日本、中国、天竺、南蛮等名称赋予情感或价值,但从"欧洲"、"亚洲"

等名词里除了空间范围外绝无其他复杂的联想。以利玛窦为首的传教士们传授的西方地理书最初只是扩大了中日两国知识分子的世界空间意识,而让它附带上一定文明价值的人,在中国则是鸦片战争之后的魏源等学者,在日本则是18世纪后期的兰学家和洋学家。总之,对诸如此类的固定名词赋予特别含义及情感色彩的行为,是在与漠然未知的西方世界有了探索性对话之后才逐渐出现的。

(一)日本:在发现西方过程中寻找自我

在日本,最初睁眼看世界的有学者新井白石。从意大利传教士那里,新井白石用具体实在的西洋形象刷新了他头脑里固有的来自中国文献的空间平面式的"世界观念"。1703年,意大利传教士西多迪受教皇克雷芒十一世之命赴日本传教。他历尽艰难困苦于1708年8月29日抵达大隅国的屋久岛。新井白石被命对此人加以审讯,并根据当时的记录写下了《西多迪物语》,这成了新井白石将视野转向"世界"的媒介,并成为其名著《西洋纪闻》的草稿。

新井白石之所以会抱有努力探索传自中国的世界观念真谛的意识,与他对未知的西洋所具有的好奇心以及大航海时代西方势力向整个世界进行扩张的现实不无关系。大航海时代以后,欧洲人使用"亚洲"、"欧洲"、"非洲"、"美洲"等名词概括"世界",并将这些名词推广到全球,这意味着以西方为中心的世界定位已经完成。长期以来"亚洲"成了野蛮与贫穷的代名词;而"欧洲"即是文明与富裕的象征。明治日本出现了"脱亚入欧"思维正是切实地反映了当时世界的现实。正是在这种背景下,日本人迈出了走向西洋、走向欧洲、美洲的漫长求知之旅,开始重新估价由传统的唐(中国)、天竺(印度)、日本构成的三国世界观。

到德川时代前半期为止,日本作为三国世界的一员,在文明上处于仰视中国文明、印度文明的地位。但是地处环海自然环境的日本,虽然接受了中国等国的文明,但心理上却保留着自主性,这种自主性表现在与各国的往来上。大阪医生寺岛良安模仿王圻、王思义父子插图版百科全书《三才图会》(1678年)所著的《和汉三才图会》(1712年)中,相对于中国主张日本的独立存在,表述了基于对本国文化认同而形成的崭新自我认识,显露出其强烈希望得到别国承认的内心世界。另外,据朝鲜使节《江关笔记》之中记载,新井白石在与朝鲜使节笔谈时有意将话题引向世界时事及世界地理,展示自己所拥有的世界知识,让朝鲜人大开眼界。发现西方世界以后,日本开始批判旧"世界",并得以主张自己的优越感。在此之前,即使有相对观察旧有"世界"的经验,但从来没有意识到要置身于这个旧有"世界"之外。如今,对于日本人而言,西方文明既是威胁又是诱惑,还是希望的源泉。

新井白石对西洋世界重新认识,他一边批判固有世界、一边尝试给日本重新定位的思想实践,令知识界产生了不少有相同兴趣的知识分子。其中的代表人物有以前野良泽、杉田玄白为主的兰学家、洋学家,草野学者山片蟠桃,国学家平田笃胤、佐藤信渊、会泽正志斋等等也表现出类似倾向。日本就是这样从想象世界进入现实世界中,形成新的世界观念及本国认识,并开始形成新的亚洲认识。这种世界观念到明治时代以后,随着"脱亚论"的登场再次出现转换,从一个侧面显示出日本近代化的本质特征。之所以说它显示出日本近代化的本质特征,是因为在此之前虽然对西方文明进行摸索,但是并没有将之绝对化,只是为批判固有的"世界"而参照西洋,但"脱亚论"不仅将西方文明绝对化,甚至带有要彻底否定旧"世界"亚洲作为文明存在价值的含义,这为明治日本的近代思想空间带来了一定的局限性。

到18世纪末期以前,一部分日本人相对地观察亚洲,在批判亚洲不完备之处的同时,摸索新世界的未来图像,试图在世界范围内给日本重新定位。进入19世纪中叶后,当日本遭受到前所未有的外压冲击时,日本人在加强观察世界力度的同时,降低了相对观看亚洲和世界的兴趣。到了幕末维新时期,在将新世界从文明上划分等级加以序列化的潮流之中,把西方绝对化,全面否定亚洲。从近世中期到近代初期在日本人意识中定型的特殊的世界图像,是日本近代化未来具有明暗两面独特风光的精神背景。

(二)中国:"以我为中心"的自负与对西洋的漠视

但是,即便在高扬改革开放之旗的今日中国,无论是对待亚洲概念还是欧洲概念都不抱什么特别的感情色彩。例如,"亚洲"一词只不过是让人漠然联想到广袤的地理范围,倒不如"西洋、东洋"让人感受到更深的含义和不同文明的意境。明代中期来到中国的意大利传教士利玛窦,将用汉字标记的以中国为中心而绘制的世界地图提示给中国。其地图中将五大洲分别命名为"亚细亚洲"、"欧罗巴洲"、"亚墨利加洲"、"利未亚洲"……这多少刺激了中国人对世界空间的认识,但并没有令把自己国家看成天下中心的中国人强烈意识到西方世界的存在。

当时包括朝廷官员的一部分文人士大夫愿意与传教士进行交往,积极吸取其天文、地理、数学等各项知识及技术,是因为他们希望用西洋的文化来弥补自己的不足,但并不意味着他们相信中国文化有被西洋世界压垮的可能性。

据说利玛窦最初对与欧洲文明并立而存的中国文明的威容颇感吃惊。他于1581年到达中国,开始作为耶稣会传教士对中国进行传教,同时以天主教徒身份向中国传授西方文化和科学,亦将中国文化介绍给西方。其中文著作有《坤舆万国图说》(《坤舆万国全图》的解说)、《天主实义》、《几何原本》等。因此,从使用中文并把中国学问传到西洋把西洋学问带进中国的意义上来说,利玛窦可说是最早的"西儒"。换言之,利玛窦与中国人的交往也可说是西洋与东洋的文人知识人士进行真正交流的开端。

利玛窦登陆广东肇庆时,将自制的世界地图、天文仪、自鸣钟陈列示众。这一行为引起人们对西方文化的莫大兴趣,对前来参观的人们来说,眼前可见到的不仅仅是西方的物品,而且是来自西方的文明信息。利玛窦在绘有崭新世界图像的著作《山海舆地图》(1584年肇庆版)中特意用汉字标记了经度、纬度、五大洲,用中文向中国传达西方人观念中的世界。1594年,利玛窦还将中国古典精华《四书》译成拉丁文发送给意大利,后成为《四书》的最早西译本。作为《山海舆地图》的再版本,1602年在北京出版的《坤舆万国全图》更是传到了日本,成为新井白石等众多近世日本学者重构世界意识的知识来源。

明末、清中期之前的"西儒"主要以介绍西方自然科学及宗教文化为主展开活动,到了清末以后,他们又把"西学东渐"的范围扩大到教育和出版领域,其影响从知识界扩展到中国社会各个阶层。

徐光启曾经就学于利玛窦门下,他因坚信天主教能补充儒教不足之处而接受洗礼,并成为将西方学问运用到中国历学和数学中的第一位科举进士。不过徐光启虽然承认西方世界的存在,却丝毫也不认为西洋文化比中国先进,甚至没有意识到西方文化与中国文化具有任何对等意义。

由于中国文人士大夫对西洋的这种认识态度,也由于清代后期天主教传教士们不再传播西方最新的文明信息,清朝中国的人们对西方文明愈加感到陌生。沉睡于传统天下的人们对于探索何谓世界、何谓世界中的中国等问题毫无兴趣。正因为如此,即使唯一邻近的西洋大国俄罗斯日益强大并不时在边境引起骚乱,清朝廷也毫不介意,没有采取充分的应对措施。

清朝廷虽然在观念上接触过世界有五大洲构成的说法,但在现实中却固守本国为地球之中心的愚念,并认为关心和研究自己以外的国家毫无意义。清朝中国做不到像同时期的日本一样紧密注视西方的存在,用西方传来的新知识批评旧有的知识和学问,由此寻找超越中国文明的途径。对日本知识分子来说,接受西方文明,将由中国传来的价值观与西方价值观相比较,取长补短,是获得文化再生、形成新自我和新价值观的巨大机会。而对中国知识分子来说,就等于要进行自我批评和自我超越。因此,直到清末为止,中国知识分子虽然断断续续接受来自西方文明的刺激,但其力量十分薄弱,未能使人们达到勇于剖析自己、超越自我的地步。而在日本,自新井白石以后,兰学家、洋学家和儒学家、国学家们共同营造了德川后期日本社会探索世界、走向世界的精神环境。而同时期的中国朝野上下却在鸦片战争以后,林则徐、魏源等提倡重新认识世界之时,仍然"沉睡"在天朝大国的美梦之中。在此我们可以看到后来两国近代化的一道分水之岭。

鸦片战争以后,以魏源为首的学者们开始思考包含西方的世界现状以及中国在世界的地位问题。魏源呼吁人们接受不能再封闭于传统天朝大国圈子里的现实,并提倡改变旧有的无视西方的世界观念,他先后著书《圣武记》和《海国图志》,向时代课题发起挑战。魏源的行动引起了一部分先进学人的关注,重新构筑世界观,成为一个现实课题为一部分先进学人所瞩目。

官僚文人徐继畬五年间利用公务之余暇,写下了探究西方地理学的《瀛环志略》。魏源和徐继畬的行为表明,走在时代前列的清末文人学者们,面对以强大的武力优势入侵而来的西方列强,已经开始意识到唯有承认西方是一个独立于中华文明的崭新文明体,只有利用其长处以强壮自己,才能避免清中国面临更大的危机,这本身就是对固有的"以中国为中心"的天朝大国思想的实质性否定,魏源和徐继畬崭新的世界认识是引起清朝中国产生世界观念或本国认识发生大转换的重要契机。

当然,所谓承认西方文明,并不等于要用西方文明代替东方文明,也不意味着用西方先进部分弥补中国不足之处的思维就从此无效了。就如魏源在《海国图志序》中所强调的一样,"师夷之长技以制夷",学习西方优秀文化的目的,最终是为了制御西方殖民者的野蛮与强暴。中国学者们是在内心抵抗与固有文明价值观和自然观不相适应的西方物质万能、机械万能主义及殖民主义的过程中,开始迈开探索西方世界富强秘诀和鉴别其文明本质文化价值的求知之旅的。很明显,在这个过程中,他们丝毫也没有表现出要将西方文明绝对化或用其取代中国固有文明的意向。在此可以看到中国文人学者在近代化过程中逐步形成的在相对看待中国文明的同时也相对看待西方文明的思想态度。从魏源、徐继畬到洋务派的李鸿章、变法派的康有为、梁启超、革命家孙文到毛泽东为止,中国近代化运动的先驱者们在思考中国近代思想发展方向时之所以贯穿着批评性选择东西文明的意识思维,正是以东西文明两者的相对化为思想前提的。他们在近代化实践中努力调和东西文明内含的对立要素,扬弃两者的先天不足,试图在超越双方基础上构筑更加合理的世界文明。

总而言之,到19世纪中叶仍没承认西方文明的中国,与早在100年前便积极探索、研究西方的日本形成了鲜明的对比。后者在历经漫长的比较亚欧文明之旅后,勇于模仿西欧,打造了拥有新文明的日本。中日两国知识界在不同历史条件下迈开不同的步伐走向近代。他们的伟大实践可谓是跨时代、越国界、超越文明的;他们的富有想象力的发现和伴随着种种错误的历史实践,在21世纪的今天仍然给我们提供诸多的启发和教诲。

第五章 两个文人知识分子：
魏源和佐久间象山

一、中日两国近代初期思想的比较

（一）中国清末的思想状况

从思想史角度中日两国近代化，不可避免要涉及东西方文化的冲突与融合问题。因而研究中日两国的近代化，有必要先了解在西方文化的冲击下两国文化近代思想的演变状况。

众所周知，魏源在鸦片战争后以其眼界开阔闻名全国。他的"师夷之长技以制夷"思想不仅对以后中国，对幕末日本也有影响。佐久间象山则以其"东洋道德、西洋艺术"这一西方文化吸收观，为幕末以及后来的明治时代留下了思想课题。

然而，尽管魏源和佐久间象山同生于历史转折关头，但两人所面临的现实和传统并不相同。在这不同的社会历史条件下，魏源和佐久间象山具有哪些不同的思想特征呢？

从思想文化传统来看，佐久间象山所继承的江户中后期文化，由于吸收外来文化（以中国文化为主）已达一定阶段，故渐渐脱离单纯模仿和学习之境，进入未来文化日本化阶段。促使这一转变的原因，除了外来思想本身的成熟,也与兰学、洋学的刺激有关。因此,江户中后期,日本出现了不少能根据现实需要自由地提出问题、解决问题的文人学者。佐久间象山的前辈学者之中,如三浦梅园、富永仲基、山片蟠桃、安藤昌益、海保青陵等即是这一类思想家的典型。正因为如此,江户后期的日本可说是传统文化的成熟期或近代文化的形成期。就是在这新旧交替之际,佐久间象山应运而生,被时代潮流推入到有代表性的思想家行列。

魏源所处的清末也是一个动荡不安的时代。此时,明末清初"经世致用"传统开始复苏,文人学士们为摆脱精神锁国带来的危机,纷纷向实用之学靠近。魏源就在这种背景下开始其思想探索的。他身处新旧时代之间,呼吁人们面对现实,提倡复兴明末清初的经世致用之学,迈开了走向近代的第一步。

清代末期,以考据学为中心的学问日益远离社会政治的现实。在西欧强大的军事、政治、文化压力下,中华民族及其文化同处于危机之中。面对这一现实,魏源站在时代最前列,提倡新学说,企图找到打破危机的突破口。他指出固有学问的"虚"的本质,认为与时代相适应的新学问应是"实学"。这种实学的源流出自汉初的今文经学。汉代抄写古经书时,往往改变经书的目的,久而久之,儒学者有意识地在经书原意里掺入自己的思想。这样产生出来的学派就叫今文经学派。后汉又形成与这个学派相对立的目的在于保护经书的纯粹性的古文学派。古文学派一反今文经学派为现实政治所用的倾向,倡导考证训诂,严守经书原义。此后,今古文之争为后代学者所继承。宋明以后一度曾以理学为主流,清中期考据学兴盛。考据学轻义理,重语言的形式。其调查声韵,考证文字,开拓了纯学问的领域,而对现实问题却毫不关心。它作为对付清朝廷的文字狱的手段,具有一定的现实意义,但沉溺于古代文献,从古书寻找理论根据,回避了其对社会现实问题的探讨。从这个意义上说,考据学的学问方向与古文经学相似,但其方法重视考证,比古文经学更精密。单从方法上看,这对以后的西方近代科学的理解不无裨益。但考据学的精密化仅止于技术和手段,还没有到达支撑这种技术和手段的科学思维。与此相对,汉初以来的今文经学,有根据现实需要理解古典文献的传统。当然这并不是对古典权威的否定,和古文经学、考据学一样,它也要把古典作为理论根据,在寻找原始根据上三者有共同点。但是今文经学有一个明显特点,也就是注重对现实的研究。

清末的今文经学,针对考据学的空疏而强调使用,追求新的政治变化。魏源作为清末今文经学的倡导者,其思想形成当然与传统的今文经学的影响不无关系,但仅用今文经学的传统也说明不了魏源思想的全部。在魏源的思想中,既有今文经学又有明末清初的经世致用思想和诸子百家的东西,其中明末清初的学术思想传统与其思想的形成关系更为密切。

明末思想以王阳明"心学"为主流。从心学兴盛到明代的考据学兴起之间,在明末清初一段时期里"经世致用"之学盛行。经世致用之学有反心学的成分。如在做学问的宗旨方面,心学重视个人人格的完成,经世致用之学则重视经世致用,即实学。在学问内容方面,心学重视心的本体功夫,经世致用重视政治论。从治学方法来看,心学强调思索、实践、体悟,经世致用之学强调读书博学、实证和政治活动。因而,两者关心的领域也大不一样,心学关心个人的内心和人格修养方面,而经世致用之学关心社会政治的现状及现状的改变方面。清末经世致用之学主要作为宋明理学、心学的对立物出现,认为做学问要面对现实问题。例如关于知和行的关系问题,经世致用之学的代表学者之一王夫之针对"知先行后"、"知行合一"论指出,只有行动和实践才能明白"知"的实效。

总之,明末清初的思想演变,可以说是从阳明学到经世致用学、从理性主义(观念的)到经验主义(实证的)的发展过程。这种思想倾向与明以来的社会经济发展紧密相关。明朝以来商品经济发达,出现了资本主义经济的萌芽,随着社会生产的变化,思想界也出现了相应的调整。

但是应该指出的是,上述理性主义和经验主义等概念,和西欧近代初期法国的理性主义及英国的经验主义倾向相比仍有不同之处。简单地说,明末清初的理性主义和经验主义都以求"道"为宗旨。这个"道"又从根本上依赖于先王之道,只不过到达这个"道"的途径有二:一是心学的方法即所谓思索—演绎的方法;二是经世致用之学的方法即所谓实证—综合的方法。而西欧近代初期笛卡儿式的理性主义的最后目标在于"获取一切对人生有益的知识,增进对真理的认识"[1]。

经世致用之学重视经验,面向社会问题,可以说是客观主义的,但这也和近代初期英国的经验主义不尽相同。英国经验论之祖培根倡言"知识就是力量",规定了学问的本质。他认为学问应直接通过实验探究自然,发现自然的奥秘。以这种知识为基础,人们就可以进行可为人类带来幸福的发现和发明,利用和征服自然。然而这一切的前提是首先要认识自然的规律,而认识的唯一的源泉是积累有关各个事情的经验,只有从这些事情的经验中才能发现规律。与此相比,经世致用之学因对探讨自然规律的作用缺乏认识,反而强化了学

---

[1] 笛卡儿著,王太庆译:《谈谈方法》,商务印书馆2000年版。

问和政治的一致性。

由此可知,西欧近代初期的理性主义和经验主义是西欧近代科学启蒙的产物,而明末清初的所谓心学和经世致用学只是固执于学问是在心中或学问是在政治实践之中等等问题。尤其经世致用之学一方面重视参与现实,一方面又从古典经书里寻求政治、社会原理。因而这种学问变成了古典经书的解释学或运用技术学,显然与近代思维相距甚远。

与经世致用之学相比,考据学以实证性为主要特征,但是考据学的本身也有很大局限,原因是考据学不是通过实证究明自然的规律,而是以究明古典的意义为使命。其重心还在于更好地把握儒教的思想内容方面。正因为它有这种局限,在清末,被拉下了学问的王座,今文经学成为清末学术思想家的主流。同时曾受考据学排斥的朱子学、阳明学、经世致用之学以及诸子学重新活跃。这预示了一种思想文化的大变动,即清末中国面对政治、经济、文化占绝对优势的欧洲,在思想文化上作出的反应。

(二)魏源的思想

清代最早提出要把汉学划分为古文经学派和今文经学派的是常州学派的庄存与。清代今文经学的母体是考据学,但是到了龚自珍、魏源以及后来的康有为时代,今文经学脱掉考据学外衣,明显显示出经世致用思想的色彩。魏源等今文经学家对汉代今文经学派的变革思想很感兴趣。他们希望用"公羊学"的"微言大义"精神来推进清朝社会的改革。

公羊学是今文经学的核心,在汉代学者所传述的儒家经典中,《春秋公羊传》为世人重视。由于当时政治上的需要,今文学派着重发挥经文的"大义",特别重视公羊家的春秋学。清代中叶,面对西方的强大压力,人们设法从传统中寻找改良变革的理论根据。有些学者继承今文经学的传统,发挥《公羊学》学说,干预时政,主张改革。于是今文经学大盛。

魏源从公羊学中不仅找到了变革社会的理论根据,也找到了学问为现实服务的一条途径。他从今文经学出发,强调"今世言学,则必曰东汉之学胜西汉"①。进而他明确自己的为学目标是"今日复古之要,由训诂、声音以进于东汉典章制度"②,即从纯学问的考据学的小天地进入解决现实政治问题的大天地。魏源在道光六年(1826年)编辑的《皇朝经世文编》中明确地表示了自己的经世胸怀。

但是魏源作为一个思想家,没有仅局限于一家一学,他的思想远远超出了今文经学的范围。在《皇朝经世文编》里,魏源列举了清代前期的政治、经济、社会、学术、教育的所有重大的问题,对以往的议论加以评价,分析了历史政治的结构和特征。他总结了"心和事的关系"、"法和人的关系"、"今和古的关系"、"物和我的关系"。魏源还注重探索社会改革的实践和新的社会理想。因此他著《皇朝经世文编》、《元史新编》和《圣武记》,反省历史的得失。他研究当时的漕政、盐政以及西洋的历史、地理、政治,对社会政治改革进行探讨。他的治学思想可用"学政一致"和"学用一致"来表述。

从学政一致来说,最明显体现于他所写的历史、地理和政治著作中。他希望对矛盾日益尖锐的社会进行变革。作为学政一致的理论依据,他提出了自己的学问观:"君、公、卿、士、庶人推本今世,前世

---

① 《魏源集》上册,中华书局1983年版,第151页。
② 同上。

道器之汙隆所由然,以自治外治、知从违、知参伍变化之谓学。学为师长、学为士庶者也。格其心、身、家、国、天下之物,知奚以正,奚以修,奚以齐且治平者也。"①魏源在这里强调所有人都应关心政治,探讨各个时代兴隆和衰落的原因,在此基础上解决现实政治问题,这才是做学问的本分。

作为学政一致的实践,魏源提出了做有用的学问——实学的口号。清末的学问疏远政治,以考据学为主的学问在文字学、音韵学、训诂学、文献学等领域颇有建树,而对政治却持消极态度。魏源则认为学问应是实用的,政治的危机在于人的虚患,而人才的虚患则在于人的虚患,也就是学问的虚患。因此他认为提倡实用的学问是解决问题的关键。他提出:"故国家欲兴数百年之利弊,在综核名实始。欲综核名实,在士大夫舍楷书帖括而讨朝章国故始。"②也就是说,比起书法、考据学等等虚学来,更应从事与政治有关的法律制度(朝章)、历史(国故)等实用之学。总而言之,魏源的实用之学主要限定于有政治实用价值的学问,实为清末思想家的先驱。不仅如此,魏源积极参加社会政治实践,进行盐政、漕运、河工、水利的研究。基于同一精神,他还研究中外历史、地理,写了前述的《圣武记》、《元史新编》以及著名的《海国图志》。实际上,魏源虽然根植于今文经学的复古和改制,但却大大超越今文经学的框框,构成了自己独特的综合性思想体系。

(三)日本前近代的思想状况

日本近代思想是在西方思潮的影响下,通过与原有的思想文化

---

① 《魏源集》上册,中华书局1983年版,第157页。
② 魏源:《圣武记》第11卷,古微堂版,道光二十六年,第31页。

相结合而产生的。而在这种结合过程中,有哪些因素使日本近代思想有别于其他国家呢? 或者说,受"汉字文化圈"传统影响的日本,近代思想形成的途径是否与中国等东亚国家相同呢? 关于这些问题,这里试从两个方面作初步探讨。一个是日本江户时代的思想状况,另一个是在思想家的精神结构中这个背景是如何反映出来的。

日本江户时代的思想潮流有一个显著特点,即外来思想日本化。所谓外来思想在江户时代指的是中国思想(儒学)和近代西方思想(兰学及洋学)。

江户时代的儒学以朱子学为主流。江户时代的朱子学始于藤原惺窝,到林罗山始将其定为官学,并根据它制定了一系列的法律和典章制度,成为现实政治的理论根据。在林罗山看来,朱子学是统一权利的思想。

朱子学把宇宙整体看成是以太极、理为中心而存在的秩序结构,而且这个太极、理不仅给宇宙的自然秩序以根据,还赐予人类以及人类社会以相应的秩序。这接近于西方中世纪自然法思想,即以自然规律作为社会规律的思路。很难说林罗山对朱子学自然法思想有了忠实的理解,不过事实上林罗山是把这种理念与日本的社会挂钩。林罗山的思想虽然有利于幕藩统治体制的建立,但作为现实社会的政治思想并没有被人们普遍接受。总之,在林罗山的朱子学里还缺乏现实社会的根基,与当时的现实政治有很大距离。

林罗山死后,江户时代的儒学发展出现了使林罗山的主观自然法适应现实政治的倾向。这个倾向有三个方面加以推进:一是阳明学者中江藤树、熊泽蕃山等的朱子学批判,二是古学派学者山鹿素行、伊藤仁斋、荻生徂徕等的朱子学批判,三是贝原益轩的出自朱子学内部的朱子学怀疑论,佐久间象山、新井白石和大阪怀德堂等就属于这个系列。

以上三个方面的朱子学批判和朱子学再认识的结果,改变了朱子学在日本的不适应状态,使中国的学问体系在日本的社会土壤里有了新的生命力。在这个过程中,儒学的教条色彩被限制于社会政治领域,儒学的文化意义为广大儒学者所承认,并迅速向庶民阶层传播。这意味着儒学在日本除有纯粹政治统治的功用之外,还具备文化的功能。这种倾向导致民间教育热的产生,对江户时代的教育普及起了重要作用。

总之,江户时代朱子学作为正统官学统治思想界,但其权威不时受到挑战。挑战者既出自儒学的古学派、阳明学派,又有朱子学内部的学者。出现这种局面的背景,除了江户时代社会、政治、经济的变化,还有西方学问所带来的对思维结构的刺激。随着兰学、洋学的发展,在近代西方自然科学的思想体系与儒学的合理性以及日本固有的逻辑思维同时并存的局面下,渐渐培养起人们从现实出发进行比较和选择的意识,为近代日本思想的发展奠定了一个较牢固的基础。

(四)佐久间象山的思想

如前所述,江户时代中后期朱子学作为幕藩体制存在的理论依据逐渐丧失其权威,外来思想日本化的动向愈来愈显著。佐久间象山就是在这个时期作为一名朱子学者登上学术舞台的。所以,佐久间象山的朱子学从一开始就带有强烈怀疑的、批判的精神。他认为学问的根本在于格物穷理,但这不等于照搬官学的教条,强调不要死守正学,应根据现实需要来做学问。这样,佐久间象山的朱子学合理主义便向实证的自然学方向倾斜。他一方面接受朱子学天地万物生成在于一"理"的说法;另一方面又从西方自然科学研究中寻找与这

图35 佐久间象山：集朱子学、洋学于一身的佐久间象山是具有幕末日本武士学者气质的人物。画像中他透彻的目光里寓宿有"穷理"的朱子学精神，自我洋溢的动作中，可找到洋学实用主义的感觉，勇猛的骑马姿势里可以看到武士的风貌。象山神社收藏。

种说法相对应的东西,试图把两者结合起来。因此,佐久间象山的合理思想是在朱子学合理主义之上加上西方经验主义的、重视实验的精神而形成的东西。

然而,朱子学认为天人一致,自然之道和社会之道合一,也就是自然和社会都被看成是有一"理"构成的绝对物。作为朱子学家,佐久间象山并没有超越这个观念,同样把社会道德当作自明之德、不需证明的存在。正因为如此,他恰恰不自觉地把社会道德领域排除出了他欲与西方学问画等号的自然体系即他的学问体系[①]。他一方面要保留朱子学的合理主义,一方面却在学问内容上架空了朱子学的固有论点。佐久间象山的思想探索就是在这种看似矛盾而又可以说顺理成章的状态中进行的。

所以在佐久间象山构思新的学问体系时,把"西洋艺术"的范围扩大到无所不包的地步。而他的"东洋道德"正好是用来弥补"西洋艺术"的外来性缺陷[②],以致其能与日本社会、政治、风土融为一体。当然佐久间象山并没有明确要建立与新的自然学学问体系相适应的社会思想体系,但是他的自然主义合理主义使他走到了与朱子学固有观念相抵触的边缘。他的自然主义逻辑归属使他观察问题的尺度有了质的改变,而这种不自觉的变异成为有意识的行动和思想表达,迟至明治初年才实现[③]。

总之,佐久间象山作为江户后期的思想家,经历了一个不自觉的思想变异过程,他继承了吸收外来文化的优良传统,以朱子学合理思

---

① 见拙著《亚洲近代思想的先驱——佐久间象山和魏源》,信每书籍出版中心1993年版,第157页。
② 同上,第199页。
③ 同上,第216页。

想为媒介,为日本提供寻找面向近代的思想可能性。通过对朱子学的再把握,佐久间象山把朱子学的官学功能限定在道德领域,而在形而下的领域设定了一个学问的世界,由此实现了传统学问和西方自然科学精神的结合。佐久间象山作为洋学家,掌握了兵学、炮术等西方科学技术,他在接触西方自然科学的同时,明白了研究自然科学的态度(详证术是万学之本)乃是指导所有学问的基础。为此,他不自觉地用自己新的自然的合理的眼光,谋求业已分裂的道德和学问的重新结合。这就是他提出"东洋道德、西洋艺术(技术)"这一口号的真正意图所在,实际上也是意味着他要建立一套新的指导学问和社会的理论体系,以取代旧的片面而不实用的官学体系。

(五)魏源与佐久间象山的思想比较

以上就中国清末和日本近代的思想状况以及两国思想家的思想结构略作分析。就两国思想传统而论,清末今文经学勃兴,变革思想和学问的实用化成为时代的主流。今文经学是针对考据学的空疏化倾向而提倡实用的学问,具有改变固有僵化模式的可能性,对清末社会改革思潮注入了活力。但是今文经学的实用化方向主要强调学问的实用,使政治、学问一体化进一步加强。

日本江户时代,由于社会经济的变化以及长期吸收外来文化的传统影响,以朱子学为中心的学问、思想的变异日益加剧。到了后期,儒学功能的分化和庶民教育的发展,使以儒学为主的传统思想日本化倾向加强,出现了向"圣学"——朱子学权威挑战的局面。这促使道德伦理形而上的朱子学和实用技术形而下的朱子学分离,从而调整了接受西方自然科学和社会科学的态度,使外来思想日本化和学问独立于政治道德成为可能。

把清末和日本前近代的思想进行比较,我们可以明显地看到,明末清初的经世致用思想到清末,形成了今文经学。这个传统不仅成为清末改革思想的源泉,还通过与考据学的对立形成了"实学"的思想内容。然而这种实学思想被限定在政治、道德的实用领域,缺乏牢固地对自然的科学性思维的基础。在这一点上,日本前近代思想与清末不同。日本前近代的儒学思维把生活实用、个人修养从政治中分离出来,使它们得以独立存在。相反,清末的"今文经学"思维在纠正考据学脱离政治的倾向以后,把即将分离的政治和学问又合为一体。为此,清末思想界强调士大夫治国平天下的政治实践,对与生活有关的形而下学问毫不关心。

在魏源和佐久间象山的思想中也有上述倾向的反映。魏源思想的直接产物是他的"学政一致"思想,这表明魏源的实学思想具有政治实践的倾向,是为消除政治危机而提出的。同时日本的佐久间象山,随着社会的变化也形成了他独特的实学思想。佐久间象山在"格物穷理"上对"理"的存在根据颇感兴趣,他所追求的是谋求"实理"、"实业"的实学思想,而它为象山的思想提供了尊重经验、实验、实测的精神。这实际上为西方的"物理"、"道理"与传统的合理思想相融合准备了条件。

若把魏源和佐久间象山的实学思想进行比较,不难看出两者虽同有实用的倾向,但方向性不同。因此面对外来的压力,魏源与佐久间象山同样抱有历史使命感,同样在摸索应付危机的途径,两人的思路却大不相同。总之,魏源基本上是抱着传统思想的核心部分不放,重视传统思想的现实功能,而佐久间象山则要传统思想为现实而用,更偏重于赋予传统思想以理的根据。也就是说,魏源毫不怀疑传统思想的价值,把传统思想应用于现实政治,而佐久间象山却有意补充

第五章 两个文人知识分子：魏源和佐久间象山

传统思想缺陷物理根据的不足。

当然魏源并不是完全没有注意西方的科学技术成果，《海国图志》的"师夷长技"思想即来自他对西方科学技术的认识和关心，这也是他从鸦片战争得到的宝贵的东西。正因为如此，他反省鸦片战争的失败，较早地站出来号召人们改变固有的西洋观。他认为要对抗西方的压力，就要综合固有学问，寻找其普遍意义，并应用于现实。鸦片战争以后，他更强调仅仅发扬传统还不够，必须接受西方的长技。但是他所信奉的"器变道不变"思想制约了这种态度的转变，因此他的实学思想只停留在强调学问以及外来技术的有效性上，未能达到追求学问方法的合理性、客观性境界。由于对西方强大的思想背景之深层缺乏认识，对传统文化根底的永恒"不变之道"的局限缺乏反省，魏源的思想终于没有吸收西方近代科学精神和理性主义。

同样有实学精神的佐久间象山，比起"实事"、"实功"来更热衷于"实理"、"实验"，他由此找到了一条接近西方思想的途径。这种思维形成与佐久间象山既学习朱子学又学习洋学，通过朱子学和洋学的对决与融合，找到了两者的普遍价值不无关系。可以说，佐久间象山通过传统朱子学道理的绝对性与事物规律的绝对性相对换，调整了他的从朱子学理性思维向近代理性思维过渡的基本姿势。因此，佐久间象山的实学思想之所以出现了对自然和社会的方法论倾斜，也是因为他那里已实现了与近代科学理性思维一定程度的靠近。当然日本18世纪以来的"亲测实验"的传统也是形成这种倾斜的原因之一。

中日两国思想家在近代初期所具有的思想倾向，反映了当时两国思想界的精神结构有很大差异，这对两国近代历史的进程是有影响的。

当然,中日两国近代思想形成过程中产生的差异,还有文明背景与现实遭遇不同的原因。首先,中国是文明发源地之一,历史上知识分子不善于从现实需要来正视外来思想的作用,在他们看来,外来思想无论如何也只是补充固有学问的。而日本地处中国文明之骤变,把外来思想视为珍宝。其次,在近代初期,西方文化是伴随着鸦片和大炮进入中国的,日本却因其战略地位较低,没引起西方的注意,避免了与西方的直接冲突。由于中国在鸦片战争中失利,日本迅速转变了与西方对抗的立场。无疑,这构成了中日两国近代思想形成产生差异的外部条件。

二、魏源和佐久间象山的理想与现实

(一)从精神结构看魏源和佐久间象山

19世纪中叶,中日两国共同遭遇了前所未有的外来压力。在思考对付这样的困难局面的过程中,魏源和佐久间象山很快成为领导时代思想潮流的先驱人物。但是,虽然二人拯救民族存亡的志向相同,但由于看事物的眼光很不一样,他们对危机的意识结构也表现出很大的差异。本来,伴随着清末和幕府末期的社会变动,清末知识分子和幕府末期的知识分子都显示了转变意识结构的动向。

在中国,最典型的动向是在社会政治领域出现了以实用为中心的现实主义思维倾向。我们能从魏源的思想以及认识的根底看到这种"实学"思维的成立。可以说,通观魏源的思想,可以看到支撑其思想根基的东西正是这个"实学"思维。他在《海国图志》序里,明确指出他认为中国的当务之急在于克服"虚患"和追求"实学"。可以说魏源在思考新时代社会理想的过程中,最早从经世致用思想以及今文经学的传统中发现的正是"实事求是"这一概念。而"实学"思维的直接产物就是所谓"学政一致"的思想。这意味着魏源的"实学"思维本来就包含强烈的应用于政治实践的倾向性特征,具有消除政治危机的实用功能。

在日本,佐久间象山也是在幕府末期社会的巨变中开始拥有自己独特的"实学"思维的。佐久间象山是在朱子学"格物穷理"的思想背景下,摸索"理"的存在根据,形成谋求"实理"以及"实业"、"实学"思维的。这样的"实学"思维给佐久间象山的思想灌注了充分的尊重经验与实验以及尊重实际测量的精神养分。同时也可以说这也在把西方科学中有关"物理"与"道理"的思考导入固有的合理思维中发挥了桥梁作用。

但是,比较魏源与佐久间象山的"实学"思维,我们发现两者虽然同样具有重视实用的倾向,可却显示出不同的特征。面临外来压力,魏源和佐久间象山虽然同样怀抱历史使命,摸索迎接时代挑战的对策,但二人有关理想社会的构思却大相径庭。也就是说,魏源倾向于在承认传统思想的本质前提之下,思考如何把其应用于现实。而佐久间象山与其说侧重于激活传统思想为现实所用,不如说倾向于给传统思想赋予合理性的根据。魏源毫不怀疑传统思想的价值,主要致力于阐述如何把其利用于现实政治。佐久间象山却抱有补充传统思想中缺乏物理学根据的强烈意图。魏源试图集古今思想于一身,并运用它来拯救国家和民族的危机,但他却没有强烈意识到自己在思想上首先必须与传统思想进行交锋。他撰写《海国图志》等书,希望尽量提供多一点传统知识和外来知识以服务于现实政治的需要,只不过他那浓浓的对抗西洋压力的民族主义思绪,在某种意义上却稀释了自己在思想上与传统思想进行对决的分量。

当然,这并不意味着魏源丝毫也没有注意到西方科学技术的成果。《海国图志》的"师夷之长技"思想本来就出自于魏源对西方科学技术的认识和关心。这种认识与关心可以说是魏源从鸦片战争得到的最宝贵的产物。而且他也注意到传统文化和西洋文化的不同,甚至于也曾经初步思考过更新传统文化的问题。正因为这样,他才能够反省鸦片战争的失败,超前地做到改变对西洋的评价。为了对抗西方势力伸张,他不仅领悟到了综合固有学问,从固有学问中寻求普遍意义以应用于现实之中的紧迫性,也认识到了吸收西洋长技的重要意义。但是他信仰的"道变器不变"思想给他的思想态度制造了局限。他并不能从自然与社会的连续性这一思想泥沼中简单地逃脱出来。他的"实学"思维也只停留在强调学问的有效性之上,并没有达到对学问方法合理性追求的地步,结果,他的思想也只能停留在强调对抗西洋的"实事"和"实功"之上。由于没有对西洋富强的思想背景的深层进行充分的探讨,缺乏对潜藏于传统文化根底中的超越性原理"不变之道"的局限性的认识和反省,魏源的思维指向还没有达到与西洋近代科学精神和理性主义融会贯通的地步。

同样具有"实学"精神的佐久间象山比起"实事"和"实功",更重视利用"实理"和"实验",谋求主动接近西方思想。其思想背景与其自幼学习朱子学和洋学,并且通过洋学与朱子学的对话获得两者的普遍价值不无关系。可以说,佐久间象山通过把传统朱子学中道理的绝对性置换成事和物之法则的绝对性,简单地做好了从朱子学理性思维到近代理性思维的转变姿势。因此佐久间象山的"实学"思维之所以可以表现出向自然及社会的方法论倾斜,正是因为他在思维上已经从一定程度上实现了对西方近代科学理性思维的靠近。

另外,作为洋学家,可以说承袭18世纪以来开始形成的"亲测实验"的传统也有利于他向西方近代科学理性思维的倾斜。

不光是思维趋向存在差异,魏源和佐久间象山之间在价值观念上也有很大的不同。鉴于鸦片战争的失败,魏源认识到拒绝西洋的议论不具备现实性,开始把学问视野积极投向西方世界。他提倡学习西洋的长技,开始致力编撰《海国图志》,试图以此反击来自西洋的压力。《海国图志》的出版对具有中华思想的中国士大夫文人来说确实意味着一个意识上的大转变,但并不等于在此承认了西方价值的优越性。魏源之所以在著述中把英国和美国加以区别对待,是因为他认为在价值观念上美国与中国具有同一性。比方说,在《海国图志》中,他一般称英国为"英夷",却叫其他西方国家为"国"。他一方面号召人们学习英夷的长技,一方面对美国与英夷的对抗历史给予了充分赞美。其理由正是因为从美国社会可以找到与中国固有价值"武、智、公、周、富、谊"相通的要素。这清楚表明魏源的价值观念依然是以中国传统价值为主体的。他关注西洋的长技,承认西洋也有与中国类似的价值,但这并不意味着他把价值标准放在西洋一方。他在把中国从世界的中心拉下来作为世界上一个国家的同时,还试图把中国价值推广应用到全世界。

鸦片战争的冲击,也是影响佐久间象山在思想意识上发生巨变的重要契机。但是他不停留于把失败的原因仅仅归结为西方的长技,而是想要在东西方价值之间的差异里寻求答案。他进一步把目光对准了支撑价值体系的学问本身的本质特征。用他的话说,西方价值是以西方学问为佐证的,如果东方学问不及西方学问的话,那么其价值观也自然劣于西方。所以在象山看来,在吸收西方学问的同时,也接受西方价值是很自然的事情。但是这并不意味着以往的学问突然变得全无用处。因为他认为西方新价值和东方旧价值之间既存在一种对立的关系,也存在互利互补的关系。他正是在这种意义上追求普遍理性同时也追求普遍价值的。在他这里,学问以及价值的相对意识得以形成,东西方价值观的差异也因价值观的学术根据得以消除,在此基础上他不仅完成了价值观念的转变,也完成了固有价值的世界化作业,使新旧价值的融合成为可能。

进一步,魏源和象山的危机意识也能找到相似的差异。魏源危机意识的背后有中国和世界的关系问题。也就是说,由于传统的中国中心观念伴随着西方人的进入失去了现实根据,魏源的视野开始从中国转向世界。他在《圣武记》和《海国图志》中广泛介绍中国的周边国家和西方国家,主要目的是要向人们准确无误地传达世界并不是只有中国一个国家这一客观事实。在此,他事实上已经超越了固有的"华夷"之别观念,放弃了以是否拥有中国文化来判断"夷""华"的思维格式,表现出了文化相对主义态度。但是,他并没考虑立即用西方的价值和"道德"来取代中国传统。就他来说,正因为东西方文化之间具有相对不同的特征,才不能把西方价值绝对化。他认为,即使是承认西方文化具有某种价值,那也不等于说就一定会招致中国价值以及文化的崩溃。在这里,危机意识并不出自西洋文化和西洋式价值本身的威胁,而是来自于与具有这种价值和文化的西方相对抗的中国人的被动姿势。用魏源的话说,所谓危机实际上是一种"人心之积患",在外患和内患之中,比起外患,内患才是最根本的危机。可知魏源的危机意识并非来源于西方文明的异质性,而是来自于中国人内心的虚幻。不过这种相对的危机意识并没有让魏源产生对存在于西方近代文明和传统中国文明之间的不可逾越的鸿沟的畏惧。

如前所述,佐久间象山的危机意识导致其价值观念的转换。他感到的危机在于固有价值缺乏学术根据,他在做学问的方法上寻找危机的根源。他一方面把价值危机看做学力和智力的欠缺,一方面把它划分为有形的危机(技术落后)和无形的危机(对西方认识不够),以图把握危机的深层意义。因此,佐久间象山的思维重心总是集中在如何把西方学问的优良方法导入固有的学问,如何加速东西方价值相互融合的可能性。

以上可见,魏源和佐久间象山的危机意识之间具有明显的差异。魏源带着与西方价值相对抗的念头,在解除本国人民民心空虚上寻求对付危机的方法,但佐久间象山却把危机的根源置于价值观背后的学力和智力的状态之上。也就是说,魏源写《圣武记》以及《海国图志》的主要的目在于平定"人心之积患"。在《海国图志》序论中他很清楚地阐述了这一观点。而佐久间象山的文字活动和社会实践的主要内容却是对他认为最为重要的西洋价值背后的学力和智力进行探索和介绍。佐久间象山不仅把危机的根源归结为对待西方的主观态度,更归结于学问本身的客观差距。

以上,从思维方式、值观观念、危机意识三个方面考察了魏源和佐久间象山的对外意识结构。可以说,鸦片战争前后,面对时代的呼唤,魏源和佐久间象山作为典型知识分子分别作出了不同的回应,与以上所述两者的对外意识结构不无关系。可以说,两人共同作为领导时代潮流的思想先驱各自对近代初期两国历史进程给予了不同的影响,两者的相似和相异正好反映了两国知识分子精神结构中存在的近似和差异。中日两国知识分子肩负着这样的精神背景走近世界,为以后的近代化思维提供了重要的经验和启示。

(二) 魏源和佐久间象山的理想与现实

受西方世界的冲击,面对东西两大文化相遇之不可逆转的现实,魏源和佐久间象山分别开始形成自己独特的适合新时代需要的社会理念。如魏源提出的"师夷之长技以制夷"概念所示,魏源思想的逻辑重心放在对西方的学习和对抗之上。另一方面,佐久间象山提出"东洋道德、西洋艺术"的口号,对重新构成东西洋价值显示出浓厚兴趣。两人的想法非常相似,对中日两国近代化各自给予了一定的影响。长期以来,人们对二人的社会理念作出了种种解释和评价,有人认为魏源的"师夷之长技以制夷"概念充当了洋务派的思想源泉,也有人认为佐久间象山"东洋道德、西洋艺术"形成了以后时代问世的"和魂洋才"观念的原型。在这里姑且不对这些结论——作出具体评论,但以上结论至少告诉了我们一个重要的事实,即两位思想家的观点与后来时代的思想潮流存在着或多或少的渊源关系。

基于以上观点,以下我们将从一个全新的角度,再就魏源和佐久间象山的社会理念和对外意识做一个新的把握。通过对魏源和佐久间象山的社会理念和对外意识的正确理解,进一步深入认识他们的思想意识和后来时代的联系,通过比较二位思想家的社会理念和对外意识发生转换的具体过程和机制,以加深对日中两国近代社会的本质特征的认识和理解。

如前所述,魏源的"师夷之长技以制夷"作为过渡时期的社会理念是在思考如何对付西洋冲击这个十分现实的思想课题中慢慢形成的。魏源的社会理念具有以下几个方面的逻辑构成。首先所谓"师夷之长技以制夷"从逻辑上来说其中心概念是"制夷","师夷"可看成为到达中心的手段。另外,在"师夷"和"制夷"之间还有另外一个

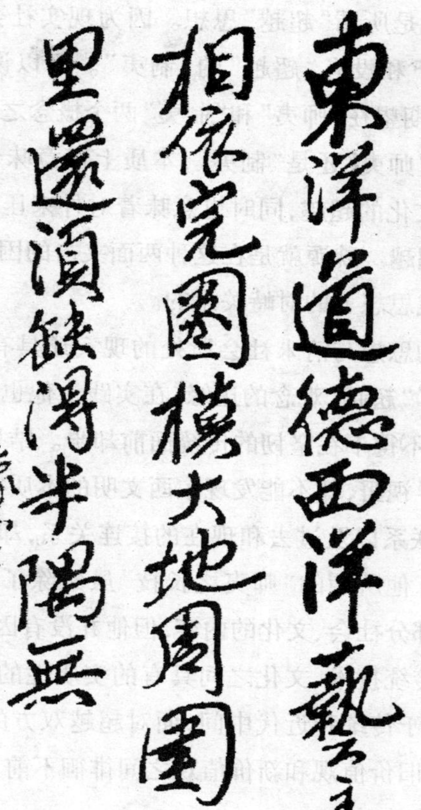

東洋道德西洋藝這廊
相依完圈模大地周圍一萬
里邊須缺得半隅無
象山

图36 佐久间象山墨迹:"东洋道德和西洋艺术"——这句来自佐久间象山内心深处的口号,是他多年荷兰医学实践和儒学研究的真实写照。

概念存在。这就是所谓"超越"思想。因为现实社会上并不容忍出现单纯的"师夷"和没有"超越"的"制夷"。可以说,只有通过"超越"以后才可以期望在"师夷"和"制夷"两个概念之间产生对流和交换。本来,无论"师夷"还是"制夷",本质上都意味着对外来文化的超越和对固有文化的超越,同时也意味着对外来压力的超越和对国内人心虚幻的超越。魏源就是在这种两面夹击的困境中间不自觉地与两者同时形成思想上的对峙关系的。

由于魏源的思想与清末社会所处的现实还具有很大距离,他在意识上只到达了"超越"观念的边缘,在实践上他也不得不在强大的外压面前退缩,不得不在坚韧的传统面前却步。结果,他虽然拥有了较高水平的世界视野,却不能发现东西文明的本质差异,虽然可看到中国和世界的联系以及过去和现在的接连关系,却无法正视两者之间的断裂关系。他所谓的"师夷之长技"虽然除了军事、物质以外,也触及到了一部分社会、文化的内容,但他并没有因此发现这些外来的长技与中国传统技术、文化之间具有的实质性的对立关系。换句话说,魏源站立于传统和近代中间,面对超越双方的局面,他始终处于两者之间,在旧价值观和新价值观之间徘徊不前,没能够在精神上完成传统与近代的对决。

佐久间象山的社会理念集中体现在他提出的"东洋道德、西洋艺术"口号之中。从字面来看,好像佐久间象山在所谓"东洋道德"和"西洋艺术"中,区分了道德和技术,用固有的社会制度和外来的科学技术组合构成了新型社会理念。但事实上,佐久间象山的思维指向远远超越了单纯的西洋技术。伴随着新的世界意识的形成,佐久间象山迅速发现了传统价值"虚"的本质和穷理精神的欠缺以及在选拔人才中的矛盾,认识到现实社会不仅在技术水平上有距离,而且在学问或者观念形态等方面也有问题。他虽然没有立即公开主张放弃德川幕府现存的社会制度,但是他已经明确认识到光靠固有的社会理念已经不能回答时代的需要了。

佐久间象山面对的课题与魏源一样,也是如何消除伴随外来压力而来的民族危机。佐久间象山认识到,保持固有的社会理念很难对付不断出现变化的社会局势,他决定寻找改变固有社会秩序的可能性。他用"东洋道德、西洋艺术"这个语句概括了自己的社会理念构思。可以说,佐久间象山把东洋道德和西洋艺术放在同一个层面提出来就体现了他在东西方价值观念上的突破。因为本来在传统政治思想中,自然和社会是连续不断的东西,永远不能分开。只要道德和技术由同一天理贯通,就不能割裂存在。

其实,佐久间象山不仅仅把自然和道德当成两个部分来区别看待,他实际上已经认可了西洋科学优势地位。而他所谓的东洋道德,覆盖面仅限于道德、仁义、孝悌、忠信之内,除此以外全都划归为西洋艺术的范畴。他把传统正统官学强调的万物穷理与经商方法相提并论,并且主张学校制度和教育方法也应该以西洋为范本。可见佐久间象山"西洋艺术"范围十分广泛,丝毫也没有表现出要把西方学问限定于技术方面的意思。可以说他的真实意图正在于希望用孔孟学说涵养道德伦理和善心,用西洋的穷理学(跨越自然和社会两方面)教人以知识,在此基础上形成能对付西方压力的民族国家。

佐久间象山的新型社会理念就是这样构思出来的。他并没有立即表现出否定固有社会秩序的意思。他虽然认为现实政治具有很多弊病,但却并不提倡当即用外来社会制度取代固有社会制度。他提出所谓的中正意识,强调一切都应该从日本现实出发,根据现实需要讨论具体问题。事实上,他关心的重点比起现实西方的政治制度,更侧重于产生这种政治制度的思想和学问基础。他提出的社会理念表面上也与现行政治制度不相冲突。因此,从表面上看佐久间象山似乎倾向于谋求对现行制度的补充或在现行制度下的变革。但是由于他下力气钻研支撑西洋社会制度的学问和思想,通过学问内容的彻底改变,从根本上剔除了传统社会制度的理论根据。从这种意义上也可以说,佐久间象山精心建构的社会理念对日本近代社会的形成影响并不为小。

当然,佐久间象山的理念要成为现实,也和魏源一样,需要在西洋学问道德和固有社会原理之间履行一个超越的手续。这不仅意味着对用幕府正统学问武装起来的社会秩序的超越,也意味着对固有道德的超越。但是佐久间象山的超越立场没像魏源那样被置于传统与近代的夹缝之间。他通过对西洋价值的肯定和回归日本现实得到了超越的保证。总之,我们可以看到他在把西洋价值应用于日本现实时表现出了新的价值趋向。通过这样的超越,他得以客观对待处理传统中主要以中国的学问和价值为标准而形成的社会理念,同时把新导入的西方学问和价值观与日本既有的价值观和学问相结合,在此基础上形成独有的近代化社会构思。他的所谓"东洋道德、西洋艺术"正是以上所述佐久间象山思想的直接产物。

以上可见,佐久间象山和魏源的最大差异就在于他们各自所持有的超越的立场。简单地说,魏源站立于东西方价值的中间,处于被动超越双方的立场。佐久间象山的立场是站立在东西价值的对面,在将两者对象化的过程中,选择来自中国或者西方的价值,选择的标准在于是否符合日本的现实需要。因此,他最初就没有要对抗西方价值或对抗东方价值的思维。而魏源却被赋予要同时和东西方价值进行斗争的命运。而且,佐久间象山在接受西方文化的同时,试图重构东西文化,探索走向近代的途径。魏源却只能彷徨于东西方价值的选择之中,结果并不能明确指出以西洋近代文明为基础改造固有社会的社会发展方向。

总之,魏源被传统和近代夹击,苦于在对立和超越中作出选择。这不仅暗示了以后中国近代化的宿命,也显示了"五四"运动时代中西文化争论的先兆。佐久间象山却在融合和超越中重新构建对象化了的东西价值,且在承认西洋价值优越的前提上,结合日本现实,寻找变革社会和近代化的可能性,奠定了明治时代文明意识大转换的思想基础。

三、东西文明观和中日两国近代化

本来,西方所谓的"近代化"(Modernization),只是意味着从传统社会或封建社会等前近代社会向现代社会的转变和由此带来的社会文化领域的变化。不过,在非西方国家学习西方、追赶西方的过程中,"近代化"一词开始具有新的独特的含义。它意味着非西方国家以西方为模式有意识地吸收其政治、经济、军事、文化体制,实现从上而下的现代化。但这种近代化往往容易停留在外表上的模仿,忽视内在的精神建设。同时这也容易激发人们产生狭隘的民族主义对抗意识。因此如何在富国强兵的同时处理好传统思想和外来思想的关系,保持物质建设和精神建设的平衡,成为非西方国家现代化的主要课题,也是衡量非西方国家近代化成功与否的一个重要标志。

很多研究表明,在非西方国家中,中国和日本的近代化具有一定的典型意义。无论从近代化的起步或发展途径来说,两国的近代化都呈现出鲜明的对照。为什么中日两国近代化会出现这么大的差异呢？已有不少学者从不同角度提出疑问："它是事件发生时的国际环境造成的，还是近代化过程本身的奇异性质决定的，抑或是中国文明某些重大方向使然？"但对此的答案却没有现成的，可以说还有待进一步摸索。

为此，本研究围绕思想和社会的关系试从以下几个方面来探讨探讨中日两国近代初期过程中产生的东西文明论和近代化的关系，通过对近代化初期中日几位代表人物的思想进行比较，进一步分析一下两国近代化产生差异的深层原因。

（一）发现西方世界——魏源和佐久间象山

前面一节已经就魏源和佐久间象山的思想结构及形成两个思想家思想结构的社会背景和文化背景进行了分析，这里再就两个思想家与两国近代化的关系略作说明。

魏源认为政治或社会制度应该伴随时代的变化以及人们的欲望而加以改变（变运思想）。这为后来的变法派所吸收继承。面对清末中国社会内外交困的现实，魏源呼吁文人知识分子对内从虚学里走出来、学以致用、提倡实学，对外了解海外事情，"师夷长技以制夷"。

魏源试图用实学来代替虚学，是针对传统学问脱离现实、脱离政治的问题而言的，这显示了他的经世家的本色。他希望去除传统学问虚的一面，使学问为现实所用。这在当时具有促使传统学问回答现实问题的作用，可说是从社会思想上向近代社会迈出了可贵的第一步。他的"师夷长技以制夷"更是为向西方学习提供了思想根据。学习西方是为了更好地驾驭西方。魏源的思路显示中国早期近代化思想主要强调做学问要学以致用，要通过改造传统学问的虚弱体格，通过借用西方学问的精华,以促使整个社会进行自我更生,抵御外来势力的压迫。

一般认为日本近代化的起点是明治维新,不过明治维新并不是人们一天两天凭空制造出来的,德川时代末期是向明治时代过渡的重要时期。也正是在这个幕末时期,日本涌现了一大批思考日本未来方向的仁人志士。佐久间象山正是他们中间一位有代表性的思想家。

佐久间象山的课题是为克服对外危机,在了解海外事情的同时引进西洋的科学技术,加强日本的国力。他和其他人不同之处在于,他不仅学习西洋的语言和炮术,他还进一步谋求掌握作为西洋军事技术基础的西方自然科学,从根本上吸取西方文明。这种态度当然与他的儒学修养,尤其是与他信奉的朱子学格物穷理的观念有关。当然朱子学的社会和天地自然互相关联的观念也制约了他对固有社会秩序和社会制度的根本怀疑。但这并不妨碍他对传统社会的局部的批判。分析一下他提出的著名口号——"东洋道德、西洋艺术"的内涵,我们可以发现,他所指的东洋道德,限定于道德、仁义、孝悌、忠信等伦理意识层次,而西洋艺术却除了包含格物穷理这一基础领域以外,也包括商法、学校的建制、教育方法、经济学、贸易学等等。凡属于格物穷理的学问对象统统为西洋科学所代替。这显示佐久间象山为明治维新推翻固有的社会秩序做好了一定的思想铺垫。同时也说明日本近代思想家在进入近代化的前期过程中体现出了不同于清末思想家的思维走向。

(二)走向近代化世界——鲁迅和福泽谕吉

进入近代化时期以后,中日两国知识分子对近代化的思考,在存在差异的同时,出现了诸多的相同点。鲁迅和日本启蒙思想家福泽谕吉的对照很能说明这一点。

鲁迅出生于绍兴富裕的官僚家庭,少年期曾饱尝过家族没落的辛酸,这是他早期觉醒于现实的原因之一。后来他接受以进化论为主的西方启蒙思想的影响,留学日本以后从医学转到文学,通过文学作品对中国面临的思想课题进行思考。他第一部小说《狂人日记》(1918年),借狂人的心理暴露半封建半殖民地中国"人吃人"的现实。《阿Q正传》把一个无产者农民的形象提高成民族的典型,产生出"阿Q精神"这一著名概念。总的来说,鲁迅从近代合理主义出发,对传统儒学伦理观持批评态度,对外来优秀文化持拿来主义观点。鲁迅为了改造人们日渐衰竭的精神世界,指出传统文化的"吃人"本质,对当时仍然沉迷于旧时代精神的人敲响警钟,但他对吸收外来新文化却抱有无限希望。批评旧文化,改造旧文化,建设新文化,成为鲁迅近代化启蒙思想的中心内容。在传统思想与近代思想之间,他坚定地站在近代思想一边。鲁迅追求的思想境界不仅仅是民族的,也是世界的和国际的。这为中国早期近代化思想大合奏定了基调。

日本明治时期的福泽谕吉也是一位启蒙思想家,他出生于大阪丰前中津藩一个下级藩士家里。父亲的怀才不遇,下级藩士悲惨的现实生活,使他从小对"封建门阀"颇为不满。1854年,他来到长崎学习兰学,翌年进入绪方洪庵。1858年奉藩命出府江户。1860年适遇幕府最初派遣赴美使节,遂作为军舰奉行幕村摄津守的随从赴美。以后作为1861—1862年访问欧洲6国使节、1867年使美使节3次出访,考察西方社会文化,摸索日本开国改革的方略,构想富国强兵的大计。幕末明治初年他的一部畅销书《西洋事情》,就是根据多次外访的经历写成的。福泽谕吉还著有《劝学》一书,构想在天赋个人的独立、自由、平等基础上形成国民国家,而这样的国民国家在"天理人道"和"万国公法"下,以平等、独立的关系形成国际社会。《劝学》、《文明论概略》(1875年)和《西洋事情》使福泽迅速成为知名学者和启蒙思想家。

通过读书思索,福泽的近代化思想和构想渐趋形成。其结果显示在他提出的一连串的口号中。他的近代化口号是"内安外竞"、"脱亚入欧"、"官民调和"。这就是说对外竞争富国强兵,对内维持国内的安定。安定的中心是保持当时政府和民权运动的协调。脱亚论实际上是为侵略亚洲、分割中国提出了理论依据。可知他的近代化思想是建立在牺牲公平的国际社会理念之上的。在这里,民族主义大过国际主义。与鲁迅相比,福泽谕吉不仅关心改造人们旧的观念,同时还积极参与构想改造国家体制和社会结构。他不仅是启蒙思想家,也是一位社会活动家。可知福泽谕吉乐于把自己的近代化启蒙思想为明治国家文明开化和富国强兵所用。他的思想是高度实用和富有现实性的。

(三)回归东方世界——辜鸿铭和冈仓天心

辜鸿铭,祖籍福建同安,1857年出生于马来亚华侨家庭。辜鸿铭从小受西式教育,13岁即由英人夫妇带往欧洲留学。他在欧洲留学十一载,曾在英国爱丁堡大学文学院获西方文学硕士和德国某学院工科文凭,后又游学法国、意大利等地。1880年24岁返回马来亚,被派任当地政府任职。三年后,他在新加坡得遇马建忠,从此开始钻研中国语文,倾心向慕祖国文化。随后转往香港居留。他在学习中文的同时,攻读儒家经典,广泛浏览西方汉学著作,并以英文写文章,对西方汉学进行批评,揭开了中外文化思想比较分析的序幕。他以英文译述儒家经典,向西方介绍儒家文化,同时肯定儒家学说和中国文化的文明价值。辜鸿铭认为复兴中国文明,日本可以承担很大的责任。他在《中国文明的复兴与日本》一文中指出,日本文明有许多优秀的要素,是因为日本保留了中国古代文明的真正传统。他强调中国文化在近代日本崛起中的作用,也是为了说明中国文化在世界文明中的地位。

冈仓天心(1862—1913年)是近代日本强调东洋文明的重要人物。他自幼学习英语,大学毕业以后,在从事美术行政工作的同时,加深了对东方文化的理解,后来他创设日本美术院,倡导日本绘画,强调亚洲价值。他来往于中国、印度之间,用英文写出《东洋的觉醒》,并在伦敦出版《东洋的理想》,后来还任职于美国波士顿美术馆东洋部,尽力推进东西方文化交流和互相理解。

冈仓天心把印度文明和中国文明看成东方文明的代表,强调东方文明相对于西方文明的价值,认为继承了古代中国文明和印度文明的日本有可能成为东方文明的代表,为世界文明作出贡献。他与辜鸿铭得出了相近的结论,不同的是他强调的是与其说是中国文明或印度文明,还不如说是日本作为中国文明和印度文明的真正传人这一自我认定。

以上对中日两国知识精英从发现世界到走向世界,最后相对于世界的思想轨迹进行了比较分析,从中可以看出,中日两国现代化过程中,就如何摆正东西方文明的关系,如何确立东方文明在世界的位置以及正确把握本国文明和现代化,中日两国近代初期思想先驱在不同的历史和社会条件下,作出了不同的论述和思索。重新考察一下他们的论述和思索,比较分析他们的思想形成,对理解影响两国近代化不同进程的思想背景和精神风土,把握传统思想和近代化的关系具有重要意义。

(四)比较与分析

中日两国是近邻,历史上曾有过不少接触,文化上有许多共通的东西,如汉字就为中日两国共有。然而,在近代化过程中,日本却走在中国前面一步,当中国人还在无止境地议论要不要吸收西方新文明之时,日本却轻松地走上了近代化之路,迅速地接受了西方文明的洗礼。关于中国和日本的近代化在世界上的地位及其在21世纪的意义,已有不少前人的研究可供参考,这里,我只试图从以下几个方面作一对比分析,供大家参考:

1. 近代化的时间差

前面也提到中日近代化存在着一个时间差。当然,影响两国近代化快慢有不少因素,如就自然环境来说,日本是四面环海国家,但自古以来它乐于吸收中国文化,这种乐于吸收的精神,也是影响日本吸收西洋文化走向近代化的一个条件。岛国日本也为其消化外来文化提供了相对安定的环境。不过这些还只是外因。1840年,中国受鸦片战争之苦的消息,为日本人带来了更强烈的危机意识,面对外压,在生死存亡的关头,德川幕府的武士们毅然选择了开国之路,从此赴欧洲学习访问。开始借西方的文明利器改造日本,日本理所当然地快速推出了文明开化、西欧化的近代化路线。

中国虽经历了明清西方传教士传来西方文明信息的过程,也经历了两次鸦片战争的磨难,但却迟迟不能走上近代化之路,这除了没有一个安定的环境以外,知识分子和统治阶层排斥外来文化的心态,长期以来以我为中心的文化意识,长久以来失去大规模地吸收并采纳外来文明的动机,这都使得中国人在面对西方文明时,反应迟钝,动作缓慢,近代化迟迟不能展开。

2. 如何面对传统

除了上面所提到的外因、内因以外,还可以从两国对传统文化(思想)的态度来解释两国近代化过程出现的差异。

鸦片战争结束以后,魏源编写《海国图志》,开始了中国士大夫睁眼看世界的过程。魏源提出一个新口号"师夷长技以制夷",表明要学习西方的长处,进而以夷之长技制夷。魏源的先进之处在于他大胆地提出了以夷为师的方针,肯定了西方文明中有值得中国借鉴的东西,要向西方文明学习,以强大自己。他把西方文明基本提升至与中国文明相对、相等的地位,承认西方文明中有许多与中国文明相通的东西,认为要互通有无,借他山之石。魏源的思路在当时中国确实是非常有突破意义的,可谓是开一代先河。不过,在魏源看来,承认西方文化的优势之处,并不等于否定中国文化的存在意义,他没有以西方文明取代中国文明的思路。他批评传统并不是全盘否定传统,而是欲以西方文明的优秀部分来补充传统的不足之处。这种态度,在近代化初期实乃大多数士大夫所共有的。

面对西方文明,日本近代初期有完全不同的心态。与魏源同时代的幕末志士佐久间象山,他原来是朱子学家,后又研习百科全书提供的方法,动手制造出了一架照相机,为自己拍照留影,至今仍可以得见。鸦片战争以后,魏源的《海国图志》分别从长崎传进日本,作为当时一位大儒学家,佐久间很快得到一部,魏源的警世之言给佐久间刺激很大,他在给幕府提交的建议书里,展开了自己的东西文明观,他的名言是"东洋道德、西洋艺术"。仔细考察他这句名言的内涵发现,除了保留传统思想里的一些儒教伦理以外,凡学问的领域(包括自然和社会)都选择西方的东西。这和明治维新以后日本出现的"和魂洋才"的口号,有着非常相似的内涵特征。总之,日本近代初期,传统学派从开始就不成为并立于西方学派的存在,它已在德川时代整个历史过程中慢慢被西方学派取而代之。日本的近代不是拿西方文明补充东方学派,而是拿前者取代后者。保留下来的只是一些伦理观念和意识,并不是传统的学派体系。

3. 世界意识的形成与文明观

中国人最早接触的西方世界地图,当属利玛窦翻译的《坤舆万国全图》,用中文标示的世界地图显示中国只是亚洲的一部分,世界上还有另外几大洲存在(欧罗巴洲、亚细亚洲、亚墨利加洲、利米亚洲),这实在是令人吃惊的事实。中国人传统的"天下"不包括欧洲、非洲和美洲,地图上标出的这些"新大陆"对当时的人无疑是一连串陌生的字眼,本应激起人民的好奇心、探险心,推动走向世界的步伐,但由于长期以来自满自足的心态,致使人们无意过问"天下"以外还有一个"世界"存在着。天主教传教士带给中国的西方学问,虽为许多士大夫所喜爱,但实不足以因此把东西方学问放到同一天平上加以衡量。最后竟使西来的天文、地理等学问停顿在宫廷和一部分士大夫掌玩之间,并未创造出融合东西文明并将其推广到一般大众的状况。"世界"仍然是以"中国"为中心的。这种局面一直持续到19世纪中叶魏源倡导学习西方长技为止。

日本在一段时间里因受佛教世界观的影响,认为世界是由"天竺"、"唐"、"日本"构成的。世界的中心是天竺或唐,并不是日本。自从所谓"南蛮人"(早期西班牙人、葡萄牙人)偶尔出现于日本列岛,给日本带来一些稀奇物品以后,日本人开始产生在天竺、唐以外还存在着别的文化的意识,尤其是利玛窦的世界地图更让日本人大为吃惊,第三者的出现使日本人从崇拜天竺、唐的思维中得到了某种自由的空间,形成一种对天竺、唐文化的相对意识。这促使其进一步寻求来自天竺、唐以外的信息。学习汉译西方历史、地理、人文著作是日本知识阶层早期获取西方情报的方法之一。西方医学,尤其是解剖学的传入日本,更为日本进一步认识西方、学习西方提供了一个绝好的机会。人体解剖之精确告诉日本学人,西方学问具有不可忽视的魅力。从此,直接阅读西文的冲动增强,所谓"兰学"、"洋学"应运而生。

掌握西文的日本人,同时也精通汉文,因此他们自然而然地开始对中国学问和西方学问进行比较,在对比中发现中国学问(尤其是实用学问)的缺陷后,他们开始出现了对中国学问的批判意识。就这样,一直到幕末明治维新,日本学者都是东西学问兼通,并可以西方学问批判中国学问,近代化或西化只是这种比较、批判后得出的结论。当他们认为"南蛮人",实际上是具有比印度人、中国人更高度文化的"文明人"时,舍旧换新就顺理成章,丝毫也没有疑问,对他们来说,近代化就是文明的转换,即以西方文明为顶点的世界观的大调整、大变换。

4. 国际主义和民族主义

由于中国的知识阶层是在把固有文明相对化的基础上考虑学习西方文明,以补充本身不足的,中国的近代化一开始就追求文明间、国家间相互平等的目标,康有为的"大同"理想实际上是这种思维的反映。超越文化、超越国家的"公"的构筑,乃近代中国人获取的最大精神财产。尽管在特定的历史条件下,民族主义思潮也时而成为时代主调,但始终没有放弃对超越国家之"公"的信念。国际主义和民族主义在近代中国来说基本上是良性互动的。

　　日本的近代起源于用西洋文明取代中国文明,因此,除了其吸收之速度与彻底性与中国迥异,它还形成了一种以西方文明为顶点的文明秩序观,也即国际秩序观。这种文明体现出明治时代日本启蒙思想家福泽谕吉的"脱亚论"思维,以致近代日本不容易形成稳健的国际主义意识。对日本来说,国与国之间、文明与文明之间有优劣之分、上下尊卑之分,因而不能超越这种差异达到某种平等。明治初年,日本大力向西方国家争取废除不平等条约,但后来又肆意在亚洲建立殖民地进行侵略战争,正是因为其文明观使然。由于缺少对超越具体国家文明的"公理"之存在的理解,极端自私的民族主义遂成了明治以后时代的主流思维,为日本军国主义发动侵略战争提供了精神土壤。

　　在对待传统资源的态度以及接受传统思想的影响上,中国和日本近代初期表现了显著不同的特色,这种差异,也将对未来中日两国文化走向给予一定的影响。在中国,通过早期启蒙运动,新文化运动,在接受西方自由主义、马克思主义思想影响的同时,也始终有一批追求传统思想再生的思想势力存在,新儒家一派是这一倾向的主流代表。然而,停留在学者文人的书本上的这种新儒家精神,能否在21世纪融入普通人生活中去,乃是一个很令人关注的现实问题。从表面上看,中国人的生活和意识,除了一些不自觉的因素以外,主要的东西大体已为西方传来的东西占主导地位。如何在这种状况下,发扬光大传统文化,确实是一个紧迫的课题。然而,传统并没有消失,它不显眼但仍然存在于中国人的生活空间里、思维里,这种存在,往往超出思想家、学者们的想象,多样而复杂。就中国来说,并不仅仅是儒家思想,佛教思想、道家思想、民间习俗观念也同样是构成作用于人民生活的传统文化资源。可以肯定地说,如果21世纪中国可以为世界做出点贡献的话,最有希望的恐怕是用传统东方思想弥补西方近代思想的这一领域了。要想为世界思想增添点东西,就只有让这种综合传统思想资源充分投入现代生活中去。

而日本在对待传统的态度上,在运用综合传统思想资源方面,从来就有别于中国,日本与中国为非西欧世界带来了两个不同的近代模式。这也将继续影响中日两国在21世纪的作为和表现。

结语　中日近代化的世界史意义

综上所述,中日两国近代化可以说是一个从探求外部"世界"到进入"世界"之中,从形成新的世界观念到强烈意识到国家以及本国文化的连续过程。

中国和日本自 19 世纪以来作为非西方国家各自尝试进行了自己独特的近代化实践。至今为止,许多学者不是将两国近代化进程简单地描述为产业化过程,就是把两国近代化进程概括为借用外部压力打破封闭锁国状态——沉睡的巨人被唤醒的过程。然而,这样的结论多半是受所谓从属理论或世界体系论[1]逻辑的影响而形成的。根据这种理论,近代化即发展中国家被先进国家编入世界体系之中的过程,被编入这个世界体系中的发展中国家与先进国家之间总是存在一种从属关系,发展中国家总是位于先进国家的周边,绝不会上升为中心。

运用这种理论观察近代历史,人们会得出结论,19 世纪中叶以前处于世界体系之外的中国与日本在近代化过程中只是被编入了世界体系边缘,而且这种状态并不是中国和日本主动争取得到的。可事实上,中日甲午战争、日俄战争以后,日本已经进入西方列强行列

---

[1] 世界资本主义理论、国际经济史研究中强调国际契机,尤其是强调前殖民地区"低速发展",并以此为基础把 16 世纪以后各国经济发展史作为世界市场"支配和从属"的变迁史加以综合归纳的学派和理论。

之中,第二次世界大战之后更因经济高速发展成为世界经济大国,以先进国家的形象出现在世界舞台。亚洲各国和各地区中,除了用比日本更快的速度进行工业化的"亚洲四小龙"(中国台湾、韩国、中国香港、新加坡)以外,近年来中国大陆也显示出经济长期高速发展的趋势。单从经济角度来看,可以说包括日本在内的东亚各国和东南亚各国实际已经脱离世界体系边缘,成为世界体系的中心部分。很明显,世界体系论并没有预想到这样的事态出现,也说明不了这里面包含的世界史意义。

相对于把近代化单纯地归结为经济发展和贸易发展程度的方法论,本书立足于把近代化当作谋求近代化的人们在精神上、思想上发现他者、发现自我的过程来把握。本书不套用近代化即等于西化的观点空洞地议论中日两国近代化进程,而是试图通过展示中日两国知识分子具体以何种契机、何种方式去发现他者、发现自我的实际过程来诠释两国近代化历史的深层含义。中国和日本的近代化虽然伴随着不同的社会背景、发展状况,但两国人民致力于发现他者、发现自我,不断摸索寻找真正近代化之路的志向是一致的。由此可见,两国的近代化绝不是游离于先进国家边缘的可悲写照,相反可以说是无数先驱者勇于探索外部世界,正确进行"自我定位"的壮举,是无数优秀知识分子积极求索,努力思考,纷纷投身于社会改革实践中建功立业的特殊历史阶段。

中日两国知识分子走近"世界"、诠释"世界"的实践,为帮助人们理解两国近代社会在世界史上的意义和位置提供了无限的想象空间。回顾他们在近代化建设中的思想建树,不但有助于我们探明非西方国家近代化在世界史上的意义,对思考21世纪亚洲乃至世界的未来也将提供诸多的启示和教诲。为此,以下几个方面的思考将有助于我们更好地把握中日两国近代化具有的本质特征、现实意义以及局限性。

一、扩大近代化可能性的三角测量思维

日本的近代化事业是在同时从第三者角度观察中国和西方过程中完成的,可以说有中国存在才有日本的近代化。同样,中国的近代化也不可缺少日本因素影响,可以说如果没有日本的刺激,中国的近代化将会面目全非。中日近代化的这种对应关系为我们提供了诠释中日两国近代化本质意义的重要视角,通过这个视角我们可以发现中日两国近代化实际上就是两国人民发现他者和重新认识自己的思维改造过程。在这个思维改造过程中,中日两国互为对方的老师,各自为对方走近西方、发现他者和重新认识自己提供了条件和渠道。

甚至可以说,正是通过第三者的眼光来观察对方或反测自己的三角测量法才是使中日两国近代化得以迅速展开的秘密武器。如果忽略了观察中国形势或透过中国去学习西方,日本将无法想象在幕末明治时期能顺利地推进急剧的近代化改革;如果没有关注日本明治维新、没有假道日本学习西方技术和文化,中国一边改造可以与西方文明并列而立的固有文明,一边引进西方文明的近代化早期作业将无疑会变得更加缓慢、更加困难。因此,中日两国在各自的近代化早期阶段存在着一种特殊的相互依存关系,可以说是近代化的"同志"国家。

(一)日本近代化的难题

但是,中日两国近代初期形成的"三角测量思维",在后来的两

国社会似乎并没有得到充分的继承与发展。明治日本成为近代化优等生以后,不仅迅即步入脱亚入欧之道,甚至摹仿西方国家用殖民主义思维方式来思考和对待亚洲各国,以致这个时代的日本只能以西方的眼光看待世界,以西方的眼光判断和选择发展方向。甲午战争、日俄战争以后,日本言论界流行"先进日本、落后中国"论调,强调把中国视作落后的特殊国家。而另一方面,也有人试图用民族主义、自由主义等西方价值观念来把握近代中国革命的历史进程。①

图37 清末商务印书馆照片制版车间的员工:1897年成立的商务印书馆是时代的产物。顺应清末"废除科举""开办学校"的潮流,商务印书馆大量印刷使用于新式教育的教科书,迅速扩大了事业规模。

---

① 野村浩一:《近代日本的中国认识》,研文出版社1981年版。

同样,中国人的日本观也伴随着时代的迁移发生变化。甲午战争以后曾一度被看作是近代化模范的日本,自辛亥革命以后,在中国人眼里急剧变为不但不能够理解中国革命意义,反而对中国进行帝国主义侵略的恶劣国家。① 以后,日本的近代化在第二次世界大战败北中降下帷幕,以所谓"大东亚共荣圈"的全面破产而被宣告终结。有鉴于这一悲惨的历史教训,战后日本把建设文化国家作为主要目标重新启动了近代化步伐。到了1980年代,日本成为第二大经济强国备受世界瞩目。但是,20世纪90年代以后,日本却又面临泡沫经济崩溃,经济发展停滞不前,社会闭塞,人们精神不安的局面。可以说,日本的近代化道路一直是崎岖不平的。究其原因,战前恐怕是因为过于追求眼前利益、急功近利所致;战后是因为丧失了要建立真正意义上文化国家理想的缘故,此外,最近几年,日本长期以来对其他亚洲国家缺乏认同的固定思维给其经济和社会发展带来的负面影响也渐露端倪。

(二)中国近代化的"秘密武器"

中国人虽然在明末以后接触到了外国传教士,但在思考对外关系方面并没有放弃"中华和夷狄"的固定观念。因此一直到围绕鸦片与英国发生冲突之前,中国并不能正视世界变化多端的现实。长期以来,自认为中国是文明中心的许多中国人,尽管与在身边活动的传教士这一外部世界的人们多多少少有过接触,但绝不会主动地去探求传教士具有的西洋学问和西洋文化的文明信息。多数中国人认为学习外语毫无意义。他们也许意识到了要用传教士传达过来的西

---

① 艾伦·S.怀廷著,冈部达味译:《日本人的中国观》,岩波现代文库2000年版。

洋学问弥补传统固有的学问,但从来就没有想到过传教士传达过来的西洋学问从文明上也不低于自己拥有的传统文明。即使是在鸦片战争以后,危机意识也只停留在一部分知识分子脑海中,多数人仍然没有认识到承认西洋文明的现实意义。洋务运动也由于只限定于吸取军事技术,为甲午战争的败北埋下伏笔。1894 年,被日本强行夺走镇压朝鲜南部甲午农民战争(东学党之乱)主动权一事,明白无误地宣告了洋务运动的局限性。正是有鉴于以上一连串的教训,人们才缓慢地将目光转向了从来没有正视过的"西方文明"。

图38 中国近代兵工厂:1865 年,中国第一所正规的官营兵工厂——江南机器制造局诞生。清末创立的早期近代企业中,类似的军工企业还有 1865 年设立的金陵机器制造总局(大炮和火药),1866 年设立的福州船政局(造船厂),1866 年设立的天津机器制造局(火药和炮弹)。

在走近西方文明这个过程中,与非西方国家日本的接触成为促使中国人重新认识西方、反省"自我中心"世界观念的一个重要契机。许多过去一贯以不学外语为豪的中国文人知识分子,纷纷奔赴日本列岛,他们用最短时间掌握使用汉字的日语,并试图通过日语这个语言媒介,向西方文明寻找富国强兵的秘诀。一时间,在中国大地学习日语蔚然成风,孕育出了一个通过日本学习西洋文明的新时代。从这种意义来说,日本曾经是近代化初期中国人观测西方的最大窗口。不仅如此,日本还同时充当了中国人观察世界、评价西方、相对把握自己国家的一面镜子。可以说,中国人是通过认识西方、认识日本开始获得了观察世界的三角测量思维的,依靠这个神奇方法,中国人开始切切实实地弄懂了"世界"和"亚洲"这两个概念所包含的真实含义,获得了有史以来最完整的有关全世界的总体认识。

由于近20年来中国经济高速发展的结果,今天,中国经济已开始成为引导世界经济的火车头。在中国经济近代化的实践中,也可以看到运用在近代化初期认识并掌握的三角测量法把握外部万千世界这一"秘密武器"的痕迹。如上所述,长期闭关自守的清朝中国最终向近代化方向靠近的理由不仅仅是出于西方军事压力,实际上还与认识东洋日本,通过比较中国与日本客观把握传统文化的思维变革有很大关系。这一思维变革在1980年代以来中国推进经济社会改革开放的实践中,也得到了充分运用。大批年轻学人留学东瀛日本,留学欧美,使用在近代化初期实践中认识并掌握的三角测量思维观察西方,学习东方,从精神上迈出了中国人走向世界的新一步。总之,近代中国人在发现西方的同时再发现东洋日本的特殊遭遇,构成了中国近代化过程中一个非常重要的历史经验。

二、反思与展望

(一)中国:摆脱自我中心困境走向文明对话

中国近代化使中国人在获益于西方近代文明的同时,也为自己带来了围绕西洋文明和中国文明定位而滋生出来的无限困惑。因为中国要实现近代化,就必须在面对西方近代文明的同时还得面对中国传统文明。尤其对清末中国人来说,要做到这两个事物同时并举并非易事,是必须下力气才能对付的难题。

鸦片战争以后,清朝社会没有产生出可直接运用外语来学习外来文化的文人知识分子,结果只能依靠魏源等不通外语的文人士大夫出面介绍西洋事情以及西洋历史地理,这说明在中国人把目光投向域外初期,中国传统文化在中国唯我独尊的地位客观上起到了遮挡对外视野的负面作用;然而当魏源等得以利用中国文明固有的概念理解和解释西方文明时,又从另一个方面显示了中国文明具有的强大再生力和媒介功能。

甲午战争结束以后,内外形势变化迫使清朝廷不能再继续安然无恙地奉行闭关自守政策,朝廷以同意派遣严复等赴英国留学作为标志,向承认西方也有高度文明方向迈出了一步。严复从英国留学回国后,积极着手翻译介绍西方的社会科学著作,但却出人意料之外地用难懂费解的古文来进行翻译。严复的行为,尽管有刻意削弱正统社会对西洋文化的抵抗的意思,却从一个侧面反映了当时正统社会恐惧和厌恶外来文化的程度和气氛。就连这个不可多得的精通外国语言文化的严复到了晚年也更强烈地表现出了对传统文化的接近和偏爱。这说明如何处理东西文化冲突与对话问题在中国近代化过程中是一个非常重要的现实课题。

(二)日本:克服序列意识和民族主义

近世日本人在接触南蛮人,接触兰学和洋学以及来自中国的汉译世界地理书籍以后,比同期的清朝中国人早一步形成了同时观察西洋·日本·中国的三角测量思维。这为明治时代大规模走向世界,为实现亚洲国家第一个成功完成近代化转型提供了可能条件。总之,从对南蛮人投以热烈视线、想象世界的时代,到受俄罗斯南下刺激,通过探索兰学、洋学,谋求更精确的世界观念的时代,再到活用诞生于清末的汉译世界地理书重新认识英国和美国的时代,日本社会的变化令人目不暇接。在这长长的历史过程中获得的"世界观念",为日本社会走向幕末改革、明治维新以及后来的近代化建设提供了重要的学术基础和精神准备,不过,同一历史过程也为后来的日本带来了过于强调"世界"之中的"日本"这一日本式民族主义思维的原型。

在近代化过程中,日本人善于用独自的民族主义思维观察"世界",透过相对固定的国家和国家之间的序列观念,或贬低亚洲或抬高欧洲,并以此为理论依据,拼命地追求自己的国家目标。日俄战争之后,日本更是举国上下高呼创建所谓世界一流国家,不久就自认为日本已从追求文明的国家摇身转变为文明国家的一员。这种国民意识是萌生于德川时代并在明治以后成型的以上下序列看待世界的对外认识的直接产物,它与中国近代化一直在东西文化优劣思考中徘徊的现象正好形成鲜明的对照。

中日两国近代化之所以形成以上差异有诸多原因在起作用。除了从两国的世界认识的异同来进行解释以外,我们也可以从两国文化与社会的关系来做一个说明。在传统中国,尽管学问(广义的文化)因科举制度的存在与政治发生密切关系,但是,由于科举制度不承认用出身来决定人的上下高低,个人的社会地位取决于其是否拥有显示中国文化水准的科举学位。因此,清末文人知识分子比起关心中国文化与西方文化孰高孰低、孰是孰非问题,更看重别人对自己中国文化修养的评价。不在中国文化修养上胜人一筹,将失去作为中国士大夫的存在意义。这样的价值观念取向,虽说也部分地显示了文人士大夫们对优秀中华文化的爱戴与自信,但更是使人们作出错误判断,认为只要不接受西方文化,就能保持士大夫地位的原因之一。

德川时代的日本社会则是在世袭制度之下应用儒学和洋学的。由于学问与政治没有直接关系,所以做学问本身不等于获得升官发达的手段。在这种价值取向背景下,文人学者比较容易做到抛弃或批判不符合现实的学术观点。当然,世袭制度也是产生日本式民族主义思维的社会温床,在这样的环境中,日本社会还衍生出了比较强烈的讲究上下等级的序列思维。

(三)世界:从欧美中心到重新认识亚洲

以上,我们从亚洲是如何观察对待欧美的角度,对中日两国近代化进程的本质特征、现实意义以及局限性做了一个粗略的思考。这里将换一个角度来谈一谈我们应该如何理解欧美国家对亚洲的观察和理解,更进一步探讨21世纪亚洲各国从走近欧美向回归亚洲方向转变的现实意义,以便人们正确理解和重新把握当今世界的发展方向和变化趋势。

一般认为从欧美看亚洲,亚洲显得非常遥远。这种遥远感不单出自地理距离,更是一种心理距离。首先,欧美的媒体对亚洲的报道明显不足,已有的报道也动辄局限在表皮分析,让人看不出有如实报道亚洲或站在对等角度认识亚洲的诚意。

这种观点正确与否在此姑且不论。以下,我们将从欧美看待亚洲的角度对当代欧美社会流行的亚洲观进行一番考察,在此基础上重新把握"欧美"和"亚洲"这两个概念的最新含义。

实际上,与以上提到的欧美媒体传播人员对待亚洲的心理距离相反,现实中的欧美人对亚洲的关心似乎在不断提高。比如,在大学里,增加了以亚洲政治经济为议题的讲座;亚洲语言特别是中文成为热门选修课程。尽管欧美出于对亚洲势力范围的关注早就有研究东方学的传统,部分大学增加几个学习亚洲语言、研究亚洲的学生并非怪事。但以上事实至少说明当今欧美社会认为有必要为亚洲崛起做好准备而学习的人数在持续增长。不过,有报道认为,尽管欧美大众的目光为亚洲日新月异的经济变化所吸引,但依然对亚洲文明感到有某种心理隔阂。为什么会出现这样的状况呢?

有人说他们之所以抱有这种又爱又恨的看似矛盾的亚洲观念,仅仅是由于他们传统上抱有欧洲中心主义或美国中心主义的偏见所致。当然,当今欧美的亚洲认识不可避免与西方中心的世界观有渊源关系,但更应该知道的是它同时也是对当今亚洲社会发展现状的曲折反映。欧美人之所以对亚洲缺乏正确认识和亚洲人不善于向外部世界传达自己国家文化和生活方式信息的现实紧密相关。例如,欧美人在大量接受亚洲经济成长信息的同时,却很少接收到来自亚洲的文化信息。相反,亚洲人虽然乐于宣传自己国家的经济发展情况,却不愿意特别花工夫对外部世界传达多姿多彩的文化信息。由于看不到生动的文化表象,因而浮现在欧美人眼里的亚洲只能是一个没有表情或者说呆板僵硬的形象。可以说来自亚洲的经济信息和文化信息的失衡实际上正是导致欧美人持有扭曲的亚洲观的重要原因之一。

亚洲拥有悠久的历史文化传统,在古代也曾经留下向外部世界不断传送文化信息,长时期影响周边国家的辉煌纪录。印度文明和中国文明作为世界古代四大文明之一共同为人类社会作出了贡献。印度文明不仅影响了古代中国文化的重构,同时也为孕育日本文化成长提供了丰富的养料。中国文明对周边各国(越南、朝鲜半岛、日本)文化发展具有的影响更是无与伦比。

今天的亚洲文化在继承古老文明传统的基础之上又有了新的发展。来自地球东西两侧的文化交流和相互影响使得亚洲文化面貌焕然一新。换言之,在长期的近代化过程中,亚洲文化向世界化和普遍化迈出了一大步。也就是说,亚洲人通过几个世纪的努力使亚洲地域文化具备了世界文化的特征。由于这种具有世界意义的文化是亚洲各国固有文化传统融合和再生非亚洲地域文化的产物,因此,它已经不再只属于亚洲传统,也不再仅仅是西方文化的附庸,而是超越这二者的崭新存在。这构成了亚洲文化区别于其他地区文化的独特内涵和特征。

总之,亚洲文化虽根植于传统,但并不等于就是传统本身,它更是传统与现代相结合的产物。充满自信、充满自豪地向外部世界传达自认为体现当代最新最美生活方式或价值观念的文化,是值得尊敬的利他行为。换言之,只有踊跃与外部世界交换活生生的文化信息,才是赢得不同民族、不同国度人们尊敬和理解的最佳方式。可以说,如何促使亚洲人勇于向外部世界传播亚洲文化,如何促使外部世界进一步加深对亚洲文明的理解,仍将是21世纪亚洲人不可忽视的重要课题。

附 录 一

魏源和佐久间象山及所处时代中日大事年表

1794年(清乾隆五十九年,日宽政六年)
　　魏源生于湖南省邵阳金潭(4月23日)。
　　同年,荷兰向中国派遣使节。
1800年(清嘉庆五年,日宽政十二年)
　　魏源7岁。入私塾。
　　清:重新提出禁止鸦片种植和进口。
　　日:建成昌平坂学问所。
1802年(清嘉庆七年,日享和二年)
　　魏源9岁。接受县里的童子试。
　　日:山片蟠桃著《梦之代》。
1804年(清嘉庆九年,日享和四年)
　　魏源11岁。随父赴江苏任职处学习。
　　清:白莲教起义失败。
　　日:俄国使节列扎诺夫乘"纳德聚达"号到达长崎,要求通商。赖山阳《日本外史》稿成。
1807年(清嘉庆十二年,日文化四年)
　　魏源14岁。回邵阳参加县学入学考试。进入前三名。
　　清:英国传教士马里逊来中国传教。是为基督教新教传入中国之始。
1808年(清嘉庆十三年,日文化五年)
　　魏源15岁。入县学学习。
　　清:朝廷命令禁止鸦片。

日:英舰"菲同"号进入长崎。
1810年(清嘉庆十五年,日文化七年)
魏源17岁。从县学毕业,回乡里教授童蒙以补家计,准备拔贡。
1811年(清嘉庆十六年,日文化八年)
佐久间象山诞生于信州松代藩士之家(2月28日)。父亲一学,五两五人扶持(父50岁母31岁)。
日:俄罗斯舰长于虾夷被捕。大槻玄泽等作为蛮书和解御用被天文方使用,从事《厚生新编》翻译。此后,兰学得到官方认可。
1813年(清嘉庆十八年,日文化十年)
魏源20岁。春,进入岳麓书院,拔贡进展顺利。
清:问罪于鸦片贩者和吸食者。天理教起义。朝野兴起议论时事政治之风。
1814年(清嘉庆十九年,日文化十一年)
魏源21岁。春,与原配夫人严氏(1786—1857年)结婚。随父一起进入首都。途中,见黄河失修,感慨万千。在京都从胡承珙学汉儒家法,从姚学塽学宋儒之学,从刘逢禄习"公羊学",与龚自珍等讨论古文辞。
清:严禁白银走私。
日:爪哇长官拉富尔兹计划接收长崎荷兰商馆。伊能忠敬完成"大日本沿海舆地全图"。
1815(清嘉庆二十年,日文化十二年)
魏源22岁。初入京城,广得师友。
清:制定禁止鸦片章程。
日:荷兰公使撰写对译辞书。杉田玄白《兰学事初》。
1816(清嘉庆二十一年,日文化十三年)
魏源23岁。父魏邦鲁赴任江苏。冬天,旅江苏访父,然后返回邵阳。
清:英吉利遣使来朝,清以不懂礼节为理由,转告英国王以后不要再派送使节。
日:英吉利船来琉球,要求通商。《道富波留麻》初稿成。
1817(清嘉庆二十二年,日文化十四年)
魏源24岁。居邵阳。注释《曾子》。10月,至长沙会见友人。
日:杉田玄白殁(4月)。仁孝天皇践阼,9月即位。
1818(清嘉庆二十三年,日文化十五年)

　　　　魏源25岁。春,被约至辰洲,编辑《屯防志》等书。
　　　　清:云南土著起义,很快便失败。
　　　　日:四月改元号为文政。英吉利船入浦贺。
1819(清嘉庆二十四年,日文政二年)
　　　　魏源26岁。第二次进北京。中顺天乡试副榜。10月,离开京城赴山西学
　　　政贺长龄处,顺路于四川重庆访陶树,乘船回邵阳。
1820(清嘉庆二十五年,日文政三年)
　　　　魏源27岁。春,在江苏父亲住处迎接母亲和妻子。
　　　　清:是年,英出口鸦片超过近五千箱。
　　　　日:高桥作左卫门呈献满文译书。
1821(清道光元年,日文政四年)
　　　　魏源28岁。春,因第三次考试,进入北京。再中顺天乡试副榜。赴北京途
　　　中,再登泰山。
　　　　清:重申禁烟令。是年人口为35500余万。
　　　　日:禁滥制银器。
1822(清道光二年,日文政五年)
　　　　魏源29岁。考取顺天乡试举人第二名。取得会试资格。夏,返回江苏。
　　　被聘为直隶提督杨芳之子的老师。
　　　　清:把领有汉人养子的旗人别记册档,皆编入民籍。严格查处广东洋船出
　　　港,防止白银流失。12月,重申禁止沿海口岸私运鸦片之令。
1823(清道光三年,日文政六年)
　　　　魏源30岁。京城会试失败。返回杨芳家。杨芳转任湖南提督,滞留常德。
　　　魏回江苏,与姚莹相识。姚赞赏魏源的"史才"。
　　　　清:林则徐任江苏按察史,定视察鸦片条例。
　　　　日:德国医生西博尔德作为荷兰商馆医生来长崎。真田幸贯,继松代藩之
　　　封(8月)。
1824(清道光四年,日文政七年)
　　　　魏源31岁。作神道碑铭。春,携四弟赴常德杨芳馆。
　　　　清:严禁幕友议叙乱请。是年,进口英鸦片增加到一万二千余箱。
　　　　日:英吉利船到达常陆。
1825(清道光五年,日文政八年)
　　　　魏源32岁。江苏布政史贺长龄聘魏源至幕下,编辑《皇朝经世文编》。5

月,陶树自安徽转任江苏巡抚,往来于贺陶两幕。夏,作"筹漕篇"。

象山15岁。许可嫡子登记。4月,始谒真田幸贯。

清:命江浙试办海运。

日:英吉利船至陆奥。幕府发布炮击异国船之令。

1826(清道光六年,日文政九年)

魏源33岁。春,第二次参加会试,与龚自珍一样不第。刘逢禄为此作《两生行》。龚魏齐名自此始。考试以后,归贺幕。冬,《皇朝经世文编》120卷集成。

象山16岁。入镰原桐山之门。

清:江苏试行海运米船到达天津。6月,台湾山民起义。

日:禁止把邸宅贷给町人。高桥作左卫门献《俄罗斯书和解》。青地林宗译《地学正宗》。西博尔德作为参府的商馆随员参拜幕府。

1827(清道光七年,日文政十年)

魏源34岁。贺长龄转任山东布政史。魏源入陶树幕。居住南京。魏邦鲁被特授为海州惠泽司巡检。

象山17岁。首次见藩老恩田赖母。

日:大槻玄泽殁(71岁)。

1828(清道光八年,日文政十一年)

魏源35岁。游览杭州。短时间学会佛法。拜访史馆秘阁官书,为撰写《圣武记》等收集资料。

象山继承家业。10月,父一学致仕。

清:11月,禁止使用外国货币。

日:西博尔德事件(10月)。

1829(清道光九年,日文政十二年)

魏源36岁。第三次会试落第。捐内阁中书舍人。《诗古微》二卷成。

清:查禁西洋人偷运鸦片。禁止粤海关进口私货或银两。

日:把西博尔德驱逐出国。

1830(清道光十年,日文政十三年)

魏源37岁。为镇压新疆叛乱入杨芳幕。途中,闻叛乱已平息,遂撤回。陶树升任两江总督。

清:2月命镇压捻军。6月定章程禁止内地贩卖鸦片。是年清中国从出超国变为入超国。英吉利"大班"违禁携妇至广州。

日：12月,改元号为天保。足立长隽首倡西洋产科。

1831(清道光十一年,日天保二年)

魏源38岁。因父病休假归宝山。8月18日父邦鲁卒。魏源为选择墓地四处奔波。

象山21岁。3月,成为藩世子近习役。5月辞职。

清：3月,广东上奏英吉利人在广州活动违例。7月,定官民吸买鸦片例。

1832(清道光十二年,日天保三年)

魏源39岁。第四次会试不中。泊京中亲友家。应龚自珍之招,集会花之寺。南归陶树幕。创建淮北票盐。亲自与人一起投入票盐经营。

象山22岁。父一学殁(77岁)。

清：自6月起,英吉利商船被从福建、江苏、浙江驱赶出去后,改赴山东,再遭驱除。8月,英舰始入内河。12月,广东香山天地会张斗起事。是年,经学兼小学家王念孙殁。胡承珙死。

日：琉球使来。奥州饥荒。米价高腾。青地林宗成水户藩西学都讲。小关三英、岸和田成为藩医。

1833(清道光十三年,日天保四年)

魏源40岁。续留陶幕。林则徐转任江苏巡抚。魏源时而在林幕办事。

象山23岁。11月,游学江户,入佐藤一斋门。

清：制定禁止纹银出洋条例。6月,禁止广东外洋贸易银及洋钱易货。

日：诸国饥荒。各地闹事,捣毁破坏活动频繁。青地林宗殁(59)。小关三英成为天文台译员。《道富波留麻》完成。

1834(清道光十四年,日天保五年)

魏源41岁。续留陶幕。正月22日,居林则徐处。

清：检查外商漏税。禁止银外溢及私铸洋银。是岁,经学兼小学家王引之死。

日：江户大火。水野邦忠成为老中(3月)。宇田川榕庵刊《植学启原》。

1835(清道光十五年,日天保六年)

魏源42岁。第五次会试落第。打消考试念头。买宅"挈园"(扬州)。大概在此时,迎侧室谭氏。

清：追加外国人贸易条章。制定与西班牙、墨西哥、智利等国的金货兑换率。8月,英舰至山东刘公岛。命沿海各省阻止。

1836(清道光十六年,日天保七年)

魏源43岁。续留陶幕。在南京与陈世镕见面。
象山26岁。2月,归藩。是年,开始使用象山之号。
清:取缔各地"会匪"。7月,山西的三教庙同时祭祀孔子、老子、佛陀,命改禁之。11月,强令英人撤离广州。
日:天保大饥荒。全国性爆发起义暴动。

1837(清道光十七年,日天保八年)
魏源44岁。林则徐署湖广总督。魏源编《明代食兵二政录》。
象山27岁。五月,向藩提出学政改革意见书。
清:年间进口鸦片四万箱,流失白银三千万两。正月,山西等地发生自然灾害。山西教民起义。11月,英人请求自由贩卖鸦片,未果。
日:2月,大盐平八郎起义(大阪)。4月,征夷大将军德川家齐退隐。德川家庆继其后。6月,生田万之乱。美国"莫里森"号至浦贺。浦贺奉行将其击退。

1838(清道光十八年,日天保九年)
魏源45岁。林则徐赴广州禁烟。魏源不参加本年度会试。闰4月7日,次子幼殇。
象山28岁。改名修理。
清:5月,林则徐禁烟并奏上禁止章程六条。8月,英人以军舰三艘威吓清朝,要求通商。10月,广州居民万人游行反对英美贩卖鸦片。11月,林则徐作为钦察大臣监督广东海口禁烟。是年,从英进口鸦片增加到五万箱。

1839(清道光十九年,日天保十年)
魏源46岁。7月12日,陶树故去。陈銮继任两江总督。魏源转入陈幕。
象山29岁。2月,再游学江户,6月,在神田玉池开象山书院。
清:4月,林则徐、郑廷桢亲临虎门,没收鸦片20283箱。5月,朝廷命在本地销毁鸦片。6月,林则徐焚烧鸦片。
日:蛮社之狱。宇田川榕庵首倡化学。

1840(清道光二十年,日天保十一年)
魏源47岁。秋,在宁波军营参与审问英国俘虏。后写"英吉利小记"。
清:爆发鸦片战争。
日:禁止药品广告使用荷兰文字。清商人赴日,传达英吉利侵略广东消息。

1841(清道光二十一年,日天保十二年)
魏源48岁。知林则徐接受圣旨于7月14日出镇海过京口(今镇江),特意从扬州赶来出迎。在此受林的推荐,进入裕谦军幕。林和魏两氏以此为最后一次会面。魏源来定海以后,由于其主张不为采纳,遂辞职归扬州。开始编写《圣武记》和《海国图志》。

象山,9月江户藩邸学问所头目。

清:三元里人民抗英。龚自珍殁。

日:德川家齐殁。高岛秋帆进行炮术演习。真田幸贯成为老中。幕府开始所谓天保改革。渡边华山自刃。

1842(清道光二十二年,日天保十三年)

魏源49岁。7月,《圣武记》成稿。12月,《海国图志》50卷本完成。

象山32岁。藩主真田幸贯成为海防担当,命象山研究海外情况。9月,象山入江川坦庵。11月,上呈"海防八策"。

清:7月,缔结中英《南京条约》。第一次鸦片战争结束。

日:幕府缓和文政炮击异国船令,允许供给异国船只食粮薪水(7月)。

1843(清道光二十三年,日天保十四年)

魏源50岁。居住扬州。因两淮盐行遭战争破坏以及自费出版,魏源陷入财政困境。魏源把《圣武记》呈送给包世臣,请其审定。

象山33岁。10月,成为郡中横目役。12月,恢复佐久间家中绝以前的百石俸禄。同月,一度归藩为殖产兴业计划做准备。

清:6月,湖南武冈起事。7月,洪秀全在广东花县宣传拜上帝会,进行反清传教活动。广州开港。8月,和英国缔结《虎门条约》。

日:真田幸贯辞去海防担当。

1844(清道光二十四年,日弘化元年)

魏源51岁。再次参加会试。中礼部会试第19名。唯以试卷涂抹,罚停殿试1年。

象山34岁。6月,从黑川良安习荷兰语。7月,根据苏美尔百科全书制造玻璃。10月,作为郡中横目役赴鞴野村出差。11月,成为鞴野·汤田中·佐野三村开发利用担当。

清:3月,台湾嘉义民洪协等起事。5月,中美缔结《望厦条约》。9月,中法缔结《黄埔条约》。10月,清政府设五口通商大臣,由两广总督兼任。

日:改元号为弘化。荷兰公使报告欧洲形势。水户藩主德川齐昭被令隐居谨慎。真田幸贯辞退老中。荷兰使节向幕府提出国书,劝幕府开国。

1845(清道光二十五年,日弘化二年)

附录一 魏源和佐久间象山及所处时代中日大事年表

魏源52岁。补行殿试。旋中乙巳恩科3甲第93名进士。以知州分配江苏。

象山35岁。5月20日,长女菖蒲诞生(生母乃妾阿蝶氏,11个月夭折)。6月,读卡尔登炮术书,对江川说产生疑问。

清:命四川取缔"教匪"。上海,与英国签订《上海租地章程》。乃外国租界之始。

日:美国船携漂流民到浦贺。日在浦贺新建炮台。英舰入港长崎。

1846(清道光二十六年,日弘化三年)

魏源53岁。旧历4月29日,母亡。离官居忧。因前任借款,被迫赔偿四千金,家庭生活整个陷入困境。入江苏巡抚李星沅幕。

象山36岁。闰5月返回松代。借住御使者小屋。7月,长男恭太郎诞生(生母乃妾阿蝶氏,9个月夭折)。

清:5月,广州爆发反英斗争。

日:正月,孝仁天皇亡。2月,孝明天皇践祚。法国船自琉球请通商,不许。美国东印度舰队司令长官赫德尔到浦贺。丹麦船来浦贺。严敕海防。幕府奏陈外国之事。

1847(清道光二十七年,日弘化四年)

魏源54岁。入两江总督陆建瀛幕。访陈沣。陈论《海国图志》是非,魏源大喜。因而修订是书。

象山37岁。3月,信浓大地震。因出役之功受藩主赏。12月免郡横目役。

清:湖南苗民抗租起义。

日:命将总司沿海守备。荷兰行外交之劝。9月,孝明天皇即位。水户庆喜嗣一桥家。

1848(清道光二十八年,日嘉永元年)

魏源55岁。幕生活2年,经济好转。4月开始从扬州出发,游览庐山,进入洞庭湖,沿湘江,游览桂林、阳朔,至广州,考察香港和澳门。归途中,经江西,到达南昌。转往东游武夷山。然后,经温州和杭州,返回扬州。

象山38岁。6月,入辖野村发现矿脉。8月,引起佐久间骚动。次男恪二郎诞生(生母乃妾菊氏)。

清:命两广、湖南、江西追捕天地会。

日:外国船只出没于对马、五岛、虾夷地、陆奥、出羽沿岸。2月,改年号为嘉永。美国船漂流虾夷。藤井三郎提倡英吉利学。村上英俊提倡法兰西学。佐久间象山制作洋式野炮。肥前五岛等建炮台。

1849(清道光二十九年,日嘉永二年)

魏源56岁。6月,署兴化县令。时遇洪水,为救下河七县民的生命财产保堤,虽不合河督之意,却得县民之心。

象山39岁。2月,计划用藩费出版荷兰辞书《道富波留麻》增订版。5月,计划自费出版同书。10月,请求幕府出版同书。12月给恪二郎种痘。

清:广州社学群众自发武装起来,守卫省城,抵抗英夷的侵略。

日:美国军舰"普雷布尔"号来航长崎。4月,"马里拿"号至浦贺、下田测量东京湾。

1850(清道光三十年,日嘉永三年)

魏源57岁。补任高邮知州。《海国图志》及《圣武记》传入日本。英人威妥玛、德人郭实猎分别将《海国图志》加以选译。

象山40岁。2月,在松代城演习炮术。3月,幕府回答不允许出版荷兰辞书。11月,三男恂三郎出生(生母乃妾阿蝶氏)。

清:太平军起义爆发。清政府命林则徐为钦差大臣,赴广西镇压起义。林则徐去广西途中病亡。

日:葡萄牙人进言开关。再严敕海防。荷兰船到达长崎,传达美国欲与日本进行贸易信息。高野长英自杀。《海国图志》三部传入日本,遂遭限制。

1851(清咸丰元年,日嘉永四年)

魏源58岁。在高邮知州任所,兼署海州分司。

象山41岁。2月,在松代城西生菅村进行大炮射击演习。因涉及幕领,引起纠纷。5月,免去三村开发利用担当。定住江户木挽町讲授炮术。小林虎三郎、吉田松阴等入门。

清:洪秀全太平天国元年。清政府与俄罗斯缔结不平等条约。

日:土佐漂流民中浜万次郎自美国回日本。岛津齐彬成为萨摩藩主。

1852(清咸丰二年,日嘉永五年)

魏源59岁。在高邮知州任所。补《海国图志》40卷,成百卷本。作"海国图志后叙",改定"道光洋艘征抚记"。

象山42岁。6月,藩主真田幸贯殁。撰墓志铭。三男恂三郎夭折。娶胜海舟妹顺氏。

清:2月,太平天国发布天历。

日:英国船来航琉球。水户藩将《大日本史》记传版本献给幕府和朝廷。筑

附录一 魏源和佐久间象山及所处时代中日大事年表

大森炮台。俄罗斯船护送漂流民来航下田。荷兰商馆长说锁国之危险。

1853（清咸丰三年，日嘉永六年）

魏源60岁。2月，太平军占领扬州。魏源遭统兵大员弹劾解职，转往安徽，于11月恢复官职。此后，魏源辞职侨居兴化。

象山43岁。6月，美舰来浦贺。象山委任为藩的军议役。提出"急务十条"上呈老中阿部正弘。9月，为吉田松阴作送别诗。

清：2月，太平军破南京。起名天京。8月，小刀会起义。冬，太平天国颁布"天朝田亩制度"。

日：美国东印度舰队司令官培理持国书至浦贺。将军德川家庆殁。德川家定继承职务。俄罗斯使节至长崎，呈国书为奉行。筑品川炮台。

1854（清咸丰四年，日安政元年）

魏源61岁。整理著作。潜心于佛教，自称为"菩萨戒弟子魏承贯"。

象山44岁。反对下田开港，力说横滨开港。4月，受吉田松阴偷渡事件连累，下狱于江户传马町。9月，被命蛰居，返回松代。11月，蛰居于聚远楼。狱中，作《省諐录》。

清：6月，广东天地会佛山起义。

日：培理再来。许可下田、箱根两港通商。和美国缔结和约。5月，西洋式船"凤凰丸"下水。英船驶至长崎。和英国缔结和约。长崎、箱根开港。

1855（清咸丰五年，日安政二年）

魏源62岁。撰成《书古微》。

象山45岁。吉田松阴送"幽囚录"请象山阅读。象山研究几何学。

清：正月，小刀会起义失败。

日：幕府使天文方蛮书和解御用局独立，建洋学所。毁佛寺钟铸大炮。江户地震。水户藤田东湖殁。

1856（清咸丰六年，日安政三年）

魏源63岁。请湘潭周诒朴刊刻《净土四经》。秋天，移居杭州僧舍。又，托人上奏《拟进呈元史新编表》，未成。

清：9月，英国引起"亚罗"号事件。11月，英再攻广州，烧广州市民13洋楼及英、法、美商行。

日：建蕃书取调所。美国总领事哈里斯至下田。9月，吉田松阴开办松下村塾。

1857（清咸丰七年，日安政四年）

魏源64岁。2月,罹病。3月26日傍晚去世。葬杭州西湖边方家峪南屏山下。

象山47岁。就大阪川口炮台设计问题作意见书。有忧于日美通商条约,用筮卜占吉凶。

清:3月,马克思发表"英中冲突"等文章,指出英国政府发动第二次鸦片战争。

日:设立军舰教授所。3月,美国公使要求会见将军,半年后始予以接受。荷兰商馆长克鲁齐吾斯报告"亚罗"号事件。将军后继人问题提出。

1858(清咸丰八年,日安政五年)

象山48岁。4月,关于外交提出上书。制作地震计。送密信于梁川星巌,策划公武融和。向幕府建议与哈里斯达成折衷案。

清:英法军占领大沽口炮台,逼近天津。以后,与俄罗斯、美国、英国、法国缔结一系列不平等条约。

日:2月,老中堀田正睦上洛,乞求勅许条约。4月,伊井直弼成为大老。6月,签署日美通商条约。7月,与俄罗斯、荷兰、英国缔结通商条约。9月,签署日法条约。同月,发生安政大狱。

1860(清咸丰十年,日万延元年)

象山50岁。9月,高杉晋作带来松阴之书。作有名的"樱赋"。

清:太平军攻清江南大营。英军占领定海。中外联军镇压太平军。10月,英法联军占领圆明园。

日:改元号为万延。咸临丸赴美国。发生樱田门外之变。

1861(清咸丰十一年,日文久元年)

象山51岁。母荒井氏殁(87岁)。服丧中,著丧礼私说。

清:于京师设立总理各国衙门。任命英人为关税总税务司。曾国藩上奏"购买外洋船炮",在安庆开军械所,开始洋务运动。

日:2月,改元号为文久。幕府遣欧使节出发。

1862(清同治元年,日文久二年)

象山52岁。长州藩和土佐藩计划招聘象山。12月,"樱赋"入睿览。幕府上书呼不可锁国。

清:1月,在上海设立"中外会防局"。8月,设立京师同文馆。是年,在上海设立洋炮局。

日:1月,坂下门外之变。4月,伏见寺田屋骚动。6月,勅使大原重德下江

附录一 魏源和佐久间象山及所处时代中日大事年表

户传达勅旨。7月,将军家茂回答尊奉勅旨。发生生麦事件。

1863(清同治二年,日文久三年)

象山53岁。1月,谒见藩主幸教,进言藩政改革。7月,自京都御所传来召出内意,9月,因政变而中止。

清:李鸿章在苏州设立洋炮局。

日:德川庆喜上洛。3月,将军家茂上洛。5月,长州藩在下关炮击美国商船。6月,美法舰队炮击下关炮台。英国舰队炮击鹿儿岛(萨英战争)。

1864(清同治三年,日元治元年)

象山54岁。受幕府之命上洛。4月,被任命为海陆御用小官。同月,谒见山阶宫及德川庆喜,陈论时务。5月,谒见将军家茂。6月,设计彦根迁都方案。7月11日,被尊攘派刺杀于京都三条木屋町寓所附近。

主要参考书:

魏源全集编辑委员会编校:《魏源全集》,岳麓书社
信浓教育会编:《增订象山全集》,信浓每日新闻
王家俭:《魏源年谱》,"中央研究院"近代史研究所
翦伯赞主编:《中外历史年表》,中华书局
市古贞次等编:《日本文化综合年表》,岩波书店

附 录 二

本书参考文献

第一、二部分主要介绍本书使用的全集资料和主要参考文献,全部用中文标记。第三部分介绍外文文献,以脚注中未曾提到过的著作和文献为主。

一

魏源全集编辑委员会编校:《魏源全集》(1—20册),岳麓书社,2004年
魏源:《魏源集》(上下),中华书局,1976年
魏源撰:《海国图志》,盐谷甲藏,箕作阮甫校,浅草茅町(江都),须原屋伊八,嘉永七[1854]
黄遵宪:《日本国志》(40卷),光绪十四年浙江书局刻
信浓教育会编:《增订象山全集》(1—5卷),信浓每日新闻,1934—1935年
钟叔河主编:《走向世界丛书》,岳麓书社,1980年
张品兴主编:《梁启超全集》(10册),北京出版社,1999年
陈铮编:《黄遵宪全集》(上下),中华书局,2005年
钱锺书主编:《郭嵩焘等使西记六种》,三联书店,1998年
《福泽谕吉著作集》,庆应义塾大学出版会,2002年
沼田次郎等编:《洋学》(上下),"日本思想大系"64—65,岩波书店,1976年
明治文化研究会:《明治文化全集》(全28卷,别卷1卷),日本评论社,1992年
久米邦武编,田中彰校注:《美欧回览实记》(全5卷),岩波文库,1993年
陈伦炯著,李长傅校注:《海国闻见录》,中州古籍出版社,铅印,1985年
徐继畬:《瀛环志略》(10卷),日本文久元年对嵋阁刻
王锡祺:《小方壶斋舆地丛钞》,1877年
王圻:《三才图会》,1609年

寺岛良安:《和汉三才图会》,1712年

钱国红:《东亚世界像形成——德川日本与中国》,富士零小林节太郎纪念基金,1996年

吴廷璆主编:《日本近代化研究》,商务印书馆,1997年

国际日本文化研究中心纪要:《日本研究》,角川书店,2000年

东京文化财研究所国际文化财保存修复中心:《第十届国际文化财保存修复研究会报告书》,2002年

方克立编:《第十三届国际中国哲学会论文集》,商务印书馆,2003年

中国社会科学院近代史研究所、中国史学会编:《纪念黄遵宪逝世一百周年学术讨论会论文集》,2005年

二

马家骏、汤重南:《日中近代化比较》,六兴出版,1988年

王家骅:《幕末日本人西洋观的变迁》,《历史研究》1980年第6期

田鹏毅:《近代中日两国出使西洋的比较研究》,《历史教学》1993年第4期

于桂芬:《西风东渐:中日摄取西方文化的比较研究》,商务印书馆,2001年

赵德宇:《西学东渐与中日两国的对应——中日西学比较研究》,世界知识出版社,2001年

李扬帆:《走出晚清——涉外人物及中国的世界观念之研究》,北京大学出版社,2005年

李存朴:《西方的冲击与中日近代世界认识的形成——以19世纪中叶为中心》,北京大学图书馆收藏,2001年

赵建民:《中日两国的吸收欧洲文化及其"近代化"》,《复旦学报》1990年第2期

田毅鹏:《略论锁国闭关时代中日认识西方的情报系统》,《日本研究》1994年第2期

李少军:《论甲午战争前中日两国的西学传播主体之异》,2000年中国社会科学院近代史研究所主办的"第二届近代中国与世界国际学术讨论会"论文

田毅鹏:《鸦片战争前后中日两国世界史地研究比较论》,《社会科学辑刊》1993年第3期

王少普:《十九世纪六十年代前后西学在中日传播的比较》,《学术月刊》1990年第5期

苏中立:《"中体西用"与"和魂洋才"之比较》,《贵州社会科学》1992年第12期
李廷举:《"和魂洋才"与"中体西用"的比较》,北京大学日本研究中心编:《日本学》第1辑,北京大学出版社,1989年
罗荣渠:《现代化新论续篇——东亚与中国的现代化进程》,北京大学出版社,1997年
崔世广:《近代启蒙思想与近代文化:中日近代启蒙思想比较》,北京航空航天大学出版社,1989年
王家骅:《日中儒学比较》,六兴出版,1988年
王家骅:《儒家思想与日本现代化》,浙江人民出版社,1995年
赵德宇:《从林则徐和渡边华山看近代转折点上的中日西洋学》,《日本研究》1995年第3期
迟云飞、袁方莲:《学习西方:魏源与吉田松阴的比较》,见刘泱泱等编《魏源与近代中国改革开放》,湖南师范大学出版社,1995年
徐剑梅:《福泽谕吉和梁启超的政治革新观比较》,《北京大学学报》1993年第2期
王克非:《中日近代对西方政治哲学思想的摄取——严复与日本启蒙学者》,中国社会科学出版社,1996年
王晓秋、杨纪国:《晚清中国人走向世界的一次盛举:1887年海外游历史研究》,辽宁师大出版社,2005年

三

佐藤慎一:『近代中国の知識人と文明』,東京大学出版会,1996年
狭間直樹:『西洋近代文明と中華世界』,京都大学学術出版会,2001年
狭間直樹編:『共同研究梁啓超——西洋近代思想受容と明治日本』,みすず書房,1999年
浜下武志:『近代中国の国際的契機——朝貢貿易システムと近代アジア』,東京大学出版会,1998年
銭国紅:『日本と中国における「西洋」の発見』,山川出版社,2004年
銭国紅:『アジアにおける近代思想の先駆』,信毎書籍出版センター,1992年
星山京子:『徳川後期の攘夷思想と「西洋」』,風間書房,2003年
藤田雄二:『アジアにおける文明の対抗』,御茶ノ水書房,2001年

金鳳珍:『東アジア「開明」知識人の思惟空間』,九州大学出版会
朴忠錫・渡辺浩編:『国家理念と対外認識——17～19世紀』,慶應義塾大学出版会,2001年
山室信一:『思想としてのアジア—基軸・連鎖・投企』,岩波書店,2002年
吉澤誠一郎:『愛国主義の創成—ナショナリズムから近代中国をみる』,岩波書店,2003年
安丸良夫:『近代天皇像の形成』,岩波書店,2001年
入江昭著,興梠一郎訳:『日中関係この百年—世界史的展望』,岩波書店,1995年
大庭脩著:『江戸時代における中国文化受容の研究』,同朋舎出版,1984年
大庭脩編著:『江戸時代における唐船持渡書の研究』,関西大学東西学術研究所,1981年
岡本さえ:『近世中国の比較思想——異文化との邂逅』,東京大学出版会,2000年
渡辺浩:『東アジアの王権と思想』,東京大学出版会,1997年
黒住真:『近世日本社会と儒教』,ぺりかん社,2003年
マリウス・B・ジャンセン著,加藤幹雄訳:『日本と東アジアの隣人—過去から未来へ』,岩波書店,1999年
アンドルー・ゴードン著,森谷文昭訳:『日本の200年:徳川時代から現代まで』(上下),みすず書房,2006年
米欧回覧の会編:『岩倉使節団の再発見』,思文閣出版,2003年
石井米雄編:『アジアのアイデンティティー』,山川出版社,2000年
芳賀徹編:『文明としての徳川日本』,中央公論社,1993年
依田憙家:『再増補日中両国近代化の比較研究序説』,龍渓書舎,1993年
依田憙家教授還暦記念論文集編集委員会編:『日中両国の伝統と近代化』,龍渓書舎,1990年
ケイト・W・ナカイ:『新井白石の政治戦略』,東京大学出版会,2001年
王勇・久保木秀夫編:『奈良・平安期の日中文化交流—ブックロードの視点から』,農文協,2001年
Wm. T. ドバリー著,山口久和訳:『朱子学と自由の伝統』,平凡社選書,1987年
溝口雄三等編:『近代化像』,アジアから考える(5),東京大学出版会,1994年
溝口雄三:『方法としての中国』,東京大学出版会,1989年

荒野泰典：『近世の日本と東アジア』，東京大学出版会，1988年
伊原澤周：『日本と中国における西洋文化摂取論』，汲古書院，1999年
川勝平太：『日本文明と近代西洋』，NHKブックス，1991年
子安宣邦：『"アジア"はどう語られてきたか―近代日本のオリエンタリズム』，藤原書店，2003年
中川久定・J.シュローバハ：『十八世紀における他者のイメージ―アジアの側からそしてヨーロッパの側から』，河合文化教育研究所，2006年
桂島宣弘：『思想史の十九世紀―"他者"としての徳川日本』，ぺりかん社，1999年
ベネディクト・アンダーソン著，白石さや・白石隆訳：『増補想像の共同体―ナショナリズムの起源と流行』，NTT出版，2001年
飯塚浩二：『東洋への視角と西洋への視角』，岩波書店，1964年
竹内弘行：『中国の儒教的近代化論』，研文出版，1995年
U.ベック、A.ギデンズ、S.ラッシュ著，松尾精文等訳：『再帰的近代化――近現代における政治、伝統、美的原理』，而立書房，2000年
張偉雄：《文人外交官の明治日本――中国初代駐日公使団の異文化体験》，柏書房，1999年

Marius B. Jansen, *China in the Tokugawa World*, Harverd University Press, 1992

Benjamin I. Schwartz, *In Search of Wealth and Power: Yen Fu and the West*, Harvard University Press, 1964

Tu Weiming, *China in Transformetion*, Harvard University Press, 1994

Bob Tadashi, *Wakabayashi Anti-Foreignism and Western Learning in Early-Modern Japan: The New Theses of 1825*, Harverd University Press, 1991

Benjamin A. Elman, *From Philosophy to Philology: Intellectual and Social Aspects of Change in Late Imperial China*, Harverd University Press, 1990

Marius B. Jansen, *Japan and Its World*, Princeton University Press, 1995

Paul A. Cohen, *Between Tradition and Modernity: Wang T'ao and Reform in Late Ch'ing China*, Harverd University Press, 1987

Douglas R. Reynolds, *CHINA, 1898—1912: The Xinzheng Revolution and Japan*, Harverd University Press, 1993

附录三

索引

一、书籍索引

《龂舌或问》,148-150
《阿Q正传》,356
《阿兰陀地图略记》,92
《八纮通志》,157-160,221
《八旗通志》,59
《八述奇》,308
《北槎闻略》,38-40,119,122
《北方未公开古文书集成》,32
《本草纲目》,289
《本多利明·海保青陵》,41,42
《比较文明和日本》,76
《比例对数表》,62
《裨史汇编》,49
《辩学章疏》,46,47
《捕影闻答》,123,124
《采览异言》,29,36,38,76,77,92,125,128,129,132,134-138,178,221,228
《超性学要》,62

《成形图说》,91
《赤虾夷风说考》,31,32
《筹办夷务始末》,306
《筹海图编》,70,206
《出身使英法俄国家日记》,275
《春秋大义》,293
《春秋公羊传》,332
《存华挫狄论》,189
《大航海时代：旅行和发现的二个世纪》,25
《大清光绪会典》,240
《大清会典》,59
《大清一统志》,59
《大日本史》,74,386
《大日本史料》,27,28
《大日本沿海舆地全图》,127
《大唐西域记》,24,227,228
《大同书》,266
《大西要录》,126
《大学章句序》,126
《代微积拾级》,246
《岛津齐彬》,295

《道富波留麻》,379,382,386
《地的科学》,62
《地理全志》,38,39,163
《地理学史研究》,53
《地球并地图诸圈之事》,169
《地球全图》,207
《地球全图略说》,30
《地学正宗》,221,381
《第十届国际文化财保存修复研究会报告书》,391
《第十三届国际中国哲学会论文集》,391
《丁卯秘蕴》,123
《订正四十二国人物图说》,126,130,131
《订正增译采览异言》,126,131–142,177
《东察加志》,88
《东方见闻录》,44,290
《东方杂志》,293
《东砂葛记》,88
《东吴水利考》,49
《东西纪游》,126
《东西文化和哲学》,293
《东亚世界像形成——德川日本与中国》,391
《东洋的觉醒》,358
《东洋的理想》,358
《读直毗灵》,186
《渡边华山:人和艺术》,142
《对华鸦片贸易罪过论》,206
《俄罗斯书和解》,381

《法的精神》,275
《法兰西游记》,268
《法意》,275,277,279
《翻刊海国图志》,217
《翻译世界》,278
《蕃薯考》,31
《风俗论》,290
《扶桑游记》,257
《福泽全集》,279
《福泽谕吉全集》,298,299,301,302
《改变中国的西洋人顾问》,242
《改订增补日本地理学史》,28,29
《喎兰新译地球全图》,79
《各国律例》,241
《各国律令》,204,206
《共产党宣言》,271
《古道大意》,141,177,178,181,182,184
《古今地理学问答》,38
《古今图书集成》,50
《故事选要》,49
《管蠡秘言》,82–87,90
《广辞苑》,20
《广州周报》,206
《归山录》,132,169
《郭嵩焘等使西记六种》,252,390
《郭嵩焘卷:伦敦与巴黎日记》,252–256
《海防论》,70
《海国兵谈》,32,34,35,37,118,126
《海国图志·筹海篇》,160,161
《海国图志》,6,12,28,65,70,71,

150,154,160-162,191-193,195,
198,199,201,202,204-215,217-
219,221-223,225,228,230-232,
251,261,282,294,326,334,341-
347,360,384-386,390
《海国闻见录》,6,63-68,70,206,
221,390
《海外人物辑》,131
《汉报》,245
《汉学研究》,278
《航海述奇》,308
《和汉》,50-53
《和汉三才图会》,50,52,178,
322,390
《和兰天说跋》,100
《和兰通舶卷之一》,101
《和兰文字略考》,31
《荷兰俗话》,100-103
《荷兰文字略考》,81
《荷兰语译》,81
《红毛谈》,91
《红毛杂话·兰说辨惑》,110
《红毛杂话》,30
《后汉书》,52,264
《厚生新编》,156,379
《华夷通商考》,50,76,128,129,228
《华夷一统图》,51
《华英通语》,230
《环海异闻》,39,118-123
《寰有诠》,62
《皇朝经世文编》,195,333,380,381
《皇舆全览图》,48,62

《黄遵宪集》,263
《混同秘策》,187,188
《箕作阮甫》,158,163
《吉田松阴全集》,221
《几何原本》,44,46,62,324
《纪念黄遵宪逝世一百周年学术讨论
  会论文集》,391
《江关笔记》,322
《江关笔谈》,79
《江汉西游日记》,99
《江户时代史》,36
《解剖图谱》,89,90
《解体新书》,39,80,82,89-92,95,
  126,177,286
《金泽经济大学论集》,142
《进化和伦理》,277
《近代的胎动》,43
《近代日本的中国认识》,368
《近代日本海外留学史》,312
《近代中日关系研究》,246
《近世社会主义》,271
《经世秘策》,41,42,126
《净土四经》,387
《菊与刀》,288
《空际格致》,62
《叩然滕图尔克》,38,135
《狂人日记》,356
《狂医之言》,93,94
《坤舆图记》,228
《坤舆图识》,157-160,221
《坤舆图识补》,157,158
《坤舆万国全图》,9,28,29,45,228,

324,361
《坤舆万国图》,79
《坤舆万国图说》,44,324
《兰说辨惑》,111
《兰学会盟引》,110
《兰学阶梯》,111,112,114-117
《兰学事初》,379
《兰学事始》,80,89,90,138
《兰译梯航》,111,114
《历法西传》,62
《历史地理》,76,128
《历史学研究》,207
《历象考成》,115
《历象考成后篇》,62
《历象新书》,127
《利玛窦传》,45
《利玛窦中国札记》,44
《联邦志略》,162,247
《梁启超全集》,280,282-286,390
《列国岁计政要》,282
《六物新志》,81
《鲁西亚本记》,88,118
《鲁西亚国志》,119
《律历渊源》,115
《伦敦与巴黎日记》,250
《论语·为政第二》,290
《论语·雍也》,114
《罗刹方略》,62
《逻辑学体系》,277
《马可·波罗旅行记》,290
《每月统纪传》,208
《美国侵华史》,214

《美欧回览实记》,226,231-235,390,414
《梦之代》,79,164,166-175,378
《秘录大要》,38,127
《民约论》,278
《名理探》,62
《明代食兵二政录》,383
《明史·外国传》,47
《明治历史》,267
《明治政史》,267
《穆勒名学》,277
《拟进呈元史新编表》,387
《农政全书》,289
《女子世界》,234
《欧游心影录》,293
《欧洲十一国游记》,268
《盘水存响》,118
《盘水事略》,118
《琵琶记》,194
《平安通书》,208
《平定罗刹方略》,55
《婆心秘稿》,123
《普法战纪》,257
《乾坤辨说》,75
《清末中国的日本观和西洋观》,252
《穷理通》,83
《穷理图解》,83
《穷理学》,62
《劝学》,357
《群己权界论》,277,278
《人境庐诗草》,258
《日本变政考》,267

《日本风俗备考》,157
《日本国志》,13,258-261,264,265,280,390
《日本和中国的"西洋"发现——19世纪中日知识分子世界像形成》,413
《日本近代化研究》,391
《日本经济大典》,166-172
《日本论》,288
《日本名著:杉田玄白·平贺源内·司马江汉》,99,108
《日本明治变政考》,267
《日本明治政变考》,267
《日本人的西洋发现》,177
《日本人的中国观》,369
《日本书目志》,267
《日本思想大系·洋学》,286
《日本外史》,378
《日本文化综合年表》,389
《日本研究》,391,392
《日本洋学编年史》,92
《日本杂事诗》,258,261-264
《日本志》,181,182
《儒林外史》,194
《三才》,50-53
《三才图汇》,78
《三才图会》,26,49-51,178,322,390
《三国通览图说》,33-35,37,118,126
《三述奇》,308-312
《山村才助》,39,131,140,141

《山海舆地图》,45,324
《上海新报》,244
《上野图书馆纪要》,39
《慎机论》,147,148,150,151,153
《圣武记》,70,71,160,161,191,193,195,220,222,326,333,334,346,347,381,384,386
《省諐录》,220,387
《诗古微》,381
《诗经》,257
《时务报》,283
《史学》,41
《使西纪程》,250,252
《世界地图》,48,91
《书古微》,387
《数学启蒙》,251
《朔方备乘》,251
《司马江汉全集》,99-104
《四十二国人物图说》,128-130
《四书》,45,220,324
《四洲志》,70,204,206,208,228
《随使法国记》,310-313,315,317,319
《锁国时代日本人的海外知识》,34,78,88,142
《锁国时代日本人的海外知识:关于世界地理、西洋史的文献解题》,50
《泰西水法》,62
《谈天》,246
《唐人往来》,299
《特命全权大使美欧回览实记》,226
《天步真原》,62

《天地二球用法》,92
《天经或闻》,78
《天演论》,276-278
《天主实义》,62,324
《天柱记》,187
《图书编》,78
《屯防志》,379
《外蕃通书》,140,141
《外国事情书》,144-146,148,149
《外国通信事略》,76
《万法精理》,279
《万国公报》,259
《万国公法》,203,223-225,241,247
《万国梦物语》,92,132
《万国史记》,282
《万国图说》,92
《万国新话》,30
《万国舆图》,62
《魏源集》,196,198,207,209,214,333,334,390
《魏源全集》,389,390
《文明论概略》,357
《问目草案》,123
《倭国的出现——东亚世界中的日本》,238
《五经》,220
《戊戌梦物语》,151,152
《物种起源》,271,278
《西国近事汇编》,282
《西欧文明和亚洲》,55,59
《西史外传》,158
《西厢记》,194

《西学东渐》,305,308
《西学东渐与晚清社会》,279
《西洋番国志》,23,24,228
《西洋航海术》,41
《西洋纪闻》,37,76-78,129,321
《西洋列国史略》,142,221
《西洋旅行指南》,298,301
《西洋事情》,157,356,357
《西洋杂记》,126,142
《西域物语》,41,42,104,108,118,126
《虾夷拾遗》,41,126
《退迩贯珍》,251
《现代汉语外来词的研究》,287
《香雪林集》,49
《象山全集》,220
《小方壶斋丛钞》,203
《小方壶斋舆地丛钞》,203,390
《新编林子平全集二·地理》,35
《新订福翁自传》,296,298
《新订万国全图》,157
《新论》,185
《新青年》,293
《新修平田笃胤全集》,141,177-184,187
《新印度制》,140
《新撰洋学年表》,125
《星槎胜览》,24,228
《星术本原太阳穷理了解新制天地二球用法记》,169
《形影夜话》,90,95
《徐光启集》,46

《徐霞客游记》,228
《续几何原本》,246
《续文献通考》,49
《学镫》,46
《循环日报》,257,274
《亚鲁西本记略书》,118
《亚洲近代思想先驱——魏源和佐久间象山》,413
《亚洲思考〈5〉:近代化像》,302
《严译名著八种》,279
《野山狱文稿》,221
《野叟独语》,95-97,118
《异域录》,56-59,62
《易经》,16,83,257
《意大利游记》,268
《印度制》,141
《瀛环志略》,12,65,162,198-202,223,225,242,247,248,281,282,326,390
《瀛寰志略》,71
《瀛涯胜览》,23,24,228
《瀛涯胜览校注》,24
《舆地图小解》,88
《舆地志略》,155,221
《元和航海记》,76
《元史新编》,333,334
《原富》,271,276,277
《远镜说》,62
《远西奇器图说》,62
《月令广意》,78
《宰我之偿》,164
《再述奇》,308,309

《则古昔斋算学》,246
《增订采览异言》,118
《增订华英通语》,229-231
《增订日本思想史研究》,176
《增订象山全集》,389,390
《增译采览异言》,115
《掌中万国一览》,298,301
《哲学词典》,291
《真知学报》,65
《支那历史学史二》,71
《支那史学史二》,63
《知的帝国主义》,69
《直毗灵》,186
《职方外纪》,48,50,62,115,120,128,228
《植学启原》,382
《中国人》,206
《中国人日本留学史》,287
《中国少数民族地带纪行》,410
《中国思想的法国西渐》,290
《中国思想通史》,46,62
《中国文化西传欧洲史》,290
《中国文明的复兴与日本》,358
《中外历史年表》,389
《重学》,246
《诸国土产书》,76
《资治通鉴纲目》,56
《自由论》,277,278
《自由原理》,279
《走向世界丛书》,275,305,310,311,390
《左传》,257

《佐藤信渊家学全集》,188－190

二、人名索引

S. R. 布朗,304
镰原桐山,381
阿部真琴,41
阿部正弘,295,386
阿玉奇,56
艾儒略,48,50,70,128,228
艾约瑟,246,251
安德鲁·约翰逊,249
安井算哲,29
安藤昌益,329
安田朴,290
岸和田,382
八木美穗,314
白进,48
白晋,48
白令,40
拜可夫,40
贝尼夫斯基,42
本多利明,11,29,41,42,98,104－110,118,127
本居宣长,176,186
本木良永,92,127,169
本尼狄克特,288
彼得大帝,40,267
裨治文,162
碧郎,312,318
斌椿,241,242
布波,318

布朗,78,79,318
陈独秀,293
陈伦炯,6,63,64,66－68,390
陈梦雷,50
成濑不二雄,104
川路圣谟,159,160,162,217
川胜平太,412
川藤左卫门,76
村冈典嗣,176
村上英俊,385
达尔文,274,278
大槻茂雄,118
大槻茂贞,123
大槻如电,92,118,125
大槻玄泽,32,37,79,81,103,109－112,114－127,130,134,138,139,156
大黑屋光太夫,37－40,45,96,109,118
大久保利谦,34,50
大原重德,388
戴季陶,288
戴震,18
岛津齐彬,295,386
岛津重豪,91
岛田勇雄,50,51
德庇时,206
德川光圀,74
德川吉宗,81
德川家定,386
德川家康,27,28
德川家茂,159

德川家庆,383,386
德川齐昭,384
德川庆喜,388
荻生徂徕,335
笛卡儿,290,331
地尔洼,206
丁韪良,203,223,247
丁文江,293
东畑精一,62
董仲舒,16
杜亚泉,293
渡边浩,302,412
渡边华山,141-153,383
渡边弥五兵卫,315
恩田赖母,381
帆足万里,83
方克立,391,412
芳贺彻,99,100,108,177,412
非蒲涅儿,39
费信,24,228
丰臣秀吉,160
冯承钧,24
冯应京,48,49
凤潭,53
弗罗伊斯,28
伏尔泰,289-291
福泽谕吉,12,83,157,229-231,234,
  279,280,296-303,307,355-
  357,363
傅兰雅,270,271,278
富永仲基,329
伽利略,62,247

噶尔丹,55
冈部达味,369
冈仓天心,357,358
高濑重雄,142
高名凯,287
高桥景保,141,155-157
高桥至时,127
高桥作左卫门,380,381
高杉晋作,20,243,388
高野长英,11,30,151-153,234,386
哥白尼,62,247
哥伦布,25,85,86,231,233
工藤平助,11,31,32,34,36,41,42
龚自珍,332,379,381-383
巩珍,23,24,228
沟口雄三,302,412
辜鸿铭,293,357,358
管沼贞三,142
广濑秀雄,169
桂川甫周,38,39,80,92,109,119
郭实猎,385
郭嵩焘,240,249-256,274-276
哈里斯,295,387
海保青陵,329
海野一隆,53
何如璋,258,259
河合文应,36
贺长龄,195,380,381
赫德,239,241,242,245,246,308
赫德尔,385
赫胥黎,274,276,277
亨利·惠顿,241

横井小楠,19,234
洪秀全,384,386
侯外庐,46,62
后藤梨春,91
后藤末雄,290
胡承珙,379,382
华盛顿,158,163,211,227,247-249,
    274,297
滑达尔,206,241
黄宽,273,274
黄胜,273,274
黄畹,257
黄遵宪,13,257-265,280,287,
    320,390
会泽正志斋,185,186
箕作阮甫,11,153,154,156-163,217
    -219,247,390
箕作省吾,157-159
吉田松阴,12,20,30,141,220-222,
    226,295,386,387
加藤周一,77
榎一雄,55,59
间重富,127
蒯伯赞,389
建野建三,315
建野乡三,315,316
江川坦,383
江鄂,271
蒋友仁,62
鲛岛尚信,314
近藤重藏,140,141
井上春洋,201,202,223

井上馨,255
井田进也,412
久米邦武,234,390
开普勒,62
康熙帝,54,56-59
康有为,13,265-269,271,280,281,
    283,326,332,362
科恩,69
克雷芒十一世,289,321
克鲁齐吾斯,387
肯贝尔,73,181,182
孔子,15,147,173,268,269,289,
    290,382
堀江春野,313,314
堀田正睦,295,387
库克,155
拉富尔兹,379
莱欧逊耶夫,59
赖建诚,278
赖山阳,378
郎世宁,289
劳埃司·雷纳德,92
老子,16,382
李长传,65
李大钊,293
李鸿章,13,21,240,257,258,272,
    273,276,305,306,326,388
李善兰,242,246,251,271
李时珍,289
李应试,48
李泽厚,292
李之藻,10,48

理雅各,257
利玛窦,9,10,28,29,43-51,59,70,78,79,84,129,136,137,228,230,269,278,289,290,321,323,324,361,362
梁川星巖,219,387
梁敦彦,307
梁进德,205
梁启超,13,70,268,280-287,293,326
梁漱溟,293
列扎诺夫,96,119,122,173,378
林罗山,74,335
林则徐,6,70,200,201,204-206,228,241,325,380,382,383,386
林子平,11,29,32-39,41,42,118,126,219
刘大年,214
刘逢禄,379,381
刘善总,129
柳成龙,160
泷本诚一,166,188-190
卢路而,318
卢梭,278
鲁斯奇克罗,290
鲁迅,288,355-357
陆建瀛,385
陆九渊,16
陆象山,17
鹿野政直,412
罗鲁内伊,314
罗如望,45

罗索艮,59
马欢,23,24,228
马建忠,357
马君武,278
马可·波罗,290
马克思,363,387
麦哲伦,25
毛利亲信,313
毛泽东,13,326
梅原猛,412
孟德斯鸠,275,277,279,289
密尔曼,314
末广重恭,243
慕维廉,163
南怀仁,70,228,289
内藤湖南,63,71
尼古那斯·桑宋,88
鲇泽信太郎,28,34,39,45,48-50,70,76,78,128,131,140-142
鸟居龙藏,410
鸟居耀藏,151
牛顿,62,253
帕斯卡,290
培理,8,150,157,203,215,216,222,223,225,386,387
皮埃尔·贝鲁,290
平川佑弘,45,46
平贺源内,91,98
平山旭山,92
平田笃胤,11,141,175-188,190,322
坪谷善四郎,267
蒲安臣,241,247-249,308

前野良泽,11,30,80,82-89,91,109,
    112,118,126,149,234,322
钱国红,391
桥本宗吉,79,155
桥本左内,30,141,167
青地林宗,155,381,382
青木昆阳,32,81,82
容闳,13,273,304-308
三才,78,82,100,252
三浦梅园,132,169,329
三上参次,36
三石善吉,242
三守柳圃,201
涩川春海,29
森岛中良,30,109,110
森狄,201
山岸德平,35
山村才助,11,30,38,118,125-142,
    155,177-179
山片蟠桃,11,79,113,163-175,322,
    329,378
山田庆儿,412
山田忠吾,317
杉本勉,110,119-121
杉田成卿,157
杉田玄白,11,30,39,80,82,89-97,
    110,118,126,138,139,149,157,
    322,379
杉田紫石,139,140
上垣外宪一,412
胜海舟,296,386
辻达也,43

石附实,312
石井米雄,393
石山洋,39,123,157
实藤惠秀,287
市古贞次,389
室贺信夫,53
舒风,271
水野邦忠,382
水野忠邦,159,160
司马光汉,98
司马江汉,11,30,99-104,109,
    155,169
斯宾塞,274
寺岛良安,50-53,322,390
寺泽一,32
松平定信,38,39,126,127,140
松田毅一,28
松野平三郎,244
宋紫石,104
孙家谷,247-249
孙文,326
孙中山,258,278,288
索额图,54
汤若望,62,289
唐纳德·基恩,177
唐绍仪,307
陶树,380-383
藤间生大,207,209
藤井三郎,385
藤田东湖,387
藤田幽谷,185
藤田元春,28,29

藤原惺窝,19,335
田沼意次,98
图理琛,56-59,62
托勒密,62
汪大渊,24
王家骅,391,392,412
王家俭,389
王圻,49-51,322,390
王守仁,16,17
王思义,49,322
王韬,251,257,274
王锡祺,203,390
王晓鸣,413,414
王晓秋,246,392,412
王筱云,271
王阳明,17,18,330
王引之,382
王重民,46
威妥玛,385
卫廉士,247
伟列亚力,246,251
伟烈亚力,271
魏邦鲁,379,381
魏源,6,12,22,28,65,70,71,150,154,160-162,191-209,211-215,217,219-223,228,230,250,261,282,294,295,303,316,321,325,326,328-330,332-334,339-348,350-354,360,361,372,378-388,390,411
文廷式,271
吴汝纶,277

吴廷璆,391,411
吴秀三,158,163
吴振清,263
五代友厚,243
西博尔德,50,141,151,156,380,381
西川如见,76,84,127-131,177,216,228
西村远里,92,132
西岛定生,238
西多迪,73-77,79,129,234,321
西华德,249
西吉兵卫,76
小坂贯一,313,314
小坂千寻,314
小宫枫轩,106
小关三英,151,382
小栗栖香顶,243
小林虎三郎,386
小林节太郎,391,414
新井白石,9,11,29,36,37,45,73-78,81,86,89,92-94,125,127-129,131,132,134-139,142,149,155,166,167,177-179,201,216,221,228,230,234,303,321,322,324,325,335,393
熊月之,279
朽木昌纲,112
徐光启,45-48,278,289,324
徐继畬,12,65,71,162,198-203,223,242,247,248,326,390
徐世昌,307
徐寿,278

徐霞客,228
玄奘,24,227,269
雅裨理,201
严复,13,271-279,285,372
盐谷宕阴,154,159-162,217-219
盐田三郎,314
杨芳,380,381
姚学塽,379
姚莹,380
野村浩一,368
野村尚赫,313
野村小三郎,313
叶卡捷琳娜二世,37,40
伊东俊太郎,76
伊能忠敬,127,156,379
伊藤博文,225,245
依田憙家,393,411
楢崎景福,313,314
楢崎赖三,312,314,318
宇田川榕庵,156,382,383
袁德辉,205
源了圆,167,412
约翰·菲蒲涅儿,38
约翰·穆勒,255,274,277,278
泽野中庵,76
泽野忠庵,75,76
曾国藩,13,240,251,273,275,305,306,388
曾纪泽,275,276
詹天佑,307
张德彝,248,308-320
张君劢,293

张謇,43,112
张廷玉,49
张相文,279
张元济,271
张之洞,292
赵静函,271
赵心堂,48
赵怡,414
真田幸贯,380,383,384,386
郑观应,258
郑和,6,23,24,43,228
织田信长,28
指原安三,267
志刚,247-249
志筑忠雄,127
中浜万次郎,386
中川淳庵,80,89,91
中根元圭,80
中牟田仓之助,243
钟叔河,252-256,274,275,305,390
周诒朴,387
朱熹,16
朱子,13-20,37,74,75,83,93,126,127,220,277,332,335-339,341,343,344,355,360,393
庄子,16,104
紫野栗山,140
宗方小太郎,245
足立长隽,381
左野正已,35
佐久间象山,11,20,22,30,160,167,220,221,223,234,295,328,329,

335–345,347–355,360,378,379,
385,411
佐藤信渊,142,187–190,322

佐藤一斋,20,382
佐佐木扬,252

后　　记

　　在我任教的大学课堂上,常常有学生问我为什么要进行中日比较研究。这时候,我的回答往往是搪塞了事,并不触及太深。因为这是一个既简单又复杂的提问。仔细想一想,我走上中日比较研究之路既可说纯属偶然,也可说与20多年前中国社会的状况以及我个人的现实遭遇相关甚大。

　　我于20世纪80年代初进入大学开始学习日语,由于上大学之前在某地剧团工作过5年之久,因此在大学的最初几年我为自己设计的专业方向,并不是单纯学习日语或研究日本。那时,对我来说,掌握外语只是为将来钻研戏剧理论或戏剧史打好基础。但进入大学四年级以后,一个偶然的机会,我读到的一本日文书给我带来了很大的冲击。这是一本由日本著名人类文化学家鸟居龙藏撰写的题名为《中国少数民族地带纪行》(中国の少数民族地带をゆく)的书籍,这本书详细介绍了作者只身一人深入中国西南少数民族地区进行调查的过程和结果,提出了中国西南民俗与日本固有民俗之间具有某种相似性和共同性的观点。作者大胆的结论吸引了我,并使我产生了进一步探索中国和日本相互影响和相互关系的愿望。我一改钻研戏剧史的学习方向,把本科毕业论文题目定为"日语起源与中国江南的关系",开始涉足中日比较研究领域。

　　以后,我陆续考上研究日本的硕士生和博士生。硕士生时期基本上以学习比较研究的方法论为中心,广泛涉猎有关比较历史和社会科学著作,摸索进行中日比较研究的独特理论和方法。进入博士研究生课程后,我开始把研究视野集中在中日近代化比较研究之上。最初,我从两个方面思考这个课题,一个是日本近代化为什么比中国先行一步;另一个是从日本近代化为什么发展出了一段帝国主义和对外侵略的近代历史。简单地说,就是要追究日本近代化的明和暗两个方面。我的设想颇为宏大,但究竟从何着手却并没有现成答案。最后,我试探着手草拟了一个研究方案提交给指导教授吴廷璆先生,此方案题名为"神道与日本近代天皇制研究",以揭示日本近代史的负面为主要目标。吴先生对我的构思给予了肯定,但也指出了在国内研究此课题在资料和参考书方面存在的困难。就在这以后不久,经吴先生介绍,我获得了赴日本早稻田大学接受博士生共同培养的机会。在早稻田大学留学期间,我的研究课题意识出现了变化。早稻田大学指导教授依田憙家是精通中国近代史和日本近代史的学者,他建议我从对中日近代初期思想家进行比较研究角度来观察两国近代化的深层结构和思想渊源。具体地说,就是比较分析清末文人魏源和幕末志士佐久间象山的人物和思想。由于佐久间象山正好是依田教授老家长野县出身的人物,而魏源却正好是我老家湖南邵阳出身的人物,且有关两位人物的全集资料等也基本齐备,对当时的我来说这是一个确实可行的选择。我接受了依田教授的建议。沿着这个方向我撰写出向南开大学提出的博士论文,获得历史学博士学位。

但是,取得学位并不等于学术探索兴趣的终结,很快我开始觉得自己虽然比较研究了两个知识分子的思想和行动,但对产生这样两位知识分子的整个近代化思想文化背景还有待挖掘。为此,我放弃走马上任赴北京中国社会科学院某研究所工作的机会再度走上留日之路,在重返早稻田大学一年多以后,把研究基地从东京移至京都,在位于京都的日本文部科学省直属机构国际日本文化研究中心启动了新的课题研究计划。在京都的三四年时间里,我在比较文化学者芳贺彻教授的指导下构思撰写了另一篇博士学位论文。由于芳贺彻教授具有广阔的学术视野和敏锐的学术眼光,在他的指导下我的学术领域变得更为开阔,获得了从传统文化和世界化的两个方面观察中日近代化的崭新视角。

京都日文研3年多的时光,让我得以基本完成本书所披露的研究内容,事实上也为我长达十几年的研究生生活画上了一个圆满的句号。

回顾我的日本留学生活,我一前一后接受了两位日本学者的指导,一位是研究中日比较近代化的学者,一位是比较文化学者。这样两位指导教授的言传身教,无形中影响了我学术风格的定型。我论文中显露出的历史学和比较文化学交融的学术体裁恐怕与两位导师的存在也是不无关系的。这说明尽管主体思维是决定我选择研究方向的主要原因,但做学生时接受的诸位导师的影响也是帮助自己决策的不可缺少的条件。为此,值此书出版之际,我首先要对以上所介绍的几位恩师表示由衷的谢意。

当然,作为我从事学术研究的外部环境,还要提到诸多学术领域的先辈同仁和晚辈学人的存在。没有他们的出自内心的鼓励和关心,我恐怕不会如此顺利实现自己的学术目标,使此书得以问世。在国内学界,我从中国思想史、中日关系和中日比较研究领域的方克立教授、王晓秋教授、已故的王家骅先生等学术前辈身上得到了许多令人难忘的启发和激励。尤其是与诸多年轻的学界好友时常进行的学术交谈和学术争论一直是刺激我学术思维保持活力的因素之一。而在日本从梅原猛、源了圆、沟口雄三、山田庆儿、鹿野政直、渡边浩、川胜平太、井田进也、上垣外宪一等学者的学问和人品之中，我间接或直接地学到的东西也是不可估量的。

几天前，我带着一家五口人利用黄金周时间重访了阔别多年的位于京都山科的留学京都初期滞留过的学生公寓，长男大嘉1994年4月就是在这里诞生的。从已经是小学6年级学生的长男充满惊诧的目光中，我仿佛又看到了十几年前在这个公寓里生活学习的自己，我仿佛又看到了妻子王晓鸣伴随自己一边留学一边育儿的昔日情景，此时，我还想起了远在故乡的父母，想起了故乡离别已久的亲朋好友，正是因为有上述亲人和朋友的默默支持或关心，我才能十几年如一日在异国他乡集中精力完成自己的学术追求。

如前所述，本研究完成于上个世纪90年代中期。研究工作告一段落以后，本课题的一部分内容已经陆续在中国和日本各类学术刊物和书籍里得以发表。之所以迟到现在才以单行本形式与国内读者见面，主要原因在于我个人的迟钝和懒惰。本研究曾于90年代中期编入北京大学已故历史学者罗荣渠教授主编，由北京大学出版社出版的"世界现代化研究丛书"系列，由于我迟迟未交中文原稿，错失了出版良机，拖延至今才能承蒙商务印书馆的好意得以出版与读者见面。

本书的大部分内容均以各种不同形式在日本刊出过，尤其是在以出版历史学著作见称于世的山川出版社出版的《日本和中国的"西洋"发现——19世纪中日知识分子世界像形成》（2000年）一书，基本上可以说是本书的一个缩写本。另外，本书还利用了我早在1993年于日本信每书籍出版中心出版的《亚洲近代思想先驱——魏源和佐久间象山》的部分内容。

除此以外,本书还简单扼要地引用了部分已发表的论文,其登载的主要书籍或刊物的出处名称在此不再一一列出。

本书的部分日文原稿在翻译成中文时曾得到了不少学界同仁和亲友的帮助。特别要感谢的是赵怡女士协助翻译了第四章第五节"大洋上的对话——中日知识分子的精神结构"。王晓鸣协助翻译了第三章第三节"来自中国的世界地志与《美欧回览实记》"和"结语:中日近代化的世界史意义"。老友吴十洲先生不仅为本书的结构提出精彩建议,且为我与商务印书馆之间的联系提供了许多方便。

最后要提一下的是,在长期研究过程中,本课题曾先后获得过日本文部省国际日本文化研究中心的留学生奖学金资助,富士零小林节太郎纪念基金的专题研究资助,松下国际财团的研究资助,获得过京都新闻奖,还获得过日本外务省所属单位国际交流基金的特别研究资助。在此一并致以谢忱!

著者

2006 年 5 月 13 日